Benutzerhinweise

Dieses Buch ist in fünf Kapitel aufgeteilt:

❏ Kapitel 1
Kanada heute

befaßt sich mit dem Alltag der Kanadier, ihrer multikulturellen Lebensart und der großartigen Natur.

❏ Kapitel 2
Kanada damals

zeigt Zusammenhänge auf und beleuchtet historische Ereignisse, deren Auswirkungen noch heute spürbar sind.

❏ Kapitel 3
Kanada von A bis Z

ist unterteilt in regionale Kapitel und schlägt Ihnen Ausflüge vor. In den »Special«-Kapiteln werden Ihnen Sonderthemen detaillierter vorgestellt.

❏ Kapitel 4
Reiseinformationen

enthält viele praktische Tips für einen gelungenen Aufenthalt.

❏ Kapitel 5
Hotels und Restaurants

nennt Ihnen empfohlene Hotels und Restaurants in Kanada, die in Kurzform dargestellt werden.

Die Sehenswürdigkeiten
Die meisten der hier vorgestellten Sehenswürdigkeiten sind einer der folgenden Kategorien zugeteilt:

▶▶▶ **Nicht versäumen!**

▶▶ **Sehr sehenswert**

▶ **Sehenswert**

Kartenbenutzung
Um Ihnen das Auffinden der Sehenswürdigkeiten zu erleichtern, ist rechts neben der Bezeichnung ein Code angegeben, bestehend aus einer Ziffer, einem Buchstaben und einer weiteren Ziffer (z. B. *66B3).* Die erste Ziffer nennt die Seite, auf der sich die Karte befindet. Buchstabe und zweite Ziffer bezeichnen das Planquadrat, mit der Sehenswürdigkeit. Die Karten auf den Umschlaginnenseiten vorne und hinten sind mit den Buchstaben *UIV* und *UIH* gekennzeichnet.

Inhalt

5

Kurzübersicht

Kurzübersicht

7

Mein Kanada von Tim Jepson

Tim Jepsons Leidenschaft für Berge und unberührte Natur hat ihn nicht nur in die kanadischen Rockies und die windzerzauste Tundra des Yukon, sondern auch nach Umbrien geführt, wo er die italienische Sprache erlernte. Zu seinen Zukunftsplänen gehören die Überquerung der Pyrenäen in Länge und Breite sowie die Erkundung Südamerikas und der Arktis. Jepson war an verschiedenen Reiseführern beteiligt, darunter auch an den Viva Guides *Italien*, *Florenz & Toskana* und *Venedig*.

Wie soll man das größte Land der Welt in einem Reiseführer beschreiben? Auf den ersten Blick erscheint dies als ein aussichtsloses Unterfangen, muß man doch beinahe einen halben Kontinent durchstreifen, die entlegensten Ecken des eisigen Nordens bereisen oder gar über 30 Nationalparks besichtigen, von denen der Wood Buffalo allein schon größer ist als die Schweiz. Doch die Angelegenheit hört sich schwieriger an, als sie ist. Kanada ist zwar ein riesiges Land, doch viele Teile davon sind ungebändigte Wildnis, viele Siedlungen nur eine Ansammlung von Häusern in einer Waldlichtung. Immer wieder plante ich ein paar Tage für eine Stadt oder ein Dorf ein und mußte dann vor Ort feststellen, daß auch eine halbe Stunde zur Besichtigung des halben Dutzends Häuser, des kleinen Museums und des Motels ausreichen würde.

Das bedeutet aber keinesfalls, daß Kanadas Städte den Besucher enttäuschen: Metropolen wie Montréal, Québec und Vancouver sind eine Offenbarung – dynamisch, intellektuell und kosmopolitisch; eben die Sorte Stadt, in der jeder gerne leben möchte. Doch immer noch hinterläßt die einzigartige Landschaft Kanadas die nachhaltigsten Eindrücke. Noch bevor ich einen Fuß auf kanadischen Boden gesetzt hatte, konnte ich auf meinem Flug nach Calgary aus der Luft die unendlichen Prärien bewundern, und über drei Stunden lang sah ich nichts als Weizenfelder. In der gleichen Zeit hätte man leicht von London nach Rom reisen können!

Was mich heute besonders beeindruckt: Ganze Orte waren der wilden Landschaft abgetrotzt worden, und die Wildnis beginnt gleich hinter der Stadtgrenze. Nachts in einem Haus in Whitehorse kann man das Heulen der Wölfe hören; fliegt man nach Montréal und sucht die dazugehörige Stadt, findet man vor allem zahllose Seen und Wälder, und steigt man in einen Bus in Vancouver, findet man auf dem Boden Tannennadeln, die Passagiere aus den bewaldeten Außenbezirken mitgebracht haben. Im unendlich groß wirkenden Kanada kann man sich noch auf eine Abenteuerreise begeben und spektakuläre, unberührte Wildnis erkunden.

■ **Kanada ist ein junges Land, und wie viele junge Länder kämpft es ständig mit seiner nationalen Identität. Seine vielschichtige und gemischt ethnische Bevölkerung – die mit jedem Tag unruhiger wird – vergrößert die Unsicherheit und läßt nur schwerlich die besonderen Eigenschaften erkennen, die »das Kanadische« ausmachen ...** ■

10

Selbstfindung: In kanadischen Buchläden findet man oft eine kleine, verwirrende Abteilung namens »Kanadiana«, deren gelehrte und gewichtige Bände mit Titeln wie »Die kanadische Frage« das quälende »Quo vadis, Kanada?« zu entschlüsseln suchen. Diese Werke bilden nur die Spitze des Eisbergs, den intellektuellen Ausdruck einer Debatte, die früher oder später so gut wie jeden Kanadier betrifft. Außenstehenden kommt diese ständige Suche oft abwegig vor, aber für Kanadier – mit ihrer besonderen Geschichte und gemischt ethnischen Bevölkerung – trifft diese Frage den Kern ihres nationalen Erbes und ihrer kulturellen Identität.

Die USA: Zu den Hauptproblemen des kanadischen Selbstverständnisses gehört die Nähe zu den USA, deren überhebliches Selbstbewußtsein in krassem Gegensatz steht zu dem eher zurückhaltenden Wesen Kanadas. Der frühere kanadische Premierminister Pierre Trudeau formulierte 1969 das Problem in einer Rede in Washington: »In Ihrer Nähe zu leben«, sagte er, »ist ähnlich wie neben einem Elefanten zu schlafen; das Tier kann noch so freundlich und ausgeglichen sein, jedes Zucken und Grunzen spürt man.« Das »Tier« ist in Kanada überall zu spüren durch seine immense kulturelle Vorherrschaft und die unzweifelhafte wirtschaftliche Stärke, die mit dem kürzlich abgeschlossenen nordamerikanischen Freihandelsabkommen zu einem größeren Problem werden kann.

Oben: Toronto Blue Jays.
Rechts: Viele Kanadier
stammen aus Schottland.

> »Ein Kanadier ist jemand, der weiß, wie man sich in einem Kanu liebt.« Pierre Berton, kanadischer Schriftsteller (1973)

Multikulturell: In vieler Hinsicht ist die ganze »kanadische« Debatte überflüssig (wie Pierre Bertons Definition unterschwellig andeutet), nicht zuletzt, weil die Kanadier, wie die US-Amerikaner, nicht ein einheitliches Volk sind, sondern eine bunte ethnische Mischung. In den USA führte die »Schmelztiegel«-Politik dazu, daß US-Amerikaner ein starkes Nationalbewußtsein entwickeln konnten. In Kanada hingegen herrscht eine entschieden multikulturelle Einstellung, die ethnische Gruppen ermuntert, zu ihrer Herkunft zu stehen und sie nicht zu verleugnen. Daher wurde Kanada kein Schmelztiegel, sondern – wie es sich selbst nennt – ein ethnisches »Mosaik«.

Spannungen: Das heißt nicht, daß das Modell fehlerfrei ist. Viele behaupten, daß das Mosaik lediglich die traditionellen Strukturen verstärke, ethnische Gruppen in »Beschäftigungsgettos« dränge und so verschleiere, daß Kanada eine hierarchische Klassengesellschaft geblieben sei. Diese Schwächen – und es gibt sie wirklich – treten am deutlichsten bei den Ureinwohnern des Landes zutage, die trotz wachsender politischer Unabhängigkeit oft sehr verarmte Minderheiten bleiben. Früher galt dies auch für die Frankokanadier, deren Streben nach Unabhängigkeit von Kanada der alten »kanadischen Frage« eine neue Brisanz verliehen hat (siehe S. 22–24).

Kanadier: Den französischen *Canadiens* genügt es nicht, nur Teil des Mosaiks zu sein; als Gründungsmitglieder Kanadas verlangen sie eine Anerkennung, die über die simple Einbindung in das Ganze hinausgeht. Von der Anzahl her haben sie ein gutes Argument, denn 22,8 Prozent der Bevölkerung sprechen Französisch. Englischstämmige machen weitere 20,8 Prozent aus, Schotten 3,5 und Iren 2,8. Danach kommen Deutsche (3,6 %), Italiener (2,8 %), Ukrainer (1,7 %), Chinesen (1,4 %), Ureinwohner (1,1 %) und viele, viele andere. Aber wenn man nur auf die Zahlen achtet, bleibt die Einzigartigkeit Kanadas schnell unbeachtet, und man übersieht den Reiz des Landes und seiner Bewohner, deren Freundlichkeit, höfliche Zurückhaltung und Stolz auf die Schönheit ihres Landes oft ethnische Grenzen überwindet und sie, mangels eines anderen Begriffs, zu Kanadiern werden läßt.

Viele Kanadier sind sich einig in ihrer Liebe zur freien Natur.

> »In Kanada muß man jemanden schon sehr gut kennen, um seinen Nachnamen zu wissen.«
> John Buchan, *Observer* (1950)

13K 67139   fiberfor

■ **In einigen Ländern ist Geographie nur von untergeordnetem Interesse. In einem Land wie Kanada, dessen Größe und Maßstab kaum zu fassen sind, hat sie die Geschichte und Besiedlung des Landes gestaltet und beeinflußt heute die politischen und kulturellen Perspektiven der weit verstreuten Bevölkerung ...** ■

»Manche Länder haben zuviel Geschichte, wir haben zuviel Geographie.« William Lyon Mackenzie King, kanadischer Premierminister (1936)

Größe: Nach der Russischen Föderation ist Kanada das zweitgrößte Land der Welt. Es umfaßt 9 997 000 Quadratkilometer, ungefähr die Fläche Europas ostwärts bis zum Ural. Sein nördlichster Punkt liegt nur 800 Kilometer vom Nordpol entfernt, während sich sein südlichster (am Lake Erie) auf demselben Breitengrad befindet wie Rom und Nordkalifornien. Die Ausdehnung von Norden nach Süden beträgt rund 4600, von Osten nach Westen 5500 Kilometer. Die Küsten liegen an drei Ozeanen: Pazifik, Nordpolarmeer und Atlantik. Sechs Zeitzonen trennen die Ostküste von der Westküste.

Leere: Kanadas geographisches Hauptmerkmal ist der Kanadische Schild, der den größten Teil des Nordens und Ostens des Landes bildet (oder rund die Hälfte des Landes). Sein Gestein – vorwiegend Granit und Gneis – ist über 500 Millionen Jahre alt und gehört damit zum ältesten des Kontinents. Die Regionen bestehen aus Wäldern, Seen und Tundra, durchsetzt mit riesigen Schneisen undurchdringlicher »Muskeg«-Sümpfe. Hier leben nur wenige Menschen, und Ackerbau ist spärlich, aber das Gebiet besitzt riesige Bodenschätze und ein großes Wasserkraftpotential. Etwa 15 Prozent des Trinkwasservorrats der Welt fließt in seinen Flüssen und Seen. Im Norden geht der Großraum in das noch

Ganz oben: Herbstfarben am Yukon.
Oben: Die Laurentides in der Nähe von Montréal.

unwirtlichere Arktische Tiefland über, das fast zehn Prozent des kanadischen Festlands ausmacht.

Großlandschaften: Im Gegensatz dazu umfaßt das Gebiet um die Großen Seen – das St Lawrence-Tiefland – nur drei Prozent der Fläche, aber über 60 Prozent der Bevölkerung. Es entstand während einer Überflutung vor 200 bis 500 Millionen Jahren; die Meeresablagerungen bildeten den fruchtbaren Boden, der die ersten Siedler anlockte. Ähnliche Ablagerungen, die über Jahrtausende hinweg vom Kanadischen Schild abgetragen wurden, entstanden auf den Prärien oder Großen Ebenen. Das hügelige Landesinnere macht nur 15 Prozent der Fläche aus, produziert aber ungeheure Mengen Weizen, ganz zu schweigen von Erdöl

12

und -gas. Im Westen liegen die Kordilleren, das wichtigste Gebirge Kanadas, deren Nordkette über 13 Prozent der Fläche bedeckt. Der bekannteste Gebirgszug sind die kanadischen Rocky Mountains, deren Gipfel die anderen bedeutenden Berge, die Appalachen in Newfoundland und den Atlantik-Provinzen, weit überragen.

Isolation: Kanadas Geographie erklärt, warum sich viele Kanadier von den Lebensadern des Landes abgeschnitten fühlen. Die Bewohner Newfoundlands sind rein physisch Irland näher als großen Teilen Kanadas. Die Einwohner von Vancouver leben fünf Flugstunden entfernt von der Hauptstadt Ottawa. In einigen Gebieten, besonders im hohen Norden, sorgten die weiten Entfernungen dafür, daß sich eine starke eigenständige Haltung bildete. In anderen Teilen, besonders in British Columbia im

Westen – abgeschirmt durch die Rockies und die Prärien –, führten sie zu psychologischer Distanz. Im günstigsten Fall erwuchs daraus eine gelassene Lebenseinstellung, die der Kaliforniens und der Westküste ähnelt (und sich ökonomisch auf die neuen Märkte rund um den Pazifik konzentriert). Im schlimmsten Fall schuf sie Anzeichen von Separatismus und den Wunsch nach Unabhängigkeit von einem Land, von dem sich viele allein schon physisch distanziert fühlen.

13

»Es ist unmöglich, das Land zu beschreiben, denn sein Maßstab liegt außerhalb dem der Menschheit.«   John Buchan, Generalgouverneur von Kanada (1935–1940)

Hector Lake: Kanadas Rockies gehören zu den erhabensten Landschaften Nordamerikas.

■ **Kanadas riesige, menschenleere Weiten bilden eines der letzten Wildnisgebiete der Welt. Große Landstriche im Norden und Westen sind von Menschenhand noch unberührt. Wölfe, Bären und viele andere Tiere leben in der windgepeitschten Tundra, der wogenden Grassteppe und unter dem endlosen Dach der nördlichen Wälder ... ■**

Raum: Die Dimensionen der kanadischen Wildnis sind fast unvorstellbar. In dem Gebiet der Northwest Territories, die so groß sind wie Indien (etwa ein Drittel des kanadischen Festlands), leben gerade einmal 57 600 Menschen – soviel wie in einer Kleinstadt. Das Land hat eine Gesamtbevölkerung von etwa 27 Millionen und eine Bevölkerungsdichte von 2,8 Menschen pro Quadratkilometer. In Deutschland beträgt diese Zahl 228, fast hundertmal so viel. Die große Mehrheit der Kanadier lebt in einem eng begrenzten Gebiet, und die meisten (ungefähr zwei Drittel) wohnen in den zwei Provinzen Ontario und Québec. Dort wiederum konzentriert sich die Bevölkerung auf einen schmalen Korridor entlang der Grenze zu den USA.

Wald: Mehr als die Hälfte Kanadas ist mit Wald bedeckt, von den soge-

Etwa 90 Prozent der Kanadier leben in einem bis zu 300 Kilometer breiten Streifen entlang der Grenze zu den USA. Die Nord-Süd-Ausdehnung des Landes beträgt aber über 4600 Kilometer.

nannten borealen (nördlichen) Nadelwäldern im Norden (80 Prozent der Gesamtwaldfläche) bis zu den großartigen Regenwäldern an der Westküste und von den Laubwäldern im Osten bis zu den Berg- und Subalpinwäldern der Rocky Mountains. In den Waldgebieten leben viele der Wildtiere, die man meist mit dem Bild der kanadischen Wildnis verbindet: Wölfe, Bären, Elche und Wapitis sind am häufigsten, ebenso sieht man kleinere Säugetiere wie Murmeltiere, Biber und Koyoten. Auch so seltene und schöne Tiere wie Puma und Luchs finden in den weiten Waldgebieten Zuflucht.

Auf der Fahrt über den Dempster Highway kann man die Wildnis im Yukon-Territorium erleben. Gegenüberliegende Seite unten: Blick auf die Ogilvy Mountains; oben: die Tombstone Mountains.

Grassteppe: Kanadas einstige Grassteppen schrumpfen seit Jahrzehnten, umgepflügt verlieren sie sich unter den ausgedehnten Weizenfeldern der Prärien. Heute bedeckt die Grassteppe nur noch etwa zehn Prozent des Landes. Der Ackerbau vertrieb auch einen Teil der früheren Tierwelt dieser Gegend, vor allem Gabelantilopen, Wapitis und Maultierhirsche. Diese Verluste waren jedoch nicht so dramatisch wie das Verschwinden des Büffels (oder Bisons). Vor der europäischen Besiedlung Nordamerikas zogen um die 60 Millionen dieser Tiere über die Prärien. 1830 waren es noch 40 Millionen und 1900 nur noch 1000. Ähnliches scheint mit den Karibus zu passieren, den Bewohnern der weiten kanadischen Tundra, einer Region, deren Eiswüste und Leere dem Bild der kanadischen Wildnis am meisten entspricht. Ihre Zahl sank von 2,5 Millionen um 1938 auf heute 800 000.

Probleme: Das Verschwinden des Bisons und die Dezimierung des Karibus sind die augenfälligsten Folgen der Probleme in Kanadas Wildnis. Weniger offensichtliche – aber nicht weniger gewichtige – Probleme betreffen das Forstwesen, besonders den Kahlschlag in den Regenwäldern British Columbias (siehe S. 78–79). Bei der Frage ihrer Erhaltung muß man den Bedarf an Arbeitsplätzen abwägen, die in entlegenen ländlichen Gegenden rar sind. Fast dasselbe gilt für die touristischen Regionen, vor allem die Rockies, wo örtliche Lobbies sich über Planungsbeschränkungen hinwegsetzen.
Auch die Jagd steht in der Diskussion – in Nordamerika werden pro Jahr 60 000 Schwarzbären geschossen –, besonders aber die Robbenjagd auf dem nördlichen Packeis. Der Bergbau bildet ein weiteres Problemfeld, denn viel von Kanadas riesigem Reichtum an Bodenschätzen liegt unerschlossen im Herzen der tiefsten Wildnis. Straßen und Pipelines, die zur Erschließung der Bodenschätze gebaut werden, nehmen unweigerlich Einfluß auf die Umwelt. Kanadas Wildnis mag riesig sein, was aber nicht blind machen sollte für ihre Anfälligkeit.

Nur elf Prozent der Gesamtfläche Kanadas sind bewohnt oder urbar gemacht.

Naturerlebnis

■ **Kanadas unendliche natürliche Weiten – seine Seen, Berge und Wälder – locken all die an, die die freie Natur lieben. Wandern, Ski laufen, Angeln und eine Menge anderer Aktivitäten sind fast überall möglich, besonders aber in den zahllosen und unberührten National und Provincial Parks ...** ■

Überall freie Natur: Kanada besteht aus soviel Wildnis, daß manchmal das ganze Land wie die freie Natur erscheint. Auf dem Alaska Highway kann man lange fahren und sicher sein, daß über Hunderte von Kilometern kein anderer Mensch die Gegend »verschandelt«. Nur weniges beeindruckt Besucher derart stark wie diese Weite, aber der riesige leere Raum ist nicht nur Wildnis, sondern ebenso Abenteuer.Denn auch wenn Kanada aus vielem anderen besteht, kann keiner das Land wirklich einschätzen, ohne die freie Natur selbst erlebt zu haben.

Abenteuer: Das heißt nicht unbedingt, daß man durch die Tundra wandern, eisklettern oder eine andere anstrengende kanadische Sportart (Kanufahren, Bergsteigen, Wildwasser-Rafting, Bungee-Springen ...) ausüben muß. Man kann auch Fahrrad

Oben: Zeit zur Besinnung am Pyramid Lake, Jasper National Park. Unten: Reiten nahe Montréal.

Banff Nationalpark wurde 1885 gegründet. Er war der erste Nationalpark Kanadas und der dritte der ganzen Welt.

fahren oder Wale beobachten oder auf einem idyllisch gelegenen Platz Golf spielen, Ski fahren, reiten, campen, schnorcheln, rudern oder paddeln. In den Touristenbüros findet man überall Informationen über die verschiedenen Möglichkeiten. Für die Abenteuerlustigeren gibt es Tourenplaner, die größere Trips organisieren – alles von einem einwöchigen Angelausflug bis zur Eisbärfährtensuche im hohen Norden.

Die »freie Natur« ist stets so gegenwärtig, daß in Städten wie Vancouver Busse oft mit Fichtennadeln übersät sind, die von den Schuhen der Fahrgäste stammen, die an entlegenen Stationen eingestiegen sind.

Wandern: Wandern auf Wegen für jede Altersgruppe und jede Erfahrungsstufe ist in den herrlichen Landschaften Kanadas eine wahre Offenbarung. Überall sind leichte Wege zu finden, selbst in Gebieten, in denen das Terrain schwierig erscheint. Die Wegnetze sind gut ausgebaut, besonders in den Nationalparks; so kann man mit einem Minimum an Vorbereitung starten. Besucherzentren kennen geeignete Wege; die meisten sind so ausgetreten und gut ausgeschildert, daß man keine Detailkarten braucht. Für die, die größere Herausforderungen suchen, gibt es anspruchsvolle Wege in den Nationalparks – zum Beispiel im Yoho Valley National Park (siehe S.112–115), oder bestimmte Wege um den Moraine Lake (siehe S. 99).

Ski fahren: In den Wandergebieten Kanadas kann man vielerorts auch Ski fahren. Die Wintersportorte in den Rockies oder anderswo in British Columbia werden zu den besten und schönsten der Welt gezählt. Sie liegen meist in der Nähe von Abfahrten und Loipen; Vancouver ist nur 90 Autominuten von Whistler entfernt, Calgary liegt in derselben Entfernung zu den Rockies, und von Montréal fährt man nur eine Stunde zu den 400 Pisten in L'Estrie und den Laurentides. So nah ist Kanadas freie Natur.

Tierbeobachter werden begeistert sein vom Cape Breton National Park in Nova Scotia.

Angeln: Fast dasselbe gilt fürs Angeln, denn kaum eine Stadt ist ohne eigenen See oder Fluß, der von Fischen überquillt. Auch hier informiert das Touristenbüro über Genehmigungen und Vorschriften; Ausrüster und Angelgeschäfte stellen das Gerät bereit und helfen beim Mieten von Booten und Führern.

Nationalparks: Landschaften, die woanders als landschaftliche Höhepunkte gelten, sind in Kanada oft nur ein Stück Wildnis. Nur die allerschönsten Gebiete haben den Status eines Nationalparks, was ihre Schönheit unterstreicht. Der erste Park (Banff) wurde 1885 gegründet, teilweise vom Beispiel der USA beeinflußt, die 1872 den Yellowstone-Nationalpark einrichteten. Heute gibt es über 30 Nationalparks der Superlative, darüber hinaus mehr als 1200 Provincial Parks und etwa 100 historische Denkmäler.

Der Wood Buffalo National Park zwischen Alberta und den Northwest Territories ist der größte Park Kanadas und größer als die Fläche der Schweiz.

t was my brother Ste
ravelling maroon sw
nding on his head sc
brain and nourish i
mavhe he didn't expl

■ **Obwohl Kanadas Beitrag zur Kunst oft von der kulturellen Übermacht der USA überschattet wird, hat das Land in einigen Bereichen seine eigenen Stars hervorgebracht. Die unzähligen landesweiten Festivals und farbenprächtigen Freiluftveranstaltungen, wie Jazzfestivals, Film- und Comedyfeste, bestätigen die Lebendigkeit der Kultur ...** ■

Lokalkultur: Viele kleine kanadische Städte überraschen mit einem abwechslungsreichen und munteren kulturellen Leben. In den meisten Orten findet man ein liebevoll gestaltetes Museum oder eine bescheidene Galerie mit Kunsthandhandwerk. Nur wenige haben keine Kunsthalle oder kein Theater, und fast überall kündigen Plakate eine Lesung oder Ausstellung an. Zyniker behaupten, diese kulturelle Allgegenwart sei zu aufgesetzt und deute an, daß dieses übertriebene Respekt-Erheischen das kulturelle Minderwertigkeitsgefühl erst recht unterstreiche.

Kultur in der Wildnis: Sicher ist ein Körnchen Wahrheit darin, aber auch das geringe Alter Kanadas hat etwas damit zu tun, denn junge Staaten müssen härter – und schneller – für ihre kulturelle Anerkennung arbeiten (die wiederum die nationale Identität unterstützt). Vielleicht hängt es auch mit der Abgeschiedenheit mancher Siedlungen zusammen, denn Wildnis bedeutet nicht nur, daß man für Unterhaltung selbst sorgen muß, sondern auch, daß das Überleben oft von der Zusammenarbeit in der Gemeinschaft abhängt, die von gemeinsam erlebter Kultur erzeugt wird.

Literatur Kanadas kultureller Beitrag wird am deutlichsten in der Dichtung und Literatur. Zu den Schriftstellern von internationalem Rang gehören Margaret Atwood, Mordecai Richler und Robertson Davies.

Rechts: Das Erbe der Ureinwohner ist Tausende von Jahren alt. Oben: Margaret Atwood, Katzenauge.

Kanadische Kultur besteht nicht nur aus der Kunst der Gegenwart, auch die Ureinwohner haben seit Jahrhunderten hervorragende Kunstwerke geschaffen.

Alice Munro ist eine der besten noch lebenden Kurzgeschichtenautorinnen. Bei den Dichtern sind Leonard Cohen zu nennen – besser bekannt als Balladensänger – sowie Robert Service, dessen Gedichte über den Goldrausch seit mehr als 50 Jahren ständig nachgedruckt werden. Autoren wie Elizabeth Smart *(By Grand Central Station I Sat Down and Wept)* und L. M. Montgomery *(Anne of Green Gables)* genießen Kultstatus. Die sozialgeschichtlichen Erzählungen Pierre Bertons sind unübertroffen.

18

Donald Sutherland, einer von vielen Kanadiern, die in den USA berühmt wurden.

Darstellende Künste: Die meisten Städte haben gute Orchester, besonders Montréal, dessen Orchestre Symphonique Weltruhm besitzt. Zu den verstorbenen Musikern von Rang zählen der virtuose Pianist Glenn Gould und die Rockmusiker Neil Young, Joni Mitchell, Celine Dion und k.d. lang. Die Filmstars Michael J. Fox und Donald Sutherland begannen ihre Karrieren in der blühenden kanadischen Theaterszene (Toronto wird als Theaterstadt nur von London und New York übertroffen). Die kanadische Filmindustrie steckt noch in den Kinderschuhen, obwohl zunehmend US-Firmen Filme in Kanada drehen, weil die Produktionskosten niedriger und die Außenaufnahmen grandioser sind. In vielen Städten blühen Balettensembles, besonders in Winnipeg und Vancouver, und die Oper – vor allem in Toronto – zieht Besucherscharen und Sänger von Weltklasse an.

Berühmte Amerikaner, die eigentlich Kanadier sind: Raymond Burr (Perry Mason) und William Shatner (Captain Kirk). Selbst Action-Held Rambo, den typisch amerikanischen Helden, schuf ein Kanadier (David Morrell).

Festivals: In Kanada gibt es wahrscheinlich mehr Festivals als irgendwo anders in der Welt. Einige sind kleine Veranstaltungen, die aus der gleichen kulturellen Motivation entstanden wie Dorfmuseen oder Kunsthallen. Andere haben inzwischen Weltruhm erlangt. Dazu gehören das Juste Pour Rire (»Nur zum Lachen«) in Montréal, das weltgrößte Comedy-Festival, und das Internationale Jazz-Festival von Montréal (das größte dieser Art).

In Toronto, Montréal und Vancouver finden große Filmfestivals statt, und Québecs Festival d'Eté präsentiert sich als größte Veranstaltung frankophoner Kultur in Nordamerika. Zu den ausgefalleneren Festivals gehören die berühmte Stampede von Calgary, die Glengarry Games in Ontario (das größte Highland-Treffen in Nordamerika) und das Geschichten-Festival von Whitehorse.

Das Sinfonieorchester Vancouver; viele kanadische Orchester haben international Erfolg.

■ Die reichhaltige Küche Kanadas basiert auf den feinen Zutaten und den verschiedenen Einflüssen aus der multikulturellen Gesellschaft des Landes. Bestimmte regionale Variationen der Küche sind auf die jeweils verbreiteten Zutaten, auf sonstige lokale Einflüsse und Traditionen zurückzuführen ... ■

Verbesserungen: Lange wurden die Wörter Kanada und Küche kaum in einem Atemzug genannt, außer wenn die geringe Zahl guter Restaurants und der Einheitsbrei der Landesküche zu beklagen waren. Während das Hinterland noch kulinarische Einöde ist – versorgt von Diners, Pizzabuden und Fastfood-Ketten –, sind die Städte reich an exotischen und ethnisch unterschiedlichen Restaurants, die den internationalen Vergleich nicht zu scheuen brauchen. Der Einwanderungsstrom der letzten Jahre trug viel zu dieser kulinarischen Renaissance bei, ebenso die Wiederentdeckung von Gerichten und Zutaten der Ureinwohner und frühen Siedler.

Neue Welt: Unübersehbar ist diese Entwicklung vor allem an der Westküste, wo sich der neue »kalifornische« Einfluß bemerkbar macht und, angereichert mit Grundnahrungsmitteln wie Lachs und Meeresfrüchten, eine innovative und gesunde Küche schuf. Im Westen ist auch die Küche der Ureinwohner im Kommen. Wildbret,

In Montréal git es mehr als 5000 Restaurants, die etwa 75 ethnische Gruppen versorgen.

Wapiti und Büffel stehen auf der Speisekarte, mit Wildreis, exotischem Getreide und einheimischen Früchten wie Chokecherries und Saskatoons. Japanische, chinesische und andere ostasiatische Lokale (koreanische, thailändische, malaysische und vietnamesische) sind überall beliebt.

Die Prärien: In der Prärie war Rindfleisch immer ausgezeichnet, dank der guten Prärieweiden; und einige Neuerungen des Westens – vor allem Wild und ungewöhnliche Fleischsorten – haben den Weg in die Restaurants gefunden. Man findet aber auch einfaches amerikanisches Essen wie Truthahn, Wildbret, Maisbrot. Im Sommer sind Barbeques sehr beliebt. Die Region profitiert auch von der ukrainischen, deutschen und skandinavischen Bevölkerung und von Exotika wie Karibu und Eismeersaibling.

Oben: Krabben, Delikatesse aus dem Atlantik. Rechts: Überfluß aus Kanadas Meeren.

40 Liter Zuckerahornsaft werden für einen Liter Ahornsirup benötigt.

Frankreich: Die Küche im Osten hat sich über Jahrhunderte aus ihren französischen Wurzeln entwickelt. Es gibt nicht nur mehr Regionalgerichte und mehr hervorragende Erzeugnisse, sondern auch genauso viele ethnische Varianten wie im Westen. Das Essen in Québec ist natürlich im Grunde französisch, rühmt sich aber eigener Spezialitäten: Ahornsirup, *cipâte* (Rindpastete), *cretons* (Gewürz-Pâte), *tourtière* (Fleisch-Kartoffel-Pastete), *trempette* (Brot, Sahne und Ahornsirup) und *poutine* (selbstgemachte *frites*, Käse und Bratensaft). Montréal ist bekannt für geräuchertes Fleisch, Rindfleischsandwiches und knusprige Brathähnchen. Erbsen-, Zwiebel- und Kohlsuppen (und Apfelkuchen) sind überall zu finden.

Atlantikprovinzen: Fisch und Meeresfrüchte sind in den Atlantikprovinzen Grundnahrungsmittel, besonders die berühmten Hummer, Digby-Muscheln und Malpeque-Austern. Ungewöhnlich sind *Solomon Gundy* (marinierter Hering), *finnan haddie* (geräucherter Schellfisch), *rappie pie* (Kartoffeln und Salzfleisch), *fiddlehead* (eßbarer Farn), *marakin* (Wurst aus Cape Breton), *Lunenburg*

Der Ordre de Bon Temps, der erste Speiseclub Nordamerikas, wurde bereits 1605 von Samuel de Champlain in Nova Scotia gegründet.

pudding (deutsche Wurst), *scrapple* (gebratenes Schweinefleisch) und *dulse* (eßbare Alge). Zu den Süßspeisen gehören Delikatessen wie *fat archies* (Keks und Datteln), *grunt* (gekochtes Obst mit Klößen) und *forach* (Hafergrütze, Sahne und Zucker).

Newfoundland: Ganze Bücher sind der bizarren Küche Newfoundlands gewidmet. Kabeljauzungen sind beliebt, auch *capelin* (winzige Fische) und *brewis* (eingeweichter Schiffszwieback mit Kabeljau aufgekocht). Capelin wird geräuchert, eingelegt oder getrocknet, Brewis mit *scrunchions*, gebratenen Salzfleischquadraten, gegessen. Eine weitere Spezialität ist Robbenflossenpastete. Weit verbreitet ist Sommerbohnenkraut, ein Gewürz für Eintopf und Füllungen. Manchmal bekommt man Elch, Kaninchenpastete und Robbensuppe. Süßspeisen bestehen aus Partridgeberries (ähnlich wie Cranberries) und Bakeapples (gelblichrote Beeren), die man mit Eiscreme oder als Marmelade auf frischem Brot ißt.

Geteiltes Land

■ **Kanada wurde durch die Uneinigkeit zwischen dem französischsprachigen Québec und dem übrigen Land an den Rand des Auseinanderbrechens gebracht. Diese Kluft ist die Folge einer jahrhundertealten Abneigung. Die gegenwärtige Separatismus-Bewegung heizt auch im übrigen Kanada Debatten über nationale Unabhängigkeit an...** ■

»Die dümmste und überflüssigste Verfassungskrise.«
Mordecai Richler, moderner kanadischer Schriftsteller.

Saat der Teilung: Kanadas Probleme begannen, als England und Frankreich sich vor fast 500 Jahren um seine Küstenregionen stritten. Die historischen Feindseligkeiten zwischen den zwei Ländern wurden in die Neue Welt exportiert, schlummerten aber meist – bis zur Niederlage der

Oben: Rede von Präsident de Gaulle über das »freie Québec« in Montréal (1967). Unten: Separatistenanhänger in Québec.

Franzosen 1759 bei Québec. Bis dahin hatten französische Siedler im Schutz der Grenzen von Neu-Frankreich (siehe S. 32–33) gelebt, und ihre Sprache, ihre Kultur und ihr katholischer Glaube waren durch enge Bande mit dem Mutterland gesichert. Nach 1759 wurden sie jedoch englische Untertanen, wenn auch mit bestimmten Rechten und innerhalb einer französischsprachigen Mehrheit. Mit der Entstehung des kanadischen Staates sahen sich die Québécois jedoch zunehmend in einer englisch dominierten Konföderation an den Rand gedrängt.

Stille Revolution: Jahrelang zogen sie sich daraufhin nur zurück und blieben in den frankophonen Festungen

> »*Vive le Québec libre.*« Französischer Präsident Charles de Gaulle, Montréal (1967)

Confederation Square in Ottawa, der Hauptstadt Kanadas.

von Québec unter sich. Viele bildeten eine Art Unterschicht und waren entweder Bauern oder Billiglohnarbeiter in Fabriken, die englischen Kanadiern gehörten und von ihnen finanziert wurden. In den 60er Jahren veränderte sich die Situation, als Künstler, Schriftsteller und Politiker (darunter Pierre Trudeau) ein neues Bewußtsein für die Ziele und Identität der Québécois schufen. Diese Zeit wird heute die *révolution tranquille* (stille Revolution) genannt. Soziale Veränderungen folgten bald, als die neue liberale Provinzregierung der Kirche (vorher eine konservative Kraft) die Kontrolle über Wohlfahrt, Gesundheit und Erziehung entwand und größere politische und wirtschaftliche Autonomie anstrebte.

> »Die Romantik ist die politische Währung des Unabhängigkeitslagers. Nur selten verirren sie sich zur Vernunft.« John Carlin, in der Zeitschrift *Independent* (1995)

Terrorismus: Diesem Prozeß wollten noch andere, dunklere Kräfte mit ihrer (ungern gesehenen) Unterstützung nachhelfen, nämlich die Front de Libération du Québec (FLQ), eine Terroristengruppe, deren Aktionen 1970 in der Entführung und Ermordung von Pierre Laporte, einem Minister der Provinz Québec, gipfelten. Nach wenigen Tagen wurden das Kriegsrecht verhängt, Truppen ausgeschickt und 500 Separatisten ins Gefängnis geworfen. Solche unkanadischen Ereignisse rissen den Rest des Landes aus seiner Selbstzufriedenheit und schadeten dem in vieler Hinsicht verständlichen Québécois Anliegen. Außerdem verschlechterten sie das Verhältnis zwischen englisch- und französischsprachigen Kanadiern noch weiter.

Besser oder schlechter: Ein Anzeichen, daß sich die Lage für Québec verbesserte, war der *Official Language Act* von 1969, der Französisch denselben Status wie Englisch verlieh und ganz Kanada offiziell zweisprachig machte. Acht Jahre später ging Québec noch einen Schritt weiter mit der *Charte de la langue française*, oder Gesetz 101, das Französisch in der Provinz zur *einzigen* offiziellen Sprache erhob. Von nun an sollte beispielsweise ein Hot dog als *un chien chaud* bezeichnet werden und alle Straßenschilder hatten auf Französisch zu sein, was zu Absurditäten wie der rue McTavish in Montréal führte. Unnötig zu erwähnen, daß die Englischsprachigen die Provinz in Strömen verließen und Geld und Organisationstalent mitnahmen und damit eine Wirtschaftskrise herbeiführten, die bis heute andauert.

Geld: Letztendlich wird wohl das Geld darüber entscheiden, ob Québec ein Teil von Kanada bleibt. Investitionen von außerhalb bleiben wegen der anhaltenden Unsicherheit bereits aus, und Kanada hat vorgeschlagen, daß Québec, falls es den Bundesstaat verläßt, für ein Viertel der Staatsschuld von 515 Milliarden Dollar aufkommen muß (denn ein

Viertel der Landesbevölkerung lebt dort). Die Bauern fürchten den Verlust staatlicher Zuschüsse, und die staatlichen Angestellten müßten ihre Arbeitsplätze in Ottawa aufgeben. Separatistische Politiker versuchen daher, eine Vision von Québec zu verkaufen, in der es zwar selbständig wird, aber auch Teil von Kanada bleibt. Viele hoffen, daß sie nach der Trennung den kanadischen Dollar (einschließlich des Porträts der Queen) und ihre Pässe behalten und mit dem Rest von Kanada weiter Handel treiben können.

Desintegration: Föderalisten verurteilen diese Vorstellungen als weltfremd. Wenn Québec sich abtrennt, sagen sie, bedeutet das für Kanada nicht zuletzt ein wirtschaftliches Desaster, denn der kanadische Dollar würde fallen, die Zinsen steigen und die Wirtschaft des Landes zusammenbrechen. Weitere Anomalitäten würden entstehen, besonders in den Atlantikprovinzen, die sich vom restlichen Kanada durch mehr als 600 Kilometer »fremdes Territorium« getrennt sehen würden. Die Québécois selbst wären auf sich allein gestellt.

Lösung? Die anderen Provinzen sind angesichts des Verhaltens von Québec jedem Referendum hilflos ausgeliefert. Einerseits hat das Unmut erzeugt, andererseits in weiteren Provinzen zu Enttäuschung über den Föderalismus geführt (auch in Alberta und British Columbia gab es Trennungsdebatten).

Die Zahlen des Referendums von Québec 1995 belegen, daß es heute fast genauso viele Separatisten gibt wie solche, die Kanadier bleiben wollen (verglichen mit den 60 Prozent, die 1980 dagegen waren). Aber solange es englisch- und französischsprachige Kanadier gibt, bleibt die Québécois Frage – und die Gefahr für die Einheit Kanadas – bestehen.

In einer Umfrage von 1992 sagte ein Viertel der Québécois, daß sie lieber den USA beitreten würden als von Kanada unabhängig zu werden.

Kanadische Flagge, Symbol eines unruhigen Landes.

KANADA DAMALS

■ **Kanadas Geschichte beginnt nicht mit der allmählichen Kolonisierung und Ausbeutung durch die europäischen Siedler, sondern mit der vieltausendjährigen Ausbreitung der Ureinwohner, für die die Ankunft der Fremden zur Tragödie wurde und beinahe zum Untergang ihrer uralten Lebensweise führte ...** ■

Landbrücke: Es gab eine Zeit, da lebte noch keine Menschenseele in Nordamerika. Vermutlich erst vor etwa 25 000 Jahren, gegen Ende der letzten Eiszeit, kamen die ersten Bewohner über die damalige Landbrücke zwischen Asien und Nordamerika. Die meisten waren wahrscheinlich Nomaden aus den sibirischen Steppen oder den Bergen der Mongolei und überquerten die heutige Beringstraße (damals lag der

Oben: Modernes Inuit-Gemälde.
Unten: Kanadischer Häuptling,
gemalt von Paul Kane (1848).

»Quelques arpents de neige«
(ein paar Morgen Schnee).
Voltaire über Kanada, *Candide*
(1759)

Meeresspiegel tiefer), um in den Eiswüsten von Alaska und am Yukon umherzuziehen. Die meisten jagten Büffel, Mammuts und Wollnashörner für ihre Mahlzeiten. Heute erinnert außer einer Handvoll Gräber und den charakteristisch geschnitzten Speerspitzen nur noch wenig an sie.

Ein kolonisierter Kontinent: Tausende von Jahren rollten neue Einwanderungswellen über Nordamerika und breiteten sich nach Süden über die Landenge von Panama aus, bis auf dem gesamten Kontinent Menschen lebten, die genetisch miteinander verwandt waren. Die Stämme entwickelten ihre eigenen Sprachen und Kulturen entsprechend den örtlichen Gegebenheiten. In Kanada bewahren nur noch die Inuit Spuren ihrer ursprünglichen Lebensweise (siehe S. 132–133); die Traditionen der anderen Bewohner sind fast ausgelöscht. Improvisation und Anpassungsfähigkeit ermöglichten den Inuit das Überleben. So stellten sie zum Beispiel Schlittenkufen aus Robbenfell oder gefrorenen Fischen her. Für ihre auffälligen Gesichtstätowierungen zogen sie rußige Sehnen unter der Haut durch.

Westküste: Zu den am höchsten entwickelten Erstsiedlern gehören die Stämme der Westküste, deren Zugang zu üppigen natürlichen Rohstoffen – Holz, Fisch, Pelze und Waldtiere – eine Lebensweise ermöglichte, die weit jenseits der anderen, am Rand des Existenzminimums lebenden Gruppen, lag. Die

leichte Zugänglichkeit von Nahrung und Rohmaterialien und ein freundlicheres Klima führten zu relativer Seßhaftigkeit. Das wiederum ließ den Menschen Zeit für Kunst und Zeremoniell. So entstanden Schnitzereien – unter denen Totempfähle die höchste Vollendung darstellen – und Zeremonien, die zu dem Überragendsten gehören, was die Ureinwohner Nordamerikas schufen.

Völker der Ebenen: Im Gegensatz dazu war für die Menschen der Ebenen Zentralkanadas der Büffel die Existenzgrundlage. Wo die Büffel hinzogen, zogen die Cree, Assiniboine und Schwarzfuß-Indianer nach. Büffel wurden wegen Fleisch, Knochen (Werkzeuge) und Fell (Kleidung und Tipis) gejagt, und die Hufe wurden zu Leim verkocht. Die Stämme waren oft miteinander verfeindet,

> »Sie sind wie Tartaren, mit langem schwarzen Haar, breiten Gesichtern und platten Nasen, und braun von Farbe, in Seehundsfelle gehüllt ...« Ein Offizier der Frobisher-Expedition beschreibt die Inuit (1576).

Die Lebensweise der Ureinwohner Kanadas blieb jahrtausendelang unverändert.

und ihre Sprachen – trotz der gemeinsamen nomadischen Lebensweise – so unterschiedlich, daß sie beim Handel eine Zeichensprache benutzten.

Völker der Wälder Die Menschen im Osten waren meist seßhafte, ackerbautreibende Völker (siehe S. 184–185). Sie lebten in Langhausdörfern und ernährten sich von Mais, Bohnen und Kürbis. Von Ausflügen in die Flußtäler und östlichen Wälder brachten sie Fisch, Fleisch und Beeren mit. Obwohl sie durch ihre Sprache verbunden waren, unterschieden sich die Hauptstämme deutlich, am meisten die unternehmungslustigen Algonkin und die kriegerischen Irokesen. Letztere waren der Alptraum der ersten französischen Siedler und unversöhnliche Feinde der Huronen, eines anderen irokesischen Stammes. Doch keine dieser jahrhundertealten Kulturen war letztlich den Europäern gewachsen, deren erste Abgesandte vor etwa 1000 Jahren die kanadischen Küstengebiete betraten.

Erste Europäer

■ **Manche sagen, irische Seeleute des 6. Jahrhunderts hätten als erste Europäer die »Neue Welt« entdeckt, andere, daß im 15. Jahrhundert baskische Fischer und Seefahrer aus Bristol vor der Atlantikküste des Kontinents gekreuzt seien. Aber als sicher gilt, daß Wikinger, 500 Jahre vor Kolumbus, als erste die Küste Kanadas betraten ...** ■

Die Wikinger: Es gibt zwar keine zeitgenössischen schriftlichen Quellen, aber vermutlich pflügten sich um 870 n. Chr. Wikinger-Langschiffe durch die eisigen Fluten des Nordatlantiks und landeten auf dem heutigen Island. Den isländischen Sagas zufolge kämpften sie sich dann Richtung Westen bis nach Grönland vor und setzten zu Beginn des 11. Jahrhunderts etwa 3000 Siedler an der Küste ab. Einer von ihnen, Bjarne Herjolfsen, hatte sich um 986 zwischen Island und Grönland verirrt. In einem Sturm gefangen und vom Kurs abgekommen, erspähte er trotz tobender See eine ferne Küste. Nachdem er dem Sturm entkommen war, kehrte er mit seiner Geschichte über das seltsame Land in seine Heimat zurück.

Vinland: Um 995 brach Leif Erikson, der »Glückliche«, auf, um dieses neue Land zu finden. Er landete auf Helluland (Insel Baffin), Markland (Labrador) und Vinland (Newfoundland). Seine Berichte über den Lachs und die reichen Wälder dort veranlaßten andere, ihm zu folgen. Örtliche Stämme vereitelten jedoch alle Ansiedlungsversuche; das wilde Volk (wahrscheinlich Algonkin-Indianer) wurde von den Wikingern *skraelings* (Elende) getauft . Daher scheinen die Wikinger nur provisorische Basislager angelegt zu haben, um Holz und anderes zu sammeln, das sie nach Grönland und Skandinavien brachten. So ging es bis etwa 1410, als irgend

John und Sebastian Cabot brechen 1497 von Bristol in die Neue Welt auf.

Jacques Cartier, der zwei Dörfer der Ureinwohner entdeckte, aus denen später Montréal und Québec wurden.

etwas – möglicherweise Angriffe der Inuit oder ein Klimawechsel – die Seereise anscheinend zu gefährlich werden ließ. Verlassen und von Krankheiten heimgesucht, starben die letzten Wikinger fast zu dem Zeitpunkt, als Kolumbus die Segel setzte und in seine »Neue Welt« jenseits des Atlantik aufbrach.

John Cabot: Komlumbus' Erfolg bei der Suche nach einem neuen Seeweg nach Indien ermunterte andere europäische Herrscher, staatlich finanzierte Reisen über das »westliche Meer« zu riskieren. John Cabot, ein italienischer Seefahrer, erhielt den Segen von Henry VII. von England für eine solche Reise. Cabot brach mit nur 18 Mann auf und landete 52 Tage später auf Cape Breton Island: Der erste Europäer, der »offiziell« Kanada betrat. Er nahm das Land (das er für Nordostasien hielt) für England in Besitz und kehrte zurück, um einen enttäuschten Henry nicht mit Berichten über Seide und Gewürze, sondern Fisch und Wald zu erfreuen. Für seine Bemühungen zahlte Henry ihm zehn Pfund. Andere hörten ihm aufmerksamer zu, und schon wenig später waren die Gewässer vor Neufundland voller englischer, baskischer, französischer, spanischer und portugiesischer Fischerboote.

> »Ich glaube, daß Gott dieses Land Kain zugeteilt hatte.«
> Jacques Cartier,
> *The First Relation* (1534)

Jacques Cartier: Das neue Land wurde zunächst kaum besiedelt, bis 1534 Jacques Cartier eine Expedition unternahm, die – ebenfalls in der Hoffnung, einen Seeweg in den Osten zu finden – von der französischen Krone finanziert wurde. Cartier landete südlicher als Cabot und nahm die Halbinsel Gaspé für Frankreich in Besitz, bevor er den St Lawrence-Strom aufwärts fuhr. Er hielt an zwei irokesischen Dörfern, Hochelaga (heute Montréal) und Stadacona (heute Québec), überwinterte in der Nähe des letzteren und kehrte nach Frankreich zurück, mit zwei Irokesen als »Beute« und Geschichten von reichen Bodenschätzen. Auf einer späteren Reise (1542) sammelte Cartier Proben (wahrscheinlich Eisenkies), die bei seiner Rückkehr für wertlos erklärt wurden. Die Enttäuschung ließ das Interesse an dieser Region einschlafen, bis um 1600 die wachsende Gier nach Pelzen die Ereignisse auslöste, die Kanadas Geschichte jahrhundertelang beeinflußten.

> »Es heißt, daß der Name Kanada von den zwei spanischen Wörtern *Aca* und *Nada* kommt, was soviel bedeutet wie 'hier ist nichts'.« R. B. Graham,
> *Mogreb-el-Acksa* (1898)

Pelzhandel

■ **Die Struktur des heutigen Kanada erwuchs aus dem lukrativen Pelzhandel. Pelzjäger schufen Pfade durch unberührtes Gebiet; Entdecker durchzogen den gesamten Kontinent mit Routen, um ihren Nachschub zu sichern; Siedlungen entstanden an den Handelsposten, in denen mit einheimischen Trappern Felle getauscht wurden ...** ■

Anfänge: Als die Europäer erkannten, daß in Kanada nur wenig Gold, Seide und Gewürze zu holen waren, wandten sich die meisten den bodenständigeren Gewinnen aus Fisch und Holz zu. Der Pelzhandel war zunächst ein Nebenerwerb der Fischer, die nur für eine Saison kamen. Viele errichteten Ufercamps, um ihren Fang zu verarbeiten. Von dort aus gingen sie auf die Jagd, tauschten ein paar Pelze mit den Ureinwohnern und später auch untereinander.

Gründer: Der Franzose Pierre Chauvin gründete 1600 den ersten echten Pelzhandelsposten – in der Nähe des heutigen Tadoussac. Meist wird jedoch ein anderer Franzose, Samuel

Unten: Die Pelze der neuen Saison werden eingelagert.
Oben: Polarfuchspelze.

de Champlain, mit dem Titel »Vater Neu-Frankreichs« geehrt. De Champlain, Entdecker und Landvermesser, hatte den Auftrag, den St Lawrence-Strom zu vermessen. Er gehörte zu einer Expedition, die in den von Cartier für Frankreich in Besitz genommenen Gebieten ständige Siedlungen errichten sollte – unterstützt vom französischen König (der den Erfolg Spaniens in der Neuen Welt nachahmen wollte).

Besiedlung: Die Expedition ließ sich zuerst in New Brunswick nieder (siehe S. 224–225) und zog 1605 nach Port Royal in Nova Scotia weiter (heute Annapolis Royal). Obwohl die Siedlung bestehen blieb, machte es das unwegsame Gelände unmöglich, die vom französischen König erhaltene Pelzhandelskonzession umzusetzen. Solche Konzessionen wurden

Weiße Fallensteller waren selten: die Handelskompanien bevorzugten die einheimischen Bewohner.

als Anreiz geboten, um auch unwirtliche Gegenden zu besiedeln, und so den Anspruch Frankreichs auf sein neues Land zu festigen. Da er in Nova Scotia gescheitert war, zog de Champlain weiter zum St Lawrence-Strom, wo er eine *habitation* an der Stelle gründete, die die Ureinwohner *kebec* nannten (heute Québec).

Biber-Boom: Von nun an stieg die Bedeutung des Pelzhandels, der mit dem Wachstum Kanadas und der Rivalität zwischen England und Frankreich um die Vorherrschaft im neuen Land eng verflochten war. Besonders die Nachfrage nach Biberpelzen war dank der europäischen Hutmode fast unersättlich. Der mehr als 200 Jahre während Kampf um das Monopol auf dem Markt beschäftigte nicht nur die Europäer, sondern veränderte das Leben der Ureinwohner für immer.

Parteinahme: Die Europäer konnten zwar selbst Fallen stellen, waren den Ortskenntnissen der Ureinwohner aber kaum gewachsen. De Champlain begriff dies sofort und verbündete sich mit den zuverlässigsten Lieferanten, den Huronen, den traditionellen Feinden der Irokesen, und

verschärfte so den Konflikt zwischen den Stämmen. Einmal begleitete de Champlain mit drei bewaffneten Gefährten die Huronen 1609 bei einem Überfall auf die Mohawk, die zur irokesischen Liga gehörten. Viele (möglicherweise mehr als 300) wurden mit französischen Gewehren getötet. Dieses Massaker hinterließ einen bleibenden Eindruck bei den Irokesen, die sich später mit den Holländern und Engländern verbündeten.

Lebensweise: Obwohl die Pelzhandelsgesellschaften (Northwest Trading und Hudson´s Bay) größer waren als die frühen französischen Organisationen, blieb die Art, wie sie das Leben der Bewohner veränderten, von Anfang an dieselbe. Eine Folge war, daß sich die Stämme entlang der europäischen Fronten bei der einen oder anderen Seite verbündeten; die Verbreitung von Gewehren war eine andere. Mit Pelzen kaufte sich erst die eine, dann die andere Seite Musketen, Werkzeuge und Waffen mit Metallklingen; die jahrhundertealte Stein-und-Holz-Technik starb aus. Die Ureinwohner begaben sich so in eine Abhängigkeit, aus der sie sich nie wieder befreien konnten. Kurzfristig schien es zum Besten aller, besonders der Franzosen, die die riesigen Rohstoffquellen des Landes jahrzehntelang ausbeuten konnten.

■ **Das von de Champlain für den französischen König in Besitz genommene Land war zunächst eher ein Handelsunternehmen. Erst später wurde es als Kronkolonie »Neu-Frankreich« anerkannt. 100 Jahre lang stand es im Zentrum des Kampfes zwischen England und Frankreich um die Vorherrschaft in Nordamerika ...** ■

32

Festigung: Von Anfang an wurden Frankreichs neue Ländereien von Scharmützeln mit England und Auseinandersetzungen mit den Ureinwohnern geplagt. 1627 zum Beispiel blockierten zwei englische Abenteurer, die Kirke-Brüder, den St Lawrence-Strom und behinderten damit den französischen Pelzhandel. 1649 wurden französische Missionare von Irokesen massakriert, und 1660 entging Montréal nur knapp der Zerstörung durch feindliche Stämme.

Louis XIV. erkannte das Problem und beschloß, das neue Land – bis dahin kaum mehr als ein Pelzhändlerrevier – formell anzuerkennen. Es entstand die Kronkolonie »Nouvelle France« (Neu-Frankreich).

Autorität: Louis' Schritt verhalf der Region zu einer ersten offiziellen Regierung. Bis dahin waren mögliche Siedler durch Überfälle der Einheimischen und das Fehlen einer zentralen Macht abgeschreckt worden. 1640, ein Jahrhundert nach Cartiers Pionierreise, betrug die Bevölkerung nur 240 Menschen (verglichen mit 40 000 in der übrigen Neuen Welt). Die strengere Kontrolle zahlte sich aus, 1685 war die Bevölkerung auf einige 10 000 angewachsen. Wohlstand folgte bald, sorgsam unterstützt nicht nur von einer absolutistischen Regierung, sondern auch von der katholischen Kirche und einer wohlorganisierten Siedlungspolitik.

> Das Gebiet am St Lawrence-Strom wurde 1535 für Frankreich in Besitz genommen, aber erst 1663 zur Kronkolonie erklärt.

General James Wolfe, englischer Held im Siebenjährigen Krieg gegen Frankreich.

Besiedlung: Die meisten französischen Siedler unterwarfen sich dem Feudalsystem, das vom Mutterland (wo es bis zur Französischen Revolution von 1789 überlebte) in die Kolonie eingeführt wurde. Danach wurde Land, eine *seigneurie*, vom König an Adlige, Kaufleute und Orden vergeben, die ihm dann Gefolgschaft schuldeten (in Neu-Frankreich konnten auch einfache Leute Land erhalten). Diese *seigneurs* wiederum verpachteten ihr Land an Bauern, *habitants*, die sich durch Zahlung eines jährlichen Zehnten, der aus Naturalien (meist Getreide), Bauarbeiten an Straßen und Gräben und der Bereitschaft zum Milizdienst bestehen konnte, absicherten.

Verfall: Weniger die Besiedlung als vielmehr der Handel war die Exi-

stenzgrundlage Neu-Frankreichs. Während Entdecker den französischen Einfluß über den Kontinent ausdehnten, sollten die Siedler in den Orten am St Lawrence-Strom, in Québec, Montréal und Trois-Rivières bleiben. Das machte Neu-Frankreich angesichts der dichter bevölkerten Gebiete im Süden, besonders durch Neu-England, verwundbar; die politische Vernachlässigung des Westens erlaubte den Engländern zusätzliche Handlungsfreiheit. Als Folge davon wurde 1670 die Hudson's Bay Company gegründet, deren Bedeutung die Franzosen stets unterschätzten (siehe S. 168–169).

Niederlage: Als Frankreich die Gefahr durch England erkannte, war es zu spät. Unzählige Überfälle und Schlachten zum Schutz ihrer Besitztümer erwiesen sich als erfolglos: 1713 kam es zum Frieden von Utrecht, der die Scharmützel beenden sollte und England zu Akadien,

einem französischen Gebiet in den Atlantikprovinzen (in Nova Scotia umbenannt), der gesamten Hudson Bay und dem ganzen Gebiet südlich der Großen Seen verhalf. 1744 flammten die Kämpfe wieder auf und gipfelten in dem entscheidenden Siebenjährigen Krieg (1756–1763). Frankreichs Kriegsführung erwies sich als halbherzig. Die noch bestehenden Grenzen Neu-Frankreichs wurden kaum verteidigt, während die Flotte das Mutterland schützte. Die Stadt Québec – der Schlüssel zu Neu-Frankreich – wurde 1759 von General James Wolfe eingenommen. Ein Jahr später fiel Montréal. 1763 ergab sich Frankreich und trat seine nordamerikanischen Gebiete an England ab. Die in »Québec« umbenannte Kolonie wurde englisches Gebiet.

General Wolfe erfuhr kurz vor seinem Tod, daß sein Angriff auf Québec erfolgreich gewesen war.

■ Noch Jahrzehnte nach der Kapitulation Neu-Frankreichs hatte England mit seinen neuen, französischsprachigen Untertanen große Probleme. Verschärft wurden diese durch den amerikanischen Unabhängigkeitskrieg und den immer lauteren Protest gegen die politische Korruption in den jungen Kolonien ... ■

Fremde Untertanen: Der Sieg über Frankreich machte England zum Herrscher über »Kanada«, nicht aber über dessen Volk, das vorwiegend aus französischsprachigen *Canadiens* bestand, die ihre neuen Herren zutiefst verachteten. Englischsprachige Enklaven gab es nur in Halifax, Nova Scotia und Newfoundland. Im übrigen Land, besonders im weiten

Oben: Die amerikanische Unabhängigkeitserklärung hatte großen Einfluß auf die Geschichte Kanadas. Unten: Englische »Loyalisten« kommen nach dem Unabhängigkeitskrieg in Kanada an.

Westen, hatte die Erforschung, ganz zu schweigen von der Besiedlung, gerade erst begonnen. James Cook landete 1778 als erster an der Pazifikküste, nur 15 Jahre nach Frankreichs Kapitulation, und die erste Überquerung der Rockies durch Europäer fand 1793 statt.

Québec-Akte: England plante zunächst, seine neue Kolonie mit englischen Siedlern zu überschwemmen, um mit einem Schlag den französischen Einfluß zu verringern. Willige Pioniere waren jedoch Mangelware. Die Lage wurde verschärft durch die Unruhen im Süden, wo es in Eng-

> Der neue amerikanische Kongreß faßte 1775 als ersten Beschluß nicht etwa die Unabhängigkeit von England, sondern den Krieg mit Kanada.

lands amerikanischen Kolonien immer stärker gärte. Im Fall ihrer Rebellion konnte die Loyalität von Englands 80 000 *Canadiens* – etwa 99 Prozent der Bevölkerung – entscheidend sein. Daher gingen weitsichtigere Politiker wie Sir Guy Carleton, Gouverneur von Québec, diplomatischer vor: Die Québec-Akte von 1774 räumte den französischsprachigen Einwohnern wirtschaftliche, politische und kulturelle Rechte ein.

Unabhängigkeit: Diese Zugeständnisse kamen gerade rechtzeitig, denn nur ein Jahr später erhoben sich die amerikanischen Kolonien gegen die englische Herrschaft. Durch die Québec-Akte besänftigt, verzichteten die meisten *Canadiens* darauf, am Unabhängigkeitskrieg (1775–1783) teilzunehmen, wollten aber auch nicht für die Krone kämpfen. Wirtschaftsunternehmen schlugen sich ebenfalls auf die Seite der Engländer, weil sie – trotz des Erfolgs der Amerikaner – den Kontakt mit England für aussichtsreicher hielten als den mit den jungen USA.

Kanada: Nach dem Krieg flüchteten Tausende von »Loyalisten« – Kolonisten, die England unterstützt hatten – über die Grenze, um sich im »England Nordamerikas« anzusiedeln. Die Übermacht der *Canadiens* minderte der Zustrom englischsprachiger Protestanten, der das ethnische und politische Machtgleichgewicht in Québec dramatisch veränderte. Die Polarisierung zwischen Französisch- und Englischsprachigen wurde durch die Kanada-Akte (1791) gelöst, indem Québec geteilt wurde: Oberkanada (heute Ontario) wurde den Engländern (oder Loyalisten) zugesprochen, Unterkanada (heute Québec) sollte überwiegend französisch sein.

Aufstand: Jede Provinz besaß eine gewählte Versammlung mit einem von England ernannten Rat, der jedoch die eigentliche Exekutivgewalt

Der »radikale Jack« (Lord Durham).

hatte. So wurden die Entscheidungen der Versammlung unweigerlich überstimmt. Außerdem bildeten sich um die ernannten Räte mächtige Gruppierungen, was zu Mißbrauch von Macht und Privilegien führte. Die herrschende Fraktion Oberkanadas war die »Family Contract«, die Unterkanadas die »Château Clique«. Beide stießen auf wachsende Ablehnung; so entstanden Reformbewegungen unter Führung von William Lyon Mackenzie und Louis-Joseph Papineau.

Einheit: Beide Bewegungen führten zu bewaffneten Revolten, und obwohl keine erfolgreich war, zwangen die Unruhen England, sich der politischen Mißstände in den Provinzen erneut anzunehmen. Lord Durham – »radikaler Jack« genannt – wurde Gouverneur von Ober- und Unterkanada und den »kanadischen« Kolonien (Nova Scotia, New Brunswick und Prince Edward Island). Sein Bericht unterstrich die Probleme der Kolonien und schloß, daß man nur mit Einheit der wachsenden wirtschaftlichen (und politischen) Herausforderung der USA trotzen könnte. So wurden Ober- und Unterkanada zur »Provinz Kanada« vereinigt, eine Zwischenstufe auf dem Weg zur Konföderation und Geburt des heutigen Kanada.

35

■ Jahrhunderte vergingen, bevor der Staat Kanada geboren wurde. **Bis zur Konföderation 1867 und damit zum »Dominion« war das Land eine Ansammlung englischer Kolonien und seine Bevölkerung ein ethnisches Mosaik aus Ureinwohnern, Franzosen und Engländern sowie anderen ganz unterschiedlichen Siedlern ...** ■

Einzelne Kolonien: Trotz der Union von Ober- und Unterkanada bestand das englische Nordamerika Mitte des 19. Jahrhunderts nur aus einzelnen Kolonien. Die meisten wurden im Laufe der Zeit immer wohlhabender und es entstanden vielfältige Identitäten. In Newfoundland florierte der Fischfang, in Nova Scotia und New Brunswick boomte der Schiffbau, auf Prince Edward Island blühte die Landwirtschaft, und das Wirtschaftswachstum in Ober- und Unterkanada

Oben: Prince Edward Island, Geburtsstätte der Konföderation. Unten: George Etienne Cartier.

wurde durch die Einwanderung gefördert. In den größeren Städten nahmen Industrie und Handel zu, genährt von den riesigen Rohstoffquellen aus dem Landesinneren und dem nie versiegenden Strom von Pelzen aus dem Norden.

Geteilt: Auch im Westen des Kontinents, im späteren British Columbia (Vancouver Island wurde 1858 zur Kronkolonie erklärt), hatten Handel und Besiedlung begonnen. Alberta, der Yukon und die Prärie-Provinzen sowie die Nordgebiete blieben jedoch weitgehend unbekannt. Der größte Teil dieses Gebiets war das frühere Rupert´s Land, das nominell noch von der Hudson's Bay Company (siehe S. 168–169) kontrolliert wurde, ein immenses Machtvakuum im Herzen des Kontinents und ein Symbol für die Kluft zwischen den so verschiedenen Kolonien.

A mari usque ad mare – von Meer zu Meer (Kanadas Wahlspruch).

Amerikanische Bedrohung: Dies führte zu erbitterten politischen Diskussionen in den 50er und frühen 60er Jahren des 19. Jahrhunderts. Viele Politiker waren für eine Konföderation, doch dieses Problem wurde angesichts politischer Flügelkämpfe vernachlässigt. Der amerikanische Bürgerkrieg (1861–1865) brachte Ernüchterung und ließ einen erneuten anglo-amerikanischen Konflikt befürchten. Dies und der Fortschritt der USA (der kanadische Politiker schon lange beunruhigte) lenkte den Blick schnell auf die Notwendigkeit einer

Veränderung. Bislang verfeindete Parteien einigten sich: George Etienne Cartier, George Brown und John A. Macdonald – zuvor unversöhnlich – schlossen sich zusammen mit dem Ziel, eine Konföderation zu schaffen.

Konföderations-Cocktails: Inzwischen hatten die Atlantikprovinzen in aller Stille einen eigenen Zusammenschluß diskutiert (Nova Scotia, New Brunswick, Newfoundland und Prince Edward Island). Als Brown und Macdonald von diesen Plänen erfuhren, beschlossen sie sofort, sich (uneingeladen) anzuschließen. Sie charterten ein Schiff, die *Queen Victoria*, und beluden sie mit Champagner im Wert von 13 000 Dollar.

Das Schiff samt Fracht legte 1864 in Charlottetown (Prince Edward Island) an, wo die ehrenwerten Besucher etwas enttäuscht waren, als sie eine einköpfige »Delegation« in einem Austernfischerboot begrüßte. Die Abgesandten ignorierten diesen schlechten Start und machten sich an die Arbeit. Nach wenigen Tagen hatten die »Väter der Konföderation« den Grundstein gelegt für die Vereinigung aller englischen Kolonien in Nordamerika.

Kanadas Geburt: Der Vorschlag wurde im britischen Parlament drei Jahre lang debattiert. Die endgültige Ratifizierung erfolgte 1867 durch den *British North America Act*. Nova Scotia und New Brunswick wurden vereinigt und die Provinz Kanada in Québec und Ontario geteilt. Cartier und Macdonald hatten sich unter »Dominion« jedoch ein den ganzen Kontinent umspannendes Land vorgestellt, und daher wurde die Tür für neue Mitglieder weit offen gelassen.

1868 wurde das Rupert's Land der Hudson's Bay Company abgekauft und später zur fünften Provinz, Manitoba (siehe Seite 39), ernannt. British Columbia, unabhängig gesonnen, aber in Furcht vor seinem US-Nachbarn, trat 1871 bei. Prince Edward Island unterschrieb 1873. Alberta und Saskatchewan entstanden 1905. Das tapfere kleine Newfoundland blieb jedoch bis 1949 Außenseiter.

John A. Macdonald, einer der »Väter der Konföderation«.

Provinzwappen: Ontario (oben) und Québec.

■ **Kanada zu erschaffen war leicht, doch das Land mit Kanadiern zu füllen, schwierig. Zuerst wurden Siedler mit dem Versprechen von freiem Land gelockt, wofür ein breiter Gebietsstreifen von der Hudson's Bay Company gekauft wurde. Dieses Land war jedoch schon von Einheimischen und Mestizen besiedelt, die rebellierten und immer wieder aufbegehrten ... ■**

Land: Der Konföderation fehlten einige große Stücke im kanadischen Puzzle. Dazu gehörte vor allem Land, das noch von der Hudson's Bay Company (siehe S. 168–169) verwaltet und später von der kanadischen Regierung für 1,5 Millionen Dollar gekauft wurde. Unseligerweise berücksichtigte man im Vertrag nicht die 170 000 bereits dort lebenden Ureinwohner, die meisten davon Stämme, die das Gebiet seit Jahrtausenden durchwandert hatten, und 5000 Mestizen, katholische, französischsprachige Nachkommen von Ureinwohnern und Europäern.

> Der Erwerb der Gebiete von der Hudson's Bay Company durch Kanada war der größte Landkauf der Geschichte.

Ärger: Der Ärger begann, als staatliche Landvermesser unter Militärschutz das Land der Mestizen zur Verteilung an Einwanderer absteckten. Die Mestizen leisteten organisierteren Widerstand als das restliche Volk, das bereits mit wohlklingenden Verträgen abgespeist worden war. Sie nahmen Fort Garry (einen englischen Außenposten) ein und bildeten eine provisorische Regierung unter der Führung von Louis Riel (1844–1885).

Anführer: Auch heute noch gilt Riel als eine der charismatischsten und widersprüchlichsten Persönlichkeiten der kanadischen Geschichte. Er wurde in der Nähe von Red River im Herzen des Mestizenlandes geboren, studierte erst Theologie, dann Jura und war fast besessen davon, den

Louis Riel, charismatischer Anführer der Métisrevolten.

Katholizismus in Kanada zu etablieren. Bei der Unterstützung der Mestizen – im Grunde eine gute Sache – verhielt er sich geradezu vorbildlich, lehnte Blutvergießen ab und zeigte sich verhandlungsbereit.

Erfolg: Riel erhielt jedoch von den englischsprachigen Mischlingen nur wenig Unterstützung, auch nicht von den hauptsächlich irischstämmigen Ontarianern, die im Vorgriff auf den Anschluß in das Mestizenland gezogen waren. Einer davon, der Orangist Thomas Scott, versuchte, Riel zu ermorden. Dieser stellte Scott vors Kriegsgericht und ließ ihn erschießen. Die Empörung in Ontario war groß – ein weißer Protestant »ermordet« von katholischen französischen »Halbblütigen« –, und die Nachwirkungen waren noch lange zu spüren. Riels Position blieb jedoch stark, und

38

nach Verhandlungen wurde 1870 die Provinz Manitoba gegründet. Englisch- und Französischsprachigen wurden gleiche Rechte verliehen, und für jeden Mestizen wurden 140 Morgen Land reserviert.

Rückzug: Trotz seiner Erfolge floh Riel vor der Ankunft englischer Truppen und wurde in Abwesenheit zu zwei Jahren Gefängnis verurteilt. 1874 wurde er ins Parlament gewählt, konnte aber wegen des anhaltenden Zorns über Scotts Tod seinen Sitz nicht einnehmen. 1875 wurde er begnadigt – unter der Bedingung, daß er vier Jahre im Exil bleibe. Diese Zeit verbrachte er in den USA.

Rebellion: Die anfangs großen Hoffnungen der Mestizen wurden enttäuscht. Nur 20 Prozent erhielten das ihnen versprochene Land, einen Großteil davon hatten Spekulanten für einen Bruchteil des Wertes gekauft. Viele der Enteigneten zogen nach Saskatchewan, um ein Leben fern von Siedlern und Landvermessern zu führen. Als sich das als unmöglich erwies, wurde Riel erneut gerufen. Er bildete

Truppen der Mestizen und Ureinwohner unter Beschuß bei Frenchman's Butte (1885).

eine provisorische Regierung und verbündete sich mit den Cree. Ein Zwischenfall forderte mehrere Polizistenleben. Als Reaktion auf die Empörung im Osten und aus Furcht vor einem allgemeinen Aufstand schickte Premierminister John Macdonald eine Armee, die die Revolte niederschlug und den Anführer Riel gefangennahm. Bei der Verhandlung plädierte die Verteidigung auf Unzurechnungsfähigkeit (Riel war sicher geisteskrank), und alle Seiten baten um Milde. Nach wochenlangen Debatten wurde Riel jedoch am 16. November 1885 gehängt, ein kontroverses Urteil (für einige Märtyrertod), das heute noch die Gemüter erregt.

> »Er soll hängen, auch wenn jeder Hund in Québec für ihn bellt.« Premierminister Macdonald (1815–1891), als Entgegnung auf Gnadengesuche für Louis Riel.

■ Nachdem ein Staat geschaffen und dessen rebellische Seele mit Waffengewalt gezähmt war, plante Kanada eine transkontinentale Eisenbahn, einen großen Stahlstrang, der die Prärien erschließen, die verstreuten Provinzen zusammenschweißen und das Land symbolisch in einer alles umarmenden Geste einen sollte ... ■

Strategie: Der Plan einer transkontinentalen Eisenbahn war lange vor der Konföderation diskutiert worden, ihre strategische wie auch psychologische Bedeutung für die kanadischen Kolonien war schon sehr früh erkannt worden. Vor dem Bau ging die natürliche Bewegungsrichtung für Handel und Menschen in den Süden, bedingt durch die Nähe zur USA. Kein Land kann überleben, wenn das Ausland (dazu noch ein überwiegend feindseliges) leichter zu erreichen ist als die eigene Nachbarprovinz. Das galt besonders für den Westen, und British Columbia hatte den Bau einer Eisenbahn beim Beitritt in die Konföderation zur Bedingung gemacht. Die Atlantikprovinzen, aufgrund ihrer Randlage ebenso besorgt, äußerten ähnliche Wünsche.

Die Canadian Pacific Railway war der Strang, der half, eine Nation zu einen.

Handel: Neben strategischer hatte die Bahnlinie vor allem wirtschaftliche Bedeutung, besonders in der Umgebung des St Lawrence, dessen Verkehrsanschlüsse wesentlich schlechter als die südlich der Grenze waren. In den USA wurden fleißig Eisenbahnen gebaut; die erste transkontinentale Strecke war 1869 fertig. Die kanadische Strecke sollte auch Pioniere zu ihrem versprochenen Land bringen und den gewaltigen landwirtschaftlichen (und später bergbaulichen) Reichtum der Prärien und des Kanadischen Schilds zugänglich machen. Französischsprachige Politiker sahen die Bahn als Mittel, den Einfluß französischer Kultur über die neuen Gebiete nach Westen auszudehnen.

Schleppender Beginn: 1871 versprach British Columbia, der Konföderation beizutreten, bestand aber auf der Bahnverbindung mit dem Osten. Die Arbeiten begannen 1881.

40

Zwischen 1896 und 1913 reisten mehr als eine Million Siedler mit der Canadian Pacific Railway in ein neues Leben in die Prärien.

Politische Flügelkämpfe behinderten den Bau; die Oppositionsparteien hatten 1871 das Projekt als »Akt wahnsinniger Kühnheit« bezeichnet. Ein noch größeres Problem war die Finanzierung. Ein Privatunternehmen wurde schließlich durch einen Barzuschuß von 25 Millionen Dollar und mit Landversprechungen in Höhe von 25 Millionen Morgen (10 Millionen ha) gewonnen. Das Land sollte aus Grundstücken eines Korridors von 24 Meilen (40 km) entlang der Bahnstrecke bestehen. Nach dem Bau der Strecke gehörte dieses Land – heute von Städten wie Calgary eingenommen – zum wertvollsten in Kanada.

Kungelei: Die Eisenbahnprobleme brachten Premierminister John Macdonald zu Fall, einen ihrer heftigsten Verfechter. Er wurde beschuldigt, Wahlkampfspenden von Sir Hugh Allan angenommen zu haben, einem Schiffsmagnaten, der den Bau leitete. Noch schlimmer: Zu Allans Konsortium gehörten starke US-Finanziers, und man befürchtete, daß die Eisenbahn unter US-Kontrolle geraten könnte. Macdonald stürzte aber auch wegen des Verdachts, Allan habe den Eisenbahnvertrag durch Bestechung erhalten. Macdonalds Nachfolger Alexander Mackenzie setzte den Bau so langsam fort, daß British Columbia mit seinem Austritt drohte. Die Eisenbahn erreichte Vancouver schließlich 1887.

Der symbolische »letzte Nagel« in Kanadas transkontinentaler Eisenbahn war aus Eisen. In den USA war dieser Nagel aus Gold.

Das Ganze vereint: Über die Jahrzehnte erlangte Kanadas transkontinentale Eisenbahn einen fast mythischen Nimbus, ihr Schienennetz wurde als einendes Bindeglied verherrlicht. Heute jedoch ist die einst stolze und mühevoll gebaute Strecke in traurigem Zustand. Die zunehmende Bedeutung des Luft- und Straßenverkehrs führte zu so großen Defiziten, daß Canadian Pacific die Strecke 1992 für Passagiere stillegte. Die Eisenbahn ist jetzt eine reine Frachtstrecke; nur Weizen, Öl und Bodenschätze passieren die »heiligen« Schienen. Die Passagierbeförderung übernahm die Canadian National Railway, ein Zweig von VIA Rail.

41

■ Heute leben in Kanada etwa 27 Millionen Menschen, von denen nur 810 000 zu den eigentlichen kanadischen Ureinwohnern gehören. Der Rest sind Einwanderer oder deren Nachkommen, ein buntes ethnisches Mosaik, dessen Struktur und Entwicklung in den vergangenen vier Jahrhunderten die Nation mitformte ... ■

Besiedlung: Die ersten Pioniere in Kanada waren ein trauriger Haufen – ein paar Fischer, ein Dutzend Jäger und halbverhungerte Wikinger. Um 1600 kamen besser vorbereitete Siedler, die von dem Kaufmann Pierre Chauvin geleitet wurden, der von Henry IV. ein zehnjähriges Handelsmonopol erhalten hatte für die Gegenleistung, 50 Französinnen und Franzosen ein Jahr lang bei der Ansiedlung zu helfen. Dem lag ein Gedanke zugrunde, der jahrhundertelang die Einwanderungspolitik Kanadas bestimmte: nur permanente Siedlungen konnten den Gebietsanspruch eines Staates gegen den anderer Staaten untermauern.

Frankreich: Zunächst war da Frankreichs Anspruch auf die Gebiete am St Lawrence. Der Hauptkonkurrent war hier England – es gab bereits englische Siedler in Newfoundland und den Atlantikprovinzen –, aber die Engländer konzentrierten sich vor allem auf die »amerikanischen« Kolonien im Süden. Der nächste Schritt Frankreichs war die Besiedlung von »Acadia« (Nova Scotia) 1604 (siehe S. 224–225) und der Bau des ersten Pelzhandelspostens an der Stelle des heutigen Québec (1608). In den 20er Jahren des 17. Jahrhunderts wurde schließlich die Gesellschaft der »Hundert Assoziierten« gegründet, die für ihr Pelzmonopol pro Jahr 400 Pioniere ansiedeln mußte.

Bevölkerung von Neu-Frankreich: 1642: 240; 1663: 2500; 1666: 3200; 1676: 8500; 1713: 19 000; 1739: 48 000; 1759: 70 000.

England: Als Neu-Frankreich 1759 kapitulierte (siehe S. 33) waren 99 Prozent der kanadischen Siedler Franzosen. Daher wollte England englischsprachige Siedler aus den alten »amerikanischen« Kolonien holen. Vor dem amerikanischen Unabhängigkeitskrieg kamen nur wenige; danach veränderte der Zustrom englischsprachiger »Loyalisten« Québecs ethnisches Gefüge (und vermehrte die Bevölkerung der Atlantikprovinzen ungemein).

Bevölkerungszahlen 1806:
Prince Edward Island: 9700;
Newfoundland: 26 000;
New Brunswick: 35 000;
Nova Scotia: 65 000;
Oberkanada/Ontario: 71 000;
Unterkanada/Québec: 250 000.

Große Welle: Die ersten Wellen der Masseneinwanderung aus England und Irland erreichten Kanada um 1830, ausgelöst durch hohe Getreidepreise, Unruhe und Armut in England, später auch durch Hungersnöte. So muß man sich die klassischen Auswanderungen vorstellen: Tausende Menschen in Schiffsbäuche gepfercht (meist dreckige und schlecht ausgerüstete Schiffe), kaum Essen, Wasser und Toiletten, durch Krankheiten ausgemergelt, dahingerafft zu Hunderten in den Quarantänehütten von Québec und Montréal. Zwischen 1815 und 1850 überquerten etwa 800 000 den Atlantik (und vergrößerten die Bevölkerung um mehr als das Doppelte). Allein 1832 zogen 66 000 nach Oberkanada (Ontario), bei einer Gesamtbevölkerung von 71 000 im Jahre 1806.

Bevölkerungszahlen 1840:
Prince Edward Island: 32 000;
Newfoundland: 73 000;
New Brunswick: 157 000;
Nova Scotia: 203 000;
Oberkanada/Ontario: 716 000;
Unterkanada/Québec: 432 000.

Landrausch: Die zweite große Einwanderungszeit war nach 1885, als englische und europäische Auswanderer in die Prärien strömten, angelockt mit Siedlungsland, befördert von der neuen transkontinentalen Eisenbahn und unterstützt von kanadischen Beamten, die in Europa aktiv Einwanderer anwarben. 1896 kamen etwa 16 800; um 1913 war die jährliche Zahl auf 500 000 gestiegen. 1914 hatte Kanada eine Bevölkerung von etwa acht Millionen, von denen etwa drei Millionen erst in den letzten 20 Jahren gekommen waren. Auch heute noch ist die Einwanderung – obwohl gedrosselt – der Motor Kanadas: Seit 1945 hat sich die Bevölkerung verdoppelt, noch 1986 waren etwa 15 Prozent aller »Kanadier« im Ausland geboren.

Oben: Die Zeltstadt von Dawson City, 1898. Unten: Eine Einwandererfamilie vor ihrem neuen Heim bei Lake St John.

43

■ Während die Bevölkerungsdichte Kanadas im 20. Jahrhundert durch Einwanderer weiter anstieg, kämpfte das Land um eine eigene, sich von England und den USA unterscheidende nationale Identität, trotz der separatistischen Neigungen seiner französischsprachigen Bevölkerung ... ■

Verheißung der Prärien: In den frühen Jahren des 20. Jahrhunderts setzte sich der Einwanderungsstrom fort. In den Prärien gründeten Siedler zwei neue Provinzen, Alberta und Saskatchewan, und verdrängten dabei rücksichtslos die Ureinwohner. Neuankömmlinge bezahlten eine Gebühr von zehn Dollar und versprachen, drei Jahre hintereinander mindestens sechs Monate pro Jahr auf ihrer Farm zu bleiben. Dafür erhielten sie 160 Morgen (65 ha) freies Land und meist auch die kanadische Staatsbürgerschaft. Orte, die bis dahin nur Schneisen an der Bahnstrecke gewesen waren – besonders Calgary und Vancouver –, blühten

> »Kanada ist ein politischer Begriff.« – Goldwin Smith, *Canada and the Canadian Question* (1891)

Oben: Calgary 1889. Unten: Kanadische Truppen in den Gräben an der Somme im Ersten Weltkrieg.

> »Kanada besteht eigentlich aus zwei Ländern, die von drei rettenden Wörtern – Konservatismus, Vorsicht und Kompromiß – zusammengehalten werden, die wir von England geerbt haben.« William Toye, *A Book of Canada* (1962)

plötzlich auf; und im hohen Norden lockten Goldfunde am Klondike Pioniere in bisher unbekanntes Land.

Alliierte: Kanadas enge Verbindung zu England wurde im Ersten Weltkrieg gestärkt, als die Kanadier für die Alliierten kämpften (obwohl sich viele der französischen Kanadier aus Québec nur zögernd meldeten). Die Teilnahme der Kanadier an großen Schlachten wurde als fast symbolisches Erwachsenwerden des Landes betrachtet (trotz der 60 611 Toten). Die Nachkriegseuphorie, die sich in neuen Strömungen von Kunst und Kultur zeigte, wich jedoch bald den Entbehrungen der Depression.

44

Kleinstadtblues: Die Krise traf die Prärien besonders hart, die im Ersten Weltkrieg durch den Wegfall russischer Weizenlieferungen einen Boom erlebt hatten. Das Landesinnere litt zuerst unter dem Überangebot von Weizen (Weizen aus Australien, Argentinien und Rußland war billiger) und dann unter derselben Serie von Dürren und Mißernten, die in den USA die »Dust Bowl« entstehen ließen. Die Präriesiedlungen waren in den 30er Jahren ein Miniaturbild Kanadas, ein Land, das – mit wenigen Ausnahmen – um diese Zeit noch ein Flickenteppich ruhiger und extrem konservativer Kleinstädte war. Obwohl das Statut von Westminster 1931 aus Kanada endlich einen autonomen Staat im Britischen Empire machte, blieb das Land ein zwar ebenbürtiger, aber machtloser Akteur auf der Weltbühne.

> »Ich weiß noch nicht mal, an welcher Straße Kanada liegt.«
> Al Capone (1931)

Boom: Nach dem Zweiten Weltkrieg, in dem Kanada wieder an der Seite Englands gestanden hatte (mit den üblichen Québecer Ausnahmen) wurde alles anders. Städte wie Toronto, Montréal und Vancouver begannen zu boomen, die Einwanderung nahm

Der frühere Premierminister Pierre Trudeau und seine Frau Margaret.

wieder zu, und Kanada übernahm eine führende Rolle in der NATO, den Vereinten Nationen und im Koreakrieg. Der Verbaucherboom der 50er Jahre brachte Wohlstand, und die riesigen Rohstoffreserven wurden gierig von den Industrienationen der ganzen Welt genutzt (Kanada ist Mitglied der G-7-Staaten, der sieben führenden Wirtschaftsmächte).

Neue Konföderation: Die kulturelle Revolution in den 60er Jahren berührte auch Kanada. Die Veränderungen waren in Québec besonders tiefgreifend, wo die sogenannte »stille Revolution« den Weg für französische Separatistenbestrebungen freimachte (siehe S. 22–23). Auf Landesebene versuchte Pierre Trudeau, einer der charismatischsten Politiker Kanadas, die wachsende Kluft mit einer Politik der Zweisprachigkeit und Kulturvielfalt zu überbrücken. Dabei hatte er nur teilweise Erfolg, heute ist Kanada immer deutlicher geteilt in die Lager derer, die eine stärkere Bundesverwaltung wollen, und derer, die größere Provinzautonomie wünschen, was Kanadas zerbrechliche nationale Einheit bedroht.

von

A biz
A ... Z

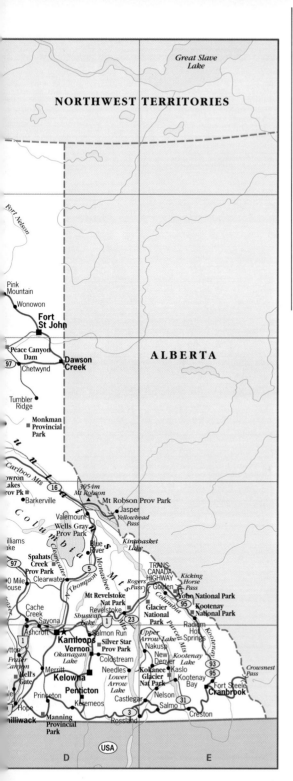

Great Slave Lake

NORTHWEST TERRITORIES

Fort Nelson

Pink Mountain

Wonowon

Fort St John

ALBERTA

Peace Canyon Dam

Dawson Creek

97

Chetwynd

Tumbler Ridge

Monkman Provincial Park

Cariboo Mts

owron akes rov Pk

•Barkerville

16 3054m Mt Robson

Columbia

Mt Robson Prov Park

Jasper

Valemount

Yellowhead Pass

Wells Gray Prov Park

Blue River

Kinbasket Lake

illiams ake

Spahats Creek Prov Park

Clearwater

Monashee

Clearwater

0 Mile ouse

97

Cache Creek

Sayona

Thompson

TRANS-CANADA HIGHWAY

Rogers Pass

Kicking Horse Pass

Golden

Columbia

95

Yoho National Park

Kootenay National Park

Mt Revelstoke Nat Park

Revelstoke

Shuswap Lake

Glacier National Park

Ashcroft

1

Salmon Run

1

23

Radium Hot Springs

ytton

Kamloops

Vernon

Silver Star Prov Park

Upper Arrow Lake

Nakusp

Kootenay Mts

Kootenay Lake

Parcel Mts

raser anyon

Merritt

Okanagan Lake

Coldstream

New Denver

93

Crowsnest Pass

ell's Gate

Kelowna

Lower Arrow Lake

Kokanee Glacier Nat Park

Kaslo

95

le

Princeton

Penticton

Keremeos

Castlegar

Kootenay Bay

Fort Steele

Cranbrook

Hope

Nelson

31

hilliwack

Manning Provincial Park

Rossland

Salmo

Creston

USA

D   E

Kelowna

British Columbia: Keine der anderen Provinzen Kanadas, außer vielleicht Alberta, kann sich mit der Schönheit und Großartigkeit von British Columbia (BC) messen. Die Landschaft besteht nicht nur aus einem Mosaik verschneiter Berge, stiller Seen und tiefgrüner Wälder, sondern zwischen den hoch aufragenden Rockies und der prachtvollen Fjordküste erstrecken sich auch Weideflächen, Halbwüsten und riesige Ranches – es gibt sogar ein mittelmeerähnliches Fleckchen mit Weingärten und Obstbäumen.

Erstkontakt: Mehr als 12 000 Jahre vor der Ankunft der ersten Europäer war aufgrund des natürlichen Reichtums in British Columbia die am höchsten entwickelte Kultur kanadischer Ureinwohner entstanden. In kleinen Gebieten ist sie noch heute lebendig, und die hervorragenden Museen in Victoria und Vancouver zeigen großartige Ausstellungen ihrer Kunst und Geschichte. Europäer hatten mit dieser Gegend wahrscheinlich 1579 durch Francis Drake zum erstenmal Kontakt, doch die erste dokumentierte Landung war die von Captain Cook 1778. Die Gebietsansprüche der Spanier wurden 1790 nach langem diplomatischem Tauziehen aufgegeben; das machte den Weg frei für Captain George Vancouver, der 1792 Vancouver Island in Besitz nahm.

Ausweitung: Die Erforschung des Landesinneren stand damals im Zeichen des Pelzhandels, und die Notwendigkeit, Handelswege von Osten her zu erschließen, trieb Männer wie Mackenzie, Fraser und Thompson zu heroischen Taten (siehe S. 66–67). Anschließend übernahm die Hudson's Bay Company die Macht in dieser Region. Die Engländer legten später zur besseren Kontrolle die Grenzen fest, um so die Expansion der USA einzudämmen. Das Gebiet wurde jedoch nur zögernd besiedelt. Noch 1855 lebten auf Vancouver Island lediglich 774 Weiße (davon war die Hälfte unter 20 Jahre). Erst 1858 stieg die Bevölkerungszahl deutlich an, als nach den Goldfunden am Fraser River die Abenteurer herbeiströmten. Im selben Jahr erklärte England die Gegend zur Kronkolonie, doch erst 1871 trat British Columbia dem Dominion bei.

Wirtschaft: Die Wirtschaft British Columbias basiert auf Holz, Bodenschätzen und Energie – alles primäre Rohstoffe, deren Ausbeutung der Umwelt einen hohen Preis abverlangt. Daher bestimmen zunehmend Umweltschutzprobleme die politische Tagesordnung der Provinz, besonders im Forstwesen, wo die Reibereien zwischen der Industrie und den Umweltschützern gelegentlich in gewalttätigen Konfrontationen enden. Früher wurde viel Holz in die USA und nach Europa exportiert; seitdem die Region sich mehr und mehr auf die Märkte der Westküste und des Fernen Ostens konzentriert, wird es in die Länder der Pazifikregion verkauft. Das wiederum verstärkt die Tendenz der Provinz, das restliche Kanada zu ignorieren – was durch die Lage jenseits der mächtigen Barriere der Rockies und der endlosen Weiten der Prärien unterstützt wird.

Multikulturell: Die vorwiegend britische Bevölkerung – etwa 60 Prozent haben britische Vorfahren – ist durchsetzt von großen, fest etablierten italienischen, chinesischen, griechischen und japanischen Gruppen. Die jüngste Mas-

Fakten und Zahlen
BC umfaßt 9,4 Prozent der Fläche Kanadas und ist die drittgrößte Provinz nach Québec und Ontario. Es ist größer als jeder US-Bundesstaat außer Alaska. Die Hälfte der 3,3 Millionen Einwohner wurde nicht hier geboren. BC hat das nasseste und das trockenste Klima Kanadas und mehr Arten von Flora und Fauna als die gesamten übrigen Regionen. Hier werden ein Viertel des Holzes Nordamerikas geschlagen und die meisten Eßstäbchen der Welt hergestellt.

Outdoor-Paradies
In der Naturpracht British Columbias sind viele Freiluftaktivitäten möglich: Wandern, Klettern und Ski fahren (hier gibt es die größten Skigebiete Kanadas), Segeln, Paddeln; die Angelplätze gehören zu den besten der Welt. Die örtlichen Touristenbüros, in BC auch »Infocenter« genannt, informieren über alle Details.

Gegenüberliegende Seite: In den Rockies – Lake O'Hara im Yoho National Park.

Land zum Faulenzen
»Dieses Land ist gut für tat-
kräftige Menschen. Auch
für Faulenzer ist es nicht
schlecht.«
Rudyard Kipling, *Letters to
the Family* (1908)

Perfektes Klima
»Ideal für die menschliche
Gattung: nicht zu kalt, nicht
zu warm, nicht zu naß und
nicht zu trocken ...«
Stephen Leacock über
British Columbia, *My Dis-
covery of the West* (1937)

Inside Passage
Eine Fahrt durch die »Inside
Passage« oder entlang der
»Dicovery Coast« zählt zu
den schönsten Touren in
Nordamerika. Die Strecke
wird befahren von BC Fer-
ries (Tel. 604/3 86 34 31 oder
6 69 12 11) ab Port Hardy
auf Vancouver Island bis
Prince Rupert oder von
Hardy nach Bella Coola auf
BC Mainland sowie von
Schiffen des Alaska Marine
Highway (die bis Skagway
und zu den Häfen in Alaska
weiterfahren). Die Fähren
von BC Ferries gehen alle
zwei Tage, die Fahrt dauert
20 Stunden. Im Sommer ist
eine Reservierung *unbe-
dingt* erforderlich, wenn Sie
eine Kabine wollen oder ein
Auto mitnehmen.

seneinwanderung aus Hongkong, die die Grundstücks-
preise in die Höhe trieb, hat jedoch eine ungewöhnliche
Unruhe in das sonst ausgeglichene multikulturelle
Geflecht der Region getragen. Die Beziehungen zu den
Ureinwohnern – die nie entspannt waren – haben sich
ebenfalls verschlechtert, größtenteils, weil diese verstärkt
Ansprüche auf ihr Land (einschließlich Teilen von Vancou-
ver) erheben.

Städte: Aufgrund der landschaftlichen Schönheit und des
großen Erholungswerts ist die Atmosphäre in British
Columbia entspannter und vergnüglicher als in vielen anderen Gegenden. Mit Kalifornien und anderen Westküsten-
gebieten hat British Columbia die lässige Lebenseinstellung gemeinsam. Diese findet man besonders in der
faszinierenden Stadt Vancouver mit ihrer wunderbaren
Lage, der kultivierten Atmosphäre und weltstädtischen
Bevölkerung. Victoria, die Provinzhauptstadt, liegt auf der
anderen Seite der Wasserstraße an der Südspitze von Vancouver Island, ein kleiner Außenposten von lässigem Charme und stiller Schönheit. Andere Ortschaften in BC sind
nüchterner, doch Nelson in den Kootenays hat seinen eigenen Reiz (siehe S. 52–53), und die Städte im Okanagan –
Vernon, Kelowna und Penticton – locken in den Sommer-
ferien viele Besucher an.

Unterwegs: Die meisten erkunden BC entweder von Vancouver aus, wo sich der Hauptflughafen befindet, oder von
den Rockies, deren Straßen die besten Zufahrtswege von
Osten her bilden. Die beiden Hauptverkehrsstrecken zwischen Alberta und Vancouver – der Trans-Canada Highway
und der Highway 3 – sind jedoch recht langweilig; will man
das Beste aus einer Tour machen, so muß man verschlun-
genere Pfade durch die Provinz nehmen. Die schönsten
Seen und Berge findet man in den Kootenays, eine
urwüchsige kleine Enklave mit hübschen Dörfern und
einem faszinierenden Erbe aus der Bergbau- und Pionierzeit. Westlich davon liegt die üppige Seenlandschaft des
Okanagan, ein Paradies mit mildem Klima, Obst- und Weingärten und lebhaften Strandbadeorten. Im Gegensatz dazu
findet man im Wells Gray Provincial Park einige der schönsten urwüchsigen Berglandschaften der Provinz. Die Cariboo-Region, deren Weiden und Wälder sich über die Zen-
tralebene der Provinz erstrecken, ist weniger spektakulär,
obwohl im Skeena Valley und an der Flußmündung bei Prince Rupert überwältigende Landschaften locken.

Vancouver Island: Die größte Insel des Archipels vor der
Fjordküste von BC wird meist zu hoch gelobt, denn der
Reiz ihrer Landschaft reicht an den des Festlands selten
heran. Leicht zu erreichen, lockt sie eine unverhältnismäßig
hohe Zahl von Besuchern aus den USA an, die besonders
die Hauptstadt Victoria mit ihrer gepflegten Beschaulich-
keit, und den nahen Golf mit den San Juan Islands schät-
zen. Der Strathcona Provincial Park, der das gebirgige Zentrum der Insel schützt, ist jedoch wunderbar, und zum
Pacific Rim National Park gehört eine der schönsten Küstenlandschaften des Landes. Von Vancouver Island aus
kann man auch zur »Inside Passage« und »Discovery
Coast« starten, einer malerischen Tour durch die Fjord- und
Insellandschaft der Westküste (siehe Kasten).

►►► Die Kootenays 47E1

Zu den schönsten und unberührtesten Landstrichen British Columbias gehören wahrscheinlich die Flüsse, Seen und Berge der Kootenays (nicht zu verwechseln mit dem Kootenay National Park nördlich davon, siehe S. 108–111). Die Region ist nicht klar begrenzt, sie umfaßt die Täler des Kootenay und des Columbia River – beherrscht vom Kootenay Lake beziehungsweise Upper und Lower Arrow Lake – und drei Bergketten: den Purcells, Selkirks und Monashees. Die ersten weißen Siedler kamen, um die Blei-, Kupfer- und Silberadern abzubauen; einen Blick in diese Zeit gewähren Geisterstädte, Heckraddampfer und Pioniermuseen.

In den Kootenays: Die Kootenays haben kein Zentrum und keine Straße, die an allen schönen Punkten vorbeiführt. Daher braucht man ein Auto und muß auch bereit sein, Nebenstraßen zu erforschen. Die größte und hübscheste Stadt ist Nelson; Kaslo, Nakusp und New Denver zählen zu den reizvollsten kleineren Orten. Am besten kommt man in die Region bei Creston im Osten. Man kann Kaslo und Kootenay Lake besichtigen und dann westwärts nach Nelson, New Denver und Nakusp weiterfahren. Von dort kommt man gut zum Okanagan-Tal (siehe S. 56–59), das man auf dem Highway 6, eine schönere Strecke als der Highway 1, oder dem Highway 3 nach Norden oder Süden erreicht.

Von Creston bis Kaslo: Der reizvolle Highway 31 beginnt in Creston, einer blassen Stadt am Rand eines fruchtbaren Obstbaugebiets, und windet sich am Ostufer des Kootenay Lake entlang. Das erste Stück ist, bis auf idyllische Blicke auf See und Berge, nicht sehr interessant. In Boswell steht das bizarre **Glass House** (siehe Kasten S. 52). In Gray Creek führt der **Gray Creek Store**, ein Hinterwäldlerladen, alles von Windeln bis Kettensägen.
　Crawford Bay und Kootenay Bay, in denen man gemütlich übernachten kann, sind die östlichen Anlegepunkte der **Kootenay-Fähre** ►►; die 45minütige Überfahrt soll die läng-

Russische Kanus
Die Kanus, die früher von den Ureinwohnern der Kootenays benutzt wurden, hatten eine fast einzigartige Besonderheit: Bug und Heck liefen in einer Spitze in Höhe der Wasseroberfläche oder unter ihr aus. Nur im Gebiet des Amur, in Südost-Rußland, findet man noch ähnliche Boote. Das untermauert die Theorie, daß asiatische Völker über Sibirien und Alaska nach Nordamerika einwanderten.

Blick über den Kootenay River nach Nelson.

BRITISH COLUMBIA

Touristenbüros
Creston: 1711 Canyon Street (Tel. 604/428 43 42); *Crawford Bay:* Highway 31 (Tel. 604/227 92 67); *Kaslo:* 324 Front Street, Box 537 (Tel. 1-604/353 25 25); *New Denver:* Main Street (Tel. 604/358 26 31); *Nelson:* 225 Hall Street (Tel. 604/ 53 34 33); *Nakusp:* 92 West and 6th Avenue (Tel. 604/265 42 34).

Glass House
Das bizarrste Haus in British Columbia wurde von einem Mr. Brown erbaut, der nach 35 Jahren als Leichenbestatter seinen Lebensabend damit verbrachte, »einer Laune besonderer Art« nachzugeben: Er besuchte Freunde im Bestattungsgewerbe und sammelte 500 000 Flaschen für Balsamieröl (etwa 250 t). Daraus baute er sich ein Haus *(geöffnet:* täglich Mai, Juni, Sept., Okt. 9–17 Uhr, Juli, Aug. 8–20 Uhr, *Eintritt:* niedrig).

Die Stadthalle, eines der vielen alten Gebäude in Kaslo.

ste Freifahrt der Welt sein. In **Balfour** auf der Westseite gibt es viele Motels und Zeltplätze, aber bei den nahegelegenen **Ainsworth Hot Springs** ►► warten attraktivere Angebote. Hier können Sie in die heißen Quellen eintauchen *(geöffnet:* täglich 9.30–22 Uhr, *Eintritt:* niedrig), die **Cody Caves** (Führungen über das Infocenter in Crawford Bay, siehe Kasten) besichtigen oder im **Woodbury Mining Museum** *(geöffnet:* Juli–Sept. täglich 9–18 Uhr, *Eintritt:* niedrig) unter Tage gehen.

Kaslo ►►► Man muß schon weit fahren, um einen freundlicheren oder hübscheren Ort zu finden als Kaslo. Die von Bergen umgebene Siedlung bestand 1889 zunächst nur aus einer Sägemühle und vergrößerte sich nach den Silberfunden ab 1893. Erforschen Sie die adretten Straßen – und besonders die reizvolle alte Kirche und hölzerne Stadthalle – und besichtigen die *SS Moyie (geöffnet:* Mai–Sept. täglich 9.30–16.30 Uhr, *Eintritt:* niedrig), den ältesten erhaltenen Raddampfer Nordamerikas. Er wurde 1867 gebaut und gehörte zu den Kootenay-Fähren, die vor dem Bau von Straßen Passagiere und Fracht beförderten. 1957 wurde er stillgelegt und ist heute ein Museum.

Kokanee Glacier Provincial Park ►► Wenn Sie Zeit haben, fahren Sie nach Howser am Nordende des Kootenay Lake, schon allein die Landschaft ist reizvoll. Halten Sie Ausschau nach Seeadlern: Die mehr als hundert Paare hier bilden die größte Population in Nordamerika. Oder fahren Sie 29 Kilometer von Kaslo aus ins Herz des Kokanee Glacier Provincial Park, einem großartigen Teil der Selkirk Mountains mit reizvollen Wanderwegen (die meisten beginnen am Joker Miller-Parkplatz am Ende der Straße).

Von Kaslo bis New Denver: Von Kaslo aus führt eine Strecke durch die Wildnis nach Norden, bevor es wieder südlich nach Naskup geht; eine zweite passiert die Ainsworth Hot Springs und biegt dann westlich nach Nelson ab; die dritte geht über den Highway 31a westlich nach New Denver. Letztere ist die schönste – durch eine grandiose Landschaft, an den rauschenden Wassern des Kaslo River entlang und vorbei an einem hübschen Trio kleiner Seen: Fish, Bear und Beaver.
Achten Sie kurz vor New Denver auf das Schild nach **Sandon** ►, eine verwitterte Geisterstadt am Ende einer 13 Kilometer langen Schotterstraße. Auf dem Höhepunkt des Bergbau-Booms um 1895 hatte es 1000 Einwohner, 24 Hotels, 23 Saloons und ein Opernhaus. 1955 wurde der Ort bei einer Überschwemmung weitgehend zerstört.
New Denver ►► entstand – wie Kaslo und andere Orte in den Kootenays – zur Zeit des Bergbau-Booms. Zunächst taufte man die Stadt hoffnungsvoll »Eldorado«. 1892 wurde sie in New Denver umbenannt, diesmal in der Hoffnung – die, wie sich später herausstellte, trog –, daß sie ihre Namensschwester in den USA an Größe übertreffe. Ende des Ersten Weltkriegs waren alle Minen erschöpft. Heute ist die Siedlung am See ruhiger als Kaslo, wenn auch genauso hübsch, mit alten Pionierhäusern an verschlafenen Straßen und dem **Silvery Slocan Museum** *(geöffnet:* Juli–Aug. täglich 10.30–16.30 Uhr, *Eintritt:* Spende).
Nelson ►►► Ehrlich gesagt sind nur wenige Städte in BC die Reise ihrer selbst wegen wert. Die meisten sind nüchter-

Einer der vielen Strände am idyllischen Kootenay Lake.

ne Orte zum Schlafen, Essen und Einkaufen, von denen aus man aber gut die Landschaft erkunden kann. Nicht so Nelson am See, die selbsternannte »Königin der Kootenays«, mit 350 denkmalgeschützten Gebäuden. Die meisten der liebevoll restaurierten Häuser stammen aus den 80er und 90er Jahren des 19. Jahrhunderts. Sie dienen oft als Kulisse für Dreharbeiten; am bekanntesten ist der Film *Roxanne* mit Steve Martin, eine Parodie auf Cyrano de Bergerac. Nelson bietet auch einige Galerien und interessante Geschäfte.

Zur Erkundung der »Hauptstadt des nationalen Erbes von Westkanada« besorgen Sie sich im Touristenbüro (siehe Kasten links) den Wanderführer (es gibt auch einen *Roxanne*-Rundweg). Die Geschichte des Bergbaus zeigt das **Museum of Mines** *(geöffnet: täglich 9–17 Uhr, Eintritt: frei)* neben dem Touristenbüro. Das kleine Heimatmuseum liegt außerhalb und ist etwas zusammengewürfelt, enthält aber einige interessante Exponate über Bergbau und die Duchobor (siehe S. 157).

Nakusp ▶▶ Nakusp schmiegt sich an das Ufer des Upper Arrow Lake mit den Gipfeln der Selkirk Mountains im Hintergrund. Man kann hier schwimmen, Boot fahren, angeln und ein Museum mit Andenken an die Pionierzeit besichtigen (6th Avenue und First Street, *geöffnet: Mai–Sept. täglich 9–17 Uhr, Eintritt: frei)*. Die **Nakusp Hot Springs** ▶▶ *(geöffnet: Juni–Sept. täglich 9.30–22 Uhr, Eintritt: niedrig)*, die zu den besten der vielen Thermalquellen Westkanadas gehören, liegen 13 Kilometer nordöstlich der Stadt und sind gut ausgeschildert. Im Sommer ist hier viel los, aber sie werden regelmäßig gesäubert (wie nur wenige), und sowohl das Umfeld als auch die Umkleidekabinen sind ausgezeichnet. Der Highway 23 trifft nördlich von ihnen auf den Trans-Canada Highway, während der schöne **Highway 6** ▶▶ um das Ufer des Lower Arrow Lake bis zur kostenlosen Fähre bei Needles führt und dann durch eine Landschaft der Superlative in die Monashee Mountains, bevor es in das Coldstream Valley und das Okanagan-Tal hinuntergeht.

Glück und Unglück
Die Silberfunde, die um 1895 den Bergbau-Boom in den Kootenays auslösten, wurden von zwei ergrauten Schürfern gemacht, Eli Carpenter und Jack Seaton. Nachdem sie die Ader auf den Höhen zwischen Ainsworth und Slocan entdeckt hatten, zerstritten sie sich beim Begießen des Fundes in einer Bar in Slocan. Beide stürzten aus dem Saloon, um ihren Claim abzustecken. Seaton kam als erster an und wurde später ein immens reicher Silberbaron. Carpenter hingegen mußte in seinen früheren Beruf als Seiltänzer zurückkehren. Er starb in Armut.

Silbernes Slocan
In den 90er Jahren des 19. Jahrhunderts förderten die Orte in den Kootenays, besonders jene um Slocan, fast alles Silber in Kanada und verhalfen der Gegend zu dem Beinamen »silbernes Slocan«. »Silber, Blei und jede Menge Spaß gibt's in Slocan«, schrieb eine Lokalzeitung 1891, »und wenn Sie nicht für eins davon sorgen können, brauchen wir Sie hier nicht.«

Revelstoke-Damm

Viele kommen auch nach Revelstoke wegen des großen Staudamms, der mit 175 Meter Höhe der größte in Kanada ist. Man kann einen Großteil der Anlage besichtigen; es gibt eine Aussichtsplattform und ein erläuterndes Hightech-Infozentrum für Besucher. Der Damm befindet sich fünf Kilometer nördlich der Stadt am Highway 23.

54

Gletscherwanderungen

Der schönste Kurzwanderweg im Glacier National Park ist der 1,6 Kilometer lange Loop Brook Trail mit Schautafeln zur Geschichte der alten Bahnstrecke über den Paß. Vom Highway 1 weisen Schilder bis in die Nähe des Campingplatzes Loop Brook 6 Kilometer westlich des Rogers-Paß. Ein anderer leichter Weg ist der 1 Kilometer lange Meeting of the Water Trail vom Campingplatz Illecillewaet aus. Hier beginnen auch längere Strecken (besonders zum Avalanche Crest und Abbott's Ridge) mit atemberaubender Aussicht auf den Illecillewaet-Gletscher.

Lawinen

Der stärkste Schneefall der Welt sorgt im Glacier National Park für ständige Lawinengefahr. Zumeist schützen Tunnel, Dämme und Steinwälle die Straßen und Schienen in der Gegend. Bei großen Schneeverwehungen werden die Straßen geschlossen, und man verständigt die Artillerie. Die feuert Haubitzen auf die Schneewächten ab und löst so »kontrolliert« Lawinen aus.

▶▶ **Mount Revelstoke National Park und Glacier National Park** *47D2/E2*

Obwohl Glacier und Mount Revelstoke Schutzgebiete in den Columbia Mountains (eine Parallelkette der Rockies) sind, werden sie häufig zusammen mit den weiter östlichen Nationalparks in den Rockies genannt. Man kommt am besten von Banff (siehe S. 96–99) oder Yoho (siehe S. 112–115), gelangt aber auch von Süden (Okanagan) oder Westen (Trans-Canada Highway) dorthin. Beide Parks sind klein und können an einem Tag besichtigt werden. Die nächstgelegene Stadt am Glacier ist Golden, aber Revelstoke ist attraktiver und daher der beste Ausgangspunkt.

Mount Revelstoke National Park: Der winzige Park am Mount Revelstoke wurde 1914 auf Verlangen der Bevölkerung eingerichtet, um die Clachnacudainn Range der Columbia Mountains zu schützen. Er wurde nach Lord Revelstoke benannt, dem Vorstand der englischen Barings-Bank, der die transkontinentale Canadian Pacific Railway während des Baus um 1885 vor dem Bankrott bewahrte. Die einzige Zufahrt zum Park ist die 26 Kilometer lange **Summit Road** ▶▶▶, auch Summit Parkway, die man auf dem Trans-Kanada Highway 1 vom nahen **Revelstoke** ▶ aus erreicht. Die schöne Strecke windet sich durch Wälder und Alpenwiesen fast bis zum Gipfel des Mount Revelstoke (1938 m). Die Aussicht vom Gipfel ist überwältigend; im Spätfrühling und Frühsommer gibt es viele Wildblumen. Angesichts der durch die Besucherscharen angerichteten Schäden bringt jetzt teilweise ein Shuttlebus die Besucher zum Gipfelparkplatz am Balsam Lake.

Wenn Sie wandern, können Sie die schönsten Wiesen entlang des Rundwegs **Meadows in the Sky Trail** sehen, der am Parkplatz beginnt. Weitere Wege von diesem Punkt aus sind der anstrengendere **Miller Lake Trail** (eine Strecke von 6 Kilometern) und ein Pfad entlang der Summit Road wieder hinunter nach Revelstoke. Der kurze und leichte **Inspiration Woods Trail** ist ab der Summit Road in der Nähe der Kreuzung mit dem Highway 23 ausgeschildert. Der schönste kurze Weg ist jedoch der 1 Kilometer lange **Giant Cedars Trail** durch einen uralten Wald mit 600 Jahre alten Rotzedern (red cedars). Er ist vom Trans-Canada Highway in der Nähe der östlichen Parkgrenze ausgeschildert, etwa 25 Kilometer östlich von Revelstoke.

Glacier National Park: Die Columbia Mountains sind zwar spektakulär, doch häufig Schlechtwetter ausgesetzt. Man witzelt hier, daß es an vier von drei Tagen regne oder schneie (in Wirklichkeit an drei von fünf). Die Wetterstationen registrieren regelmäßig mehr als 20 Meter Schnee pro Jahr, die jährlichen Regenmengen liegen bei 150 Zentimetern. Man vergleiche das mit den 50 Zentimetern pro Jahr in Golden, das nur ein paar Kilometer weiter östlich, geschützt im Regenschatten der Columbia Mountains, liegt. Regen und Schnee sind für die Gletscherbildung verantwortlich, allein im Glacier National Park gibt es 422 (14 Prozent des Parks sind ständig von Schnee und Eis bedeckt). Sie sorgen auch für Lawinengefahr, die einige sehr unorthodoxe Schutzmaßnahmen erfordert (siehe Kasten).

Die Gegend ist so ungemütlich, daß sie bis 1881 fast unbewohnt war. Dann vermaß Major A. B. Rogers das

Gebiet für den Bau der Transkontinentaltrasse (die 1885 über den nach ihm benannten Paß verlegt wurde). Bis zum Bau des Trans-Canada Highway 1962 konnte man den 1886 gegründeten Park nur mit der Eisenbahn erreichen. Heute stellt die Straße die einzige Verbindung in die ansonsten unzugängliche Gegend dar (die Strecke über den Rogers-Paß gilt als eine der spektakulärsten der Welt). Unterwegs müssen Sie unbedingt am **Rogers Pass Visitors' Centre** halten *(geöffnet:* täglich Juli–Aug. 8–18, Sept.–Okt. 9–17, Nov.–Juni 10–16 Uhr). Es gibt dort detaillierte Wanderkarten (siehe Kasten links) und faszinierende Videos sowie Dokumentationen über Geologie, Tierleben, Bären und Lawinenkontrolle.

Meadows in the Sky, Mount Revelstoke National Park.

BRITISH COLUMBIA

Traditionelle Scheune in den Hügeln am Okanagan Lake.

Ogopogo
Ogopogo ist ein Ungeheuer, das angeblich in den Tiefen des Okanagan Lake haust. Die Legende basiert auf einer Erzählung der Salish-Indianer über ein Seeungeheuer namens N'ha-a-tik, das in einer Höhle beim heutigen Squally Point lebte. Die Salish mieden diesen Ort, und wenn sie daran vorbeifahren mußten, warfen sie ein Tier als besänftigendes Opfer über Bord. Der heutige Name entstand 1924, angeblich, weil das Untier – wie der Name – vorne und hinten gleich aussieht. Es soll zwischen 9 und 21 Meter lang sein und den Kopf eines Schafs, einer Ziege oder eines Pferdes haben.

Unterhaltung aus der guten alten Zeit: Hufeisenwerfen.

▶▶ **Das Okanagan-Tal** *47D1*

Nach der Tour durch die Bergregionen British Columbias überrascht das Okanagan-Tal mit seinen niedrigen Hügeln, warmen Seen, Wein- und Obstgärten und Weiden. Viel Sonne im Sommer, unzählige Messen und Festivals, Sandstrände und unendliche Möglichkeiten zum Wandern und Wassersport machen das Gebiet zu einem der beliebtesten Ferienziele Kanadas. Die Gegend ist geschäftig und überfüllt und das laute Strandleben der Ferienorte steht nicht mit der ländlichen Ruhe des übrigen British Columbia im Einklang. Außerhalb der Saison sind die Massen jedoch überschaubar, und im Frühling bietet Ihnen die Region blühende Obstgärten und reizende Uferdörfer.

Wegweiser: Die Gegend ist einfach zu erkunden, denn sie erstreckt sich um Vernon, Kelowna und Penticton, drei große Städte, aufgereiht von Norden nach Süden am Okanagan Lake. Am besten fährt man von den Kootenays auf dem Highway 6 durch das schöne Coldstream Valley. Fast genauso reizvoll ist der Highway 97 von Norden, eine Abzweigung vom Trans-Canada Highway durch urtümliches Farmland. Kelowna eignet sich als Hauptausgangspunkt, obwohl Sie, um die Region kennenzulernen, am besten auch einige der Nebenstraßen fahren und die Dörfer, Seen und Provinzparks jenseits des Highway 97 erkunden sollten.

O'Keefe Historic Ranch ▶▶▶ In Kanada gibt es viele historische Stätten, aber nur wenige, die die tatsächlichen Härten des Pionierlebens im vorigen Jahrhundert so lebendig dokumentieren wie die O'Keefe Historic Ranch, zwölf Kilometer nördlich von Vernon *(geöffnet:* Mai–Okt., 9–17 Uhr, Juli–Aug., 9–18.30. *Eintritt:* niedrig). Das 20 Hektar große liebliche Farmland ist heute noch so attraktiv wie es damals gewirkt haben muß, als Cornelius O'Keefe 1867 hier ankam. Prunkstück ist das Ranchgebäude aus dem 19. Jahrhundert, in dem noch Originalmobiliar, Bücher, Silber und Kerzenleuchter erhalten sind. Weitere Zeugen aus der Vergangenheit sind die wiederaufgebaute Schmiede, die Post, ein Laden (inklusive Angestellter in zeitgenössischer Kleidung) sowie eine Ausstellung über die alte Shuswap & Okanagan-Eisenbahn. Das kleine, aber feine Museum gibt Einblick in das Leben im 19. Jahrhundert und hat auch eine besonders interessante Abteilung über die weitgehend unbekannte Rolle der Ureinwohner in den beiden Weltkriegen (als über ein Viertel der wehrfähigen Männer sich zur Armee meldete).

Sehr bewegend ist **St. Ann's Church** (1899), eine hübsche Holzkirche mit einer Handvoll Gräbern, in denen drei Generationen von O'Keefes bestattet sind (die Familie wohnte hier bis 1977): Auch die Enkel leben nicht mehr, sie starben alle vor 1990.

Vernon ►► Vernon lebt weniger als die Nachbarstädte vom Tourismus, sondern mehr von der Forst- und Landwirtschaft. Daher sind Straßen und Seeufer ruhiger als anderswo, aber Unmengen von Motels, Fastfood-Lokalen und Neonreklamen säumen die Zufahrt in die Stadt. Die Siedlung wurde nach den Vernon-Brüdern benannt, die sich 1864 hier als Farmer versuchen wollten, nachdem sie als Goldsucher in den Monashee Mountains gescheitert waren. Ihre Farm auf dem Gebiet der heutigen Coldstream Ranch erhielt bald Gesellschaft von der B. X. Ranch, die sich auf Pferde für die Postkutschen der Cariboo-Region im Norden spezialisierte.

Das **Greater Vernon Museum and Archives** (3009 32nd Avenue. *Geöffnet:* Mo–Sa, 10–17.30 Uhr, *Eintritt:* frei) klärt auf über die Pionierzeit, Salish-Indianer, Naturgeschichte und zeigt eine Mietkutsche und einen zweispännigen Schlitten. Am Südende der Stadt lockt der **Polson Park** ►► mit nachgebautem japanischen Teehaus, Japanischem Garten und einer Blumenuhr von neun Metern Durchmesser aus 3500 Pflanzen. Die schönsten Strände, Aussichtspunkte und Wanderwege findet man im **Kalamalka Lake Provincial Park** am Kalamalka Lake ein paar Kilometer südlich der Stadt.

Käseland
Die Milchfarmen um Vernon sind für ihren Käse berühmt. Jährlich produzieren sie drei Millionen Tonnen des reifen kanadischen Cheddars.

Silver Star Provincial Park
Der kleine Bergpark liegt 22 Kilometer nordöstlich von Vernon; man erreicht ihn über den Highway 97 und die 48th Avenue. Im Sommer können Sie mit dem Skilift bis zur Spitze des Silver Star Mountain (1915 m) fahren, die großartige Aussicht genießen und einige leichte Wanderwege gehen.

Die alte Post auf der O'Keefe Historic Ranch.

BRITISH COLUMBIA

Fruchtbares Land
In Kelowna wächst ein Drittel aller Äpfel Kanadas; im Okanagan-Tal werden alle Aprikosen, die Hälfte der Pflaumen und 40 Prozent der Kirschen, Birnen und Pfirsiche Kanadas geerntet.

Indianername
Kelowna bekam seinen Namen von einem Wort der Salish-Indianer, das »Grizzlybär« bedeutet. Die Salish lebten bereits lange vor den Europäern in dieser Gegend, und Kelowna war eine ihrer wichtigsten Siedlungen.

Weingüter
Viele Weingüter, Obst- und Weinkeltereien in Kelowna bieten Führungen an. Wenden Sie sich an die Infocenter oder Weingüter. Die größte und älteste Kelterei von British Columbia ist Calona Wines Ltd., 1125 Richter Street (Tel. 250/762 91 44). Zu den kleineren gehören Cedarcreek Estate Winery, 5445 Lakeshore Road (Tel. 250/764 88 66), zwölf Kilometer südlich von Kelowna am Highway 97, Ecke Pandosy und Lakeshore Road, und Gray Monk Cellars, 1051 Camp Road, acht Kilometer westlich von Winfield, einem Dorf am Highway 97, nördlich von Kelowna.

Sonnenregion
Penticton genießt im Juli und August durchschnittlich zehn Stunden Sonne pro Tag.

Kelowna: Die größte Stadt im Okanagan-Tal verursacht einen leichten Schock, besonders wenn man sich ihr von Vernon auf dem Highway 97 nähert: kilometerlang nur Vorstädte, Motels und neongeschmückte Hütten. Man fährt besser von Vernon auf der reizvollen Landstraße am Westufer des Lake Okanagan entlang. So wird man behutsamer mit Kelowna bekanntgemacht, das im Grunde ein angenehmer Ferienort geblieben ist – trotz der sommerlichen Besuchermassen.

Abgesehen von Pelzhändlern kam als erster Weißer 1859 Pater Charles Pandosy in diese Gegend, ein katholischer französischer Missionar, der mit zwei Theologiestudenten am Mission Creek eine Mission errichtete. Zwei Jahre später pflanzte er einen kleinen Apfelbaumgarten, dessen reicher Ertrag andere Europäer anlockte und den Grundstein des modernen Obstanbaus im Okanagan-Tal bildete (siehe Kasten). Die spartanische Mission mit Schule, Kirche und Blockhütten südlich der Stadt kann besichtigt werden: **Father Pandosy Mission Historical Site** ▶ (2685 Benvoulin Road. *Geöffnet:* täglich Sonnenauf- bis -untergang, *Eintritt:* Spenden).

Im Zentrum Kelownas kann man am Strand und in den Parks spazierengehen, doch die eigentliche »Sehenswürdigkeit« ist die 1400 Meter lange Seebrücke. Sie wurde 1958 gebaut und ist die längste »schwimmende« Brücke Kanadas. Das Infocenter (siehe Kasten rechts) hat Einzelheiten über die vielen Weingüter und Obstbetriebe der Region, die Führungen und kostenlose Proben anbieten (siehe Kasten). Der größte Obstbaubetrieb ist **Sun-Rype** (1165 Ethel Street. *Geöffnet:* Juni–Sept., Mo– Fr 9–15 Uhr, *Eintritt:* frei), wo man lernt, was für die Saftherstellung aus jährlich 65 000 Tonnen Obst benötigt wird.

Penticton: Die »Pfirsichstadt« ist das meistbesuchte Touristenzentrum im Okanagan-Tal. Die 2000 Sonnenstunden pro Jahr locken ganze Armeen von Besuchern aus den USA und Kanada magnetisch an, die sich auf Strand, Wassersport und garantiert gutes Wetter freuen. Daher explodiert die Bevölkerung von 25 000 im Winter auf beängstigende 130 000 im Sommer.

Einst muß die Gegend idyllisch gewesen sein. Der Name der Stadt stammt von den Salish-Indianern und heißt *pen tak tin*, »Ort zum Bleiben«. Der erste weiße Siedler, Thomas Ellis, legte 1866 einen Obstgarten an; seine Farmwerkzeuge und andere Andenken an die Pionierzeit sind im **Penticton Museum and Archives**▸ (785 Main Street. *Geöffnet:* Mo–Sa 10–17 Uhr, *Eintritt:* Spenden sind erbeten) zu sehen. Am Seeufer liegt ein weiteres historisches Zeugnis, die gestrandete *SS Sicamous*, ein Heckraddampfer der Canadian Pacific, der von 1914 bis 1951 den Lake Okanagan befuhr.

Wasserrutschen findet man immer häufiger in kanadischen Ferienorten und an den Highways. Möchten Sie nur am Strand liegen und schwimmen, gehen Sie zum Okanagan Beach (der Innenstadt am nächsten) oder zum Skaha Beach (vier Kilometer südlich des Zentrums). Bootsfahrten auf dem See veranstaltet *Casabella Princess* ab der Anlegestelle 45 East Lakeshore Drive neben dem Delta Hotel (Information: Tel. 250/493 55 51). Die **Okanagan Game Farm** (am Highway 97, elf Kilometer südlich von Penticton. *Geöffnet:* täglich 8–18 Uhr, Eintritt: *teuer*) lockt jährlich mehr als 100 000 Besucher an und gehört zu den großen Attraktionen des Okanagan-Tals. Unter den 130 Arten und 650 Tieren des Zoos gibt es viele vom Aussterben bedrohte, wie Timberwölfe, Moschusochsen, Sibirische Tiger, Nashörner und Giraffen.

Strände bei Kelowna
Die schönsten Strände liegen in der Nähe des City Parks, am Bear Creek (über die Brücke und zwei Kilometer nach Norden am Westufer entlang) sowie am Rotary Beach und im Boyce Gyro Park an der Lakeshore Road südlich der Brücke.

Touristenbüros
Okanagan-Similkameen Tourist Association (Regionalbüro) 104–515 Highway 97 South, Kelowna V1Z 3J2 (Tel. 250/860 59 99); *Vernon:* 6326 Highway 97 N (Tel. 250/542 14 15); *Kelowna:* 544 Harvey (Tel. 250/861 15 15); *Penticton:* 185 Lakeside Drive (Tel. 250/493 55 51).

59

Weingüter an den Hängen des Okanagan-Tals.

Lachs

■ **Wenn Sie zur richtigen Zeit nach British Columbia kommen, können Sie mit etwas Glück eine der vielen Lachsarten bei der Wanderung flußaufwärts beobachten. Der immer noch weit verbreitete Fisch ist von großer Bedeutung für die Wirtschaft und von Speisekarten und aus Trophäenschränken der Fischergemeinden nicht wegzudenken ...** ■

Fünf Arten

Fünf Lachsarten sind im Pazifik und den Gewässern von British Columbia heimisch. Der größte ist der Königslachs, der bis zu 55 kg schwer wird, der kleinste der Buckellachs, der selten über das viel bescheidenere Gewicht von 2,5 kg hinauskommt. Dazwischen liegen Silberlachs (bis 10 kg), Hundslachs (5 kg) und Rotlachs (3,5 kg). In den Atlantikprovinzen und an der Ostküste findet man eine sechste Art, den Atlantiklachs.

Fischfang auf traditionelle Art am Fraser River.

Der Lachs ist ein Teil des Mythos von British Columbia. Er war früher so zahlreich, daß man ihn als Dünger auf die Felder schaufelte, und es heißt, daß die Schwärme zwischen Vancouver Island und dem Festland so dicht waren, daß man darauf laufen konnte. Konserven und Übersättigung nahmen ihm sein romantisches Flair – Lachssuppe und -sandwiches werden in fast allen Lokalen angeboten,– doch seine ungewöhnliche Lebensweise und erstaunlichen Reproduktionsleistungen locken viele Besucher zu den Aufzuchtstationen und Lachstreppen.

Erst schwimmen, dann Sex: Die Evolution teilte dem Lachs ein hartes Los zu. Während der Laichzeit schwimmen Männchen und Weibchen vom offenen Meer bis in den Fluß, in dem sie geboren wurden. Sie kämpfen sich flußaufwärts durch Wasserfälle, Erdrutsche, Stromschnellen und Strömungen, bevor sie nach Vollendung ihres Fortpflanzungszyklus sterben. Bei diesen legendären Wanderungen legen sie bis zu 50 Kilometer am Tag zurück. Die Fische, die im Oberlauf des Fraser River schlüpfen, legen gar eine Strecke von 1400 Kilometer zurück. Vorher haben sie zwei bis fünf Jahre im offenen Meer verbracht, eine relativ ruhige Zeit zwischen Geburt und dem mühevollen Weg zum Sterben.

Die ersten Jahre: Nach seiner Rückkehr an die Laichplätze legt jedes Weibchen bis zu 4000 Eier, von denen nur ein kleiner Teil zu ausgewachsenen Fischen wird. In den Adams River bei Salmon Arm, eines der bekanntesten Laichgebiete, kehren jährlich schätzungsweise zwei Millionen Rotlachse zurück und färben Anfang Oktober den Fluß hellrot. Von vier Milliarden Eiern, die im steinigen Flußbett vergraben werden, überlebt nur ein Viertel als *fry* (geschlüpfte Fische, zwei Zentimeter lang). Davon entgeht nur ein weiteres Viertel den Gefahren im Lake Shuswap, wo die jungen Fische ein Jahr verbringen, bevor sie zu *smolts* (einjährige Fische) werden. Ein Zwanzigstel von ihnen überlebt die Reise als *fingerling* den Fraser hinunter ins offene Meer.

Kommerzieller Fischfang: Zwei Drittel der eine Milliarde Dollar, die British Columbia mit dem Fischfang (dem bedeutendsten im Vergleich zu den anderen Provinzen) erzielt, stammt aus der Konservenindustrie und dem Export von Lachs. Er bildet die drittgrößte Einnahmequelle der Region nach Forstwesen und Energiegewinnung. Doch diese Industrie ist sehr anfällig für Naturkatastrophen und Eingriffe durch Menschenhand.

Einen großen Schlag erlitt sie, als 1913 riesige Steinlawinen im Fraser River den Weg zu den traditionellen Laichplätzen versperrten. In letzter Zeit haben Bergbau, Holzschlag, Verschmutzung und intensivere Landwirtschaft die Zahl der Lachse in BC weiter reduziert. Auf hoher See sind die Fische ebenfalls bedroht, besonders durch Überfischung und den wahllosen Einsatz von Treibnetzen ausländischer Flotten.

Helfende Hand: Da man sich bewußt ist, daß die Lachsindustrie derart anfällig ist und die Überlebenschancen eines Lachses statistisch gesehen niedrig sind (siehe Kasten), hilft man der Natur verstärkt nach. Erdrutschgebiete und Wasserfälle wurden durch Lachstreppen umgangen, Aufzuchtstationen (viele kann man besichtigen) wurden gebaut, um die Anzahl an Eiern, frisch geschlüpften und einjährigen Fischen, die die Reise zum Meer antreten, zu erhöhen.

Fischfang vor der Küste von British Columbia.

Chancen
Die Überlebensaussichten eines Lachses sind gering: Jedes laichende Paar bringt zehn ausgewachsene Fische hervor; davon wandern in den nächsten vier Jahren acht ins Netz, und nur zwei kehren zur Vermehrung in die Laichgründe zurück.

Laich und stirb
Lachse erreichen nach vier Jahren die Geschlechtsreife. Sie kehren dann an den Platz zurück, an dem sie geschlüpft sind, geleitet von ihrem überragenden Geruchssinn, wie man vermutet. Einige verändern sich unterwegs sehr stark: Der Rotlachs etwa färbt sich von Silberblau zu Tiefrot. Viele sterben während der Reise, eine brutale natürliche Auslese. Am Ziel gräbt das Weibchen eine Kuhle in das Flußbett und legt die Eier hinein, die dann vom Männchen befruchtet werden. Nach getaner Pflicht verenden beide innerhalb von wenigen Tagen.

Mit dem Auto.

Von Kamloops bis Hope

Siehe Karte S. 46–47.

Eine Fahrt entlang der beiden größten Flüsse Kanadas, durch das wüstenähnliche Gebiet am Thompson River, die Goldrauschregion um Lytton und zur herrlichen Hell's-Gate Schlucht des Fraser River (325 km).

Fast jede Tour durch BC führt früher oder später nach **Kamloops** ▶, einen ehemaligen Pelzhändlerposten, dessen Name vom indianischen Wort cumeloups kommt, »Treffen der Wasser« (Zusammenfluß des North und South Thompson River). Es ist immer noch ein Knotenpunkt für Straßen und Schienen aus der ganzen Provinz und der Beginn des neuen Coquihalla Highway (Highway 5), einer mautpflichtigen Schnellstraße nach Hope (siehe S. 63). Diese Straße ist zwar landschaftlich schön und führt in ihrem südlichen Teil durch herrliches Bergland, doch der alte Trans-Canada Highway (Highway 1) ist abwechslungsreicher.

Kamloops ist eine zersiedelte, nüchterne Stadt, bemerkenswert wegen der seltsam kahlen Hügel und des trockenen, staubigen Umlands. Die Stadt lädt nicht zum Bleiben ein, hat aber zwei interessante kleine Museen: das **Kamloops Museum** (207 Seymour Street. *Geöffnet: Juli–Sept.,* 9.30–16.30 Uhr, Okt.–Juni, 10–16 Uhr, Geschl. So u. Mo, *Eintritt:* frei) mit Urkunden und Pionierandenken und das **Secwepemec Museum** (345 Yellowhead Highway [Highway 5]. *Geöffnet:* Mo–Fr 8.30–16.30, Winter 9–17 Uhr, *Eintritt:* niedrig), das Geschichte und Kultur der hiesigen Shuswap-Indianer nachzeichnet. Eine weitere Attraktion ist der **Kamloops Wildlife Park**, ein 22 Hektar großer Zoo, am Stadtrand ausgeschildert. Das Infocenter finden Sie 1290 West Trans-Canada Highway (Tel. 250/374 33 77).

*Eigenartige, wüstenähnliche Land-
schaft bei Kamloops.*

Westlich von Kamloops führt der
Highway durch Wüstengebiet, das
im Regenschatten der Coast Moun-
tains im Westen entstand. Beifuß,
Büsche und Kakteen bedecken die
trockenen Hügel, auf denen man
Viehherden, verlassene Farmen und
bewässerte Oasen findet. Etwa 50
Kilometer von Kamloops entfernt,
hinter dem Kamloops Lake und dem
hübschen kleinen Savona Provincial
Park, führt eine Nebenstraße in das
Deadman Valley, in dem es Teiche,
Höhlen, die Felsspalten von Split
Rock und einige phantastische Felsnadeln, »hoodoos«, gibt. **Cache
Creek**►► (80 Kilometer von Kamloops), das »Arizona von Kanada«,
hat seinen Namen angeblich von
einem Goldschatz, den Goldgräbern
um 1860 zurückließen. In Wirklichkeit wurde es wohl nach deren Verstecken benannt. Im nahen
Ashcroft►►, der »Kupferhauptstadt
von Kanada«, kann man Kupferberg-
werke besichtigen.

Hinter Spence's Bridge wird die
Straße spektakulärer; sie schlängelt
sich am Hochufer des Fraser entlang
und verläuft bei **Lytton**►►, einem
Kutschposten an der alten Cariboo
Road zu den Goldfeldern von 1858,
wieder am Fluß. Heute ist Lytton ein

Mekka für Wildwasser-Rafting; diver-
se Anbieter organisieren unterschiedliche Touren auf allen vier Flüssen.
Etwa 50 Kilometer weiter südlich, hinter Boston Bar, liegt **Hell's Gate**►►,
wo der Fraser Canyon – 180 Meter
tief, aber nur 30 Meter breit – den Fluß
in ein schäumendes Bett von 60 Meter
Tiefe und acht Meter Breite zwängt.
Eine Seilbahn, die »Air Tram«, fährt in
die Schlucht hinunter und bietet herrliche Ausblicke. In der Nähe helfen
Fischtreppen den Lachsen die
Schlucht zu überwinden (siehe S. 61).

Yale►► am Südende des Canyons
ist ebenfalls ein Überbleibsel des
Goldrauschs, 20 000 Bewohner
machten es 1858 zu einer der größten Städte Nordamerikas westlich
von Chicago. Die Zeit des Goldrauschs und den Bau der Canadian
Pacific Railway zeigt Ihnen das **Yale
Museum** *(Geöffnet:* Juni–Sept., täglich 9–18 Uhr, *Eintritt:* niedrig) an der
Douglas Street. Von **Hope**►►, reizvoll
von Bergen umrahmt, erstrecken sich
weite, flache Weidegebiete bis Vancouver. Hope bietet Unterkünfte, ein
Pioniermuseum (Water Avenue
neben dem Infocenter, Tel. 604/869
20 21), schöne Aussicht über den Fraser und gute Wanderwege in den
umliegenden Parks.

*Die Seilbahn »Air Tram« über dem
Fraser Canyon am Hell's Gate.*

Die Sonne über dem Skeena River straft den Beinamen »Fluß im Nebel« Lügen.

►► Skeena Valley   *46B3*

Wie so vieles in Kanada kann das Skeena-Tal nur als Teil einer längeren Tour betrachtet werden. Hier hat man die Wahl zwischen einer Fahrt mit der »Inside Passage«-Fähre von Vancouver Island nach Prince Rupert, der Hauptstadt der Region, oder dem Auto, VIA Rail oder Greyhoundbus von Prince George. Wenn Sie mit dem Auto fahren und keinen Platz auf der Fähre gebucht haben (siehe Kasten S. 50), können Sie nur zurück nach Prince George oder auf dem Cassiar Highway nach Norden bis zum Yukon fahren. Das Tal ist eindrucksvoll und Prince Rupert eine lebhafte Hafenstadt, auch die Fahrt von Prince George, obwohl zu Beginn eher langweilig, wird zwischen New Hazelton und Prince Rupert außergewöhnlich schön.

Sprachloser Häuptling
Im Museum von Prince Rupert ist der berühmte »sprechende Stab« ausgestellt, der von Häuptling Shakes benutzt wurde, als er Queen Victoria in England besuchte. Angeblich war der Häuptling von dem Treffen so überwältigt, daß er nicht sprechen konnte und seinem Stock die Unterhaltung überließ.

Prince Rupert ►► Die Stadt war ein Posten der Hudson's Bay Company und blühte auf, als sie im Jahre 1906 Endpunkt der Grand Trunk Pacific Railway wurde. Obwohl Eisenbahndirektor Charles Hays 1912 beim Untergang der *Titanic* starb, wurde die Strecke 1914 fertiggestellt – zu spät, um Hays' Traum zu verwirklichen, Prince Rupert zur Rivalin von Vancouver zu machen. Prince Rupert ist jedoch nach Vancouver British Columbias zweitgrößter Hafen und trotz seiner provinziellen Atmosphäre einer der größten Tiefseehäfen der Welt.

Die Stadt mit ihrem rauhen, salzigen Charme ist umgeben von Bergen, tief eingeschnittenen Fjorden und einer Handvoll winziger Inseln. Ihr Hafen strahlt eine Atmosphäre des Wohlstands aus: Die Fischfangflotte und die vielen

Passagiere der BC- und Alaska-Fähren tragen ebenso dazu bei wie die Flut von Rohstoffen, die in diesem großartigen natürlichen Umschlagplatz verladen werden.

Nehmen Sie sich Zeit, das **Museum of Northern British Columbia**▶▶ *(geöffnet:* Mai–Sept. Mo–Sa 9–20, So 9–17 Uhr, Okt.–April Mo–Sa 10–17 Uhr, *Eintritt:* Spenden erbeten) zu besichtigen, das an das Infocenter an der 1st Avenue und McBride Street (Tel. 250/624 56 37) angeschlossen ist (allerdings bestehen Pläne, es nach Chatham Village zu verlegen). Im Museum gibt es eine kleine Galerie, einen guten Buchladen, mehrere faszinierende Archivfilme und eine ausgezeichnete Sammlung von Kunstwerken der Tsimshian; im Sommer werden auch zweistündige Hafenrundfahrten angeboten. Vor den Toren der Stadt können Sie eine Fahrt mit dem **Mountain Hays Cable-Car**▶ über eine der steilsten Strecken der Welt machen. Man hat einen atemberaubenden Blick auf Prince Rupert, seine Umgebung und bei klarer Sicht auf die Berge von Alaska. Die letzten Neuigkeiten erfahren sie im Infocenter.

Skeena-Mündung ▶▶▶ Nach der zumeist eintönigen Strecke hinter Prince George verändert sich die Gegend schlagartig durch das Auftauchen der Coast Mountains und des vom Skeena River in die Berge geschnittenen Tals. Hinter New Hazelton folgt die Straße einige Stunden dem Flußlauf, umgeben von hochaufragenden Schneegipfeln, geheimnisvollen Tälern und breiten Wasserfällen, die ihren Weg über die Hänge suchen. Winzige Inseln und angeschwemmte Baumstämme auf dem oft nebelverhüllten Fluß sind Landepunkte für Dutzende von Weißen Seeadlern und Heimat zahlloser Biber, die man von der Uferstraße aus sehen kann.

Die Fahrt ist allein der Landschaft wegen reizvoll, aber ein kleiner Umweg lohnt sich allemal, um bei New Hazelton vier restaurierte Dörfer der Gitksan zu besichtigen. Das schönste (und am meisten auf Touristen ausgerichtete) ist **'Ksan Native Village**▶▶▶ *(geöffnet:* Mitte Mai–Mitte Okt., täglich 9–17 Uhr, eingeschränkte Öffnungszeiten im Winter, *Eintritt:* niedrig). Die Ureinwohner erbauten das Freiluftmuseum in den 60er Jahren, um soviel wie möglich von ihrer untergehenden Kultur zu erhalten und weiterzugeben. Das Kernstück bilden sieben Langhäuser. In einer Führung werden Schnitzereien, Kleidung, Masken und die Geschichte der Gitksan erklärt. In **Gitanyow** (ehemaliger Name Kitwancool) befindet sich der angeblich größte noch stehende Totempfahl, der sogenannte »Hole-in-the-Ice«.

Aluminiumhütte
Die seltsamsten Dinge können interessant sein. In Kitimat, 190 Kilometer östlich von Prince Rupert, drängen sich Besucher nach einer Führung durch die Alcan-Aluminiumhütte, die mit ihrer jährlichen Produktion von 300 000 Tonnen zu den größten der Welt gehört.

Die Gitksan
'Ksan war der indianische Name für den Skeena River, den »Fluß im Nebel«. Die Gitksan waren der östlichste der großen Stämme im Nordwestküsten-Kulturkreis. Sie ernährten sich mehr von Fischen und Wild als von Feldfrüchten. Der natürliche Reichtum des Skeena erlaubte den Gitksan, ein relativ ruhiges Leben zu führen und kunstvolles Handwerk sowie komplexe Musik und Tänze zu entwickeln.

65

Scheunenverzierung (unten) und Totemschnitzerei (links) im 'Ksan Native Village bei New Hazelton.

■ **Die erste große Forscherwelle in Kanada rollte im 16. Jahrhundert mit John Cabot, Jacques Cartier und Samuel de Champlain. Die zweite folgte zwei Jahrhunderte später, als Alexander MacKenzie, Simon Fraser und David Thompson in einer Expedition die bis dahin undurchdringliche Einöde der westlichen Wildnis erschlossen...** ■

Henry Hudson
Über die Herkunft des Mannes, der die Hudson Bay nach sich benannte, ist nur wenig bekannt. 1607 suchte er zweimal den Seeweg nach Asien über Norwegen und Rußland. 1609 segelte er im Auftrag der Holländischen Ostindienkompanie nach Island und weiter in die Bucht, die seinen Namen trägt. Im Winter fror sein Schiff, die *Discovery*, im Eis fest, was eine Mannschaftsmeuterei auslöste. Im Frühling wurden Hudson, sein Sohn und sieben Mitglieder der Crew in einem Boot ausgesetzt; man sah sie nie wieder.

Sir John Franklin
Franklin war einer der vielen Entdecker, die in den Gewässern Kanadas starben. Er unternahm zwei Expeditionen (1819 und 1845) auf der Suche nach der Nordwestpassage, der meist zugefrorenen Route um den Norden des nordamerikanischen Festlandes. 1845, bei Erkundung der östlichen Zufahrt, verschwand er mit 129 Männern und seinen beiden Schiffen, HMS *Erebus* und HMS *Terror*, im Eis. Jahrelang suchten 38 Expeditionen nach den Vermißten ohne Erfolg.

Sir Martin Frobisher
1576 versuchte der beherzte englische Freibeuter und Entdecker im Auftrag von Elizabeth I. von England, die Nordwestpassage zu finden. Die erste dokumentierte Erforschung der Arktis erbrachte weder Reichtümer noch die erhoffte eisfreie Passage.

Alexander Mackenzie: Während Land und Eroberung die ersten Erforscher Kanadas anspornten, stand für die späteren der Pelzhandel im Vordergrund. Denn es fehlte eine Durchfahrt zum Pazifik, die den Transport von Pelzen per Kanu und Packtieren quer durch den Kontinent zu den Häfen Ostkanadas überflüssig machte. Von der Suche nach einer solchen Route war Alexander Mackenzie (1755–1820) besessen, ein Schotte, der im Alter von zehn Jahren mit seinem Vater in New York gelandet war. Er trat in die Montréal Company, später Northwest Trading Company, ein, der Konkurrentin der mächtigen Hudson's Bay Company (siehe S. 168–169). 1789 brach Mackenzie zu seiner ersten Kanada-Durchquerung auf und schlug sich fast vier Monate lang durch 3000 Kilometer Wald und trostlose Wildnis. Er erreichte stattdessen das Nordpolarmeer, weil er irrtümlich dem Mackenzie River gefolgt war, dem zweitlängsten Fluß Nordamerikas (nach dem Entdecker benannt). Von seinem »Mißerfolg« gedemütigt, taufte er diesen »Fluß der Enttäuschung«. Unerschrocken startete er eine zweite Expedition und kam am 22. Juli 1793 nördlich von Vancouver Island an den Pazifik, was die erste dokumentierte Nordamerika-Durchquerung überhaupt war.

Simon Fraser: 1801 trat Simon Fraser (1776–1862) in die Athabasca-Abteilung der Northwest Trading Company ein und übernahm die Gebiete in den Rockies (die den weißen Siedlern so gut wie unbekannt waren). Er errichtete dort die erste weiße Siedlung und später die Handelsposten Fort MacLeod (1805), Fort St. James (1806), Fort Fraser (1806) und Fort George (1807), das heutige Prince George. Nach dem Studium von Mackenzies Route brach er auf, um einem Fluß zu folgen, den er für den Columbia hielt, um damit den Engländern eine Route zum Pazifik gegen die Ansprüche der USA zu sichern.
Statt dessen folgte er dem Fluß, der heute seinen Namen trägt – eine Odyssee von 1300 Kilometern – in ein Gebiet, »wo kein Mensch sich hinwagen sollte«. Er brauchte 35 Tage, um den Fraser Canyon (siehe S. 63) zu überwinden, dabei mußte er über schmale Riffe kriechen und mit Leitern und Seilen Stromschnellen umgehen, die zu tückisch für

66

Boote waren. Als er die Flußmündung erreichte (wo er das heutige Vancouver hätte sehen können), erkannte er seinen Irrtum und hielt das Unternehmen für einen wirtschaftlichen Fehlschlag. Er hatte jedoch einen der größten Flüsse des Kontinents erfolgreich befahren.

David Thompson: Der Kartograph wurde 1770 in London geboren. Nach seiner Ankunft in Kanada trat er 1784 in die Hudson's Bay Company ein. Bis 1796 arbeitete er als ihr Angestellter und unternahm in ihrem Auftrag eine Expedition zum Lake Athabasca. Ein Jahr später trat er in die Northwest Trading Company ein. Die folgenden Expeditionen brachten ihn ein Stück den Missouri abwärts zum Turtle Lake, einem Quellgebiet des Mississippi. 1807 wandte er seine Aufmerksamkeit den Rockies und dem Columbia zu, den Fluß, den Fraser vergeblich gesucht hatte. Er überquerte die Rockies, baute den ersten Handelsposten am Columbia und befuhr 1811 den gesamten Fluß. Sein größter Verdienst ist die Kartographierung großer Gebiete im Westen, nach der noch Jahrzehnte später Karten erstellt wurden. Er leitete auch die Kommission, die von 1818 bis 1826 die Grenze zwischen Kanada und den USA vermaß und festlegte.

Sir Francis Drake
Auf seiner Weltumsegelung 1579 war dieser berühmte elisabethanische Höfling vielleicht der erste Europäer, der die Küste von British Columbia zwar sah, jedoch nicht dort landete.

Captain Cook
Cook machte sich um die erste dokumentierte Landung von Europäern an der kanadischen Pazifikküste, 1778 auf Vancouver Island, verdient. Er tauschte Pelze mit den Ureinwohnern und verkaufte sie in China mit Gewinn. Die Erfolgsnachricht lockte bald englische und spanische Händler auf der Suche nach Pelzen hierher.

67

Die HMS Terror, 1837 auf einer Fahrt im Eis gefangen.

Mit dem Flugzeug

Der internationale Flughafen von Vancouver liegt 13 Kilometer südlich der Stadt. In die Innenstadt kommen Sie mit dem Taxi oder dem Airportbus (Tel. 604/2 44 98 88), der von der Auslandsankunft abfährt und von 5.30 bis 0.30 Uhr alle 30 Minuten vor der Inlandsankunft hält. Haltestellen sind alle Bus- und Bahnhöfe sowie große Hotels in der City. Informationen über den Fahrkartenverkauf erhält man telefonisch.

Unterwegs in der Stadt

Den öffentlichen Nahverkehr in Vancouver betreibt BC Transit. Fahrkarten für Bus, SkyTrain (S-Bahn) und SeaBus (Fähre nach North Vancouver) sind im voraus erhältlich in Geschäften mit dem BC Transit-Aufkleber »Faredealer« oder aus Automaten auf Bahnsteigen sowie am SeaBus-Terminal. Lösen Sie im Bus, *müssen* Sie die Summe passend bereithalten und in den Automaten beim Fahrer einwerfen; es gibt *kein* Wechselgeld. Die Fahrkarte gilt vom Fahrtantritt an 90 Minuten im ganzen Nahverkehrssystem. Für längere Strecken und den SeaBus während der Rush-hour benötigen Sie teurere Zwei- und Drei-Zonen-Fahrkarten. Es gibt auch Tageskarten, gültig an Wochentagen ab 9.30 Uhr und Samstag/Sonntag ganztags.

Junge Stadt

»Vancouver ist in die Jahre gekommen, denn nur ein paar Tage vor meiner Ankunft hat das Vancouver-Baby – nämlich das erste in Vancouver geborene Kind – geheiratet.« Rudyard Kipling, *Letters to the Family*, (1907)

▶▶▶ **Vancouver** *46C1*

Nur wenige Städte können sich mit der prachtvollen Lage von Vancouver messen oder mit seiner eleganten Innenstadt, umgeben vom Pazifik und den schneebedeckten Gipfeln der Coast Mountains. Noch seltener finden Sie diese Kombination aus lässigem Lebensgenuß und kulturellem Angebot, dazu eine so große Auswahl an Freizeitaktivitäten für die unternehmungslustige Bevölkerung (der drittgrößten Stadt Kanadas). Spiel und Spaß sind jedoch nicht die einzigen Reize, denn der dynamische Hafen und die boomende Wirtschaft verleihen der Stadt eine Schlüsselposition auf den Märkten rund um den Pazifik (amerikanische Westküste und Südostasien, programmiert auf Erfolg im 21. Jahrhundert). Dazu kommt die multikulturelle Bevölkerung, die der Stadt das kosmopolitische Flair verleiht (und für ausgezeichnete Restaurants sorgt), und das milde, wenn auch gelegentlich feuchte Klima, prädestiniert für Freiluftfestivals mit Musik, Theater und Tanz.

Überblick: Die glitzernde City wird im Westen vom Stanley Park und im Osten von Gastown und Chinatown begrenzt. Nach der Besichtigung des Canada Place geht man fünf Minuten bis zur Gastown, dem restaurierten, aber recht charakteristischen historischen Kern der Stadt. Ein längerer Spaziergang (oder eine kurze Busfahrt) bringt Sie nach Chinatown mit seinen lebhaften Straßen; dagegen ist Stanley Park eine erstaunliche Oase der Ruhe. Das quirlige Granville Island – der beste Ort, um Leute zu beobachten – ist vollgestopft mit Geschäften und Restaurants, besitzt eine Markthalle und sogar eine kleine Brauerei. In der Nähe befinden sich zwei der schönsten Museen der Stadt, das Vancouver Museum und das Maritime Museum; ein Besuch im hochinteressanten Museum of Anthropology, einem Highlight Vancouvers, erfordert hingegen einen Ausflug in die westlichen Vororte.

Innenstadt ▶▶▶ Es gibt keinen besseren Zugang zu Vancouver als der **Canada Place** ▶▶▶, dessen großartiges Kuppeldach ein charakteristisches Merkmal der Skyline ist. Er wurde als kanadischer Pavillon für die Weltausstellung 1986 errichtet und später in ein Kongreßzentrum umgebaut. Von seinen breiten Promenaden hat man einen wunderbaren Blick auf den Hafen, den Stanley Park und die Berge. Das Touristenbüro mit vielen Informationen liegt praktisch um die Ecke (siehe Kasten Seite 70), aber auch Täfelchen an den Gebäuden berichten über die Geschichte der Stadt. Ein ähnlich guter Aussichtspunkt ist der »Lookout« auf dem nahegelegenen **Harbour Centre Building** ▶ (555 W Hastings Street, *geöffnet:* Mai–Sept. täglich 9–21, Okt.–April täglich 8–22.30 Uhr, *Eintritt:* niedrig), den man mit schwindelerregenden gläsernen Aufzügen erreicht, die seitlich zur Aussichtsplattform im 40. Stock hinauffahren.

Vom Ufer sind es nur ein paar Minuten zu Fuß in die Robson Street, der Haupteinkaufsstraße von Vancouver. Sie ist ein Anziehungspunkt an milden Sommerabenden. Den kulturellen Höhepunkt bildet die **Vancouver Art Gallery** ▶▶, deren eher bescheidene Sammlung durch ein hervorragendes Café und ausdrucksvolle Werke von Emily Carr aufgewertet werden (750 Hornby Street, *geöffnet:* im Sommer tägl. (Zeiten variieren), Okt.–Mai Mi–So, *Eintritt:* hoch).

Andere Sehenswürdigkeiten im Zentrum sind das Marine Building, oft das schönste Art Déco-Gebäude Kanadas genannt (beim Touristenbüro am Ende der Burrard Street) und das neue Canadian Craft Museum, eines der ersten kanadischen Museen, das altem und neuen Kunsthandwerk gewidmet ist (639 Hornby Street, geöffnet: Mo–Sa 9.30–17.30, So 12–17 Uhr, Eintritt: niedrig).

Gastown ► Nach der Besichtigung von Canada Place gehen viele Besucher in die Gastown, einen eher übertrieben hübsch renovierten Stadtteil. Er wurde nach »Gassy« (geschwätziger) Jack Leighton benannt, einem Kneipenwirt, der 1867 in der Nähe der städtischen Holzhöfe (siehe Kasten S. 73) eine Bar eröffnete. Nach einer Weile entstand um die Bars eine Hüttenstadt, die nach Fertigstellung der Transkontinentaleisenbahn um 1887 das Herz einer schnell wachsenden Hafenstadt wurde. Mitte dieses Jahrhunderts, nachdem das Stadtzentrum sich nach Westen verlagert hatte, war diese Gegend halb verfallen. Am Rand gibt es zwar noch Sanierungsbedarf, aber die Restaurierung hat den größten Teil der Spuren des viktorianischen Erbes erfaßt. Man kann hier nett spazierengehen, obwohl die einzige Sehenswürdigkeit aus einer dampfbetriebenen Uhr am Westende der Water Street besteht.

Chinatown ►► Nirgendwo ist Kanadas vielzitierter Multikulturalismus besser zu sehen als in Vancouvers Chinatown, einer ethnischen Enklave mit 100 000 chinesischen Bewohnern und damit zweitgrößten chinesischen Gemeinde außerhalb des Fernen Ostens (nach San Francisco).

Bus und Bahn
Greyhound (Tel. 604/662 32 22) und andere Busunternehmen starten vom neuen Busdepot bei der Pacific Central Station, 1150 Station Street, das auch Endbahnhof für VIA Rail (Tel. 1-800-5 61 86 30) aus Jasper und Ostkanada ist. Um in die Innenstadt zu gelangen, nehmen Sie ein Taxi vom Vorplatz oder die »Waterfront«-Bahn von der »SkyTrain«-Station Science World-Main Street (150 Meter vom Bahnhof entfernt).

Urbane Perle
»Die Art von Stadt, in der fast jeder wohnen möchte.« Jan Morris über Vancouver.

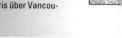

Vancouver: imposante Lage.

BRITISH COLUMBIA

Neujahrsfest in Vancouvers China-town.

Touristeninformation
Das Vancouver Travel Info-center befindet sich im Waterfront Centre, 200 Burrard Street, und zwar am Nordende der Straße, Ecke Canada Place Way (Tel. 604/683 20 00 oder 1 800 663 60 00), *geöffnet:* Juni–Aug. Mo–Sa 8–18 Uhr, Sept.–Mai, Mo–Fr 8.30–17, Sa 9–17 Uhr). Hier können Sie Geld tauschen, erhalten Stadtpläne, Zimmernach-weise, Fahrkarten für BC Transit und Karten für kulturelle und sportliche Ereignisse.

Schmales Handtuch
Mit nur zwei Metern Breite ist das Sam Kee Building von 1913, 8 West Pender Street in Vancouvers Chinatown, angeblich das schmalste Gebäude der Welt.

Perfekte Stadt
»Vancouver ... hatte zwei besondere Vorteile: Von der Natur bevorzugt zu werden und von Menschenhand schön gestaltet worden zu sein. Gott hat viel für Montréal getan, aber der Mensch hat nichts dazu geschaffen. Québec ist geschichtsträchtig und majestätisch gelegen, aber vieles ist armselig. Toronto ist ein Dorf und wird es immer bleiben, auch wenn es sich über hundert Meilen erstreckt; die Präriestädte beeindrucken durch ihre Isolation und Ausdehnung – man fülle sie mit Häusern, und sie wären wunderbar –; aber Vancouver ist schon jetzt wunderbar.« Stephen Leacock, *My Discovery of the West* (1937)

Viele Vorfahren der heutigen Bewohner kamen während des Goldrauschs von 1858 oder gehörten zu den 15 000 chinesischen Arbeitern, die am Bau der Transkontinentaleisenbahn mitwirkten. Eine schäbige Behandlung erwartete ihre Nachkommen, sie erhielten erst 1947 Bürger- und Wahlrechte.

Heute ist Chinatown ein aufregendes Viertel; das geschäftige Treiben konzentriert sich um die Pender Street (zwischen Carrall und Gore Street) und Keefer Street (zwischen Main und Gore Street). Erkunden Sie die exotischen Geschäfte und Märkte und besuchen Sie die **Dr. Sun Yat-sen Gardens** ►► (578 Carrall Street Nähe Pender Street, *geöffnet:* Mai–Mitte Juni 10–18, Mitte Juni–Mitte Sept. 10–17, Mitte Sept.–April 10–16.30 Uhr, *Eintritt:* niedrig). Die Gärten wurden in den 60er Jahren begonnen und für die Weltausstellung 1986 fertiggestellt; sie sind nach dem Gründer der chinesischen Republik benannt, der oft nach Vancouver kam. 57 Künstler aus der chinesischen Gartenstadt Suzhou schufen in 13 Monaten den ersten klassischen chinesischen Garten außerhalb Chinas. Es wurden weder Nägel noch Schrauben oder elektrische Geräte benutzt, alles befindet sich in der subtilen Ausgewogenheit des *yin* und *yang* – weich und hart, dunkel und hell, klein und groß – eines typischen Gartens der Ming-Zeit des 14. Jahrhunderts.

Stanley Park ►►► Als ob es noch nicht ausreichen würde, daß Vancouver von Wasser und majestätischen Bergen umgeben ist, besitzt es auch noch einen herrlichen Streifen von Wald und Wildnis, nur ein paar Blocks von der Innenstadt entfernt. Es ist der größte Stadtpark in Nordamerika (über 400 ha); das Gebiet mit uralten Zedern, Hemlock- und Douglastannen wurde 1888 zum Stadtpark erklärt, nachdem es zuvor als militärische Sperrzone gegen eine eventuelle Invasion gedient hatte. Die meisten kommen hierher, um spazieren zu gehen, sich zu entspannen und die Aussicht zu genießen. Andere besuchen den

Zoo und vor allem das **Aquarium** ▶ *(geöffnet:* täglich Juli–Sept. 9.30–19 Uhr, Anfang Sept.–Juli 10–17.30 Uhr, *Eintritt:* teuer), mit über 6000 Meerestierarten das größte in Kanada. Die Stars der Show sind Seelöwen, Seeotter, dressierte Belugawale und Orcas.

Von der der Ecke Burrard- und Penderstreet fahren die Busse 23, 35 oder 135, von der Alberni Street die Nummer 19 bis zum Haupteingang bei Lost Lagoon. Von dort fährt an Sommerwochenenden der Bus 52 »Around the Park« – rund um den Park. Ein anderer empfohlener Eingang, besonders für die schönen Sandstrände, ist Beach Avenue im Süden. Am Ende der Denmark Street können Sie Fahrräder mieten (Ausweis wird als Pfand hinterlegt). Ein Fuß- und Radweg von neun Kilometern verläuft am Parkrand, und ein Labyrinth von Pfaden führt durch den Wald.

Granville Island ▶▶▶ Wie Chinatown und Stanley Park bildet Granville Island einen unerwarteten Gegensatz zu den Spiegelglastürmen im Herzen von Vancouver. Die unter der Granville Street Bridge versteckte Insel war Anfang des Jahrhunderts noch eine Sandbank, auf die der Aushub des False Creek als Fundament für ein Stahlwerk und eine Werft geschüttet wurde. In den 60er Jahren verkam das Gebiet zur Müllhalde. Dieser Prozeß wurde in den 70er Jahren durch ein einfallsreiches und sehr erfolgreiches Bundesprogramm zur Sanierung aufgehalten. Ein Teil der industriellen Infrastruktur wurde beibehalten, was der Insel härtere Konturen – verglichen mit der etwas touristischen Gastown – verleiht. Es gibt keinen schöneren Ort an einem sonnigen Morgen: Die Markthalle voller Menschen, die auf den hölzernen Promenaden essen, schwatzen und den Lauf der Welt betrachten. Das Bild wird vervollständigt durch Bars, Cafés, eine Brauerei (nachmittags kostenlose Führung), einen Kinderspielplatz, Buchläden und viele interessante Geschäfte und kleine Firmen.

Museen Das Vancouver Museum ▶▶, das größte städtische Museum Kanadas, bietet einen konzentrierten, wenn

Empfehlungen für Granville Island
Ein Spaziergang nach Granville Island über die Granville Street Bridge ist nicht sehr angenehm. Am besten geht man zu Fuß bis zum kleinen Dock hinter dem Vancouver Aquatic Centre am südlichen Ende der Thurlow Street. Alle paar Minuten fahren von hier winzige Fähren über den False Creek nach Granville Island. Im öffentlichen Nahverkehrssystem gibt es den Sonderbus 50 von Gastown und Haltestellen auf der Granville Street zum False Creek. Im Granville Island Information Centre (1592 Johnston Street, Tel. 604/666 57 84, *geöffnet:* Di–So 9–18 Uhr) erhalten Sie Karten und nähere Informationen. Das Vancouver Museum, das Maritime Museum und das Space Center (siehe Seite 71–2) erreicht man am besten mit einer kleinen Fähre von Granville Island aus.

Ein Radfahrer im Stanley Park scheint die berühmte Skyline der Stadt nicht zu bemerken.

Das von Bergen umrahmte
North und West Vancouver
bildet einen schönen Hin-
tergrund für die Innenstadt.
Als reine Wohngegenden
haben sie nur wenige
Sehenswürdigkeiten. Ein
phantastischer Ausblick
auf Hafen und Stadt bietet
sich auf der Fahrt mit dem
SeaBus über den Burrard
Inlet bis »North Van« ab der
Endstation beim Canada
Place. Am Lonsdale Quay,
der Endstation in North
Vancouver, gibt es eine
Markthalle, in der sich eine
Stunde Bummeln lohnt,
bevor man mit dem SeaBus
ins Zentrum zurückkehrt.

*Unterhaltungspro-
gramm auf Granville
Island.*

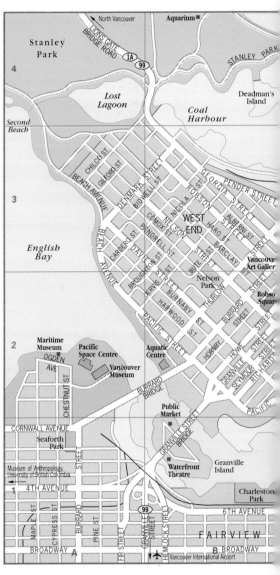

auch etwas betulichen Überblick über die Geschichte
Vancouvers und seine Bewohner (1100 Chestnut Street,
geöffnet: Juni–Aug. täglich 10–17 Uhr, Sept.–Mai Di–So
10–17 Uhr, *Eintritt:* niedrig). Höhepunkt der Sammlung
ist ein Kanu, ein Einzelstück seiner Art. In der historischen Sektion werden die Pionierzeit und die Härte, die
die weißen Forscher ertrugen, lebendig.

Nur ein paar Schritte entfernt befindet sich das ebenfalls altbackene, aber liebevoll hergerichtete **Maritime
Museum ▶▶**. Das Prunkstück der vielen maritimen
Exponate ist der Schoner *St. Roch,* der 1944 als erstes
Schiff in einer Saison durch die gefürchtete Nordwest-
passage segelte (1905 Ogden Avenue, *geöffnet:* täglich
10–17 Uhr, Okt.–April nur Di–So *Eintritt:* niedrig).

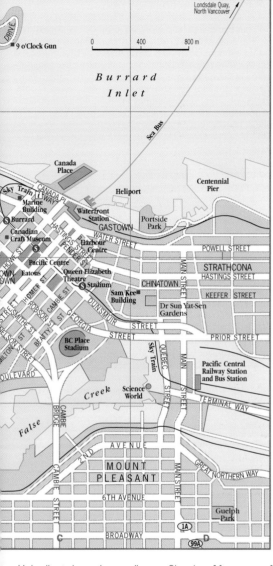

Canada
Place

9 o'Clock Gun

Londsdale Quay,
North Vancouver

0   400   800 m

*Burrard
Inlet*

Sea Bus

Heliport

Centennial
Pier

Sky Train

CANADA PL

Marine
Building

Burrard

Canadian
Craft Museum

Waterfront
Station

GASTOWN

Portside
Park

WATER STREET

HASTINGS STREET

CORDOVA

Harbour
Centre

POWELL STREET

Pacific Centre

OWN
OWN

Eatons

Queen Elizabeth
Theatre

Stadium

GRANVILLE

CHINATOWN

STRATHCONA

HASTINGS STREET

KEEFER   STREET

MAIN STREET

Sam Kee
Building

Dr Sun Yat-Sen
Gardens

DUNSMUIR

GEORGIA

STREET

Sky Train

PRIOR STREET

BC Place
Stadium

QUEBEC

MAIN

ROBSON ST

HOMER ST

CAMBIE ST

BEATTY ST

NELSON ST

BOULEVARD

Creek

Science
World

Pacific Central
Railway Station
and Bus Station

TERMINAL WAY

False

CAMBIE
BRIDGE

CAMBIE

2ND

STREET

AVENUE

MOUNT
PLEASANT

MAIN STREET

GREAT NORTHERN WAY

6TH AVENUE

Guelph
Park

STREET

BROADWAY

C

1A

99A

D

The Raven and the
Beast *des Haida-
Künstlers Bill Reid im
Museum of Anthro-
pology. Die Skulptur
stellt die Haida-Saga
über die Entstehung
des Menschen dar.*

Gassy Jack

Der trinkfreudige Stadt-
gründer von Vancouver,
Jack Leighton (1830–1875),
war Seemann, bevor er
Kneipenwirt wurde. Er kam
1867 am Burrard Inlet mit
seiner indianischen Frau
und einem Faß Whisky an.
Seine Kneipe Deighton's
House (Kreuzung Water
und Carrall Street) wurde in
nur 24 Stunden von Holz-
arbeitern errichtet, die mit
Hochprozentigem bezahlt
wurden. Das Geschäft ging
gut; in den Holzhöfen war
Alkohol verboten, und die
nächste Kneipe war zwölf
Kilometer entfernt in New
Westminster. Jack eröffnete bald eine zweite Bar, in
der ihm seine wortreichen
und angeberischen Reden
den Spitznamen »Gassy«
(Schwätzer) eintrugen.

Science World

Die unverwechselbare geo-
dätische Kuppel der
Science World, für die
Weltausstellung 1986
gebaut, ist ein modernes
Wahrzeichen der Stadt.
Das kleine Hightech-Muse-
um im Innern ist eher für
Kinder gedacht (1455 Qué-
bec Street, *geöffnet:* Mo–Fr
10–17, Sa–So 10–18 Uhr,
Eintritt: teuer).

Unbedingt besuchen müssen Sie das **Museum of
Anthropology** ▶▶▶. Dieses Museum verfügt über eine
einmalige Sammlung von Totempfählen, Häusern der Haida, Steinskulpturen und eine Riesenauswahl kleinerer
Objekte. Das bedeutendste Werk ist *The Raven and the
Beast* des Haida-Künstlers Bill Reid. Das Museum liegt auf
dem Campus der University of British Columbia; man
erreicht es mit dem Bus 10 auf der Granville Street nach
Süden fahrend bis zum Campus (30minütige Fahrt). Dann
geht man 15 Minuten über den Campus; folgen Sie den
Schildern oder fragen Sie Studenten nach dem Weg
(geöffnet: Mitte Mai–Anfang Sept. 10–17, Di 10–21 Uhr,
Anfang Sept.–Mitte Mai Mi–So 11–17, Di 11–21 Uhr, Mo
geschlossen, *Eintritt:* niedrig).

BRITISH COLUMBIA

Park-Information
Besuchen Sie das Infocenter in Clearwater (Tel. 250/674 26 46, *geöffnet:* ganzjährig) an der Kreuzung von Highway 5 und der Zufahrtsstraße. Sie erhalten dort kostenlos die *BC Parks*-Karte über Wells Gray sowie ausführliche Informationen über Wanderwege, Unterkunft und Wildwasser-Rafting (eine große Attraktion).

Der Clearwater River fließt durch den Busch des Wells Gray Provincial Park.

▶ ▶ ▶ **Wells Gray Provincial Park**   *47D2*

Mit einer ebenso phantastischen Landschaft wie in den meisten Nationalparks, ist Wells Gray der verlockendste der Provinzparks in British Columbia. Man erreicht das Gebiet auf dem Highway 5 von Jasper und Mount Robson von Norden kommend auf einer großartigen Bergstraße – oder aus Richtung Kamloops und Okanagan-Tal kommend auf einer günstigeren Strecke entlang des North Thompson River. Eine Übernachtung im Park ist nur auf Campingplätzen und in ein paar Hütten möglich, aber es gibt einige Hotels und Motels in Clearwater, einer Siedlung südlich des Parks, und in den Dörfern Valemount und Blue River am Highway 5.

Clearwater ▶ ist Ausgangspunkt einer 60 Kilometer langen Straße (nur die letzten 30 Kilometer sind Schotter) durch den Park nach Norden, eine einladende Tour mit Wasserfällen, tosenden Flüssen, ausgedehnten Wäldern und Aussichtspunkten. Sie können alle Sehenswürdigkeiten auf Spazier- und Tageswanderwegen von dieser Straße aus erreichen. Unterkunft, Essen und Benzin bekommen Sie in Clearwater. Hier berichtet das kleine **Yellowhead Museum** in einer der ersten Heimstätten weißer Siedler dieser Region ausführlich vom Leben der frühesten Pioniere und besonders über das Schicksal der berühmten »Overlanders« (siehe Kasten gegenüber). Das Touristenbüro sollte man vor dem Besuch des Parks unbedingt aufsuchen (siehe Kasten).

Von Clearwater bis Green Mountain: Etwa acht Kilometer nördlich von Clearwater weist ein Schild an der Straße auf den **Spahats Creek Provincial Park** hin. Ein kurzer Fußweg vom Parkplatz führt zu zwei Aussichtplattformen, von denen man die 61 Meter hohen **Spahats Falls** ▶ ▶

*Die Helmcken Falls
sind höher als die
Skyline Vancouvers
und zweieinhalbmal
so hoch wie die Nia-
gara-Fälle.*

Die Overlanders
Die meisten Schürfer, die
um 1885 vom Goldrausch
nach British Columbia
gelockt wurden, kamen per
Schiff nach Vancouver Is-
land. 200 Ahnungslose zo-
gen jedoch über Land von
Québec und Ontario, gekö-
dert von einer Gesellschaft,
die den »schnellsten, si-
chersten und billigsten
Weg zum Goldgräberland«
versprach. Nach einer mör-
derischen Planwagenfahrt
durch die Prärien kämpfte
sich die Gruppe zu Fuß
über die Rockies. Am Fra-
ser River teilte sie sich: Die
einen versuchten, den Fluß
mit Flößen und Kanus hin-
unterzufahren (viele ertran-
ken dabei). Die anderen –
36 Personen – folgten dem
North Thompson River bis
hinter Clearwater und er-
reichten nach fünfmonati-
ger Reise halbverhungert
Fort Kamloops. Nur einer
der 200 »Overlanders« fand
Gold.

sehen kann, die aus einer vom Spahat Creek geschaffenen
Schlucht hervorbrechen. Ins Auge springt auch das leuch-
tend rosa und grau gefärbte Vulkangestein – überall in
Wells Gray findet man ähnliche vulkanische Reste –, wenn
der Blick nach unten zum Clearwater schweift.
Zurück auf der Hauptzufahrtsstraße zweigen einige Schot-
terstrecken in die Wildnis ab; die meisten sind Ausgangs-
punkte für Tageswanderungen und Rucksacktouren.
Wenn Sie nicht wandern wollen, fahren Sie weiter bis zum
Schild (direkt hinter dem Parkeingang) **Green Mountain
Lookout** ►►►, von hier führt eine Schotterstraße mit vielen Kurven zu einem Aussichtspunkt mit phantastischem
Blick: Berge, Wälder und Seen, viele davon noch unbe-
nannt oder unerklommen, so weit das Auge reicht.

Von den Dawson Falls zum Clearwater Lake: Zu den
bekannteren der zahlreichen Wasserfälle des Parks
gehören die **Dawson Falls,** nach denen man als nächstes
Ausschau halten sollte: Das Schild »Viewpoint« steht kurz
vor der großen Stahlbrücke über den Clearwater. Die weit
fallenden Kaskaden (91 m breit, 18 m hoch) bilden einen
interessanten Kontrast zum schönsten Wasserfall des
Parks, den 137 Meter hohen **Helmcken Falls** ►►►. Sie liegen am Ende einer Sackstraße und sind zweieinhalbmal so
hoch wie die Niagara-Fälle; das Wasser stürzt in einem einzigen schwungvollen Strahl in ein tiefes, waldiges Tal und
läßt im tiefgrünen Rund einen gewaltigen Gischtnebel auf-
steigen.
Zurück auf der Straße wird die Landschaft immer reizvoller. An einigen Stellen kann man am Ufer des Clearwater spazierengehen und picknicken. Ein Hinweisschild
führt Sie zur **Ray Farm** ►, einer Gruppe entlegener, pitto-
resker, verfallener Pionierhütten ein paar Minuten zu Fuß
abseits der Straße. Sie gehörten früher John Bunyon Ray,
der sich 1912 als erster in diesem Gebiet ansiedelte; in
ihrer Abgeschiedenheit verdeutlichten sie die Härten des
Pionierlebens. Am Ende der Straße (es gibt keine andere
Zufahrt) liegt Clearwater Lake mit Campingplatz, Bootssteg und einigen hübschen, gut ausgeschilderten Wanderwegen.

Was steckt hinter den Namen?
West Kanada war lange als
Neu Kaledonien bekannt,
ein Name, den ihm der
schottische Forscher Si-
mon Fraser gab. Leider war
das auch der Name einer
französischen Kolonie im
Pazifik. Der Vorschlag der
englischen Königin Victo-
ria, »Columbia«, wurde wegen des gleichnamigen
Landes in Südamerika wie-
der verworfen (außerdem
fließt der Fluß, auf den sich
der Name bezog,
hauptsächlich durch die
USA). Nach reiflicher Über-
legung gelangte Queen
Victoria zu dem passende-
ren Titel: British Columbia.

Passagiere ohne Auto nut-
zen am besten die stündli-
che Verbindung der Pacific
Coach Lines (Tel. 250/385 44
11 oder 604/662 80 74; Bus
und Fähre) vom städtischen
Busbahnhof. Die Fahrt dauert 3,5 Stunden. Haben Sie
ein Auto, buchen Sie die
Überfahrt bei BC Ferries
(Tel.250/386 34 31, 604/699
12 11 oder – nur BC – 1 888
223 37 79). Die Hauptverbin-
dungen verlaufen von:
Tsawwassen (30 Minuten
südlich von Vancouver)
nach Sidney (30 Minuten
nördlich von Victoria); Tsawwassen nach Nanaimo (2,5
Std. nördlich von Victoria);
und Horseshoe Bay (30 Min.
nördlich von Vancouver)
nach Nanaimo. Von den
USA gehen Fähren, Tragflü-
gelboote und Busse nach
Victoria ab Seattle, Anacor-
tes und Port Angeles.

Vancouver Island

Vancouver Island erstreckt sich fast 500 Kilometer von
Nord nach Süd und ist die größte der zahlreichen Inseln vor
Nordamerikas Westküste. Doch es leben nur eine halbe
Million Menschen hier, die meisten in Victoria, der gemütlichen und schön gelegenen Hauptstadt British Columbias
(siehe S. 84–87). Die Stadt hat nichts von ihrem Flair als
alter englischer Außenposten verloren und lockt mit Pubs,
Teeläden und Dudelsackspielern jährlich mehrere Millionen Besucher an. Obwohl ein bißchen weniger attraktiv
als ihr Ruf, bildet sie den natürlichen Ausgangspunkt für
eine Tour über die Insel. Das Royal British Columbia Museum (siehe Seite 86–87), eines der besten Museen des
Landes, dokumentiert hervorragend die Naturgeschichte
der großartigen Landschaften in der Provinz und die
Geschichte ihrer Ureinwohner.

Der Südteil der Insel ist enttäuschend, gemessen an den
abwechslungsreichen Regionen im Inneren British Columbias. Doch die Berge im Strathcona Provincial Park in der
Inselmitte und der Küstenstrich im Pacific Rim National
Park (an der Westküste, siehe Seiten 82–83) sind unbedingt sehenswert. Weiter im Norden ist die Gegend rauher
und einsamer, besonders im menschenleeren Gebiet um
Port Hardy, dem südlichen Endpunkt der Route der BC
Ferries durch die Inside Passage (siehe Kasten Seite 50).

Mit dem Auto. **Von Victoria nach Nanaimo**

Siehe Karte auf Seite 76.

Eine Fahrt durch Dörfer und ländliche Gegenden zur zweitgrößten Stadt auf Vancouver Island (220 km).

Fahren Sie von Victoria aus nordwärts auf der Hauptstrecke zum Pacific Rim National Park und zur Fähre durch die Inside Passage. Nach den quirligen Vororten Victorias finden Sie im **Goldstream Provincial Park** ▶▶ zum ersten Mal wieder eine unberührte Landschaft, in der noch Abraumhalden an die Zeit des Goldrauschs von 1855 erinnern. Erdbeerbäume, die einzigen breitblättrigen immergrünen Laubbäume Kanadas, und Douglastannen – einige mehr als 600 Jahre alt – erfreuen auf dem Arbutus Ridge Trail (drei km). Der Pfad zum Mount Finlayson bietet gute Aussicht auf das Meer.

In **Duncan** ▶, 60 Kilometer nördlich von Victoria, sollte man das hübsch am Fluß gelegene Cowichan Native Village mit Laden, Restaurant, Ausstellungen und Vorführungen indianischer Schnitzer, Kunsthandwerker, Tänzer und Köche besuchen.

Nur ein Kilometer weiter nördlich liegt der **British Columbia Forest Museum Park** ▶▶ *(geöffnet: Mai–Sept. Mo–Fr 8.30–16.30 , Sa u. So 9.30–18 Uhr, Eintritt: niedrig)*, ein 40 Hektar großes Freiluftmuseum zur Geschichte des Forstwesens von den ersten Holzfällerlagern bis zu den heutigen Hightech- Sägewerken.

Ein hübscher, 30 Kilometer langer Umweg nach Westen führt Sie zum **Lake Cowichan** ▶, der im Indianischen »von der Sonne erwärmter See« heißt. Eine reizvolle 75 Kilometer lange Straße umrundet den See, vorbei an waldreichen Parks und der **Pletcher Challenge Heritage Mill**, die Führungen durch das noch arbeitende Sägewerk anbietet. Mehr über diese Gegend erfahren Sie im Infocenter im Dorf Lake Cowichan (Tel. 250/749 32 44).

Eine andere Abzweigung führt nach **Chemainus** ▶▶▶, der »Little Town That Did«, wie Schilder schon viele

Eine der preisgekrönten Wandmalereien in Chemainus.

Kilometer vorher verkünden. Die Besonderheit dieses Dorfes besteht darin, daß es sich, kurz vor dem wirtschaftlichen Ruin stehend, der durch die Schließung eines der weltgrößten Sägewerke drohte, retten konnte. Die Wende kam 1983 mit dem Auftrag des Stadtrates für ein Wandgemälde zur Geschichte der Gegend. Andere Gemälde folgten und lockten Touristen an. Chemainus wurden seither viele internationale Preise für diese Arbeiten zuerkannt.

Nanaimo ▶▶, eine große Stadt mit einem attraktiven Hafen, markiert die Grenze zwischen dem bewohnten Süden der Insel und ihrem menschenleeren Norden. Die ersten Siedler kamen wegen der Kohlevorkommen. Das **Centennial Museum** zeigt Petroglyphen (Felszeichnungen) der Ureinwohner, und die üblichen Objekte aus der Pionierzeit und Naturgeschichte (100 Cameron Street; *geöffnet: Mai–Sept. Mo–Fr 9–18, Sa–So 10–18 Uhr, Okt.–April Di–Sa 9–17 Uhr, Eintritt: niedrig)*.

Außerdem kann man die **Bastion** (1853) besichtigen, ein Fort mit einem Laden der Hudson's Bay Company, das heute ein kleines Museum beherbergt *(geöffnet: Juli– Sept. täglich 9–17 Uhr)*. Mehr über Nanaimo erfahren Sie im Infocenter im Beban House, 2290 Bowen Road (Tel. 250/756-0106).

77

Forstwirtschaft

■ Nirgendwo stehen sich Umweltschützer und kanadische Forstwirtschaft so unversöhnlich gegenüber wie in British Columbia und Vancouver Island. Während die einen die Forstwirtschaft als eine Art »Ernte« und als wichtigen Arbeitgeber sehen, verurteilen die anderen sie als leichtfertige Zerstörung eines einzigartigen Lebensraums ... **■**

Zeitungen
Über 40 Prozent aller Zeitungen der Welt werden auf Papier aus kanadischem Holz gedruckt.

Kahlschlag
Nichts läßt das Blut der kanadischer Umweltschützer höher wallen als die kanadische Forsttechnik des »Kahlschlags«. Dabei werden Wälder vollständig abgeholzt, so daß nur ein zerstörter Hang zurückbleibt. Im Gegensatz dazu werden in Europa die Wälder meist nur teilweise und selektiv eingeschlagen, eine umweltfreundlichere und ästhetischere Lösung.

Stämme vor der Verarbeitung in einem Holzwerk in Prince Rupert.

Zahlen und Fakten: Es gibt keinen Zweifel an der Bedeutung der Forstwirtschaft für Kanada. 1989 sorgte sie für 890 000 Arbeitsplätze, setzte 20 Milliarden Dollar um und stellte fast 20 Prozent der kanadischen Exporte. In British Columbia, einer der reichsten Provinzen, ist ihre Bedeutung besonders offensichtlich: Etwa 52 Prozent des Exporteinkommens stammen aus Holz und Holzprodukten (9 Milliarden). Das Gebiet liefert 45 Prozent allen kanadischen Industrieholzes dank der Wälder, die zwei Drittel der Provinz bedecken (nur ein Prozent der Fläche British Columbias besteht aus Ackerland). Für über 10 Prozent aller Zeitungen der Welt wird Zellulose und Holzbrei aus British Columbia verwendet. Von der arbeitenden Bevölkerung der Provinz sind 265 000 (oder 15 Prozent) entweder direkt oder indirekt in der Holzindustrie tätig.

Unbezahlbare Wälder: Die Holzindustrie erkannte schon früh, unabhängig von dem augenfälligen Holzreichtum British Columbias, den immensen Wert des gemäßigten Regenwaldes, jenes ausgedehnten Urwaldgürtels, der sich einst von Alaska bis nach Nordkalifornien erstreckte. Dieser »Pazifische Regenwald« wird als eines der produktivsten Ökosysteme der Welt angesehen, das zehnmal mehr Biomasse pro Hektar erzeugt als sein tropischer Gegenpart. Große Bäume aus diesem Wald – Sitkafichten, Zedern und Douglastannen – erzielen hohe Preise; ein Sitkastamm bringt zum Beispiel bis zu 60 000 Dollar.

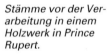

Dilemma: Die Regenwälder in British Columbia werden schneller vernichtet als die südamerikanischen, allerdings mit weniger Öffentlichkeit. Wie schnell jedoch, ist nicht bekannt. Umweltschützer warnen, daß bereits zwei Drittel des Pazifischen Regenwalds von BC verschwunden und die übrigen Urwaldbäume die »letzten Mohikaner« seien. Vertreter der Holzwirtschaft behaupten, zwei Drittel der Urwälder seien noch existent. Die kanadische Regierung, die weiterhin Wirtschaftsinteressen vertritt, gibt jedoch zu, daß nur 3,5 Prozent des Regenwalds von BC unter Naturschutz stehen (1990).

Arbeit oder Bäume: Es geht nicht nur um Profit, sondern auch um Arbeitsplätze, ein wichtiges Thema in einer Provinz mit großem Arbeitsplatzmangel im agrarischen Bereich. Umweltschützer sind in Holzfällergemeinden nicht gern gesehen. Der Fortschritt in der maschinellen Holzverarbeitung verzerrt jedoch die Diskussion, denn die Holzfäller verlieren ihre Arbeitsplätze eher wegen der Automatisierung als wegen des Umweltschutzes. Höhere Effizienz bedeutet, daß in BC nur noch halb so viele Menschen pro gefällten Baum gebraucht werden als im übrigen Kanada (andersherum: doppelt so viele Bäume müssen gefällt werden, um dieselbe Zahl an Arbeitsplätzen zu erhalten). Einsichtigere Gewerkschaften erkennen, daß die Erhaltung des Waldes – weniger Kahlschlag und mehr Aufforstung – auch mehr Arbeitsplätze bedeutet.

Zwietracht: Die Wogen in Naturschutzkreisen gehen hoch. Indianer, deren heilige Stätten zerstört werden, vereinigen sich mit Demonstranten im Krieg gegen die Holzarbeiter. Die Opposition war gelegentlich auch gewalttätig; Nägel werden in Bäume geschlagen, damit das Werkzeug beim Fällen beschädigt wird (dabei können auch Arbeiter verkrüppelt oder getötet werden). Andere weisen auf die Folgeschäden der Holzwirtschaft hin – Erdrutsche an kahlgeschlagenen Abhängen, die Zerstörung des Lebensraums der Lachse oder die Gefahr für die Muschelbänke an der Küste durch den Dioxinausstoß der Sägemühlen. Andere beklagen die Unfähigkeit der Holzindustrien, die vorgeschriebenen Einschlag- und Aufforstungsquoten einzuhalten.

Eines der vielen Sägewerke auf Vancouver Island.

Ende der Fahnenstange
Umweltschützer behaupten, auf Vancouver Island seien von den 91 waldbedeckten Wasserscheiden mit 5000 oder mehr Hektar nur acht der Aufmerksamkeit der Holzindustrie entgangen.

Herunterspielen
1990 ließ die Regierung Kanadas eine Studie über das Image der Holzindustrie Kanadas in Großbritannien erstellen. Dorthin geht ein Drittel des kanadischen Papierbreis, die Hälfte des Sperrholzes aus BC und drei Viertel des Nutzholzes. »Die öffentliche Meinung«, stellt der Report fest, »scheint der kanadischen Forstwirtschaft unkritisch gegenüberzustehen, wohl weil das Thema unbekannt ist … [Es gibt] eine verklärende und simple Sicht der kanadischen Holzwirtschaft: Ein Holzfäller im Karohemd fällt einen einzelnen Baum.« Die Studie empfahl, der Öffentlichkeit dieses Bild zu erhalten und »die Aufmerksamkeit der Medien nicht auf die Probleme der Holzwirtschaft Kanadas zu lenken.«

*Buchten und Sand-
strände entlang der
Küste von Vancouver
Islands.*

Verbotenes Plateau
Dieses verwunschene
Stück Wildnis liegt im östlichen Teil des Strathcona
Provincial Park, oberhalb
vom Buttle Lake. Einer
Legende der Comox-India-
ner zufolge verschwanden
Frauen und Kinder der
Comox dort spurlos, nach-
dem sie bei einem Angriff
der Cowichan auf das Dorf
zu ihrer Sicherheit auf dieses Plateau geschickt worden waren. Es hieß, sie sei-
en von bösen Geistern
verschlungen worden. Das
Plateau war daraufhin tabu,
eine verbotene Zone.

Großer Knall
Ripple Rock und die tücki-
schen Gewässer vor Qua-
dra Island waren bis 1958
ein Schiffsfriedhof. Dann
wurde der Alptraum jedes
Kapitäns mit der größten
kontrollierten Explosion
Kanadas aus der Welt
geschafft.

▶▶ **North Vancouver Island**   *76B2–A3*

Viele Menschen nehmen den Norden von Vancouver
Island auf dem Weg zur Fähre in Port Hardy nur *en route*
wahr. Dabei ist gerade dort die Landschaft am schönsten:
überall hübsche Dörfer und leicht erreichbare kleine
Inseln. Hier im Norden gibt es außerdem nicht nur die
besten Lachsfangplätze von Britisch Columbia, sondern
der ganzen Welt.

Campbell River ▶ Es gibt keinen Zweifel daran, warum
Menschen nach Campbell River kommen. Die selbsternannte »Lachsfanghauptstadt der Welt« ist ein Heiligtum
für alles, was mit Fisch zu tun hat. An jeder Straßenecke
prangen Porträts von stolzen Anglern mit einem Riesen-
fang. Bereits 1904 entstand hier ein Hotel für die ersten
Fischer, Pioniere, die von sagenhaften Geschichten über
riesige Lachse angezogen wurden, die die Einheimischen
von Cape Mudge beinah nach Belieben aus dem See hol-
ten (der Fischreichtum erklärt sich aus der Tatsache, daß
die Lachsschwärme die Meerenge zwischen Campbell
River und dem Festland durchqueren müssen). Angler finden hier Dutzende von Geschäften und Führern und können auch am 200 Meter langen **Discovery Pier** angeln,
dem ersten Salzwasserpier Kanadas. Die Umgebung der
Stadt ist unattraktiv. Ein Besuch in Campbell River lohnt
sich nur, wenn Sie angeln oder Quadra Island besuchen
wollen (siehe Kasten gegenüber).

Strathcona Provincial Park ▶▶ Dieser älteste Natur-
schutzpark von British Columbia wurde 1911 gegründet,
um die schönsten Berglandschaften der Insel zu retten.
Hier finden Sie den höchsten Punkt von Vancouver Island,
Golden Hinde (2200 m), Wasserfälle, kleine Gletscher, zerklüftete Berggipfel und mehr als 100 Kilometer Wanderwege. Machen Sie vom Campbell River einen Abstecher
zum **Elk Falls Provincial Park,** zehn Kilometer nordwestlich; der Blick auf den Douglasienbestand und die beeindruckenden Wasserfälle lohnt sich. Etwa fünf Kilometer
weiter westlich, am Highway 28 (der Hauptstraße nach

Strathcona), können Sie an der **Quinsam River Salmon Hatchery** halten. Dieser Laichplatz wurde 1976 gebaut, um die Nachteile des nahen John Hart Dammes für die Lachse auszugleichen. Das Besucherzentrum *(geöffnet: täglich 8–16 Uhr)* informiert umfassend über den Lebenszyklus der Lachse (siehe S. 60–61).

Eine Zufahrtsstraße führt vom Highway 28 nach Süden zum oberen Ende des **Buttle Lake** und zum Strathcona Park-Besucherzentrum. Hier erfahren Sie Wissenswertes über Flora, Fauna, Wanderwege und die Aktivitäten in der Region. Die meisten Wanderwege gehen von der Zufahrtsstraße am Ostufer des Sees ab; darüber informieren die guten kostenlosen Parkführer.

Telegraph Cove ►► Nördlich von Campbell River windet sich der Highway 19 durch eine zunehmend zerklüftete, unbesiedelte Landschaft, bis er **Port McNeill** erreicht, 200 Kilometer von Campbell River entfernt. Von hier aus sind es nur noch acht Kilometer bis Telegraph Cove, einem hübschen, malerischen Dorf, auf Holzpfählen über dem Meer erbaut. Viele Besucher kommen in dieses Dorf, um Wale zu beobachten; das Gebiet ist für seine Schwertwale bekannt. Etwa 20 Walfamilien bringen im nahegelegenen Robson Bight, Naturreservat seit 1982, ihre Jungen zur Welt. Die Walbeobachtungsfahrten sind schnell ausgebucht, vor allem im Hochsommer; reservieren Sie daher einen Platz. Einer der besten Anbieter ist Stubbs Island Charters (Tel.250/928 31 17, oder gebührenfrei unter 180 06 65 30 66).

Alert Bay ►► Zwischen Port Neill und Cormorant Island verkehren viele Fähren, die Sie in 50 Minuten nach Alert Bay bringen, einem hübschen kleinen Fischerdorf. Das **U'Mista Cultural Centre** *(geöffnet:* Mitte Mai–Anfang Sept. tägl. 9–17 Uhr, Anfang Sept.–April Mo–Fr 9–17 Uhr, *Eintritt:* niedrig) zeigt Artefakte der Kwakiutl und den angeblich größten geschnitzten Totempfahl der Welt (73 m). Auf dem Friedhof des Dorfes sind weitere Pfähle zu bewundern.

Touristeninformation
Campbell River: 1235 Shopper's Row (Tel. 250/2 87 46 36); *Alert Bay:* 116 Fir Street (Tel. 250/9 74 52 13); *Port Hardy:* 7250 Market Street (250/9 49 76 22).

Quadra Island
Nur 15 Minuten braucht die Fähre von Port McNeill hierher; die Insel ist für sein Kwagiulth-Museum bekannt *(geöffnet:* Juli–Anfang Sept. tägl. 10–16.30 Uhr; außerhalb der Saison So u. Mo geschlossen, *Eintritt:* niedrig). Es beherbergt eine herausragende Sammlung indianischer Masken, Gewänder und Totempfähle. In Cape Mudge an der Südspitze gibt es die bedeutendsten Felszeichnungen der Pazifikküste. Man kann hier auch schwimmen, Boot fahren oder im Rebecca Spit Provincial Park wandern.

81

Frühlingsblumen im Strathcona Provincial Park.

Bamfield

Dieses kleine Dorf, geschützt in der Bamfield-Bucht, hat statt einer Hauptstraße einen ein Kilometer langen Bürgersteig, der auf Stelzen über dem Ozean steht. Hier beginnt der West Coast Trail; ein Besuch lohnt sich aber auch für den Nichtwanderer. Leichte Wanderwege führen zu schönen Zielen wie Keeha Bay und dem Leuchtturm am Cape Beale. Sie erreichen das Dorf über eine 100 Kilometer lange Schotterstraße, mit dem Wasserflugzeug oder mit der *MV Lady Rose*. Verschiedene Möglichkeiten eine Unterkunft zu mieten gibt es während der Hochsaison.

Long Beach gehört zu den schönsten Küstenlandstrichen der Insel.

►►► Pacific Rim National Park 76B1

Dies ist der erste Meeresnationalpark Kanadas und einer der Hauptgründe für einen Besuch auf Vancouver Island. Mit Inseln, Stränden und wundervollen Meeresblicken im Überfluß ist er in drei Abschnitte geteilt: Long Beach, die Inselgruppe Broken Islands Group und den West Coast Trail (siehe Kasten gegenüber). An den für Besucher am leichtesten zugänglichen Nord- und Südenden von Long Beach liegen die Städte Tofino und Ucluelet. Bamfield markiert dagegen den nördlichen Zipfel des West Coast Trail (siehe Kasten). Für Long Beach braucht man nur einen Tag, aber wenn Sie länger bleiben wollen, bietet sich Tofino als bester Ausgangspunkt an.

Long Beach ►►► Long Beach erstreckt sich von Tofino 16 Kilometer nach Süden, ein Küstenstrich mit windgepeitschten Sandstränden und Pazifikbrandung, üppigem Regenwald und schneebedeckten Gipfeln der Mackenzie Mountains. Treibholz und Baumteile überschwemmen den weißen Sand – ein Paradies für Strandläufer. Das Meer ist zum Schwimmen zu kalt und rauh. In den zahllosen felsigen Tide-Pools lebt eine Fülle von Muscheln, Meerestieren und es gedeiht eine exotische Flora. An der Küste British Columbias sind mehr Arten zu Hause als an jeder anderen Küste der gemäßigten Zonen. Wale (siehe S. 212–213), Seelöwen und Tausende von Zugvögeln sind hier zu sehen (vor allem im Oktober und November). Die besten Aussichtspunkte liegen entlang der neun gekennzeichneten Wege, die vom Highway 4 abgehen. Am South Beach Trail (Nr. 4; 1,5 km) beeindruckt die Brandung; und über den Half Moon Bay (Nr. 2; 10 km) erreichen Sie eine ruhigere, sandige Bucht. Weitere Informationen erteilen die Besucherzentren der Parks (siehe Kasten gegenüber).

Information
Informationen über den Park erteilen: das Besucherzentrum auf dem Highway 4 an der Kreuzung nach Ucluelet (Tel. 250/726 42 12); die Parkverwaltung in der Nähe (Tel. 250/726 77 21); das *Wickaninnish Interpretative Centre* (Tel. 250/726 42 12); das *Ucluelet* Informationzentrum ist in 227 Main Street (Tel. 250/726 46 41); das *Tofino* Infozentrum in 380 Campbell Street (Tel. 250/725 34 14).

83

Broken Group Islands
Diese wildromantischen Inseln sind ein bewaldeter Archipel im Barkley Sund zwischen Bamfield und Ucluelet. Besucher können die Inseln gewöhnlich nur von Bord der MV *Lady Rose* aus sehen. Häufig beobachtet man hier Wale und Seehunde; außerdem gibt es Fischadlerkolonien, Kormorane und etwa 170 Weißkopfseeadler-Paare.

West Coast Trail
Der 77 Kilometer lange Küstenweg zwischen Bamfield und Port Renew ist einer der schönsten markierten Wanderwege Nordamerikas. Er wurde 1906 angelegt, um Schiffbrüchigen eine Chance zu geben, zu Lande durch die Wälder und Berge zu finden. Die ganze Tour dauert sechs bis sieben Tage, ist schwierig und erfordert sorgfältige Planung. Viele Leute gehen nur die erste Etappe des Weges von Bamfield aus; diese läßt sich in einem Tag bewältigen.

Tofino ▶▶ Tofino ist eines der ältesten und sicher das schönste Dorf auf Vancouver Island. Es wurde 1875 als kleiner Handelsposten für Siedler gegründet. Eng an einen Felsvorsprung geschmiegt von Wasser und bewaldeten Inseln umgeben, zieht es mit seiner Aussicht und seinem natürlichen Charme viele Besucher an. Die meisten bewundern die Fischerboote, den Hafen und die hübschen Gassen, beobachten Wale oder setzen zu **Meare's Island** ▶▶▶ oder den vielen anderen schönen Plätzen über. Die Überfahrt zu diesem idyllischen Fleckchen dauert etwa 15 Minuten. Den Strand umrahmt ein 1000jähriger Wald mit Bäumen von über sechs Metern Durchmesser. Vor kurzem wurden Pläne bekannt, nach denen die Insel abgeholzt werden soll. Trotz zahlreicher Proteste kann man vielleicht nicht mehr lange durch die Wälder wandern (der gekennzeichneten Tribal Park Trail). Beliebt ist auch die einstündige Bootsfahrt nach Hotsprings Cove; eine halbe Stunde Fußmarsch vom Bootssteg entfernt finden Sie die einzigen heißen Quellen auf Vancouver Island.

MV *Lady Rose* ▶▶▶ Die beste Möglichkeit, die Landschaft des Parks zu bewundern, haben Sie auf der Fahrt mit dem in Schottland gebauten Frachter MV *Lady Rose*, der Fracht und bis zu 100 Passagiere zwischen Kildonan, Bamfield und Ucluelet befördert (*geöffnet:* ganzjährig Di und Do um 8 Uhr; Juli–Aug. auch Fr und Sa). Im Heimathafen **Port Alberni** (östlich des Parks) startet er vom Argyle Street Dock am Alberni Harbour Quay, fährt über Kildonan nach Bamfield und kehrt dann nach Port Alberni zurück (Ankunftszeit 17.30 Uhr). Im Juni und September gibt es Sonderfahrten mit der MV *Lady Rose* und der *Francis Barkley* (Mo, Mi, Fr 8 Uhr) über die Broken Group Islands nach Ucluelet (Ankunft 13 Uhr) und zurück nach Port Alberni (Ankunft 18.30 Uhr). Die Fahrten sind rasch ausgebucht; reservieren Sie bei Alberni Marine Transportation (Tel. 250/723 83 13 oder 1-800-6 63 71 29, nur April-Sept.). Sowohl einfache als auch Hin- und Rückfahrten sind möglich.

Wale beobachten

Wale beobachten gehört zu den beliebtesten Beschäftigungen auf Victoria Island. Zwar sind die Gewässer dort nicht so reich an Walen, doch hat man eine gute Chance, Orcas (Killerwale), Grau- und Buckelwale sowie Schweinswale und Seelöwen zu entdecken. Viele Gesellschaften bieten Fahrten zu vergleichbaren Preisen an. Die meisten Veranstalter stellen Sicherheits- und Schlechtwetterausrüstung, aber auch Handtücher und Handschuhe, falls nötig. Eine Schwimmweste und alles andere für ihre Sicherheit bekommt man immer. Viele Fahrten werden von qualifizierten Mitgliedern der Crew geleitet. Der einzige Unterschied zwischen den verschiedenen Anbietern liegt bei den Schiffen. Zur Wahl stehen Kreuzer (geschlossen oder offen) als die komfortablere Variante oder Hochgeschwindigkeits-Schlauchboote, bekannt als »Zodiacs«, die eine aufregendere, aber zugleich auch holprigere Alternative darstellen, und deshalb auch eher ungeeignet für Schwangere, Kinder oder Personen mit Rückenproblemen sind. Sie sollten sich erkundigen, ob die Gesellschaft ihrer Wahl Schiffe mit hydrophonischer Ausrüstung besitzt, um den Walgesängen lauschen zu können.

Tips: Morgendliche Fahrten sind meistens nicht so unruhig wie die am Nachmittag. Unbedingt einpacken sollten Sie eine Sonnenbrille, Sonnencreme, einen Hut, die richtigen Schuhe, eine Plastiktüte für ihre Kamera bzw. Filme und ein warmes Sweatshirt. Das Rauchen an Bord ist generell nicht erlaubt. Falls Sie sich für ein Zodiac entscheiden, ist Kleidung zum Wechseln ratsam. Da die Fahrten meistens länger dauern als geplant, sollte man keinen straffen Zeitplan haben. Weitere Informationen erhalten Sie am Victoria Info-Center.

▶▶▶ **Victoria** 76C1

Victoria wurde 1843 als Handelsposten der Hudson's Bay Company an der Südostspitze von Vancouver Island gegründet. Bald folgten Siedler, und mit der Zeit wurde der Hafen zu einer Hauptanlaufstelle der britischen Pazifikflotte. Im Goldrausch der 60er Jahre des 19. Jahrhunderts blühte die Stadt auf; die Einwohner profitierten von den Goldsuchern, die auf dem Weg zu den Schürfplätzen hier hielten. Auch nach dem Goldrausch blieb die Stadt wohlhabend. 1866 wurde sie Hauptstadt der neuen Kronkolonie British Columbia. Vancouver existierte damals noch nicht. Bis heute ist Victoria eine reiche, elegante kleine Ecke mit mildem Klima, die als Alters- und Zweitwohnsitz sehr beliebt ist. Ihr Reichtum gründet sich auf Tourismus, Fischerei und eine Fülle von Stellen im öffentlichen Dienst.

Inner Harbour ▶▶▶ Die meisten Sehenswürdigkeiten liegen um den Binnenhafen, im reizvoll mit Grünflächen aufgelockerten hufeisenförmigen Stadtgebiet rund um die

Bucht. Das Hotel **Empress** ▸▸, das ein perfektes Symbol für die glorreiche Kolonialzeit darstellt, überragt mit seinen ehrwürdigen Zinnen den Hafen. Es wurde 1908 von der Canadian Pacific Railway gebaut und lebt heute hauptsächlich von japanischen und US-Touristen. Zum Tee in einem der Salons im Erdgeschoß ist nur willkommen, wer angemessen gekleidet ist (keine Jeans, Shorts oder T-Shirts).

Ein kleines Stück weiter südlich liegen die **Crystal Gardens**, gestaltet vom Hotelarchitekten Francis Rattenbury und Londons Crystal Palace nachempfunden. Der Komplex eröffnete 1925 mit dem damals »größten Salzwasser-Schwimmbad des britischen Empire«. Er wurde mittlerweile in ein Gewächshaus mit Pflanzen, Blumen, Vögeln und sogar ein paar Affen umgewandelt (713 Douglas Street, *geöffnet:* täglich Mai–Okt. 9–21 Uhr; Nov.–April 10–16.30 Uhr, *Eintritt:* niedrig). Andere »Sehenswürdigkeiten« sind um den Hafen verstreut, sie sind eher zweifelhaft kommerzieller Art. Passen Sie gut auf

Illuminiert: die Parlamentsgebäude an Victorias Binnenhafen.

Touristeninformation
Victoria's exzellentes Info-Center liegt fast direkt vor dem Empress Hotel in der Wharf Street 812 (Tel: 250/953-2033; Übernachtungsmöglichkeiten, Tel: 250 /953-2022). Dort erhalten Sie Auskunft über Ausflüge, Walbeobachtungsfahrten, Unterkünfte und viele weitere interessante Informationen über Vancouver Island.

86

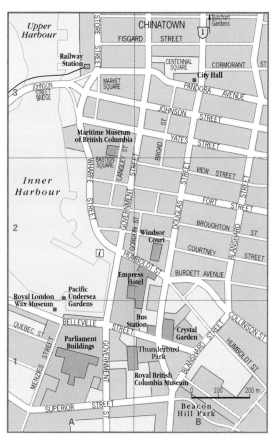

*Mammuteröffnungs-
ausstellung im Royal
British Columbia
Museum.*

und lassen Sie sich auf keinen Fall in eine Touristenfalle
locken.

Parliament Buildings ►► Sie wurden 1897 von Francis
Rattenbury gebaut und dominieren die Südostecke des
Binnenhafens: ein Ensemble, das man am besten bei
Nacht betrachtet, wenn zahllose winzige Glühbirnen das
Gebäude anstrahlen. In den nüchtern angelegten Gärten
steht ein Standbild von Königin Victoria im Schatten eines
riesigen Mammutbaumes. George Vancouver blickt aus
luftiger Höhe auf die Zentralkuppel herab. Die Fassade ist
mit vielen historischen Persönlichkeiten der Provinz
geschmückt; ihre Geschichte erfährt man bei den Führungen durch die üppig gestalteten Innenräume (501 Belville
Street, *geöffnet:* Juni–Sept. täglich 8.30– 17.30 Uhr;
Okt.–Mai Mo–Fr 8.30–17 Uhr, *Eintritt:* frei).

Royal British Columbia Museum ►►► Dieses Museum
der Superlative zählt zu den Top Ten der Museen Nordamerikas. Allein seinetwegen würde sich ein Besuch in
Victoria lohnen. Man braucht zwei Tage, um den Ausstellungen gerecht zu werden; die Eintrittskarten gelten deshalb für 48 Stunden. Ganze Etagen sind der Naturkunde,
der Geschichte der Provinz und einer Chronik der Ureinwohner des Nordwestpazifik gewidmet. Bemerkenswer-

te Dioramen zeigen die Küste British Columbias, den Regenwald und die Deltas – beinahe jedes Detail wird dokumentiert, selbst der Gesang der Vögel und das Geräusch tropfender Blätter. Andere Ausstellungen zeigen historische Aspekte, vom Bergbau über die Fischerei (mit Nachbildungen von Bergwerken und einer alten Lachsverarbeitungsfabrik) bis zu den frühen Siedlungen und einer Straße aus der Zeit der Jahrhundertwende. Zwischen den Etagen liegt **Open Ocean** ▶▶▶, ein modernes Arrangement dunkler Tunnel, Filmshows und faszinierender audiovisueller Eindrücke über die Geheimnisse des Meeres (675 Belleville Street, *geöffnet:* täglich Juli–Sept. 9.30–19 Uhr; Okt.–Juni 10–17.30 Uhr, *Eintritt:* niedrig).

Downtown ▶▶ In vielen Straßen von Victorias Innenstadt wie Government und Douglas Street findet man nur Restaurants, Shops und Pubs im englischen Stil, dennoch ist dieses Gebiet sehenswert. Besuchen Sie die winzige **Chinatown** ▶, deren Zentrum in der Fisgard Street liegt – früher war das Viertel für seine Bordelle und Opiumhöhlen bekannt. Auch die Gegend um den **Market Square** ▶▶ mit einem Einkaufsviertel, das in viktorianischer Pracht restauriert wurde, lohnt einen Spaziergang. Hier gibt es interessante Geschäfte, Galerien und Restaurants. Zeit sollte auch bleiben für das alte Victoria um den **Bastion Square**; diesen Platz wählte James Douglas 1843 für den ursprünglichen Hudson's Bay Handelsposten, Fort Victoria. An seiner Ostseite steht das ehemalige Gerichtsgebäude, das heutige **Maritime Museum of British Columbia** ▶▶ mit Modellschiffen, Uniformen, alten Fotografien und maritimen Objekten (28 Bastion Square, g*eöffnet:* täglich 9.30–16.30 Uhr, *Eintritt:* niedrig).

Butchart Gardens
Diese Gärten von Weltruf gehören zu den schönsten Kanadas. Mit der Anlage begann 1904 die Frau eines Minenbesitzers aus Victoria; sie wollte damit einen der ehemaligen Steinbrüche ihres Mannes wieder begrünen. Heute sind auf dem 20-Hektar-Areal mehrere Hundert Spezies und über eine Million Einzelpflanzen zu sehen. Die Gärten liegen 22 Kilometer nördlich vom Stadtzentrum (800 Benvenuto Avenue, Brentwood Bay, *geöffnet:* täglich von 9 Uhr bis Sonnenuntergang, *Eintritt:* teuer). Im Sommer fahren regelmäßig Shuttle-Busse vom Hauptbusterminal außerhalb der Stadt zu den Gärten.

87

Rosenblüte in den berühmten Butchart Gardens.

DIE ROCKIES

Die unvergleichliche Pracht: Nur wenige Landstriche sind so berühmt wie die kanadischen Rocky Mountains. Mit dem Namen verbindet man Berge von beindruckender Schönheit, und es überrascht angenehm festzustellen, daß sie tatsächlich so herrlich sind, wie ihre Bewunderer behaupten. Gigantische Gletscher, Berggipfel in Schnee und Eis, große Wälder und smaragdgrüne Seen vereinen sich hier zu einer der majestätischsten Landschaften der Welt. Bären, Wölfe, Vögel und eine Unmenge anderer Tiere bevölkern diese Wildnis, ein ausgedehntes Gebiet, das 1500 Kilometer südlich der US-Grenze beginnt und sich bis nach Alaska und zum Yukon erstreckt.

Planung: Etwa zwei Millionen Hektar dieses Gebietes sind zu einem der größten Naturschutzgebiete der Welt erklärt worden. Den Kern bilden vier ineinander übergehende Parks: Banff, Jasper, Yoho und Kootenay – für die meisten Menschen die »kanadischen Rockies«. Jeder der Parks ist sehenswert; es ist allerdings wichtig, daß Sie sich vorher um eine Unterkunft kümmern und genaue Pläne machen, denn Sie befinden sich hier – trotz gelegentlich gegenteiliger Eindrücke – in der Wildnis. Auch die Entfernungen sind beachtlich; ein Wagen und mehrere Tage Zeit sind nötig, um dieser Gegend einigermaßen gerecht zu werden. Idealerweise kommen Sie von Edmonton (nur 90 Minuten von Banff, oder Calgary, vier Stunden von Jasper entfernt). Wenn Sie aus dem Süden (USA) oder Westen (British Columbia) anreisen, erreichen Sie zuerst die »weniger attraktiven« Parks Yoho oder Kootenay, bevor Sie nach Banff oder Jasper kommen. Calgary ist der beste Ausgangspunkt, wenn Sie fliegen wollen, aber auch Edmonton und Vancouver Island (zwölf Stunden Fahrt bis Banff) sind geeignet.

Sehenswertes: Die Parks und ihr Straßennetz sind so angelegt, daß Sie bei der Erkundung der großen Parks Wege wieder zurückfahren müssen. Sie sollten sich Banff und Lake Louise nicht entgehen lassen und den Icefields Parkway entlangfahren, von dem Sie einen atemberaubenden Blick über die Rockies haben. Denken Sie bitte daran, daß Banff und Lake Louise beliebte Ausflugsziele mit vier Millionen Besuchern jährlich sind. Es lohnt sich, auch die weniger überlaufenen Gegenden zu erkunden. Die Unterkunftsmöglichkeiten in diesem Gebiet sind begrenzt; reservieren Sie daher rechtzeitig im voraus, vor allem in Banff und Lake Louise.

Unternehmungen: Sie können zwar in allen Parks herrliche Gebiete vom Auto aus bewundern; dennoch sollten Sie sich auch zu Fuß auf den Weg durch die Rockies machen. In allen vier Parks gibt es ein Netz gut gekennzeichneter Wanderwege. Die meisten sind so ausgetreten und gut gekennzeichnet, daß man sie ohne große Vorbereitung begehen kann. Viele sind kurz, so daß Sie gar nicht weit laufen oder hoch klettern müssen, um einen wunderbaren Blick zu haben, der Ihnen auf der Straße entgehen würde. In jedem Park gibt es mindestens ein Besucherzentrum, dessen Ranger gerne Auskunft über Wanderungen oder andere Unternehmungen geben. Meist gibt es dort auch Karten, Infobroschüren

DIE ROCKIES

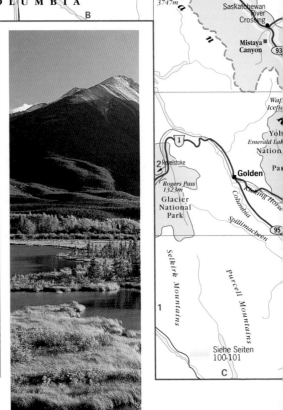

Willmore Wilderness Park

3331m

Edmonton

16 Hinton

Snake Indian

Brule Lake

McLeod

Robb

Pocahontas

Jasper Lake

Miette Hot Springs

5 Prince George

Tête Jaune Cache

16

3954m
Mt Robson

Mt Robson

2810m

Jasper

Rocky

Cadomin

Moose Lake

Fraser

Provincial

2763m
Pyramid Mt

Maligne Canyon

C

Yellowhead Pass

16

Jasper

Medicine Lake

National

93

Park

93A

Athabasca Falls

Maligne Lake

a

4

5

Canoe Reach

3363m
Mt Edith Cavell

3470m

Wells Gray Provincial Park

Monashee Mountains

n

Continental Divide

Sunwapta Falls

Park

Brazeau

ICEFIELDS PARKWAY

i

BRITISH

Kinbasket Lake

Athabasca

Sunwapta

Columbia Icefield

3

Blue River

COLUMBIA

Mt Columbia
3747m

a

Saskatchewan River Crossing

Kamloops

A

B

n

Mistaya Canyon

93

Wap Icefie

1

Yoh
Emerald Lak
Nation

2 Revelstoke

Rogers Pass
1323m

Golden

Pa

Glacier National Park

Kicking Horse

Columbia

Spillimacheen

95

Selkirk Mountains

Purcell Mountains

*Seite 88: Moraine Lake, nahe Banff.
Seite 89: Hoo Doo Formationen, Banff.
Rechts: Vermilion Lake, Banff National Park.*

1

Siehe Seiten 100-101

C

und Anzeigetafeln sowie Wanderführer für diejenigen, die einen etwas anstrengenderen Weg gehen möchten. Auch die besten Kurzwanderwege jedes Gebietes sind verzeichnet. In den meisten größeren Zentren, vor allem in Banff, Lake Louise und Jasper, kann man auch Fahrräder und andere Ausrüstung leihen.

Reiserouten: Die beliebteste Route durch die Rockies zeigt Ihnen viel von der abwechslungsreichen Landschaft und die Unterschiede zwischen den Parks. Sie fahren nach Banff Townsite (siehe S. 94–95) und Lake Louise, dann auf dem Icefields Parkway nach Jasper und in den Jasper National Park (siehe S. 102–105). Von hier aus können Sie nach Westen in den Mount Robson Provincial Park (mit dem höchsten Gipfel der Rockies, siehe S. 105) und nach Wells Gray fahren (siehe S. 74–75) oder über den Icefields Parkway wieder nach Lake Louise zurück. Im Anschluß nehmen Sie den Trans-Canada Highway durch den Yoho National Park (siehe S. 112–115), fahren Richtung Süden nach Radium Hot Springs und zurück durch den Kootenay National Park (siehe S. 108–111) bis Banff. Wenn Sie nach Westen unterwegs sind, können Sie von Lake Louise auch in die Glacier und Mount Revelstoke Nationalparks fahren (siehe S. 54–55).

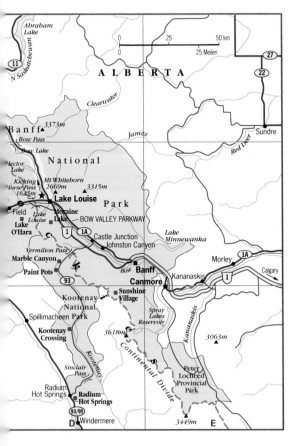

91

Dauerhafter Müll
So lange hält sich Müll in den Rockies:
Orangenschale: bis zu 2 Jahren
Zigarettenkippen: 1–5 Jahre
Wollsocken: 1–5 Jahre
Beschichtetes Papier: 5 Jahre
Plastiktüten: 10–20 Jahre
Filmdosen: 20–30 Jahre
Nylonfasern: 30–40 Jahre
Leder: bis zu 50 Jahren
Blechdosen: 50 Jahre
Aludosen: 500 Jahre
Glasflaschen: 1000 Jahre
Plastikflaschen: endlos
Styroporbecher: endlos

Fahrerlaubnis
Seit 1996 muß man, wenn man in einen der Nationalparks in den Rockies will, eine Erlaubnis kaufen. Ein Tagespaß, gültig für alle vier Parks (Banff, Jasper, Yoho und Kootenay), kostet 5 $ pro Person. Oder Sie kaufen sich den Great Western-Jahrespaß für 35 $ und haben damit ein Jahr lang freien Zutritt zu allen elf Nationalparks im Westen Kanadas. Für Gruppen zwischen zwei und zehn Personen gibt es einen Tagespaß zu günstigen 10 $ und einen Jahrespaß zu 70 $. Somit kostet ein Paß für vier Personen in einem Auto nur 10 $. Pässe können Sie vorab unter der Nummer 180 07 48 PARK bestellen, oder über E-mail: natlparks-ab@pch.-gc.ca. An vielen Husky-Tankstellen sind ebenfalls Pässe erhältlich. Eine Erlaubnis bekommt man an allen Eingängen der Parks (für Fahrzeuge Pflicht), Informationscentern, auf einigen Campingplätzen und im Sommer auch an Automaten in den Parks. Falls Sie mehrere Tagespässe gekauft haben, können Sie sich diese beim Kauf einer Jahreskarte in einem der Parkcenter anrechnen lassen. Zum Zelten ist ein spezieller Wilderness-Paß erforderlich (6 $ pro Person pro Nacht), den man in allen Besucherzentren kaufen kann.

■ **Die kanadischen Rockies sind das Ergebnis großer, weltumspannender Erdbewegungen, die beinahe 600 Millionen Jahre zurückliegen. Die geologische Geschichte dieses Gebirges zeigt, wie das chaotische Geschehen in der Natur zur Entstehung des heutigen charakteristischen Erscheinungsbilds führten ...** ■

Vollendung in Eis
In den letzten 250 000 Jahren gab es drei große Eiszeiten. Obwohl nur einTeil der 600 Millionen Jahre währenden Geschichte der Rockies, war ihre Wirkung dramatisch. Eismassen bedeckten die hohen und damals runden Berge, die dadurch wie die heutige Antarktis gewirkt haben müssen. Unter Eis und Schnee fraßen sich die Gletscher in den Fels und formten die kargen Profile, die heute für die Rockies charackteristisch sind.

Zerklüftete Berge
Dieses Profil ist das Kennzeichen der Rockies und bildet sich, wo zwischen widerstandsfähigen Kalkstein-, Dolomit- und Quarzitlagen weicherer Ölschiefer liegt. Die härteren Formationen bilden Felsvorsprünge, der Ölschiefer erodiert zu Felskanten. Das Ergebnis ist die charakteristische Schichtstruktur der Rockies.

Hundezähne
Das Hundezähnen ähnelnde Erscheinungsbild vieler Gipfel entstand dadurch, daß horizontale Sedimentfelsen in eine beinahe vertikale Lage katapultiert wurden. Weniger harter Fels erodierte; widerstandsfähige Formationen blieben als vertikale Spitzen und Pfeiler zurück.

Rätsel: Hoch in den Bergen des Yoho National Park, viele hundert Kilometer vom Meer entfernt, liegen die zerklüfteten und gefalteten Formationen der Burgess Shales, eine Felsgruppe, die Millionen Jahre alte Meeresfossilien birgt. Um zu verstehen, wie diese Felsen an ihren heutigen, vom Meer so weit entfernten Standort kamen, und warum sie so abrupt aus den Prärien aufragen, muß man wissen, welche Kette von Ereignissen zum Enstehen eines der wunderbarsten Gebirge der Welt führten.

Erosion: Vor 600 Millionen Jahren war Nordamerika von Grönland bis Guatemala von einem riesigen Granitgebirge bedeckt, dem Kanadischen Schild. Der Großteil des mittlerweile glattgeschliffenen Gebirges ist heute auf die nordkanadische Wildnis beschränkt. Im Laufe von mehr als 400 Millionen Jahren erodierte es; die Reste von Schlamm, Sand und Geröll wurden von Flüssen nach Westen gespült, da das Gebirge eine Westneigung hatte. Dieser Strom aus Geröll und Schlick wurde vor der Küste auf dem sogenannten Kontinentalschelf abgelagert.

Kompression: Über die Jahrtausende akkumulierten sich diese Ablagerungen bis zu einer Dicke von 20 Kilometern. Ihr enormes Gewicht und der Druck, den sie ausübten, machte Sandstein zu Sand, Schlamm zu Ölschiefer, und die natürlichen Ablagerungen des Meeres (wie Riffe mit kalkproduzierenden Algen) zu säuberlich aufgeschichteten Kalksteinlagen. Später wurden diese Lagen zu den gefalteten Formationen, die man heute in den Rockies sieht. Es bedurfte jedoch noch zweier weiterer Ereignisse, um die neu gebildeten Felsen zu ihrem Platz Tausende von Metern über dem Meeresspiegel zu bringen.

Kollision: Das erste Ereignis war die Kollision der pazifischen und der nordamerikanischen tektonischen Platten, zweier riesiger Plattformen, die auf der Erdkruste schwimmen. Vor 200 Millionen Jahren bewegten sich zwei getrennte Inselketten auf dem Rücken der pazifischen Platte nach Osten auf das nordamerikanische Festland zu. Als die erste Kette die Küste erreichte, rutschte ihre Platte unter die leichtere nordamerikanische Platte ins Erdinnere. Die Inseln selbst wurden von der Platte getrennt, bewegten sich weiter nach Osten und prallten auf die Küste und die dortigen Ablagerungen.

Berge: Die Kollision pflügte und schob die Ablagerungen ineinander; die Lagen brachen auseinander und türmten sich zum heutigen Columbia-Gebirge auf. Durch die Nachwirkungen dieser Kollision im Inland entstanden wei-

tere Berge, dabei wurden die alten Sedimentschichten über 70 Millionen Jahre hinweg zu den westlichen Main Ranges der Rockies aufgeschichtet (das sind die Berge, die in einer Linie mit den Yoho und Kootenay National Parks liegen). Weiter im Landesinnern entstanden durch das Nachbeben die östlichen Main Ranges (die auf einer Linie mit Lake Louise liegen). Dieser Teil der Entwicklung kam endgültig zum Stillstand, als die Inseln durch Beben gebremst wurden und daraufhin in viele einzelne Brocken auseinanderbrachen, deren Überreste man heute noch im Osten am Salmon Arm sehen kann.

Letzter Schliff: Zu diesem Zeitpunkt war auch die zweite Inselkette bereits auf das Land geprallt, wodurch weitere Auffaltungen und geologisches Chaos entstand: Wieder wurden Formationen angehoben, gefaltet und auseinandergerissen. Die Auswirkungen der zweiten Kollision machten sich im Inland bis zu den östlichen Front Ranges bemerkbar, der Bergkette, die sich so abrupt aus den Prärien bei Calgary und Waterton Lakes erhebt. Was damals von den Rocky Mountains übrig blieb, wurde der Erosion und den Gletschern der Eiszeit überlassen, die dem Gebirge den letzten Schliff gaben (siehe Kasten gegenüber).

Die Rocky Mountains wurden über einen Zeitraum von 600 Millionen Jahren geformt.

Die »Hörner« der Berge
Ein »Horn« ist ein Gipfel wie aus dem Bilderbuch, geformt wie eine Pyramide. Er entsteht, wenn große Gletscher einen Berg von mehreren Seiten gleichzeitig abtragen. Die halbkugelförmigen Vertiefungen um den Gipfel nennt man Kar, die schroffen Gebirgskämme dazwischen Grat.

Map labels:
- Mount Norquay
- TRANS CANADA HIGHWAY
- Calgary, Canmore
- Buffalo Paddocks
- Lake Louise, Sunshine Meadows Gondola
- Lake Minnewanka
- Lake Louise, Sunshine Meadows Gondola
- VERMILION LAKES DRIVE
- MOUNT NORQUAY ROAD
- Forty Mile Creek
- COUGAR ST
- BANFF AVENUE
- DEER ST
- TUNNEL MOUNTAIN ROAD
- First Vermilion Lake
- Echo Creek
- MARTEN ST
- MOOSE STREET
- MUSKRAT ST
- SQUIRREL ST
- Station
- ELK STREET
- Bus Station
- LYNX STREET
- GOPHER ST
- WOLF STREET
- TUNNEL MOUNTAIN DRIVE
- Bow
- BOW AVE
- BEAR STREET
- CARIBOU STREET
- BEAVER ST
- MUSKRAT ST
- OTTER ST
- GRIZZLY ST
- ST JULIEN ROAD
- Whyte Museum of the Canadian Rockies
- Natural History Museum
- BUFFALO STREET
- BANFF AVE
- Banff Park Museum
- BIRCH AVENUE
- Luxton Museum
- Banff Centre
- CAVE AVENUE
- Marsh Loop
- Cascade Gardens
- GLEN AVENUE
- Bow
- SPRAY AVENUE
- Cave & Basin Centennial Centre
- MOUNTAIN AVENUE
- Bow Falls
- 0   400   800 m
- Upper Hot Springs Sulphur Mountain Gondola
- Spray River
- Banff Springs Hotel
- A   B   C
- 1 2 3 4

Spaziergänge

Die schönste Grünfläche in der Innenstadt von Banff liegt hinter dem Banff Park Museum. Ein etwas anspruchsvollerer Spaziergang führt am Südufer des Bow River zu den Bow River Falls (ein Kilometer), einer beeindruckenden Ansammlung von Kaskaden unterhalb des Banff Springs Hotels (Ausgangspunkt: die Brücke an der Kreuzung Glen Avenue). Etwas außerhalb der Stadt liegt der Fenland Trail (1,5 km). Unweit des First Vermillion Lake, bietet er die Chance, Fischreiher, Weißkopfseeadler und andere Wildtiere zu sehen.

▶▶   **Banff Townsite (Banff)**   89D2

Banff oder auch Banff Townsite – die »Hauptstadt der kanadischen Rockies« – bildet das Zentrum der Region und zieht mit Service-, Unterkunfts- und Souvenirangeboten im Sommer Tausende von Besuchern an. Die Stadt ist laut, die Umgebung dafür um so schöner.

Museen: Das **Banff Park Museum** ▶▶ ist Banffs Top-Museum. Auf zwei Etagen sieht man in erster Linie einheimische, ausgestopfte Wildtiere. Obwohl die Jagd im Park schon 1890 verboten wurde, ging es den Wölfen, Luchsen, Pumas und Adlern bis in die 30er Jahre durch das »Raubtierkontrollprogramm« des Parks an den Kragen. Die meisten Tiere im Museum stammen aus jener Zeit (Banff Avenue 93. *Geöffnet:* Juni– Aug. 10–18 Uhr; Sept.–Mai Mo–Fr 13–17, Sa u. So 10–18 Uhr, *Eintritt:* niedrig). Das **Whyte Museum of the Canadian Rockies** ▶▶ beherbergt das 4000 Bände umfassende Archiv der kanadischen Rockies. Gemälde und zeitgenössische Fotos ermöglichen einen historischen Streifzug durch die Region (Bear Street 111. *Geöffnet:* Mitte Mai–Mitte Okt. 10–18 Uhr, Juli–Aug. 10–21 Uhr; Mitte Okt.–Mitte Mai Di–So 13–17, Do 13–21 Uhr. *Eintritt:* niedrig). Das **Luxton Museum** (Birch Avenue 1. *Geöffnet:* Mitte Mai–Mitte Okt. 9–19 Uhr, Mitte Okt.–Mitte Mai Mi–So 13–17 Uhr. *Ein-*

Banffs heiße Quellen, die Urquelle des Nationalpark.

Touristeninformation
Handelskammer und Parkbesucherzentrum sind in Banff im selben Gebäude in der Banff Avenue 224 (Tel. 403/762 15 50 oder 403/762 8421 für Infos über die Stadt oder Unterkünftsmöglichkeiten) untergebracht. Das Chamber of Commerce hilft bei der Suche nach einer Unterkunft, das Zentrum informiert über Wanderrouten, Campingplätze und andere Betätigungsmöglichkeiten im Park.

tritt: niedrig) zeigt Geschichte und Kultur der Ureinwohner, das **Natural History Museum** die Entstehung und Topographie der Rockies (Banff Avenue 112. *Geöffnet:* täglich 10–18 Uhr; Juli–Sept. 10–22 Uhr, *Eintritt:* niedrig).

Heiße Quellen: Die Entdeckung der Cave and Basin Springs (eine der acht heißen Quellen in Banffs Umgebung) führte zur Schaffung des Banff National Park (siehe S. 96–99). Das **Cave and Basin Centennial Centre** ►► gibt Informationen zu Geschichte und Wildbestand des Parks. Hier beginnen zwei kurze Wanderwege, Marsh Loop (2 km) und Sundance Canyon (3,7 km), die Einblicke in Flora und Fauna gestatten (Cave Avenue. *Geöffnet:* täglich Juni–Aug. 9–18 Uhr, Sept.–Mai Mo–Do 11–16 Uhr, Fr–So 9.30–17 Uhr. *Eintritt:* niedrig). Richtig heiße Quellen finden Sie in **Upper Hot Springs** ►, zwei Kilometer südlich vom Stadtzentrum. Die schwefelhaltigen Quellen haben eine Temperatur von 42 Grad Celsius (Mountain Avenue. *Geöffnet:* das ganze Jahr, Öffnungszeiten erfragen. *Eintritt:* niedrig).

Sulphur Mountain Gondola ►► In Upper Hot Springs ist es oft sehr voll, weil viele Leute von der nahegelegenen Sulphur Mountain Seilbahn vorbeikommen *(geöffnet:* Die Zeiten richten sich nach dem Tageslicht. *Eintritt:* teuer). Die Fahrt mit der Drahtseilbahn zum Sulphur Mountain (2348 m) dauert acht Minuten. Die Aussicht und die Spazierwege oben sind schön, die Restaurantpreise akzeptabel.

Banff und Umgebung: Im Norden der Stadt grasen in den Buffalo Paddocks *(geöffnet:* Mai–Sept., 9 Uhr bis Sonnenuntergang, *Eintritt:* frei) die Büffel, allerdings gibt es Pläne, das Gebiet zu schließen. Motorboote dürfen nur auf dem von Bergen umgebenen **Lake Minnewanka** ►►, dem größten See des Parks, fahren (Minnewanka Boat Tours, Tel. 403/7 62 34 73). Etwa 20 Kilometer südwestlich von Banff führt eine zwanzigminütige Fahrt mit der Drahtseilbahn **Sunshine Meadows Gondola** ►► nach Sunshine Meadows (2215 m), wo eine wunderbare Sicht und Wanderwege warten. Bevor Sie jedoch aufbrechen, sollten Sie sich vergewissern, ob sie in Betrieb ist.

Festungszinnen
Das Banff Springs Hotel 2 Kilometer außerhalb der Stadt dominiert die Skyline und wurde 1888 von der Canadian Pacific Railway mit einer Panne gebaut. Als der Architekt kam, um den Bau zu überwachen, blickten die Gästezimmer alle auf den Wald. Von den Küchen aus hatte man dagegen einen wunderbaren Blick auf die Berge. Das labyrinthartige Hotel hat 578 Zimmer; dazu kommt ein »verlorenes«, das angeblich bei einer Renovierung von einem Verputzer verschlossen wurde.

Panoramastraßen
Der Vermilion Lake Drive führt gleich an drei Seen vorbei, die sich westlich von Banff im Bow Valley befinden. Morgen- und Abenddämmerung sind die besten Zeiten, um Wildtiere zu beobachten. Von der Norquay Road haben Sie einen schönen, weiten Blick über die Stadt. Der Tunnel Mountain Drive ist eine 48 Kilometer lange Panoramastraße durch die Region östlich von Banff.

Unterkunft

Zwischen Juni und Anfang September kommen Sie nicht ohne Reservierung aus, da in Banff, Lake Louise, Moraine Lake und den Gasthäusern im Bow Valley und an den Icefield Parkways die Kapazität begrenzt ist. 40 Kilometer östlich von Banff im weniger spektakulären Canmore gibt es günstigere Hotelpreise und größere Auswahl. Das gilt auch für Golden, 80 Kilometer westlich von Lake Louise am Highway 1; von hier aus sind auch der Yoho und Glacier National Park gut zu erreichen. Eine weitere Möglichkeit ist Radium Hot Springs, 128 Kilometer südwestlich von Banff (auch für den Kootenay National Park). Diese Städte darf man aber nur als Übernachtungsplatz betrachten – zu entdecken gibt es dort nichts.

Touristeninformation

Das Park Visitor Centre (Banff Avenue 224, Banff, Tel. 403/7 62 15 50, *geöffnet:* tägl. Juli–Aug. 8–20 Uhr; Juni und September 8–18 Uhr, Okt.–Mai 9–17 Uhr) informiert ebenso über alle Bereiche des Parks wie das Lake Louise Visitor Centre (Tel. 403/5 22 38 33, *geöffnet:* tägl. Mitte Juni –Mitte Sept. 8–20 Uhr; Juli und Aug. 8–22 Uhr; Ende Sept.– Anfang Juni 8–18 Uhr).

Pflanzen

Die Pflanzenspezies in den Banff und Jasper National Parks umfassen 996 Arten Samenpflanzen (Bäume, Gräser und Blumen), 407 Flechten, 243 Moose und 53 Lederblümchen.

▶▶▶ Banff National Park   89D2

Dies ist der erste, berühmteste und vielleicht sogar schönste von Kanadas Nationalparks. Hier gibt es smaragdgrüne Seen, große Wälder, reißende Flüsse und majestätische, schneebedeckte Berge, also alles, was man in den kanadischen Rockies erwartet. Die zahllose Literatur und die Besuchermassen in Banff Townsite lassen vergessen, daß die 6641 Quadratkilometer des Parks fast nur aus unverfälschter Wildnis bestehen. Nur einen sehr begrenzten Teil durchziehen Straßen, und dennoch bedürfte es eines ganzen Menschenlebens, um alle Wanderwege und phantastischen Landschaften zu erkunden.

Den Park entdecken: Am besten beginnt man mit der Erkundung in Banff, wo man Ausrüstung und Informationsmaterial bekommt. Von hier aus sollten Sie nach Norden über den Highway 1 oder Bow Valley Parkway, zwei parallele, landschaftlich gleichwertige Straßen, nach Lake Louise fahren (60 km). Lake Louise besteht aus einem kleinen Dorf (Lake Louise Village) mit Geschäften und Hotels sowie dem eigentlichen See, ein unvergleichlich schönes Ensemble von See- und Gebirgslandschaft. Wenige Kilometer westlich davon liegt Moraine Lake – nicht ganz so überlaufen, aber ebenfalls sehr malerisch.

Durch die Gebiete rund um die Seen führen einige der schönsten Wanderwege Nordamerikas. Es wäre eine Schande, wenn Sie den Park nur aus dem Auto heraus betrachten würden, vor allem weil man nicht besonders trainiert sein muß, um die meisten der Wege zu gehen. Sie sind alle, bis auf die anspruchsvolleren, gut gekennzeichnet und werden häufig begangen, sie sollten aber immer festes Schuhwerk, Vorräte und passende Kleidung bei sich haben. Es gibt Hunderte von Wanderwegen unterschiedlicher Länge. Auf den folgenden Seiten werden einige der schönsten vorgestellt. Für weitere Informationen wenden Sie sich an die Nationalpark-Besucherzentren in Banff und Lake Louise (siehe Kasten).

Icefields Parkway: Hinter dem Lake Louise wendet sich der Highway 1 nach Westen in den Yoho National Park (siehe S. 112–115) – empfehlenswert, wenn die Zeit knapp ist und Sie auf dem Weg nach Vancouver und British Columbia sind. Dann würden Sie aber Icefields Parkway versäumen (Highway 93), eine der schönsten Strecken der Welt und wahrlich ein Höhepunkt jeder Kanadareise (siehe S. 100–101). Auf 230 Kilometern von Lake Louise nach Jasper führt sie durch einige der spektakulärsten und aufregendsten Landschaften Kanadas, über schwindelerregende Bergpässe, vorbei an zahllosen Wäldern und Seen und durch eines der größten Gletscherfelder Nordamerikas. In Jasper Townsite (siehe S. 103–104) haben Sie die Wahl zwischen der Erkundung des Jasper National Park, des Mount Robson Provincial Park (siehe S. 105) oder der Rückkehr über den Icefields Parkway.

Geschichte: Ausgrabungen im Gebiet der Vermilion Lakes in der Region Banff förderten Spuren menschlicher Besiedelung im Bow Valley zutage, die über 11000 Jahre zurückliegen müssen. Stoney, Kootenay, und Schwarzfuß-Indianer lebten in dieser Gegend schon lange Zeit, bevor der erste weiße »Tourist«, angeblich ein gewisser George Simpson,

Direktor der Hudson's Bay Company, von einem einheimischen Führer 1841 über den Fluß gebracht wurde. Trapper und Pelzhändler blieben die einzigen anderen Besucher, bis die Canadian Pacific Railway (CPR) 1883 Banff erreichte (damals noch »Anschlußgleis 29«). Im gleichen Jahr entdeckte eine Gruppe von Bahnarbeitern auf der Suche nach Mineralvorkommen die Cave and Basin Springs (siehe S. 95), deren warmes Wasser bald die Schmerzen ihrer Kollegen linderte. Der Streit darüber, wem die Quellen gehörten (sie waren lange Zeit ein Heiligtum der Stooney-Indianer gewesen) führte 1885 zur Einrichtung des Hot Springs Reservats. Zwei Jahre später wurde daraus der Rocky Mountains Park, der erste Nationalpark Kanadas und der dritte der Welt. Seit 1930 heißt er Banff National Park.

Panoramastraßen: Auf dem Highway 1 von Banff nach Lake Louise sind die meisten Besucher schon hin- und hergerissen zwischen aufragenden Gipfeln und jadegrünen Seen, die doch nur einen Vorgeschmack auf die Eindrücke bieten, die der Icefields Parkway bereithält. Der 48 Kilometer lange **Bow Valley Parkway** ▶▶▶ (Highway 1a) bietet eine ruhigere, noch eindrucksvollere Alternative. Er ist als Panoramastraße angelegt und hat viele Rast-, Picknick- und Campingplätze sowie gekennzeichnete Wanderwege; viele Schautafeln erklären die Topographie und Naturgeschichte der Region. Einer der vielen Höhepunkte ist der **Johnston Canyon** ▶▶ etwa 30 Kilometer westlich von Banff, den man am besten vom 2,7 Kilometer langen **Johnston Canyon Trail** aus sieht. Auch der 15-minütige Spaziergang nach Silverton Falls ist zu empfehlen, der nahe der Parkaufsichtsstation in Castle Junction beginnt.

Lake Louise Village ▶▶ Direkt neben dem Highway 1 bietet Lake Louise Village wenig mehr als ein Einkaufszen-

Ausflugsfahrten
Auch wenn Sie ohne Auto unterwegs sind oder es in Banff stehenlassen, können Sie den Park erkunden. Von Calgary und Vancouver fahren regelmäßig Greyhound-Busse nach Banff und Lake Louise. Brewster Transportation fährt im Sommer täglich zwischen Banff und Jasper auf dem Icefield Parkway. Brewster bietet auch Halbtages-, Tages- und Mehrtagesausflüge von Banff, Jasper und Calgary aus an, unter anderem mit Ausflügen nach Lake Louise und dem Columbia Icefield. Brewster in Banff erreichen Sie unter Tel. 403/762 67 00; in Jasper: Tel. 403/852 33 32; in Calgary: Tel. 403/221 82 42.

»Snocoach« bietet Touren mit Führer zum größten Gletscherfeld der Rockies.

DIE ROCKIES

So entgeht man den Massen am beliebten Lake Louise.

Wanderungen am Lake Louise

Der einfachste Weg führt am Nordufer des Sees entlang und kann bis zum »Tea House« ausgedehnt werden, einem rustikalen Café am Plain of the Six Glaciers (365 m Höhenunterschied, einfacher Weg vom Hotel 5,3 km). Von hier hat man einen wunderbaren Blick auf die Gletscherlandschaft über dem See. Besser ist der kurze Aufstieg zum Lake Agnes, ein beliebter, vielbegangener Berg-und Talweg durch den Wald mit sehr schöner Aussicht, der zu einem Teehaus am Rand des kleinen Lake Agnes führt (400 m; 3,4 km). Von hier führen zwei kurze Wege zum Little und zum Big Beehive, wo die Aussicht noch herrlicher ist. Vom Big Beehive kann man zum Plain of the Six Glaciers weitergehen und von dort zum Lake Louise zurückkehren. Alle Wege sind gut gekennzeichnet.

Unvergleichlicher Anblick

Tom Wilson, der erste weiße Kanadier am Lake Louise, erinnert sich: »Ich habe nie, bei keiner meiner Entdeckungsreisen in diesen Bergketten Westkanadas, einen so unvergleichlichen Anblick gesehen ... Mein Körper war erschöpft, aber Geist und Seele wurden erfrischt.«

trum, eine Tankstelle, ein Besucherzentrum (Tel. 403/522 38 33) und etwa ein Dutzend teure Hotels. Außer essen und schlafen kann man hier kaum mehr tun als mit der **Lake Louise Gondola** ▶▶ fahren *(geöffnet:* Mitte Juni–Aug. täglich 9–21, Anfang Juni–Mitte Sept. 9–18 Uhr. *Eintritt:* teuer). Auf dem Gipfel, am besten aus dem angenehmen Whitehorn Tea House, überblickt man ein Dutzend Gletscher. Die Seilbahn ist im Norden von Highway 1 ausgeschildert.

Lake Louise ▶▶▶ Am Lake Louise werden vermutlich mehr Fotos gemacht als in den ganzen restlichen Rockies zusammen. Etwa sechs Kilometer vom gleichnamigen Dorf entfernt liegt dieser wie für's Fotografieren geschaffene See vor einer atemberaubenden Kulisse von Bergen und Gletschern. Die Ostseite mit einer riesigen Gletschermoräne wird vom Hotel Château Lake Louise dominiert. Es wurde 1924 gebaut, nachdem ein Feuer das vorherige Hotel zerstört hatte. Sein Anblick beleidigt das Auge, und in umweltbewußteren Zeiten wäre es sicher nie gebaut worden. Trotzdem ist die Schönheit des Sees überwältigend.

Auf den Tafeln rund um den See werden Anekdoten erzählt, darunter die Geschichte, wie der See zu seinem Namen kam. Die Stoney nannten ihn »See der kleinen Fische«. Für das »weiße Kanada« wurde er von Tom Wilson entdeckt (siehe Kasten), der bei der CPR zuerst als Versorger, dann als Zugführer arbeitete. Ein Führer brachte ihn 1882 zum See, den er recht phantasielos »Smaragd-

see« nannte. Der jetzige Name geht entweder auf die vierte Tochter von Queen Victoria oder auf die Frau des damaligen Generalgouverneurs zurück.

Eine Möglichkeit, den jährlich mindestens zwei Millionen Besuchern zu entgehen, ist, sich am See ein Kanu zu mieten. Besser ist es allerdings, einem der Wanderwege an den Ufern zu folgen (siehe Kasten gegenüber). Aber denken Sie daran: Diese Wege gehören zu den bliebtesten »Trampelpfaden« der Rockies.

Moraine Lake ▶▶▶ Es liegt nicht an der Landschaft, daß Lake Moraine weniger Besucher anzieht als Lake Louise; sie ist etwas intimer und erhabener als die ihres Nachbarsees. Die einzigen Konzessionen an Besucher bestehen hier aus einem architektonisch gelungenem Gasthaus mit kleinen Hütten, einem Restaurant und einem Café. Der beinahe unwirklich türkisfarbene See wird umrahmt von bewaldeten Hängen und den Gipfeln der Wenkchenma Mountains (abgebildet auf den älteren kanadischen 20-$-Scheinen). Auch hier empfehlen sich Wanderungen, um die Landschaft richtig würdigen zu können. Ein gemütlicher Spazierweg führt um den See, der Weg zum Consolation Lake (3 km) bewältigt eine mäßige Steigung, und wenn Sie Lust auf eine längere Morgenwanderung verspüren, gehen Sie hinauf zum Larch Valley (2,4 km; 300 m Höhenunterschied) und Sentinel Pass (8 km, 800 m Höhenunterschied) oder zum Eiffel Lake (6 km, 400 m Höhenunterschied).

Farbe
Das Pfauenblau der Rocky Mountain-Seen entsteht durch Partikel von Gletscherschlamm oder »Moränenlehm«, der im Frühling vom Schmelzwasser in die Seen getragen wird. Die feinen, mehlähnlichen Partikel resorbieren außer den Blaugrüntönen alle sichtbaren Farben des Spektrums. Im Winter und im Frühling vor der Schneeschmelze sind die Seen eher himmelblau.

DIE ROCKIES

Mit dem Auto   Icefields Parkway

Siehe Karte auf S. 90–91.

Eine wundervolle Strecke von Lake Louise nach Jasper durch die eindrucksvollste Landschaft der kanadischen Rockies (230 km).

Diese Strecke dürfen Sie nicht versäumen! Sie folgt einer alten Indianer- und Pelztrapperroute am Bow River und wurde als Arbeitsbeschaffungsprogramm während der Depression begonnen. Auf halber Strecke tritt die Straße in den Jasper National Park ein, wird aber, wie hier, als Einzelreise betrachtet. An unzähligen Stellen der Straße gehen Wege nach links und rechts ab, dazu kommen viele kurze Spazierwege zu gut beschilderten Aussichtspunkten und interessanten Orten. Eine detaillierte Beschreibung gibt *The Icefields Parkway*, eine ausgezeichnete Veröffentlichung, die umsonst in den Besucherzentren erhältlich ist. Der erste markante Punkt ist **Hector Lake** (17 km), nach dem Geologen James Hector benannt, der 1858 als erster Weißer dieses Gebiet durchquerte. Beachten Sie die Einschnitte, die die Lawinen am Pulipt Peak (2724 m), dem Gipfel

an der Südspitze des Sees, in die Hänge gruben. Am Bow Lake Aussichtspunkt (37 km) beginnt einer der schönsten Seewanderwege, der **Bow Lake and Bow Glacier Falls Trail** (4,3 km; 155 m Höhenunterschied). Wenn Sie diesen Weg nicht gehen, dürfen Sie aber den **Peyto Lake Lookout ▶▶▶** nicht versäumen, einen leichten, 20minütigen Spaziergang zu einem der verblüffendsten Aussichtspunkte der Rockies. Der Weg ist etwa drei Kilometer nach dem Bow Pass ausgeschildert, dem mit 2069 Metern höchsten Punkt, den ein kanadischer Highway erreicht.

Nach dem Paß verliert die Straße rasch 700 Höhenmeter, was sich in der Veränderung der Vegetation bemerkbar macht, vor allem im Bereich von Saskatchewan Crossing, einer Mischung aus Hotel- und Servicezentrum. Diese Veränderung kann man auf dem kurzen Weg zum **Mistaya Canyon ▶** registrieren. Richtung Norden ist »Big Hill« der nächste markante Punkt, an dem die Straße in

Bäume und Seen: zwei Bestandteile der phantastischen Rocky Mountains-Naturlandschaft.

einer weitgeschwungenen Kurve ansteigt und einen bemerkenswerten Blick auf Bergketten freigibt, die sich bis Banff und Lake Louise strecken. Etwas weiter (117 km) beginnt der **Parker Ridge Trail** ▶▶, neben dem Peyto Lake Lookout vielleicht *der* Weg, den Sie auf dieser Route unbedingt gehen sollten (2,4 km; 274 m Höhenunterschied). Im Sommer ist alles von Blumen übersäht, und der atemberaubende Blick reicht bis zum Saskatchewan Gletscher.

Dieser Gletscher gehört zum **Columbia Icefield** ▶▶▶, der größten Schnee- und Eisfläche in den Rockies (389 km²) und dem größten Gletschergebiet der nördlichen Hemisphäre unterhalb der Arktis. Das Eis der sechs Hauptgletscher (drei sind von der Straße aus zu sehen) ist bis zu 900 Meter dick. Das Schmelzwasser vom Mount Snowdome (3520 m) fließt in drei Ozeane: Atlantik, Pazifik und Arktisches Meer. Das **Icefield Center** informiert Sie über das Gletschergebiet. Oder machen Sie eine der beliebten »Snocoach«-Touren auf

Sunwapta Falls nahe des Icefields Parkway.

das Eisfeld (alle 15 Minuten Mai–September tägl. 9–17 Uhr. *Eintritt:* teuer). Details erfahren Sie bei Brewster Transportation (siehe Kasten S. 97).

Obwohl die Landschaft auch nach dem Eisfeld sehr beeindruckend ist, kann sich eine gewisse Landschaftsmüdigkeit einstellen. Zwei Wasserfälle sind dennoch bemerkenswert: **Sunwapta Falls** (von einem kurzen Spazierweg aus zu sehen) und die **Athabasca Falls** ▶▶, wo sich der Athabasca durch Quartzsandstein gegraben hat.

Benzin und Lebensmittel sind auf der ganzen Strecke nur in Saskatchewan Crossing (77 km von Lake Louise) und Columbia Icefield (127 km) erhältlich. Unterkunft bieten einige Jugendherbergen, Campingplätze und Gasthäuser in Bow Lake, Saskatchewan Crossing, Columbia Icefield und Sunwapta Falls.

DIE ROCKIES

 → wird fortgesetzt

Die Jasper Tramway:
wunderbare Blicke
auf den Nationalpark.

▶▶▶ Jasper National Park   88B4

Der Jasper National Park ist größer als Banff-, Yoho- und Kootenay-Park zusammen (10 878 km²) und doch im Bewußtsein der Besucher weniger verankert als Banff. Die Berge, Seen und Wälder sind ebensoschön wie anderenorts in den Rockies. Hinzu kommt, daß es in diesem Park weniger Autos, Menschenmassen und Kommerz gibt als in den südlicheren Parks. Wandermöglichkeiten für Kurzbesucher sind eingeschränkt, aber die guten Straßen bieten Zugang in die wunderbare Landschaft.

Erkundungen: Jasper ist die einzige größere Stadt im Park. Sehenswert sind der Maligne Lake (siehe S. 105), etwa 50 Kilometer südöstlich der Stadt, der Maligne Canyon, über die Maligne Road auf dem Weg zum Maligne Lake, Mount Edith Cavell, eine Panoramastraße mit Aussichtspunkt 30 Kilometer südlich von Jasper, der Icefields Parkway (siehe S. 101–101) und das Gebiet der Miette Hot Springs, 65 Kilometer nördlich von Jasper. Anschließend können Sie entweder nach Edmonton oder Prince George oder auf dem Yellowhead Highway nach British Columbia fahren, um den Mount Robson Provincial Park zu besuchen (siehe S. 105).

Frühe Siedlungen: Jasper war das erste Gebiet in den Rockies, das Europäer betraten. Die frühesten Besucher kamen bereits 1811: Mitglieder von David Thompsons Expedition, die für die North West Trading Company (NWC) eine Nordroute über die Berge suchten. Thompsons Gefährte William Henry blieb hier, um ein Versorgungsdepot für die NWC einzurichten. Das Lager hieß Henry House; vermutlich lag es nahe dem heutigen Old Fort Point. Zwei Jahre später ersetzte das nach dem

Touristeninformation
Das Travel Alberta Infocentre (Tel. 403/8 52 38 58) und das Chamber of Commerce (Tel. 403/8 52 49 19) sind im selben Gebäude untergebracht (Connaught Drive 632, am Südende der Hauptstraße). Beide sind mit allgemeinen Informationen über Jasper und bei der Unterkunftssuche behilflich. Das sehr gute Canadian Parks Service Visitor's Centre liegt fast gegenüber vom Bahnhof etwas nach hinten versetzt (Connaught Drive 500; Tel. 403/8 52 61 76).

langjährigen NWC-Mitarbeiter Jasper Hawes benannte Jasper House das Depot. Im Zuge der Fusion von NWC und Hudson Bay Company trat erneut ein anderes Gebäude an seine Stelle, das näher am heutigen Jasper liegt.

Die Eisenbahn: Ein starker Einbruch im Pelzhandel reduzierte im 19. Jahrhundert den Betrieb des Postens auf ein Minimum. Ende des Jahrhunderts kamen ein paar Goldsucher und der verrückte Maler (vermutlich Paul Kane). Zu den Besuchern zählte auch Mary Schäffer, die als erste Europäerin den Maligne Lake sah, von dem man im Westen erst 1908 erfuhr. Dies änderte sich alles mit der Grand Trunk Pacific Railway, einer Konkurrentin der Canadian Pacific, deren Route durch die südlichen Rockies Gebiete wie Yoho und Banff für den Tourismus erschlossen hatte. Die Grand Trunk suchte im Norden nach einem vergleichbaren Erfolg und verlängerte die Strecke immer weiter nach Westen, wo sie 1908 Jasper erreichte und zur Schaffung des Jasper Forest Park führte. Innerhalb von drei Jahren hatte sich auf dem Gelände der heutigen Stadt eine Zeltstadt ausgebreitet. Ursprünglich nannte sich die Siedlung nach dem Vizepräsidenten der Grand Trunk Fitzhugh, änderte den Namen aber bei der ersten amtlichen Erfassung in Jasper.

Jasper Townsite ►► Jasper ist landschaftlich weniger attraktiv als Banff, vor allem, weil es nicht ganz so dicht an den Bergen liegt, aber es ist ruhiger, und dieses Kleinstadtflair scheint besser zu den Rockies zu passen als der Betrieb in der kosmopolitischeren Nachbarstadt. Informieren Sie sich zuerst über Jasper im Infocenter (siehe Kasten S. 102), und besuchen Sie dann das **Yellowhead Museum** (400 Pyramid Road. *Geöffnet:* Sommer 10–21, Anfang

Wenige Minuten von Jasper entfernt: stille Landschaft am Pyramid Lake.

Anreise
Mit dem Auto erreichen Sie Jasper von Süden über den Icefields Parkway (von Lake Louise), und auf dem Yellowhead Highway aus dem Osten (von Edmonton), Norden (Prince George) und Westen (Kamloops). Viermal täglich fahren Greyhoundbusse von Edmonton und Kamloops nach Jasper (Tel. 403/852 39 26 oder 180 06 61 87 47), von Prince George zweimal täglich. Im Sommer fährt täglich ein Bus von Brewster Transportation von Banff nach Jasper (Tel. 403/8 52 33 32). Beide Unternehmen haben ihren Sitz am VIA Rail Bahnhof im Connaught Drive 314 (Tel. 403/852 31 02 oder 1-800/561 86 30). Von hier fahren auch Züge nach Vancouver, Edmonton und Prince Rupert (dreimal wöchentlich).

103

Berge im mittleren Alter
Das Durchschnittsalter der Rockies beträgt 120 Millionen Jahre. Damit sind sie jünger als die Appalachen, aber älter als die Alpen, der Himalaya und die amerikanischen Rockies.

DIE ROCKIES

Wildwasser-Rafting auf dem Maligne wird in Jasper organisiert.

Unterkunft
Fragen Sie im Infozentrum (siehe »Touristeninformation«), wenn Sie ein Motel oder ein »Bed and Breakfast«-Zimmer in Jasper suchen. Oder nutzen Sie eine der Buchungsagenturen: Banff and Jasper Central Reservations, Connaught Drive 622 (Tel. 1-800/661 16 76), Reservations Jasper (Tel. 403/852 54 88) oder Jasper Travel (Tel. 403/852 44 00). Für die kleine Reisekasse empfehlen sich Campingplätze und vier Jugendherbergen im Umkreis von zwölf Kilometern (Tel. 403/439 31 39 für Herbergsreservierungen).

Sept.–Okt. 10–17, Nov.–Mitte Mai Do–So 10–17 Uhr. *Eintritt:* niedrig), das einen guten Überblick über Pelzhandel und Eisenbahngeschichte der Region vermittelt. Einen wahren Überblick bietet eine Fahrt mit der **Jasper Tramway** ►► (Whistlers Mountain Road. *Geöffnet:* Mai–Aug. 8.30–22, Sept. 9.30–21, Okt. 9.30–16, das restliche Jahr kürzer. *Eintritt:* teuer). Diese Seilbahn liegt sieben Kilometer außerhalb der Stadt und bringt Sie die 2,5 Kilometer lange Strecke zu einem Aussichtspunkt (2285 m) mit grandiosem Blick über die Jasper-Region. Von hier führt ein einstündiger Fußmarsch über einen steilen Weg zum Gipfel des Whistlers (2470 m).

Beliebt ist auch die fünf Kilometer lange Fahrt zu den **Patricia and Pyramid Lakes** ► mit Stränden, Wanderwegen, Kanu- und Fahrradverleih. Östlich der Stadt (auf dem Weg nach Maligne Lake) liegen die **Edith and Annete Lakes** ►, beides beliebte Tagesausflugsziele wegen ihrer vielen Sandstrände und Schattenplätze. Ansonsten gibt es in Jasper wenig zu tun; die Stadt dient eher als Unterkunft und Basis. Belebt ist die Hauptstraße, der Connaught Drive, wo es einige Cafés, Geschäfte und Restaurants gibt. In den Straßen westlich der Hauptstraße findet man in Holzhäusern alten Stils Frühstückspensionen. Die Motels der Stadt liegen nördlich von ihr.

Maligne Lake Road ►►► Geht man nicht in die Berge, gibt es keinen schöneren Tagesausflug als eine Fahrt auf der 48 Kilometer langen Maligne Lake Road. Rechnen Sie aber damit, daß die Landschaft auch andere bewundern. Wenden Sie sich an Maligne Tours (626 Connaught Drive, Tel. 403/8 52 33 70), die im Sommer Fahrten entlang dieser Straße organisieren.

Der erste Aufenthalt ist **Maligne Canyon** ►►, elf Kilometer von Jasper entfernt. Die Schlucht ist nicht ganz so dramatisch, wie sie oft gemalt wird, aber an einigen Stellen immerhin bis zu 50 Metern tief. Es lohnt sich, den Wanderweg zu begehen (ca. 20 Minuten), der Sie an mehreren Wasserfällen und einer Reihe Informationstafeln vorbeiführt, die erzählen, wie der Canyon entstand. Der Wanderweg läßt sich um eine Schleife (45 Minuten) verlängern.

Der **Medicine Lake**►► (32 km von Jasper entfernt) ist weniger besucht als der Canyon, aber landschaftlich und geologisch sehr interessant. Der See hat keinen Abfluß, sondern gibt durch Sickerlöcher im Boden Wasser ab, so daß der Wasserspiegel nie konstant bleibt. Wegen dieses Phänomens glaubten die Medizinmänner der kanadischen Ureinwohner, daß der See magische Fähigkeiten habe – daher der Name. Das Wasser fließt in ein weitverzweigtes System von Kalksteinhöhlen und kommt irgendwo in der Umgebung von Jasper wieder zum Vorschein.

Maligne Lake►►► liegt 48 Kilometer von Jasper entfernt. Und welch ein Panorama! In 1673 Metern Höhe liegt, umgeben von schneebedeckten Gipfeln, der größte See der Rockies und gleichzeitig der größte von Gletschern geformte See Nordamerikas (22 km lang, zwei km breit und 92 m tief). Die Straße endet am Ufer, wo Restaurant, Picknickplatz und Wanderweg, der 3,2 km lange Lake Trail, warten. Bei einem **Bootsausflug**►► können Sie den atemberaubenden Anblick des Sees richtig genießen (täglich jede Stunde Juni–Anfang Sept. 10–17 Uhr; Mai und Ende Sept. 10–15 Uhr. *Eintritt:* teuer). Reservieren Sie bei Maligne Tours (siehe oben).

Mount Robson Provincial Park►► Westlich von Jasper führt der Yellowhead Highway sanft ansteigend durch die wunderschöne Landschaft über den Yellowhead Pass (nach 20 Kilometern) zum Mount Robson (3954 m), den höchsten und eindrucksvollsten Gipfel der Rockies. Am Westrand des Parks gibt es ein Infocentre (Tel. 205/566 91 74) an der Stelle mit dem besten Blick auf den Berg. Etwa zwei Kilometer weiter beginnt der Berg Lake Trail, der Sie dichter an den Gipfel bringt (22 km in beide Richtungen, 795 m Höhenunterschied). Falls Sie nicht so viel Zeit haben, können Sie sich auf die erste Etappe nach Kinney Lake (6,7 km) beschränken.

Verärgerter Priester

Maligne Lake hat seinen Namen vom Maligne River, der 1846 von dem französischen Missionar Pater de Smet so getauft wurde, weil er Probleme hatte, ihn flußabwärts zu überqueren (frz. *maligne* = bösartig).

Wanderung – Old Fort Point

Wegen der ziemlich flachen Umgebung Jaspers sind die meisten kurzen Wanderungen von hier aus langweilig. Eine Ausnahme ist der Old Fort Point Loop, ein 6,5 Kilometer langer Rundweg mit Panoramablick (360 Grad) und lauschigen Fleckchen. Zum Ausganspunkt 1,6 Kilometer östlich der Stadt fahren Sie auf der Old Fort Exit stadtauswärts und folgen dem Highway 93a/Highway 16 über die Schienen zur Abzweigung nach Old Fort Point-Lac Beauvert.

105

Im Mount Robson Provincial Park liegt der höchste Gipfel der kanadischen Rockies.

Bären

■ **Kein Tier verkörpert für uns so sehr die unberührte Wildnis wie der Bär. Und deshalb scheint keines die Besucher mehr zu faszinieren. Begegnungen mit Bären sind relativ selten – die Jagd hat sie stark dezimiert –, aber ein Zusammentreffen mit einem Grizzly ist nicht auf die leichte Schulter zu nehmen ...** ■

Winterschlaf
Ungefähr im November gräbt sich der Grizzly eine Höhle; gewöhnlich an einem steilen Nord- oder Osthang, wo der Schnee für gute Isolierung sorgt. Die Höhle enthält keine Vorräte, da der Bär von seinen über den Sommer angefressenen Fettreserven lebt. Während des Winterschlafes, der bis April dauert, sinkt seine Körpertemperatur um mehrere Grad, die Atemfrequenz beträgt nur noch zwei bis vier Züge pro Minute. Die Därme des Bären sind durch einen Nahrungspfropf blockiert, und das Tier scheidet einige Monate lang nichts aus. An warmen Wintertagen kommen Bären manchmal heraus, um sich zu strecken oder etwas zu fressen.

Unten: Grizzly-Frischmenü aus dem Fluß.
Oben: Ein weiterer Grizzly.

106

Bären: In Kanada gibt es drei Arten von Bären – Grizzlys, Schwarzbären und Eisbären. Sie gehören zu den Großbären und sind gefährlich. Der bekannteste ist sicher der Grizzly, an seinem graubraunen Fell und dem Höcker auf dem Rücken gut zu erkennen. Schwarzbären sind kleiner und dunkler, aber nicht weniger gefährlich, und verbreiteter. Eisbären leben an den Polarküsten und den Treibeisrändern, kommen aber auch nach Churchill in der Hudson Bay (siehe S. 144–145). Bären sind Allesfresser, sie ernähren sich von Pflanzen und dem, was sie schlagen.

Mythen: Fast schon verklärt hat sich das Bild vom Bären in unserer Vorstellung von Wildnis – ganz zu schweigen von der Gefährlichkeit, die ihm zugeschrieben wird – beides führte zu vielen Legenden und stellenweise gefährlichen Fehlinformationen. Eine davon ist, daß Bären langsam und schwerfällig sind: Das sind sie keineswegs. Wenn Sie einem neugierigen Bären begegnen, sich umdrehen und um ihr Leben laufen, machen Sie alles noch schlimmer: Bären sind zwar keine Schnellstarter, aber wenn sie erst in Schwung kommen, laufen sie schneller als ein Rennpferd. Falsch ist auch der Glaube, Bären könnten nicht auf Bäume klettern. Grizzlys mögen faul sein und nach ein paar Metern Klettern am Baumstamm aufgeben, aber Schwarzbären klettern ganz hervoragend, wie Ihnen die Filme in den Parkzentren beweisen werden.

Gefahren: Angriffe von Bären kommen nicht nur in den tiefsten kanadischen Wäldern vor. Vor ein paar Jahren wurde ein Mann in Banff getötet, der vom Bahnhof kam. Auf den großen Highways kommt es beinahe jährlich zu Vorfällen – mei-

stens, weil Leute mit der Videokamera aus dem Auto springen und einem Bären hinterherlaufen. So knuddelig sie auch aussehen – Bären sind wilde Tiere. Sie greifen an, wenn sie sich bedroht, überrascht oder bedrängt fühlen oder meinen, ihre Jungen verteidigen zu müssen. Bei einem Angriff wird ein Bär Sie vermutlich übel zurichten, mit den Krallen zerfleischen und als *coup de grace* skalpieren. Bären, die an Menschen gewöhnt sind, weil sie sich z. B. auf den Müllhalden herumtreiben, sind keineswegs zahm, sie sind eher noch gefährlicher, und man unternimmt heute viele Anstrengungen, damit Bären und Menschen sich nicht zu nahe kommen. Leben und leben lassen ist im allgemeinen das Motto von Bären, die man in Ruhe läßt und nicht überrascht.

Bären vermeiden: Bären meiden Menschen. Deshalb sollten Sie beim Wandern immer Geräusche machen (singen oder mit einer Pfeife trillern, die berühmten Bärenglöckchen, die manche Leute um den Hals tragen, sind nicht laut genug). Seien Sie bei Gegenwind besonders vorsichtig, weil der Bär sie dann nicht wittern kann, und halten Sie sich von Beerenplätzen und Aas fern, die den Bären als Nahrungsquelle dienen. Achten Sie auf Spuren und Ausscheidungen und campen Sie nicht direkt an fließendem Wasser oder an einem Wildwechsel.

Schande: Kanadas Wildnis ist so groß und doch sinkt die Zahl der Grizzlys. Aus ihrem eigentlichen Lebensraum vertrieben, bleiben ihnen hauptsächlich die abgelegenen Hänge der Rockies und British Columbias. In vielen Gebieten ist die Jagd auf Grizzlys und Schwarzbären oft noch erlaubt – der Mensch ist außer dem Wolf der einzige Feind des Bären –, Jäger erlegen Jahr für Jahr etwa 30 000 Schwarzbären in Nordamerika. Tausende werden als Andenken oder wegen ihrer Drüsen geschossen, die nach Asien geschmuggelt werden und dort als Wundermittel gelten.

Schwarzbären plündern die Müllhalde: heute ist die Parkleitung vorsichtiger bei der Abfallentsorgung.

Angriff
Niemals auf einen Bären zugehen oder ihn füttern. Nicht schreien oder rennen, keine abrupten Bewegungen machen; damit provozieren Sie einen Angriff. Bleiben Sie stehen, wenn er auf Sie zukommt (ein bißchen viel verlangt, zugegeben); Bären bluffen und bleiben manchmal stehen oder drehen vorher ab. Bleiben Sie ruhig. Versuchen Sie nicht, auf einen Baum zu klettern. Warten Sie, bis der Bär verschwindet, und lassen Sie ihm einen Fluchtweg frei. Ansonsten das Gepäck zur Ablenkung auf den Boden legen, beruhigend auf das Tier einreden – und sich dann sehr langsam zurückziehen. Im Fall eines Grizzly-Angriffs kann es helfen, sich totzustellen. Gegenwehr verstärkt den Angriff. Mit irgendetwas Greifbarem zu drohen ist immer das allerletzte Mittel.

DIE ROCKIES

Namen
Der Kootenay National Park hat seinen Namen vermutlich von den kanadischen Ureinwohnern vom Stamm der Kootenai. *Kootenay* bedeutet »Volk von jenseits der Berge«. Einige Wissenschaftler glauben, der Name gehe auf *kootemik* zurück, »Ort des heißen Wassers«.

Ein herrlicher Blick auf die Vermillion Mountains, vom Kootenay Aussichtspunkt.

▶▶   **Kootenay National Park**   *89D1*

Kootenay gilt als der am wenigsten spektakuläre Nationalpark der Rockies und wird oft als ziemlich nichtssagender Landschaftsstreifen auf der British Columbia-Seite der Kontinentalen Wasserscheide abgetan. Die Wander- und Sportaktivitäten im Park mögen zwar begrenzt sein, aber was zerklüftete Felsen, Wälder und Flüsse angeht, kann er mit Banff und Jasper durchaus mithalten. Durch den Banff-Windmere-Parkway (Highway 93), der 105 Kilometer lang von Castle Junction (28 km nordwestlich von Banff) nach Radium Hot Springs führt, ist er am leichtesten von allen Parks zu erkunden. Die Strecke befährt man etwa in drei Stunden, je nach Anzahl und Länge der Aufenthalte unterwegs. Das bedeutet, daß Sie Kootenay als Tagesausflug von Banff aus oder als Abstecher auf dem Weg zum Yoho National Park einplanen können (über den Golden und den Trans-Canada Highway).

Geschichte: Die Kootenay-Berge wirken größer als ihre Pendants am Icefields Parkway: Zum einen, weil man sie sieht, wenn man die Kontinentale Wasserscheide überquert, wodurch die hohen Gipfel näher heranrücken, und zum anderen, weil bei Parkbegründung eine enge Verbindung zwischen Landschaft und dem Haupt-Highway vorgegeben war. Archäologische Funde, besonders die Felsgravierungen in Radium Hot Springs, legen nahe, daß die Pässe des Parks schon seit Tausenden von Jahren von den Ureinwohnern der Küsten und Hochebenen benutzt wurden. Weiße gibt es hier seit der Ankunft der Hudson´s Bay Company und David Thompsons im 19. Jahrhundert, der einen Weg zum Pazifik suchte.

Ähnliches veranlaßte den hiesigen Geschäftsmann Randolph Burst 1910, die kanadische Regierung zum Bau einer Straße von Banff nach Westen zu animieren (bis dahin führte keine große Straße durch die Berge). Man wollte die Prärien mit dem Pazifik verbinden und damit Bruces Pläne

Der Marble Canyon ist von einem leichten Wanderweg neben dem Highway zu sehen.

Bezwinger des Matterhorns
Mount Whymper (2844 m) westlich vom Vermillion Pass ist nach dem britischen Bergsteiger Edward Whymper benannt, der als erster Mensch das Matterhorn bezwang und auch viele kanadische Berggipfel erklomm. Er beschrieb die Rockies einmal als »fünzigmal die Schweiz in einem«.

für den Obstanbau im Columbia Valley (westlich vom heutigen Park gelegen) unterstützen. Der Bau begann ein Jahr später, wurde aber nach 22 Kilometern wegen Geldmangels eingestellt. Als Gegenleistung für die staatliche Unterstützung erklärte sich British Columbia bereit, der kanadischen Regierung links und rechts des neuen Highways je einen sieben Kilometer breiten Landstreifen abzutreten, der 1920 zum Nationalpark erklärt wurde.

Vermilion Pass ▶▶▶ Der Highway 93 führt von Osten am Vermilion Pass (1651 m) vorbei in den Kootenay Park. Der Paß ist die Grenze zwischen Alberta und British Columbia und gleichzeitig die Hauptwasserscheide, von der die Flüsse auf der einen Seite in den Pazifik, auf der anderen in den Atlantik fließen. Die Paß-Straße ist von einem großen Gebiet geschwärzter Bäume und frischen Unterholzes umgeben: Die Folge eines Waldbrandes, der hier 1968 vier Tage lang wütete (die Ursache war ein einziger Blitz). Trotz der Zerstörung sind Zeichen der phoenixartigen Regenerationsfähigkeit der Natur nicht zu übersehen: Kiefern, Sträucher und Jungpflanzen wurzeln zwischen den verkohlten Stümpfen. Die neue Vegetation bietet eine wichtige Nahrungsquelle für Wapitis, Elche, Hochwild und Bären und zieht die Tiere in eine Gegend zurück, die vor kurzem noch ein Bild der Zerstörung bot (siehe Kasten). Der kurze **Firewood Trail** (1 km) bietet vom Parkplatz aus einen guten Einblick in diese Verwandlung.

Stanley Glacier ▶▶ Ausgangspunkt für den Stanley Glacier Trail (4,2 km, 365 m Höhenunterschied, ca. eineinhalb Stunden) ist ein Parkplatz an der Ostseite des Highways, drei

Brennende Probleme
Waldbrände wie der 1968 am Vermillion Paß sind nicht immer eine Katastrophe für die Natur. Manche Baumarten brauchen die Hitze eines Feuers, damit die Samen aus ihren harzversiegelten Zapfen gelöst werden. Bestimmte Wälder brauchen regelmäßig einen Brand, um gesund zu bleiben. Natürliche Brandzyklen für Bergwälder sind 42–46 Jahre, 75–130 in niedrigen subalpinen Lagen, und 180 Jahre in den höchsten subalpinen Lagen. Alter Bewuchs enthält nur wenige Pflanzenarten und bietet den Wildtieren nicht ausreichend Lebensraum. Die Feuerbekämpfungsteams der Parks sind so erfolgreich, daß man heute zu kontrollierten Waldbränden greift, um den Bestand gesund zu erhalten.

DIE ROCKIES

110

Kilometer südlich vom Vermilion Paß. Der Weg ist zwar anstrengend, belohnt aber mit einer wunderbaren Aussicht auf den berühmten Stanley Gletscher und den Lawinenhang unterhalb des Stanley Peak (3155 m). Die ersten zwei Kilometer des Weges führen übrigens durch das verbrannte Gebiet des Vermilion Pass (siehe S. 109).

Marble Canyon ►►► Marble Canyon, acht Kilometer südlich des Vermilion Pass, ist der interessanteste Punkt für Besucher, die nur einmal Halt machen. Die Schlucht ist 660 Meter lang, 37 Meter tief und hat ihren Namen von Dolomitgestein und Marmor, die über 8000 Jahre lang vom vorbeirauschenden Tokumm Creek blank poliert wurden. Ein leichter, ein Kilometer langer Wanderweg folgt der Schlucht und überquert dabei immer wieder Holzbrücken, bis er schließlich am Wasserfall ankommt, der den engsten Teil der Schlucht versperrt. Im Sommer ergänzt ein Infozentrum die Tafeln am Weg.

Paint Pots ►► Nur zwei Kilometer südlich vom Parkplatz am Marble Canyon ist eine Parkbucht, von der ein Weg zu den Paint Pots, den »Farbtöpfen«, führt, einer Gruppe von Ockerbecken auf einer Waldlichtung. Der leichte, einen Kilometer lange Zugangsweg überquert den Vermilion River, dessen breites Flußbett eine gute Sicht auf die umgebenden Berge erlaubt. Jenseits der Brücke führt der Weg durch die sogenannten »Ochre Beds«, merkwürdig bunte Erde, und erreicht schließlich die Paint Pots. In diesem Gebiet gibt es viele Mineralquellen, deren Wasser durch eisenhaltige Lehmschichten (auf dem Grund eines alten Gletschersees) nach oben steigt. So entsteht die geheimnisvolle gelb-orange Färbung.

Außer den Farben gibt es hier eigentlich nichts zu sehen, aber der Ort hat eine ganz eigene Atmosphäre, vor allem an trüben Tagen, oder wenn man ganz alleine dort ist. Dann versteht man, warum er für die kanadischen Ureinwohner so wichtig war: Hier wohnten Tier- und Donnergeister. Von nah und fern kamen die Stämme, um gefärbte Erde zu holen, die zu Tonkuchen gebrannt und verschiedenfarbigen Pulvern zerrieben wurde. Das Pulver oder »Ocker« wurde mit Tierfett oder Fischöl vermischt und zum Bemalen der Körper, Felsen und Zelte verwendet. In den 20er Jahren beuteten weiße Geschäftsleute unter völliger Mißachtung der Ureinwohner die Vorkommen aus, um in Calgary Farben und Färbemittel zu produzieren.

Sinclair Pass ►► Etwa 20 Kilometer jenseits des Paint Pot Parkstreifens liegt Vermilion Crossing, der einzige Ort am Highway, wo man Essen, Benzin und eventuell eine Unterkunft bekommen kann. Weitere 15 Kilometer entfernt liegt **Kootenay Crossing** ►, der Punkt, an dem 1923 das Band zur Eröffnung des Banff-Windermere Parkway durchschnitten wurde. Die Informationstafeln an der Parkbucht erläutern die Geschichte des Straßenbaus und der Gründung des Parks. Der nahegelegene **Wardle Creek** ist ein guter Platz für ein Picknick, wenn auch wegen des Panoramas am **Kootenay Viewpoint** meistens viele Besucher hier sind. Etwa 80 Kilometer des weiten Kootenay Valley sind hier zu sehen. Der Schwanengesang kommt mit dem **Sinclair Pass,** einem Felsenpaß, der in die enge Schlucht des Sinclair Creek hinabführt. Von hier gehen mehrere Wanderwege ab, darunter die schönste Tagestour des Parks, der Kindersley Pass Trail und der leichtere Juniper Trail (3,2 km).

Radium Hot Springs ▶ »Heiße Radiumquelle« läßt alle die noch nie dort waren Exotisches vermuten, aber die Realität ist enttäuschend. Die Stadt ist eine schäbige, zusammengewürfelte Mischung aus Hotels und Tankstellen. Man bleibt nur, wenn man muß. Um in den Quellen zu baden, braucht man die Stadt gar nicht anzufahren: Der Quellenkomplex **Aquacourt** ▶ (*Geöffnet:* Mitte Mai–Mitte Okt. 9–10.30, Mitte Okt.–Mitte Mai 12–22 Uhr. *Eintritt:* niedrig) unter Leitung des Parks liegt zwei Kilometer nördlich der Stadt, gerade außerhalb des Parks am Banff-Windermere Parkway. Badekleidung und Handtücher kann man vor den Umkleidekabinen leihen. Im Hochsommer tummeln sich täglich etwa 4000 Besucher in den Quellen, die aussehen wie ein normales Schwimmbad. Der Radiumgehalt ist geringer als der einer Uhr mit Leuchtziffern. Im Gegensatz zu vielen anderen Quellen sind diese fast geruchlos.

Großer Spalt
Unmittelbar im Westen von Kootenay verläßt man die Rockies und kommt in den Rocky Mountain Trench. Diese große Spalte in der Erdkruste trennt die Rockies von den Columbia Mountains.

Eine Uhr mit Leuchtziffern ist radioaktiver als die heißen Quellen in Radium.

DIE ROCKIES

Früher Wintereinbruch im schönen Yoho National Park.

Touristeninformation
Das Candian Parks Service Information Centre (Tel. 250/343 67 83 oder 64 33) für den Yoho National Park liegt am Trans-Canada Highway, 1 Kilometer östlich von Field. Es bietet Vorträge, Ausstellungen und alles Wissenswerte über den Park, stellt Erlaubnisscheine aus und nimmt Reservierungen für den Lake O'Hara-Bus an (siehe unten).

Zugang zum Lake O'Hara
Ein Besuch des Lake O'Hara ist mit guter Planung verbunden. Die Zufahrt zum See (eine 13 km lange Straße ab dem Trans-Canada) ist denen vorbehalten, die in der Lake O'Hara-Lodge wohnen (siehe S. 274), eine Reservierung für den Zeltplatz haben oder einen Platz im Parkbus reserviert haben (dreimal täglich, Ende Juni–Anfang September). Fahrräder und Privatautos sind nicht gestattet. Sie können hinwandern, aber das dauert sehr lange und ist wenig sinnvoll: der See ist der Ausgangspunkt für wunderschöne Wanderwege in die umliegenden Berge.

▶▶▶ **Yoho National Park**   38C2

Yoho ist ein Park für Kenner: klein und intim, aber mit einer der abwechslungsreichsten Landschaften Nordamerikas. Er liegt am Westabhang der Rockies und grenzt an die Parks Banff und Kootenay. Durchschnitten wird er vom Trans-Canada Highway, einer Panoramastraße, die verschiedene Gebiete des Parks verbindet. Dazu gehören der Emerald Lake und das Yoho Valley, beide Ausgangspunkte für zahlreiche Tageswanderungen, und das Gebiet des Lake O'Hara, das schwieriger zu erreichen ist (siehe Kasten). Die Unterkunftsmöglichkeiten in den drei Gebieten sind begrenzt und teuer. Die einzige nennenswerte Siedlung im Park ist Field, wo auch das Parkinformationszentrum sitzt (siehe Kasten). Weitere Unterkunftsmöglichkeiten bieten Lake Louise (siehe S. 97–98) oder Golden, eine schwer zu beschreibende Stadt 54 Kilometer westlich von Field.

Sir James Hector: Lange vor der Ankunft der Europäer waren sich die Ureinwohner der erhabenen Natur von Yoho bewußt. Der Name stammt von den Cree und bedeutet »Ehrfurcht« oder »Wunder«. Wie in Banff und Jasper brachte auch hier der Bau der Eisenbahn die ersten Fremden. Sir James Hector war Mitglied der Expedition, die Möglichkeiten für Straßen und Schienen in den

Rockies erkunden sollte. Sie überquerte den Vermilion Paß, kam in das Gebiet des heutigen Kootenay National Park (siehe S. 108–111) und kämpfte sich über die Berge bis nach Yoho an den Wapta Falls (siehe S. 115) vor. Dort wurde Hector so von einem Pferd getreten, daß man ihn erst für tot hielt. Unbeeindruckt zog die Expedition am Kicking Horse River entlang und auf der Route des heutigen Trans-Canada Highway weiter Richtung Lake Louise. Die Kontinentalscheide überwanden sie am Kicking Horse Pass. Fluß- und Paßname erinnern an Hectors Unfall.

Die Eisenbahn: Hectors Bemühungen legten den Grundstein für den Bau der Eisenbahn; vollendet wurde seine Aufgabe von Sandford Fleming, dem Chef der Vermessungstruppe der Canadian Pacific. Er folgte Hectors Route über den Kicking-Horse-Pass und äußerte: »Diese Wanderung werde ich nie vergessen; es war die größte Herausforderung, die ich je erlebt habe.« Fleming hielt den Paß für kaum zu Fuß passierbar, geschweige denn mit der Eisenbahn, und schlug wie viele andere vor, die Schienen weiter nördlich zu verlegen. Er favorisierte den Yellowhead-Paß, den die Konkurrenz später wählte (siehe S. 103). Eine solche Route lag jedoch weit nördlich des wertvollen Landes an der US-Grenze und ignorierte damit einen der Hauptgrundsätze der Eisenbahn: zu verhindern, daß Grenzgebiet

Mutige Lady
Lady Agnes MacDonald, die bemerkenswerte Frau des früheren kanadischen Premierministers, fuhr den Yoho Big Hill 1886 mit dem Zug hinab. Sie saß allerdings nicht in dem langsam fahrenden Zug, sondern mit einem Stuhl vorne auf dem Stoßfänger. Die Fahrt sei, so meinte sie, eine gute Gelegenheit gewesen, ein ganz neues Gefühl kennenzulernen.

DIE ROCKIES

Versteck
Bis zur Ankunft der Eisenbahn 1884 wurde das Yoho Valley von den Cree benutzt, um Frauen und Kinder zu verstecken, während die Männer die Berge nach Alberta überqueren, um zu handeln und Büffel zu jagen.

Field
Dieses Dorf entstand 1884 als Baucamp der Eisenbahn. 1886 wurde das Hotel Mount Stephen House gebaut. Es sollte Bahnreisende mit Mahlzeiten versorgen, so daß der Zug keinen schweren Speisewagen über den Big Hill ziehen mußte. In den folgenden Jahren wuchs das Dorf immer weiter. Seinen Namen hat es von Cyrus Field, dem Sponsor des ersten transatlantischen Tiefseekabels, der das Dorf 1884 besuchte.

Burgess Shales
Diese Fossilienfundstätten östlich von Field gehören zu den bedeutendsten der Welt. Bis zu 530 Millionen Jahre alt sind die Funde, die hier in einzigartigen und ungestörten Schichten liegen.

in die Hände der USA fiel. Gegen jeden Rat der Ingenieure sprengte man den Schienenweg 1884 durch Yoho und schuf den berüchtigten »Big Hill« und weitere ungewöhnlich steile Gefäll- und Steigungsstrecken.

Vom Kicking-Horse-Pass nach Field: Wenn man von Lake Louise dem Trans-Canada westwärts folgt, kommt man über den 1625 Meter hohen Kicking-Horse-Pass (siehe oben) und zu einem Picknickplatz an der Großen Wasserscheide; westlich von ihr fließen die Flüsse zum Pazifik, östlich zur Hudson Bay. Etwa einen Kilometer weiter beginnt der erste einer Reihe kurzer Wanderwege, die vom Highway zugänglich sind. Sie sind ideal, wenn Sie keine der längeren Wanderungen am Emerald Lake oder im Yoho Valley machen wollen. Zu den Kurzwegen gehört der Ross Lake Trail (1,3 km) der zu einem kleinen Hochlandsee führt und eine wunderbare Landschaft enthüllt. Der Sherbrooke Lake Trail (3 km) geht vom Wapta Lake Picknickgebiet, fünf Kilometer westlich der Großen Wasserscheide, zu einem stillen, subalpinen See.

Ein kurzes Stück weiter kommt die Old Bridge, Teil der früheren Schienenstrecke über den Big Hill, die auf den sechs Kilometern zwischen Wapta Lake und Field einen Höhenunterschied von mehr als 300 Metern überwindet. Eine Vorstellung von den Problemen dieser Strecke vermittelte die erste Abfahrt: Die Lok raste in den Canyon, und die drei Eisenbahnarbeiter an Bord wurden getötet. Hinzu kamen Probleme mit explodierenden Kesseln, die den Druck nicht aushielten; vier Lokomotiven waren nötig, um einen Zug die steile Strecke hinaufzubringen, Fahrtzeit über eine Stunde. Entgleisungen waren an der Tagesordnung; das Standardwarnsignal für außer Kontrolle geratene Züge waren vier Pfiffe.

Der Kicking Horse River, das Herzstück des Yoho National Park.

Einige dieser Probleme wurden mit dem Bau der berühmten Spiral Tunnels gelöst, zweier spiralförmiger Tunnel im Inneren des Yoho-Gebirges. Vom **Lower Spiral Tunnel Viewpoint** können Sie oft beobachten, wie Güterzüge aus den Tunnels herauskommen, bevor die letzten Wagen hineingefahren sind. Vom **Mount Stephen Viewpoint**, ein Stück die Straße hinunter, sieht man die Gletscherhänge des Mount Stephen (3199 m). Unterhalb des Gletschers liegt zur rechten der Eingang zur alten Monarch Mine, wo bis 1952 Blei, Zink und Silber abgebaut wurden.

Yoho Valley ▶▶▶ Die gewundene, 13 Kilometer lange Zufahrtsstraße zum Yoho Valley biegt nördlich vom Trans-Canada Highway ab, kurz nachdem er den Kicking Horse River überquert hat (etwa 2 km westlich vom Informationszentrum, siehe Kasten S. 112). Am Ende der Straße liegen die tosenden **Takakkaw Falls** ▶▶▶, die ihren Namen dem Cree für »Es ist wunderbar« verdanken. Mit 254 Metern ist der Wasserfall einer der größten mit dem Auto zugänglichen Nordamerikas. Die aufragenden Gipfel und Eisfelder von Mount Yoho (2790 m), Mount President (3139 m) und Mount Balfour (3246 m) unterstreichen den gewaltigen Eindruck.

Ein 360 Kilometer umfassendes Netz von Wanderwegen ermöglicht einen Blick aus der Nähe. Der beliebteste Weg ist der **Twin Falls Trail,** eine leichte Tagestour zu zwei Wasserfällen am Kopf des Tales (Strecke 8,5 km; 290 m Höhenunterschied). Es gibt viele Wanderwege, auch nach Westen in das Gebiet des Emerald Lake.

Emerald Lake ▶▶ Die Emerald Lake Road biegt zwei Kilometer westlich von Field vom Trans-Canada Highway ab und führt zum »Smaragdsee«. Dieses Gebiet lockt mehr Besucher als Yoho Valley, vor allem wegen des »Eisenbahnhotels« am Emerald Lake, dessen Architektur mit Banff Springs und Château Lake Louise wetteifert. Bars und Restaurants des Hotels können Sie auch besuchen, wenn Sie nicht Gast sind. Gehen Sie am Seeufer spazieren oder wählen Sie den etwas anspruchsvolleren **Emerald Basin Trail,** der vom Ufer zu einem beeindruckenden Felsamphitheater führt (einfacher Weg, 4,3 km, 300 m Höhenunterschied). Eine Alternative ist der faszinierende **Hamilton Lake Trail,** eine gemütliche Wanderung zu einem idyllischen Hochlandsee (einfacher Weg 5,5 km; 850 m Höhenunterschied). Beide Wege beginnen am Parkplatz am Ende der Emerald Lake Road.

Von Field zu den Wapta Falls ▶▶▶ Außer den Abzweigungen nach Emerald Lake oder Yoho Valley bietet der Trans-Canada Higway hinter Field noch eine Reihe schöner Aussichtspunkte und Wanderwege. Tafeln am **Ottertail Viewpoint** erklären die Felsformationen, die Ottertail und Kicking Horse River formten, und Schilder am **Misko Viewpoint** die Gletschereinwirkung auf Mout Hunter und Mount King. Der beste kurze Weg ist der **Hoodoo Creek Trail** (3,1 km) nahe der Westgrenze des Parks (22 km westlich von Field). Er führt vom Hoodoo Creek Campingplatz zu den als »Hoodoos« bekannten, stark erodierten Felsnadeln. Der westlichste Wanderweg ist der etwa 40minütige **Wapta Falls Trail** (2,4 km) zu den gemessen am Wasservolumen größten Wasserfällen Yohos.

Takakkaw Falls : mit die höchsten von einer Straße zugänglichen Wasserfälle Nordamerikas.

Verflixt nochmal!
Major A. B. Rogers sollte für die transkontinentale Eisenbahn einen Weg über die Rockies finden. Er war nicht nur im Glacier National Park tätig, wo der Roger Pass nach ihm benannt ist, sondern auch in Yoho. Er war ein bemerkenswerter Mann, bekannt wegen seines Fluchens (Spitzname: »Verflixt nochmal«), seines extrem langen Schnurrbartes und seiner Eßgewohnheiten (rohe Bohnen und Kautabak). Für die Entdeckung des Roger Passes erhielt er 5000 Dollar. Er rahmte den Scheck und löste ihn nie ein.

DER YUKON (YUKON TERRITORY)

Wahre Wildnis: Das Yukon Territory ist eine Offenbarung: Menschen, Landschaft und beinahe unvorstellbare Wildnis bieten dem Besucher unvergeßliche Reiseerlebnisse. Eingekeilt zwischen Alaska und den ausgedehnten Northwest Territories (NWT) gehören zu ihm die höchsten Berge im Land, grandiose Wald- und Tundragebiete und ein faszinierendes historisches Kleinod: Dawson City, Zentrum des legendären Klondike-Goldrausches (siehe S. 126–127).

Ankunft: Schon die Anreise ist ein Vergnügen, gleichgültig, ob Sie von British Columbia über den berühmten Alaska Highway kommen, direkt nach Whitehorse fliegen (der geschäftigen Hauptstadt des Territoriums), oder der alten Goldgräberroute folgen und mit dem Schiff an der Westküste bis zum Alaska-Hafen Skagway fahren. Die Reise ist leicht zu planen und kann wegen der Nähe zu Alaska auch eine Stippvisite auf US-Gebiet beinhalten. Die Strecken sind lang, führen aber durch sehenswerte Landschaften; der Cassiar Highway ist eine der wenigen Straßen durch noch unberührte Wildnis Nordamerikas. Große Fluggesellschaften fliegen von Whitehorse nach Edmonton; zahllose kleinere Flugdienste verkehren regional. Passagiere der Fähren über die Inside Passage und den Alaskan Panhandle (auch mit Auto möglich) erleben die großartigste Seereise des Kontinents. Ab Skagway geht es mit Bussen und Zügen bis Whitehorse. Busse fahren auch auf dem Alaska Highway und von Whitehorse nach Dawson City. Autos kann man in Whitehorse mieten.

Pelze und Gold: Vor der Entdeckung durch die Europäer war der Yukon wie der Rest Kanadas das Reich indianischer Völker. 1670 drangen die ersten Fremden dort ein: die Hudson's Bay Company auf der Jagd nach Pelzen. Das Gebiet lag aber so weit nördlich, daß der Pelzhandel erst in den 50er Jahren des 19. Jahrhunderts in Schwung kam.

Das war auch die Zeit, in der die ersten Goldsucher auftauchten: betagte Männer, die schon in Kalifornien und British Columbia geschürft hatten. Im Jahr 1896 lösten Goldfunde in einem Bach nahe dem heutigen Dawson den Klondike-Goldrausch aus, einen unkontrollierten Ansturm von Menschen, der Dawsons Bevölkerung auf 25 000 ansteigen ließ (manche Schätzungen sprechen sogar von 50 000). Unter dem Eindruck der Goldfunde erklärte sich Yukon 1898 zum Territory und schwamm auf Erfolgskurs, bis der Boom 1904 wieder nachließ.

Straßen und Minen: Nach dem Goldrausch fristeten der Yukon und vor allem Dawson bis 1942 ein Schattendasein. Dann jedoch brachte der Bau des Alaska Highway viele Neuankömmlinge (siehe S. 120–121). Die meisten ließen sich in Whitehorse nieder, einem der Basislager für den Bau, das 1953 zur neuen Hauptstadt der Provinz erklärt wurde. Durch die Mineralvorkommen und die Entdeckung von Öl in der Arktis in den 70er Jahren wuchs und entwickelte sich das Gebiet weiter. Die Absicht, die Vorkommen auszubeuten, führte zum Bau des Dempster Highway (eröffnet 1978), einer von zwei öffentlichen Straßen Nordamerikas, die den Polarkreis überquert.

117

DER YUKON

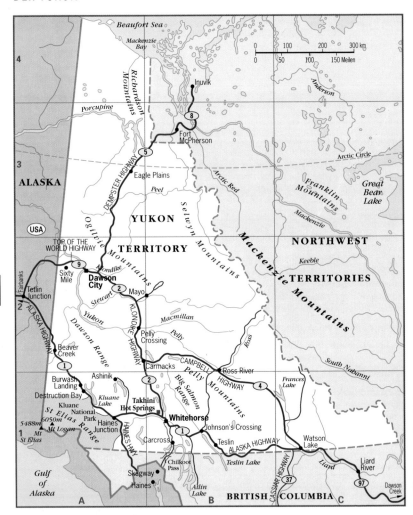

Beaufort Sea

Mackenzie Bay

0 100 200 300 km

0 50 100 150 Meilen

Inuvik

Anderson

Richardson Mountains

8

Fort McPherson

Arctic Circle

Porcupine

DEMPSTER HIGHWAY

Eagle Plains

5

Peel

Arctic Red

Franklin Mountains

Great Bear Lake

ALASKA

Mackenzie

YUKON

Selwyn Mountains

NORTHWEST

USA

TOP OF THE WORLD HIGHWAY

Ogilvie Mountains

TERRITORY

Keeble

TERRITORIES

Mackenzie Mountains

Fairbanks

9

Sixty Mile

Klondike

Dawson City

2 Mayo

Stewart

KLONDIKE HIGHWAY

Macmillan

Pelly

Tetlin Junction

Yukon

Dawson Range

Beaver Creek

1

Pelly Crossing

Pelly

Ross

South Nahanni

ALASKA HIGHWAY

Burwash Landing

Ashinik

Carmacks

CAMPBELL HIGHWAY

Ross River

Frances Lake

2

Big Salmon Range

Pelly Mountains

4

Destruction Bay

Kluane Lake

Kluane National Park

Takhini Hot Springs

St Elias Range

5488m Mt Logan

6050m

Haines Junction

Whitehorse

Johnson's Crossing

Watson Lake

Mt St Elias

HAINES HWY

Carcross

1

Teslin

ALASKA HIGHWAY

Liard River

Gulf of Alaska

Skagway

Chilkoot Pass

Teslin Lake

CASSIAR HIGHWAY

Liard

97

Dawson Creek

Haines

Atlin Lake

A

B

BRITISH COLUMBIA

37

C

Seite 116: St Elias Mountains im Kluane National Park, Yukon.

Eine eigene Art: Die Bewohner Yukons sind ein besonderes Völkchen, und der robuste Charakter der kanadischen »Northeners« ist einer der interessantesten Aspekte einer Reise in dieses Gebiet. Trotz des extremen Klimas und der offensichtlichen Härte des Lebens im Norden sind die meisten freiwillig hier, und den meisten ist eine große Begeisterung für ihre Provinz eigen, gleichgültig, ob sie zugezogen oder »nördlich des 60sten« geboren und aufgewachsen sind (am 60. Breitengrad verläuft die Grenze zwischen Yukon und British Columbia).

Entdeckungen: Die Entfernungen sind zwar groß, aber es ist leicht, im Yukon voranzukommen. Die meisten Leute starten in Whitehorse, weil es nahe am Alaska Highway und nicht weit von Skagway ist. Von Whitehorse sollten Sie den Klondike Highway bis Dawson City fahren (etwa 500 km, siehe S. 128). Der Weg allein ist die Reise wert, aber auch Dawson ist sehenswert. Hier können Sie zwi-

118

schen zwei atemberaubenden Routen wählen: Der Dempster Highway passiert den Polarkreis und die Tundra nördlich von Dawson und endet in Inuvik an der Beaufort-See
(etwa 740 km). Er ist jedoch geschottert, bietet kaum
Unterkunftsmöglichkeit, und auf das Wetter ist kein Ver-
laß. Seien Sie also gut vorbereitet. Sprechen Sie vorher mit
dem NWT Department of Tourism, der Tourismusbehörde
der Northwest Territories (siehe S. 269) oder dem
Tourismusbüro der NWT in Dawson (siehe Kasten S. 124).

Von Inuvik müssen Sie wieder nach Dawson zurück, oder
Sie geben den Mietwagen am Ende des Dempster Highway ab, denn es gibt die Möglichkeit, von Inuvik zurückzu-
fliegen. Wenn Sie nur einen Eindruck von der Tundra
gewinnen wollen, können Sie von Dawson etwa 100 Kilometer weit fahren und dann umkehren. So könnten Sie die
zweite Tour wahrnehmen: Auf dem Top of the World Highway (siehe S. Kasten 128) die US-Grenze überqueren und
nach Tetlin Junction in Alaska fahren. Von hier aus führt der
Alaska Highway im Bogen nach Whitehorse.

Regierung
Im Gegensatz zu Kanadas
Provinzen, die innerhalb
der bundesstaatlichen
Struktur halbautonom sind,
werden der Yukon und viele
der Nordwestterritorien
(Nunavut) direkt von Ottawa aus regiert.

Indianischer Name
»Yukon« stammt aus der
Dene-Sprache (*youkon* =
großes Wasser). Damit ist
der 3185 Kilometer lange
Fluß Yukon gemeint, der im
Süden des Gebietes ent-
springt und nach Norden
über Whitehorse und Daw-
son City fließt; dann
schwenkt er nach Westen,
durchquert Alaska und
mündet in einem 30 000
Quadratkilometer großen
Delta ins Beringmeer.

119

Bevölkerung
Die Bevölkerung im Yukon
umfaßt etwa 35 000 Men-
schen. 48 Prozent davon
sind britischer, 21 Prozent
indianischer Abstammung
(das sind nur 0,7 Prozent
der einheimischen Bevöl-
kerung). Abgesehen von
einigen Inuit gehören die
meisten zu den Athabaska
aus der großen Na-Dené-
Sprachfamilie, der auch die
Navajo und Apachen im
Süden angehören.

Höchster Punkt
Im Yukon liegt der höchste
Berg Kanadas, der Mount
Logan (6050 m).

*Über 250 Dampfschif-
fe verkehrten früher
im Yukon-Gebiet,
heute sind es nur
noch zwei.*

Der Alaska Highway

■ **Der 2451 Kilometer lange Alaska High-way, einst als »Autofriedhof Amerikas« bezeichnet, ist heute eine der beeindruckendsten Straßen der Welt: Zwischen Dawson Creek (British Columbia) und Fairbanks (Alaska) windet er sich als endloses Band durch die Wildnis eines der unwirtlichsten Grenzgebiete Nordamerikas ...** ■

Northwest Staging Route
Diese Linie von Luftstützpunkten durch Alaska und Nordkanada spielte eine wichtige, wenn auch wenig bekannte Rolle im Zweiten Weltkrieg. Etwa 8000 Flugzeuge wurden auf dieser Strecke von Montana nach Edmonton und von dort nach Fairbanks gebracht. Hier übernahmen sie sowjetische Piloten, um sie an der sibirischen Front einzusetzen.

Der kälteste Punkt
Im Yukon wirkt die Gebirgskette von Norden nach Süden wie ein Trichter für die Polarluft. Im Winter gelangt sie so ungehindert in den Süden und verursacht dort die kältesten Temperaturen im nordamerikanischen Kontinent.

Unbefestigter Außenposten: In viele Gebiete Kanadas kamen Straßen erst spät. Die Verbindung nach Yukon ließ besonders lange auf sich warten. Noch vor einem knappen Jahrhundert war der einzige Weg nach Norden, abgesehen von Pfaden durch die Wildnis, der Seeweg die Westküste entlang zu vereinzelten Häfen an der Küste Alaskas. Eine Straße gab es nicht. Das änderte sich im Zweiten Weltkrieg, als die Japaner die Aleuten, eine Inselgruppe vor der Küste Alaskas, eroberten. Die Invasion bedrohte nicht nur die Schiffahrtswege im Norden und schnitt die Versorgung des Gebietes ab, sondern lieferte Alaska auch schutzlos den japanischen Truppen aus.

Die Strecke: Unverzüglich wurde ein amerikanisch-kanadisches Projekt zur Verteidigung beider Staaten gestartet. Als erstes mußte eine Straße gebaut werden, um die Truppen- und Nachschubversorgung zu sichern. In fast unberührter Wildnis den besten Weg zu finden, war nicht leicht. Die schnellste Strecke – der Küste British Columbias entlang – war zu sehr feindlichen Angriffen ausgesetzt (mittlerweile wurde daraus der Cassiar Highway). Eine Strecke im Binnenland, den Rockies entlang, hätte eine fünfjährige Bauzeit erfordert. Da blieb nur noch die sogenannte »Prärie-Route«, ein Kompromiß, deren Vorteil war, daß sie einer Linie von Flugstützpunkten durch Alaska und Nordkanada folgte, die als »Northwest Staging Route« bekannt ist (siehe Kasten).

Bau: Baubeginn war der 9. März 1942, -ende genau acht Monate später. 27000 Männer arbeiteten sich trotz schlechter Wetterverhältnisse durch unwegsames Gelände mit Bergen, Flüssen und Wäldern. Das größte Übel waren Schlamm und Morast des gefürchteten »muskeg«-Sumpfes mit seinen Moskitoschwärmen. Zwei Teams arbeiteten an der Strecke; das eine von Osten, das andere von Westen. Sie trafen sich im September 1942 in Contact Creek. Das letzte Stück nach Fairbanks war in einem Monat fertig. Trotz aller Schwierigkeiten wurden täglich mehr als 13 Kilometer Straße gebaut.

Unerklärliche Kurven: Der Alaska Highway führt auf den meisten Abschnitten schnurgerade durch die Wildnis. Hin und wieder allerdings macht er eine unerklärliche Kurve, als wolle er ein unsichtbares Hindernis umgehen. Zahlreiche Mythen verbinden sich mit diesen Kurven. Am bekanntesten ist die Theorie, daß die Kurven japanische Piloten daran hindern sollten, die Strecke als Landebahn zu benutzen. Eine weitere besagt, daß die Arbeiter mit

Der Alaska Highway

den Bulldozern den Weg des geringsten Widerstandes fuhren. Ein Stück soll sogar dem Weg eines brünftigen Elches folgen. Tatsächlich verantwortlich scheint wohl die Eile zu sein, mit der die Strecke gebaut wurde – manche Abschnitte wurden am Tag vor dem Bau nur grob vom Flugzeug skizziert. Von oben waren die Baumaschinen nicht größer als eine Schnur, die über einen Sumpf gespannt war, oder ein Finger, der auf den Horizont zeigte.

Begradigen: Während der folgenden Reparaturen wurden viele dieser Schleifen entfernt. Dieser Prozeß begann bereits 1943, wenige Monate nach Fertigstellung; in den sieben Jahren nach Öffnung der Straße für den allgemeinen Verkehr (1944–1950) wurden Pontons durch Brücken ersetzt, Gefällstrecken entschärft und Kurven begradigt (siehe Kasten). Zum 50jährigen Jubiläum gedachte man auch der Folgen des Straßenbaus für die bis dahin isolierten Ureinwohner (die von Krankheiten weggerafft wurden, die die Arbeiter eingeschleppt hatten) sowie des massenhaften Abschlachtens von Wildtieren durch schießwütige GIs.

Fehlende Meilen
Durch die Begradigung der berüchtigten Kurven des Alaska Highway verringerte sich der Abstand von Dawson City (Meilenstein Null) bis nach Fairbanks, dem ehemaligen Meilenstein 1520, auf nur noch 1488 Meilen.

121

Oben: Der Alaska Highway in Teslin Bow.
Unten: US-Soldaten 1942 beim Bau des Highway über einen vereisten Sumpf.

Mit dem Auto. Der Alaska Highway

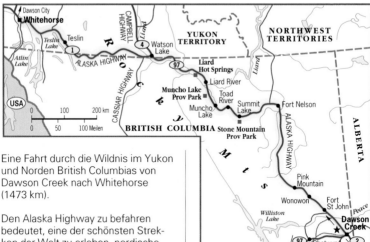

Eine Fahrt durch die Wildnis im Yukon und Norden British Columbias von Dawson Creek nach Whitehorse (1473 km).

Den Alaska Highway zu befahren bedeutet, eine der schönsten Strecken der Welt zu erleben, nordische Romantik auf einer Reise zu durchleben, die immer noch sagenumwoben ist. Heute ist der Highway jedoch ungefährlicher als je zuvor und führt Menschen und Technik nicht mehr bis an die Belastungsgrenze. Die Straße ist bei jedem Wetter befahrbar, und alle 40 bis 80 Kilometer gibt es Motels, Tankstellen und Servicestationen. Dennoch sind einige Stücke nur geschottert oder halbbefestigt. Vor Whitehorse gibt es nur drei Ortschaften, die diesen Namen verdienen: Fort St. John, Fort Nelson und Watson Lake. Keines davon ist sonderlich interessant. Übernachten Sie nach Möglichkeit in einem der Motels am Highway (Reservierung nicht vergessen). Prüfen Sie, ob Ihr Wagen in gutem Zustand ist und informieren Sie sich über die Wetterlage, wenn Sie zwischen Oktober und Mai unterwegs sind. Fahren Sie mit Licht, überschreiten Sie 80 km/h nicht und seien Sie besonders aufmerksam, wenn Sie einen großen Lastwagen überholen oder von ihm überholt werden.

Dawson Creek ▶ ist nur wegen des legendären Meilenpfostens »0« bekannt (vergessen Sie das obligatorische Foto nicht), bietet sich aber zum Übernachten an. Wenn Sie Zeit haben, besuchen Sie das **Museum** (900 Alaska Avenue. *Geöffnet:* täglich 9–18 Uhr; im Juli und Aug. auch länger. *Eintritt:* niedrig) und das angrenzende Infocentre (Tel. 250/782 95 95) für den Highway. Die Stadt liegt inmitten von Farmland, diese Idylle umrahmt die Straße bis zum Peace River (72 km), wo der Highway plötzlich in einen stark erodierten Canyon hinunterführt.

Kurz hinter dem Canyon erreicht man **Fort St. John** (80 km), eine der vielen nüchternen Siedlungen auf dem Weg nach Whitehorse. Während des Straßenbaus diente es den Bautruppen im Osten als Hauptquartier; davor lebten hier die Beaver und Sikanni. Die Ausbeutung der nahegelegenen Ölfelder (die größten in British Columbia) brachten neuere Impulse. Hier hält man eigentlich nur, um zu tanken. Das gilt auch für Wonowon (161 km) und Pink Mountain (226 km).

Jenseits dieser Orte gewinnt die Landschaft – der eigentliche Grund für diese Reise – zusehends. Ausgedehnte Wälder soweit das Auge reicht bis zum gebirgigen Horizont; die Bäume werden immer kleiner, je näher man der nördlichen Baumgrenze kommt. Diese Wandlung wird um **Fort Nelson** (480 km) besonders deutlich. Der Ort ist nicht besonders interessant, bietet sich aber an, um eine Pause einzulegen (Unterkunftsmöglichkeiten im Infocentre bei Mile 300,5 am Alaska Highway, Tel. 250/774-25 41). Hier kommen Sie in die **Nördlichen Rockies** ▶▶▶ und einige der großartigsten Landstriche British Columbias. Summit Lake (630 km) und Toad River (690 km) sind winzige Orte, haben aber, genau wie **Muncho Lake** ▶▶ im Herzen eines eindrucksvollen Provinzparks, stimmungsvolle Motels. Am verlockensten ist **Liard Hot Springs** ▶▶ und seine beiden beliebten Thermalbäder inmitten besonders üppigen Pflanzenbewuchses mit über 250 Arten (darunter 14 Orchideenarten).

Watson Lake, 135 Kilometer weiter, liegt bereits im Yukongebiet. Hier erläutert das **Alaska Highway Interpretative Centre** ▶▶ mit Archivmaterial und audiovisuellen Medien die Geschichte des Highway (Tel.

403/536 74 69, *geöffnet:* Mai–Sept., täglich 9–21 Uhr). Obwohl die Siedlung schon in den 90er Jahren des 19. Jahrhunderts gegründet wurde, wuchs sie erst mit dem Straßenbau, als 25 000 Arbeiter hier stationiert waren. Die Hauptsehenswürdigkeit ist der »Schilderwald«, dessen Anfänge aus jener Zeit stammen. Ein heimwehkranker Arbeiter stellte ein Schild mit dem Namen seiner Heimatstadt auf (Danville, Illinois). Etwa 10 000 Menschen folgten seither seinem Beispiel.

Jenseits von Watson Lake führt die Straße wieder durch wunderschöne See- und Gebirgslandschaften bis nach **Whitehorse** ▶▶, der Hauptstadt des Yukon Territory.

123

Einsame Straße: über 2000 Kilometer Wildnis und ein fast autofreies Asphaltband.

Information

Das hervorragende Besucherzentrum von Dawson liegt in der Front Street. Es bietet reichlich Hintergrundmaterial und kostenlose Filmvorführungen mit Archivmaterial über die Stadt (Tel. 867/993 55 66) und organisiert kostenlose Führungen durch die historischen Gebäude. Informationen über den Dempster Highway gibt das NWT Zentrum gegenüber.

Midnight Dome

Dieser Berg überragt Dawson City und heißt so, weil man am 21. Juni um Mitternacht sieht, wie die Sonne den Horizont berührt und wieder emporsteigt, ohne unterzugehen. Der Ausblick ist zu jeder Jahreszeit prachtvoll. Die Anfahrt zum Berg führt über die 8 Kilometer lange Midnighttime Road, die gleich außerhalb der Stadt vom Klondike Highway abgeht.

Diese Hütte in Dawson gehörte dem Dichter Robert Service.

►►► Dawson (Dawson City) 116A2

Ende des 19. Jahrhunderts war Dawson City drei Jahre lang die berühmteste Stadt der Welt. Anfänglich unbedeutend – eine ehemalige Elchweide – blühte die Stadt 1896 im Zuge der Goldfunde am Klondike nahezu über Nacht auf. Das Goldfieber ließ Tausende in Dawson mit Booten einschwärmen, um sich zu den goldreichen Creeks in der Nähe aufzumachen. Drei Jahre später war alles schon vorbei; die Goldsucher waren nach Westen unterwegs, angezogen von neuen Goldfunden in Alaska. In den 50er Jahren war die Stadt so gut wie tot, die Einwohner weggezogen, die Rolle als Hauptstadt hatte Whitehorse übernommen.

Zeugen der Vergangenheit: Das hätte das Ende der Geschichte sein können, aber in den 50er Jahren begann eine Kampagne zur Bewahrung historischer Zeugnisse. Über 30 Gebäude wurden gerettet, so daß Dawson aussieht, als stamme es aus einem Hollywood-Western. Allerdings ist alles echt – Häuser mit der falschen Fassade, die staubigen Straßen und die Bürgersteigen aus Holz. Dazu kommen die schiefen Gebäude, von denen viele kurz vor dem Zusammenbruch stehen: wacklige Zeugen des Dauerfrostes, der in Dawson herrscht (durch den gefrorenen Untergrund verziehen sich die Fundamente). Es ist unwahrscheinlich, daß sie saniert werden, denn im Winter sinkt die Temperatur hier auf –60 °C, und die Nähe zum Polarkreis sorgt monatelang für fast völlige Finsternis.

Architektonisches Erbe: Dawsons Hauptsehenswürdigkeit ist die Stadt selbst; es macht Spaß, in ihren Straßen herumzuwandern. Am besten fängt man am Yukon, in der Front Street an. Hier sind auch das Tourismusbüro (siehe Kasten) und alte Gebäude wie das Ferderal Building, das alte Postamt (1901) und die Candian Bank of Commerce, wo das Gold der Goldsucher gewogen und geschmolzen wurde. Hier liegt auch die *SS Keno,* einer der beiden erhaltenen Yukon-Schaufelraddampfer (der andere ist die SS *Klondike* in Whitehorse).

Dann gibt es noch Harrington's Store, Ecke 3rd Avenue/ Princess Street, und Diamond Tooth Gerti's Gambling House in der Queen Street, früher das einzige legale Kasino Kanadas (die Profite dienten der Restaurierung der Stadt), die Anglikanische Kirche (1902), von Spenden der Goldsucher erbaut, das **Palace Grand Theatre** (1899) in der King Street. Um den historischen Kontext zu verstehen, sollten Sie das **Dawson City Museum** ▶▶ besuchen, das einen guten Überblick über die Zeit des Goldrausches gibt (Ecke 5th und Church Street, *geöffnet:* Juni–September täglich 10–18 Uhr. *Eintritt:* niedrig). Hier sollten Sie sich den preisgekrönten Film *City of Gold* ansehen, der in den 50er Jahren den Verfall der Stadt ins Bewußtsein rückte.

Literarisches Erbe: Der Goldrausch zog auch zwei Schriftsteller an den Klondike. Der bekanntere, Jack London, arbeitete als Fährmann auf dem Miles Canyon in Whitehorse, bevor er in einen der Creeks von Dawson zog. Er kehrte mittellos nach Kalifornien zurück, verarbeitete seine Erinnerungen aber in erfolgreichen Klassikern wie *Ruf der Wildnis* und *Wolfsblut*. Eine teilweise Rekonstruktion seiner **Hütte** ▶ mit Museum steht in der 8th Avenue (*geöffnet:* Juni–Mitte Sept., täglich 10–12, 13–18 Uhr. *Eintritt:* frei).

Der andere, Poet Robert Service, genießt hohes Ansehen in Kanada, obwohl seine Gedichte mehr erzählender als poetischer Natur sind. Er erlebte wenig vom Goldrausch, da er erst 1904 in Whitehorse ankam (als alles lange vorbei war). Lesungen seiner »Goldrausch-Klassiker« – vor allem *The Shooting of Dan McGrew* – werden vor seiner kleinen **Hütte** ▶▶ veranstaltet (8th Avenue. *Geöffnet:* Juni–Mitte Sept. täglich 9–12, 13–17 Uhr; Lesungen 10 und 15 Uhr. *Eintritt:* Hütte: billig, Hütte und Vortrag: niedrig).

Die vorbildlich restaurierten Holzhäuser lassen Dawson noch heute wie die einstige Pionierstadt aussehen.

Goldfelder
Das Zentrum des Klondike-Goldrausches, Bonanza und El Dorado Creek, liegt 20 Straßenkilometer von Dawson entfernt. Es ist einen Ausflug wert, auch wenn es dort keine großen arbeitenden Bergwerke gibt. Besuchen Sie Discovery Claim, wo das erste Gold gefunden wurde, und folgen Sie der Straße bis zum King Solomon's Dome, eine wunderbare Aussicht über die ganze Gegend erwartet Sie. Besichtigen Sie die stillgelegten Bagger, die nach dem Abzug der Goldsucher zum kommerziellen Abbau eingesetzt wurden. Gold City Tours in der Front Street (Tel. 604/993 52 61) organisiert Ausflüge.

Goldrausch am Klondike

■ **Ein Goldrausch war im 19. Jahrhundert nichts Besonderes, aber keiner löste einen solchen Wahn aus wie der am Klondike: Eine Million Menschen brachen zu den Goldfeldern auf. 100 000 erreichten den Yukon, 20 000 schürften in den Creeks, 4000 wurden fündig, und ein paar Dutzend gewannen – und verloren meist – ein riesiges Vermögen ...** ■

Reichtum

Zahlen und Anekdoten verdeutlichen den jeweiligen Reichtum am Klondike: 1897 wurde von den Bierdeckeln eines Saloons in Dawson zum Beispiel jede Nacht Gold für 200 Dollar abgewaschen; Mittellose klaubten während der Großen Depression, 35 Jahre nach dem Goldrausch, täglich für 40 Dollar Gold unter den Bürgersteigen Dawsons hervor; und Gold für 1000 Dollar wurde an einem Morgen beim Wiederaufbau des Orpheum Theatre in den 40er Jahren gefunden: Es war 50 Jahre zuvor den Goldsuchern aus der Tasche gefallen.

Zur Blütezeit des Goldrauschs in Klondike konnte man am Tag Gold im Wert von bis zu 1 Mio. $ schürfen.

Erste Spuren: Die Entdeckung von Gold am Klondike, einem Nebenfluß des Yukon, erfolgte nach etwa 20jähriger Suche im hohen Norden. Pelzhändler und Missionare hatten erste Goldspuren in den 40er Jahren des 19. Jahrhunderts gefunden, aber erst in den 80er Jahren gab es erwähnenswerte Schürfarbeiten. An Orten wie Forty Mile, Sixty Mile und Circle City schossen die Camps wie Pilze aus dem Boden. Dort lebten harte Männer, die das Geschäft schon aus Kalifornien und British Columbia kannten.

Der große Fund: Der erste, der am Klondike schürfte, war Robert Henderson aus Nova Scotia – er war der Inbegriff des einsamen, mürrischen Pioniers. Anfang 1896 fand er in einem Wasserlauf etwas Gold. Nachdem er Gold im Gegenwert von insgesamt 750 Dollar geschürft hatte, ging er flußabwärts, um Vorräte zu holen. Auf dem Rückweg suchte er entlang des Klondike einen Weg zu seinem Bach und traf dabei auf George Washington Carmack und zwei seiner indianischen Freunde, Skookum Jim und Tagish Charley. Mit einem Blick auf Jim und Charley soll er angeblich gesagt haben: »Für dich wär schon was drin, George, aber ich will keinen von diesen verdammten Siwashes [Indianer] auf meinem Claim haben.« Dieser Satz kostete ihn ein Vermögen.

Gewußt wo: am Klondike kann man heute immer noch Gold finden.

Entdeckung: Henderson machte sich auf in die Berge; Carmack, verärgert wegen dieser Bemerkung, suchte sich andere Bäche – die richtigen, wie sich herausstellte. Am Abend des 16. August fand Skookum Jim ein daumengroßes Nugget und barg dann mit jedem Sieb Gold im Wert von vier Dollar – damals eine große Summe. Carmack ließ den Claim am nächsten Tag eintragen, während Henderson sich auf der anderen Seite der Berge fast umsonst abmühte. Am Ende des Monats waren sowohl am Bonanza wie am El Dorado Creek, wie die beiden Bäche getauft wurden, alle Claims gesteckt und die Vermögen verteilt. Als der Winter kam, fror der Yukon zu und schnitt das Gebiet vom Rest der Welt ab.

Der Goldrausch: Gerüchte über die zu erwartenden Reichtümer machten dennoch schnell die Runde, und als das Eis schmolz, kamen 1000 Goldsucher aus ganz Yukon zum Klondike. Der ganz große Goldrausch begann im Juli 1897, als die *Portland* und die *Excelsior* in Seattle and San Francisco anlegten und müde Goldsucher mit Säcken, Kisten und Tüten voller Schätze von Bord stolperten. Die Presse veröffentlichte, daß die *Portland* zwei Tonnen Gold geladen hätte. Es gab kein Halten mehr.

Desillusion: Tausende von Meilen entfernt waren alle Claims bereits abgesteckt, Vermögen aufgebaut (und in vielen Fällen wieder verloren). Dennoch machten sich zahllose Menschen voller Hoffnung auf den Weg. Der Aufbruch von einer Million oder mehr Menschen war die größte Massenbewegung im 19. Jahrhundert. Einige brachen von Edmonton über Land auf (eine gnadenlose Strecke). Andere fuhren mit dem Schiff bis Skagway und mußten dann den gefürchteten Chilkoot Pass überqueren, bevor sie ein Schiff für die restlichen 800 Kilometer nach Dawson und an den Klondike fanden. Der größte Zustrom kam im Mai 1898 nach der Schnee- und Eisschmelze, also 21 Monate nach dem Beginn des Goldrauschs, auf einer Armada heruntergekommener Schiffe; je sechs lagen auf der drei Kilometer langen Strecke am Dawsonufer nebeneinander. Für die meisten war es ein fruchtloses Unternehmen. 1899 war der Goldrausch vorüber; das leicht zugängliche Gold bereits geschürft. Der industrielle Abbau brachte jedoch noch gute Erträge, und bis heute wird am Klondike Gold gefunden.

Unbekannter Reichtum
Der Klondike war vermutlich die ertragreichste Goldregion aller Zeiten, aber wieviel Gold genau in dem Gebiet gefunden wurde, ist nicht mit Sicherheit festzustellen. Schließlich war es im Interesse der Goldsucher, ihre Funde an offizieller Stelle zu schmälern. Schätzungen gehen davon aus, daß von 1897 bis 1904 Gold im Wert von 600 Millionen Dollar (zum damaligen Preis) geschürft wurde. Jeder 150-Meter-Claim am Bonanza oder El Dorado Creek barg etwa 3000 kg Gold (heute entspräche das einem Wert von 25 Millionen Dollar). Ein Goldsucher schürfte einmal an einem Tag 100 kg Gold aus einer Sektion seines Claims (ca. $ 1 Million wert). Nach 1913 setzte man dort Bagger ein, die 25 kg pro Tag zum Vorschein brachten. Heute ist man in den Bergwerken froh, wenn man ein Viertel dieser Menge pro Woche findet.

Übergangsritus
Viele begaben sich zum Klondike, um ein neues Leben und nicht Gold zu finden. »Sehr viele von ihnen verbrachten nur ein paar Tage in Dawson«, stellte der kanadische Schriftsteller Pierre Berton fest. »Sie besuchten die Creeks nicht einmal, die sie den ganzen Winter über magisch angezogen hatten. Sie gingen wieder heim, das Abenteuer war vorbei ... Es war, als hätten sie, ohne zu wissen, wie, den Auftrag vollbracht, zu dem sie ausgezogen waren, und als hätten sie dabei erkannt, daß es letzten Endes doch nicht das Gold war, daß sie suchten.«
Klondike: The Last Great Goldrush (1896–1899)

127

DER YUKON

Yukon Highway: an manchen Stellen noch wilder als der Alaska Highway.

Nordlichter

Die schimmernden rot-grünen Lichter der *aurora borealis* sind über weite Teile Yukons und Nordkanadas zu sehen. Diese Erscheinung, die ihren Namen der römischen Göttin der Morgenröte verdankt, schrieb man lange Zeit einer Lichtreflexion wie beim Regenbogen oder dem von arktischem Eis und Schnee reflektierten Sonnenlicht zu. Heute glaubt man, daß das Polarlicht von Elektronen und Protonen verursacht wird, die von der Sonne emittiert werden und in die obere Atmosphäre eindringen. Sie bringen dort Atome durch Ionisierung zum Eigenleuchten. Am deutlichsten ist der Effekt zwei Tage nach intensiver Sonnenaktivität; so lange benötigt der Teilchentransport von der Sonne zur Erde.

Top of the World Highway

Dieser Highway (Nr. 9) mündet in Dawson in den Klondike Highway und verbindet ihn mit der Grenze zur USA (107 km) und mit Tetlin Junction in Alaska (181 km jenseits der Grenze). Er hat seinen Namen von den vielen Gebirgskämmen und Plateaus auf der Strecke; unterwegs hat man beeindruckende Ausblicke auf zerklüftete Bergkuppen. Die Straße ist geschottert und nur im Sommer geöffnet. Die Grenze kann man nur überqueren, wenn die Zöllner im Dienst sind (täglich 9–21 Uhr). Wenn Sie nicht die ganze Strecke fahren wollen, besuchen Sie die Aussichtspunkte 8 und 14 Kilometer von Dawson entfernt.

▶▶ Klondike Highway 116A2

Die Goldsucher strömten über den Yukon von Whitehorse nach Dawson; der Fluß war der Hauptverkehrsweg in die Stadt, bis 1979 der Klondike Highway kam. Er ist insgesamt 717 Kilometer lang und führt von Skagway nach Dawson. Für die meisten Leute zählen nur die 500 Kilometer von Whitehorse nach Dawson. Dieser Teil (siehe S. 118–119) bietet einen hautnahen Eindruck von der Wildnis Yukons, allein schon die Reise wert; er verbindet aber auch Whitehorse mit den Gebieten des Goldrausches am Klondike (siehe S. 124–125).

Der erste interessante Punkt westlich von Whitehorse ist **Takhini Hot Springs**; hier kann man vor der langen Fahrt noch einmal ein Bad nehmen und sich entspannen. Für das leibliche Wohl sorgt die Braeburn Lodge (83 km weiter), eine der seltenen Servicestationen an diesem Highway, der noch abenteuerlicher ist als der Alaska Highway. Ab hier breitet sich eine urzeitliche Landschaft aus: Nadelbäume bedecken die Hänge der Berge Pelly und Big Salmon. Die Indianersiedlung Carmacks (86 km weiter) streckt sich am Flußufer entlang; in Five Finger Rapids (24 km) zogen die anstürmenden Goldsucher einst ihre Schiffe mit Seilen flußabwärts.

Etwa 100 Kilometer von Dawson entfernt liegen sanftere Hügelketten, und dort stößt man auf das **Tal des Klondike** – des Flusses, der alles auslöste. Zuerst sieht man nur einen trägen Wasserlauf. Das ist enttäuschend, wenn man an all die romantischen Geschichten denkt, die sich um ihn ranken. Nach und nach zeigen sich die ersten Spuren in den Hügeln – erste Andeutungen des Tumultes, der sich hier vor einem Jahrhundert abgespielt hat. Kurz darauf verliert sich der Fluß inmitten von Schutthalden aus der Goldgräberzeit. Dieser Anblick geschichtsträchtiger Verwüstung hält an, bis Dawson in Sicht kommt.

▶▶▶ **Kluane National Park**   *116A1*

Der Name Kluane Country für das Gebiet im Südwesten des Yukon stammt aus der Sprache der Tutchone und bedeutet »Ort, an dem es viele Fische gibt«. Es ist weniger der Fisch, der die Besucher anzieht, als der Kluane National Park, Kanadas größter unter Naturschutz stehender Gebirgspark. Er wurde von den Vereinten Nationen zum Weltnaturerbe erklärt, in ihm liegen die höchsten Berge des Landes und das größte Gletscherareal außerhalb der Arktis (über 4000 Gletscher). Der überwiegende Teil des Parks besteht aus unzugänglicher Wildnis; der Alaska Highway bietet allerdings zwischen Whitehorse und Beaver Creek auf 491 Kilometern verblüffende Ausblicke auf die entfernten Berge und Wanderwege und Gelegenheiten zum Beobachten der Wildtiere.

Das Zentrum des Parks ist **Haines Junction**, eine unpersönliche Stadt westlich von Whitehorse an der Kreuzung von Alaska Highway und Haines Road, ein Highway, der zur Hafenstadt Haines in Alaska führt (174 km südöstlich). Alle Orte weiter westlich auf dem Alaska Highway wie Kluane Lake, Destruction Bay, Burwash Landing und Beaver Creek bieten Übernachtungsmöglichkeiten und Campingplätze.

Zwischendurch kann man von der Straße aus das etwa 160 Kilometer entfernte Gebirge sehen, einschließlich der **St. Elias Range**▶▶▶, zu der die höchsten Gipfel Kanadas (Mount Logan, 6050m) und Alaskas (Mount Kinley, 6193 m, gleichzeitig der höchste Punkt in Nordamerika) gehören. Vor dieser Kette erhebt sich die Lower Kluane Range mit »nur« 2500 Metern. Etwa 75 Kilometer westlich von Haines Junction bringt der **Kluane Lake**▶▶ Abwechslung in die Gebirgslandschaft. Der wunderbare See wird von Gletscherwasser gespeist, 60 Kilometer lang mißt er 400 Quadratkilometer. In Destruction Bay und Burwash Landing kann man fischen (arktische Forelle) und Boote leihen.

Touristeninformation
Das Besucherzentrum des Parks (Visitor Reception Centre) ist in Haines Junction, Logan Street (Tel. 867/634 23 45 oder 72 01) untergebracht. Hier erfahren Sie alles über die möglichen Aktivitäten und über leichte Wanderwege, die über den Alaska Highway zu erreichen sind. Der Sheep Mountain Information Kiosk (Tel. 867/841 51 61) am Südende des Kluane Lake, 75 Kilometer nordwestlich von Haines Junction, ist nur im Sommer geöffnet. Auch in Beaver Creek gibt es ein Infozentrum (Tel. 867/862 73 21).

129

Gletscherrundflüge
Flüge über das Gebiet sind erstaunlich preisgünstig: Wenden Sie sich an das Besucherzentrum in Haines Junction oder an Glacier Air Tours (Tel. 867/841 51 71) in Burwash Landing.

Das St Elias-Gebirge hat die höchsten Gipfel in Nordamerika.

DER YUKON

116B1

Touristeninformation

Das Yukon Visitor Reception Center liegt in der Avenue and Hanson Street 2 (Tel. 867/6 67 29 15). Am Alaska Highway in der Nähe des Flughafens befindet sich das Yukon Beringle Center (*geöffnet:* Mai–Sept. 8–21 Uhr, *Eintritt: teuer),* das die Flora und Fauna sowie andere Aspekte der Region beleuchtet. Gleich nebenan befindet sich das Yukon Transportation Museum (*geöffnet:* Mai–Sept. 8–21 Uhr, *Eintritt: niedrig),* das sich allen Bereichen des Transports und seiner Geschichte in der Region widmet. An der *SS Klondike* gibt es ein Informationsbüro von Canadian Parks Service (Tel. 403/6 67 45 11). Reise- und Wanderführer erhalten Sie bei Books on Main, 203 Main Street, Karten bei Jim's Toys and Gifts, 208 Main Street.

Die SS Klondike *ist einer von zwei überlebenden Raddampfern auf dem Yukon (von ehemals 250).*

►► **Whitehorse**

Die Hauptstadt des Yukon ist eine erstaunlich lebhafte und attraktive Kleinstadt, deren Zentrum eine Mischung aus heimeligen Holzhäusern – Erbe aus der Gründungszeit –, schicken Geschäften und blühenden Unternehmen darstellt. Hier leben zwei Drittel der Bevölkerung der Provinz, einige davon in den Vororten entlang des Alaska Highway, andere direkt in der Stadt, unterhalb des Yukon-Steilufers. Sie hat eine Schlüsselposition hier im Norden, denn sie ist ein guter Ausgangspunkt für Reisen nach Alaska und an den Klondike, bietet aber auch reichlich Unterkünfte, wenn man hier eine Pause machen möchte.

Stromschnellen und Züge: Während des Goldrausches am Klondike bestiegen die Goldsucher nach Überquerung des Chilkoot Pass Boote am Quellfluß des Yukon, um die Goldfelder in Dawson zu erreichen. Unterwegs mußten sie jedoch den Miles Canyon und die White Horse Stromschnellen passieren, die einst südlich des heutigen Whitehorse lagen. Daher bauten sie eine Pferdebahn um die Stromschnellen herum, und so entstand am Nordende des Canyons eine Siedlung. Mit der Zeit wurde dieses neue Dorf, Whitehorse, durch die Ankunft der White Pass and Yukon Railway aus Skagway aufgewertet. Kaum hatte die Linie das Dorf erreicht, ging der Goldrausch zu Ende, und die Bevölkerungszahl sank plötzlich von 10 000 auf 400. So blieb es bis zum Bau des Alaska Highway, als 20 000 Neuankömmlinge für einen Aufschwung sorgten, der bis heute andauert.

SS *Klondike*: Mehr als 250 Raddampfer befuhren einst den Yukon, bis vor kurzem noch der wichtigste Verkehrsweg des Gebietes. Heute gibt es nur noch zwei: die SS *Keno* in Dawson (siehe S. 124) und die SS *Klondike* in Whitehorse (2nd Avenue. *Geöffnet:* Mai–Sept., täglich 9.30–19 Uhr; Führungen alle 30 Minuten; *Eintritt:* niedrig). Sie liegt heute auf einer Sandbank am Yukon und wird vom Canadian Park Service als Nationales Kulturerbe betreut.

Sie war der größte Raddampfer – 1929 gebaut, 1936 gesunken und 1937 neugebaut – und befuhr den Fluß bis 1955, als ein unerfahrener Skipper sie schließlich auf Grund setzte. Meistens beförderte sie Erz aus den Minen in der Nähe von Mayo oder Passagiere und Fracht nach Dawson. Für die 700 Kilometer lange Strecke benötigte sie beladen 36 Stunden. Der Rückweg – gegen den Strom – dauerte fünf Tage.

McBride Museum ▶▶ Trotz der vielen Hotels, Cafés und Restaurants gibt es in Whitehorse relativ wenig für Touristen zu tun. Nach der SS *Klondike* bietet sich das McBride Museum an (Ecke 1st Avenue und Wood Street. *Geöffnet:* Mai–Ende Sept., täglich 10–18 Uhr. *Eintritt:* niedrig). Es zeigt eine interessante naturhistorische Sammlung, altes Gerät, Archivmaterial und Erinnerungsstücke an den Goldrausch. Besonders beeindruckend sind die Fotos aus jener Zeit. Informationen erteilt die Yukon Historical & Museum Association, die auch kostenlose Stadtführungen veranstaltet (täglich Juli, Aug., Tel. 867/668 36 78).

Miles Canyon ▶▶ Die beeindruckendsten Ausflüge von Whitehorse sind die Bootstouren auf dem Fluß bis zum Miles Canyon, der Geißel der Goldsucher. Sie können den Canyon aber auch von Aussichtspunkten an der Canyon Road betrachten. Die Stromschnellen wurden durch einen Damm entschärft, aber die zweistündige Tour mit der MV *Schwatka* macht immer noch deutlich, welchen Gefahren die Pioniere ausgesetzt waren (Tel. 867/6 68 47 16. *Geöffnet:* Juni–Sept., täglich 14 und 19 Uhr). Das Boot fährt an einem Dock drei Kilometer südlich der Stadt an der Canyon Road ab. An der Kreuzung des Alaska Highway mit der South Access Road befindet sich der Yukon Garden, der einige tausend verschiede Arten von Blumen, Bäumen und Sträucher beherbergt (*Geöffnet:* April–Sept., 9–21 Uhr, Saisonanfang / Saisonende kürzer).

Die stillgelegte White Pass Silbermine.

Anreise
Von Calgary, Edmonton und Vancouver gibt es täglich Direktflüge nach Whitehorse. Auch der Alaska und der Cassiar Highway führen zum Ziel. Das Alaska Marine Highway-Netz betreibt Autofähren von Prince Rupert und der Westküste der USA nach Skagway, Alaska. Gray Line-Busse fahren von Skagway nach Whitehorse (geöffnet: Mai–September täglich) und von dort aus nach Anchorage (geöffnet: Mai–September wöchentlich). Greyhound-Busse (Tel. 250/7 82 31 31) fahren von Dawson Creek nach Edmonton und Vancouver; die Reise dauert 20 Stunden (sechsmal wöchentlich im Sommer, dreimal im Winter). Die White Pass and Yukon Railway (Tel. 907/9 83 22 17) befährt eine beliebte und landschaftlich reizvolle Privatstrecke von Skagway nach Whitehorse (nur im Sommer).

Die Inuit

■ **Die Inuit sind eines der ursprünglichsten, widerstandsfähigsten und charakteristischen Völker Kanadas. Ihr feindlicher Lebensraum, das größtenteils gefrorene Gebiet im hohen Norden, das sich von Alaska bis Grönland erstreckt, bietet eine Erklärung für die Distanz der Eskimos zur kanadischen Gesellschaft und ihre Andersartigkeit ...■**

Inuit

Inuit bedeutet »Mensch« und ist das Wort, das heute vielfach anstelle von Eskimo verwendet wird. Das Wort Eskimo, das von den Inuit selbst nicht verwendet wird, bedeutet »jemand, der rohes Fleisch ißt« und stammt aus der Sprache der Algonkin. Bei einer Begegnung mit den Inuit sollte man diese Bezeichnung meiden.

Fleisch oder nichts

Früher bestand der Speiseplan der Inuit nur aus Fleisch: alle Sorten von Vögeln, Fischen und Belugawalen bis zu Robben, Karibus und Eisbären. Vom Ohr bis zum Auge wurde alles verzehrt, gewöhnlich roh. Man konnte noch zwischen den Eingeweiden von Robben, getrocknet und gefaltet, und kleinen Vögeln *en croûte* wählen: Die Vögel wurden in eine Robbenhaut gestopft, bis sie dort zu verwesen begannen.

Hintergrund: Die Inuit kannten keine Ländergrenzen. Jahrhundertelang zogen sie als Nomaden durch die Arktis – Rußland, Kanada, Alaska und Grönland. Heute sind die etwa 100 000 Inuit ein verstreutes Volk, das sich durch allen Gruppen verständliche Sprache, Inukitut, verständigt. Sie bilden keine festen Stämme wie andere Völker im Süden Kanadas, aber lassen sich in sieben Gruppen gliedern, deren Kultur und Lebensgewohnheiten sich etwas unterscheiden (Copper, Karibu, Iglulik, Mackenzie, Baffin, Labrador und Netselik). Aber auch diese Unterschiede verwischen sich langsam, da die traditionelle Lebensweise – Iglus, Hundeschlitten und Eislochfischerei – immer mehr den unromantischen Errungenschaften des modernen Lebens Platz macht.

Frühe Kulturen: Die Inuitgeschichte teilt sich in die Prä-Dorset-, Dorset-, Thule- und Historische Periode. Die Prä-Dorset-Periode begann vor 4000 Jahren, als sibirische Völker über die Beringstraße nach Alaska kamen. Obwohl sie 1000 Jahre dauerte, sind nur wenig Artefakte erhalten – meist Harpunen- und Speerspitzen, die vermutlich sowohl praktische, ästhetische als auch magische Funktion besaßen. Artefakte der Dorset-Kultur (etwa 600 v. Chr.) sind feiner, aber über ihre Verwendung ist wenig bekannt. Die meisten sind sehr eindrucksvoll, bis zu 10 Zentimeter hoch und fast ausschließlich aus Elfenbein gefertigt (Holz gab es in den arktischen Regionen so gut wie keines).

In diesem rauhen Lebensraum war für Generationen von Inuits das Überleben die größte Herausforderung.

Die Inuit

Thule-Kultur: Die Kultur der Eskimos erreichte ihren Höhepunkt in der Thule-Periode, die etwa 1000 n. Chr. in Nordalaska begann, sich über Kanada und Grönland ausbreitete und im 13. Jahrhundert Sibirien erreichte. Eigentlich alle hervorragend gearbeiteten Artefakte waren weiblich, Vögel, Geister und Personen mit magischen und religiösen Fähigkeiten. Von der Kunst abgesehen, veränderte sich das Leben, vom Klima und der Jagd abhängig, über Jahrhunderte nicht. Für das Nomadendasein brauchte man Iglus im Winter und Zelte aus Häuten im Sommer; Transporte wurden zu Fuß, im Kajak (*umiaks*) oder mit dem Schlitten (*komatik*) erledigt. Nahrung, Werkzeug, Kleidung, Waffen und Öl zum Heizen und Kochen lieferten das Meer oder die Karibu- und Moschusochsenherden.

17.–20. Jahrhundert: Eine neue Periode der Inuitkultur begann im 17. Jahrhundert mit der Ankunft der europäischen Walfänger, Missionare und Pelzhändler. Das Leben der Inuit veränderte sich, als sie begannen, Figuren speziell für den Tauschhandel anzufertigen. Der Beginn des kommerziellen Walfangs im 19. Jahrhundert wirkte sich noch katastrophaler auf die alte Ordnung aus. Angeheuerte Inuit-Crews starben an Pocken oder verfielen dem Alkohol – Übel, die sich in der gesamten Bevölkerung ausbreiteten.

Die jahrhundertealte Jagdtradition wurde gebrochen, als man die Inuit dazu brachte, statt der alten Methoden Feuerwaffen und Metallfallen zu verwenden. Missionare bauten Schulen und Krankenhäuser, die den traditionellen Glauben und die alten Riten zerstörten. Jobs im Baugewerbe während des Zweiten Weltkrieges, Sozialprogramme und Wohnungsbau sorgten dafür, daß die Inuit sich in festen Siedlungen niederließen und zweifelhafte Kulturgüter wie Radio und Fernsehen kennenlernten – von Alkoholismus und Gesetzlosigkeit ganz zu schweigen.

Im Jahr 1999 werden die Northwest Territorien zweigeteilt, wobei der östliche Teil (nördlich von Manitoba und westlich vom Copermine River, inklusive Baffin Island und den Inseln in Hudsdon Bay und der Gegend um den magnetischen Nordpol) den Namen Nunavut erhält, was in der Sprache der Eskimos soviel wie »Unser Land« bedeutet. Es bleibt zu hoffen, das diese neue Selbstbestimmung den Inuit dabei hilft, ihr Leben erfolgreich neu zu gestalten.

Keine Iglus mehr: ein modernes Inuitdorf.

Verbrechen und Strafe
In der Inuit-Gesellschaft, in der nur Zusammenhalt das Überleben sicherte, war die härteste Strafe der Ausschluß aus einer der Nomadengruppen – ein sicheres Todesurteil (auch Alte und Schwache wurden oft verstoßen, wenn Nahrung knapp war). Die Strafe bestand daher meistens aus sogenannten »Liederduellen«, bei der die geschädigte Partei die andere in einem Lied beschimpfte, das dieses sich widerspruchslos anhören mußte.

Wale und Jagd: früher die Säulen im Leben der Inuit.

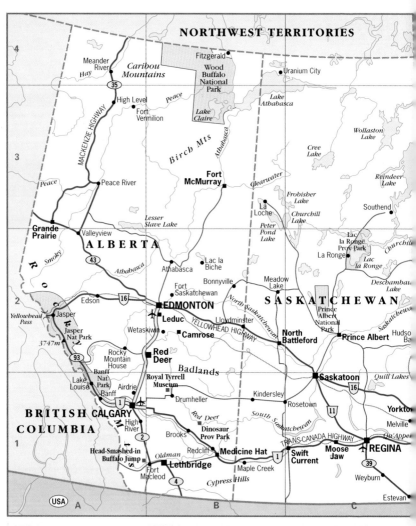

Prärie des Poeten
»Die Prärie besteht aus hohem Gras ... und Hoffnung, Betriebsamkeit und Belohnung.« Rudyard Kipling, *Letters to the Family* (1907)

Gegenüber: Windgeneratoren am Crow's Nest Pass in Alberta. Rechts: Flachs und Raps machen die Landschaft Manitobas im Frühsommer farbenfroh.

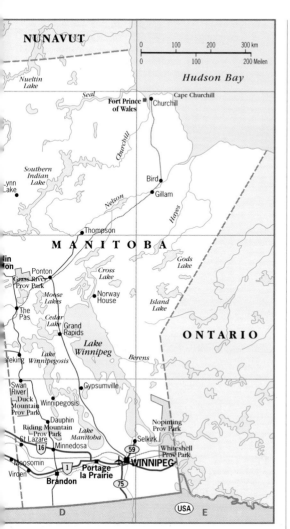

»Warum überqueren Kanadier die Prärien nachts?« »Weil da die Aussicht besser ist.« Dieser alte Scherz zeigt, wie sehr sich das Bild der Prärien als landschaftlich uninteressantes Gebiet verfestigt hat, das man auf der Reise zu interessanteren Städten und Landschaften im Osten und Westen schnell hinter sich bringt. Viele Kanadier teilen diese Ansicht, aber sie wird weder der wahren Natur der Prärien noch der landschaftlichen Vielfalt der »Prärieprovinzen« Manitoba, Saskatchewan und Alberta gerecht.

Irreführung: Prärie – vom französischen Wort »Wiese« – ist eine falsche Bezeichnung, da man mit ihr wogende Grasländer und sich am Horizont verlierende Fluren assoziiert. Nur ein kleiner Teil der Prärien ist flach und mit ursprünglichem Weideland überzogen: Das Gebiet der steppenartigen Weiden, über die einst die Büffelherden zogen, ist auf einige kleine Gebiete in Saskatchewan und Süd-Alberta beschränkt. Nördlich davon grenzt

DIE PRÄRIEN

Großer Geist
Der Name Manitoba leitet sich von *manito waba* ab. Der Ausdruck der Ojibwan bezeichnete die Engstellen des Lake Manitoba, und es hieß, das Geräusch der Kiesel, die von den Wellen auf den Strand gespült wurden, stamme von *Manitou*, dem »Großen Geist«.

Kornkammer
44 Prozent der landwirtschaftlichen Fläche Kanadas sollen in Saskatchewan liegen. Die Provinz produziert 60 Prozent des kandischen und zwölf Prozent des weltweiten Weizenaufkommens.

Schneller Fluß
Die Provinz Saskatchewan ist nach dem gleichnamigen Fluß benannt, dessen Name in der Cree-Sprache »Fluß, der eilig fließt« bedeutet.

Gottesgeschenk Weizen
»Der Herr sprach 'Es werde Weizen', und es entstand Saskatchewan.« Stephen Leacock, *My Discovery of America* (1937)

bogenförmig ein schmaler Landstreifen an, der sogenannte »Weizenhalbmond«. Nochmals nördlich liegt ein größerer Bogen, das »Espenparkland«, ein fruchtbares Übergangsgebiet mit sanften Hügeln und Mischkulturen. Dieses wiederum grenzt an die größte der Zonen, den Nordwald (borealer Wald): ein riesiges Wald- und Sumpfgebiet, das mehr als die Hälfte der sogenannten »Prärien« bedeckt.

Nicht flach: Die Prärie besteht nicht nur nicht aus Weideland, sie ist auch nicht flach, sondern steigt stufenartig von Meereshöhe um die Hudson Bay bis zu einer Höhe von 1200 Metern in den Rockies an. Dazwischen liegen von Flußtälern durchschnittene Hügel, und es finden sich immer wieder wundervolle Landstriche wie die Alberta Badlands (siehe S. 150–151) und das windige Hochland der Cypress Hills (siehe S. 146–147). Der blaue Himmel über den Prärien ist genauso berühmt wie die Sonnenuntergänge und die violette Färbung des Nachthimmels, die oft auch vom Nordlicht beeinflußt wird. Wie mit kräftigem Pinselstrich ist die Landschaft bemalt: Blau und gelb leuchten Flachs und Rap, dunkelgrün und goldorange Sommer- und Winterweizen. Getreidesilos, die »Kathedralen der Prärie«, ragen rot und grün über den Feldern empor; langsame Güterzüge befördern ihre schwere Last durch den Kontinent.

Büffel und Felle: Bevor die Europäer hierherkamen, waren auf diesem Land die Cree und Blackfoot zu Hause. Als Jäger folgten sie den Büffelherden, die ihnen Nahrung, Werkzeuge und Kleidung lieferten. Der erste Fremde, dem sie begegneten, war vermutlich der Engländer Henry Kelsey, der Ende des 17. Jahrhunderts Nord-Manitoba und Saskatchewan durchstreifte. Danach stritten sich rivalisierende Pelzhändler um das Gebiet; der Norden wurde jahrhundertelang von der Hudson's Bay und Northwest Trade Company ausgebeutet.

Diese Welle ebbte erst nach 1870 ab, als das Dominion Tausende von Siedlern in dieses Gebiet lockte. Dadurch wurde nicht nur die Lebensweise der Ureinwohner zerstört, sondern es kam auch zu den Mestizen-Rebellionen von 1871 und 1885 (siehe S. 38–39), die durch die Zerstörung der kulturellen Tradition und die Beschlagnahme von Land ausgelöst wurden, das die Ureinwohner und Métis den Einwanderern abtreten sollten.

Veränderung: Die Massenbesiedelung der Prärie im 19. Jahrhundert sorgte für das heutige Völkergemisch aus Polen, Schotten, Iren, Ukrainern, Russen, Deutschen und anderen (siehe S. 156–157). Aber es mußte sich erst vieles ändern, bevor eine dieser Gruppen ein neues Leben anfangen konnte: Mit den Bewohnern mußte über Land »verhandelt«, Rebellionen mußten niedergeschlagen, Recht und Ordnung eingeführt werden. Letzteres wurde der Northwest Mounted Police übertragen, ein Vorläufer der berühmten Mounties (siehe S. 148–149), deren Neutralität Siedlern und Ureinwohnern gleichermaßen respekt abverlangte. Dann wurde die Canadian Pacific Railway gebaut – wichtig für den Transport der Siedler und den Export von Weizen und Vieh (siehe S. 40–41). Und man mußte den Neuankömmlingen Land geben.

Farmland gratis: Kostenlose Landnahme – das war für die Entrechteten und Mittellosen Europas zu schön, um wahr zu sein. Die Landvergabe war durch ein Gesetz des Dominion *(Land Act of 1872)* geregelt, in dem es hieß, daß jeder »Heimstättenbesitzer« 65 Hektar Land als sein Eigentum registrieren lassen konnte. Dies wurde ihm dann garantiert, wenn er innerhalb von drei Jahren auf dem Land ein Haus gebaut und einen Teil kultiviert hatte. Danach konnte er weitere Landansprüche anmelden. Die Auswirkungen waren dramatisch: Die Bevölkerung von Manitoba wuchs von 62 000 im Jahr 1881 auf 153 000 (1891), 255 000 (1901) und schließlich auf 461 000 (1911).

Die Prärien entdecken: Einen Gesamteindruck von diesem gewaltigen Gebiet bekommt man am besten aus dem Flugzeug, wenn Felder, Wiesen, Flüsse und einsame, schnurgerade Straßen sich endlos vor dem Betrachter ausbreiten. Einen direkteren Einblick gibt eine VIA Rail-Zugfahrt von Toronto nach Edmonton oder die der beiden großen Straßen – eine Autofahrt über den Yellowhead oder Trans-Canada Highway –, durch das weite Land. Welchen Weg Sie auch nehmen, mehr als eine Handvoll Sehenswürdigkeiten dürfen Sie in diesem Gebiet nicht erwarten. Calgary ist die interessanteste Stadt; man kann hier gut einen Tag verbringen, oder die Stadt als Ausgangspunkt für einen Besuch der Rockies wählen. Winnipeg rangiert nur knapp dahinter, vor allem wegen der vielen wunderbaren Museen. Edmonton ist weniger attraktiv; allerdings gibt es viele beliebte Sommerfestivals. Cypress Hills ist eine der schönsten Gegenden, die Tundra von Churchill – mit ihren Eisbären – eine der aufregendsten. Die Alberta Badlands darf man auch nicht versäumen, wegen des ausgezeichneten Dinosauriermuseums in Drumheller. Über die Kultur der Ureinwohner werden Sie am besten an den »Head-Smashed-In«-Büffelklippen informiert (siehe Kasten). Andere faszinierende Einzelheiten zur Geschichte der Urbewohner und Pioniere können Sie, wenn Sie Zeit und Muße haben, überall in den Prärien finden.

»Buffalo Jumps«
Tausende von Jahren jagten die Ureinwohner der Prärien Büffel, indem sie sie zu großen Herden zusammentrieben und über Klippen trieben. Wenn die Tiere in den Tod gesprungen waren, wurden sie ausgeschlachtet. Solche »Büffelklippen« gab es in ganz Nordamerika, aber eine der besterhaltenen ist der Head-Smashed-In Buffalo Jump in Süd-Alberta (18 km nordwestlich von Fort Macleod). Unter seiner 305 Meter breiten Klippe türmen sich zehn Meter hoch Asche und Knochen, über Jahrtausende hier angesammelt. In die Klippe hineingebaut ist ein Infozentrum. Die Umgebung kann auf einer Führung mit einem einheimischen Führer erkundet werden *(Geöffnet:* Mai–Aug., 9–20 Uhr; Sept.–April 9–17 Uhr. *Eintritt:* niedrig).

»Kathedralen der Prärien« – Getreidesilos in Saskatchewan.

DIE PRÄRIEN

Calgary verdankt seine glitzernde Skyline größtenteils dem Ölboom der 70er Jahre.

Ausblick auf die Rockies vom 191 Meter hohen Calgary Tower.

► ► ► **Calgary**   134A1

Calgarys spiegelverglaste Hochhäuser erheben sich majestätisch vor den hügeligen Prärien; wie ein glitzerndes Herz bilden sie einen wundervollen Kontrast zu den heimeligen Holzhäusern der weitläufigen Vororte. Calgary liegt sehr günstig für einen Besuch der Rocky Mountains (90 Minuten Fahrzeit) und hat eine gute Infrastruktur, daher ist es eine besserer Ausgangsbasis für Unternehmungen als das weniger attraktive Edmonton weiter im Norden (siehe S. 152–153). Die Sehenswürdigkeiten Calgarys bieten mindestens einen Tag Beschäftigung, darunter das Glenbow Museum, eines der besten Museen Westkanadas, Prince's Island und der Eau Claire Market.

Ölhauptstadt: Der Zusammenfluß der Flüsse Elbow und Bow war lange ein beliebter Versammlungsort der Blackfoot. Spuren ihrer Kultur sind bis heute in Felszeichnungen und Artefakten rund um Calgary erhalten. Pelzhändler besetzten diesen Platz Ende des 19. Jahrhunderts; 1875 entstand Fort Calgary als Bollwerk gegen den Whiskeyschmuggel über die Grenze. In dessen Schutz zog es Siedler aus Großbritannien und den USA an, darunter auch Rancher, die ihr überweidetes Land gegen die üppigen Weidegebiete Calgarys tauschten. Die Canadian Pacific Railway brachte 1883 neue Siedlerströme. 1914 war durch die Entdeckung von Öl Calgary nicht mehr von der Land-

karte wegzudenken. Spätere Funde machten es zum Weltfinanz- und Energiezentrum, und der Ölboom der 70er Jahre verhalf ihm zu seinen Glaspalästen (ca. 75 Prozent der kanadischen Öl- und Gasgesellschaften haben hier ihr Hauptquartier). Sinkende Ölpreise in den 80er Jahren schreckten die Stadt zunächst auf; die Rezession wurde allerdings durch den Bauboom anläßlich der XV. Olympischen Winterspiele 1988 etwas gemildert.

Innenstadt: Das Herz von »Prärie-Manhattan« besteht aus Straßen mit Spiegelglas-Bürotürmen, im Norden vom Bow River und im Süden von der Pacific Railway begrenzt. Das Gebiet läßt sich leicht zu Fuß erkunden; für längere Ost-West-Strecken können Sie den kostenlosen C-Train (siehe Kasten S. 140) benutzen. Die Haupteinkaufsstraße und Fußgängerzone ist die Stephen Avenue zwischen 1st Street SE und 4th Street SW. Andere Einkaufszentren wie das Scotia Centre oder der Toronto Dominion Square liegen in der 7th Avenue SW. Einen Blick über die Stadt bietet der 191 Meter hohe **Calgary Tower**, von dessen Aussichtsplattform man bis zu den Rockies sehen kann (9th Avenue SW und Centre Street. *Geöffnet:* täglich Mitte Mai–Mitte Sept. 7.30–24 Uhr, Mitte Sept.– Mitte Mai 8–23 Uhr. *Eintritt:* niedrig). Im Turm ist auch das Tourismusbüro der Stadt untergebracht (siehe Kasten S. 140). Gegenüber liegt das ausgezeichnete **Glenbow Museum** (siehe S. 140) ▶▶.

Ankunft:
Über den Calgary International Airport (Tel 403/2 91 84 00 oder 7 35 13 72) werden Non-Stop-Linienflüge aus Europa und den USA sowie Inlandsflüge abgewickelt. Der Busshuttle »Airporter« verbindet den Flughafen mit dem Zentrum 10 Kilometer südwestlich (alle 30 Minuten von 5.55–23.30 Uhr; Tel. 403/5 31 39 09). Der Busbahnhof ist an der Ecke 8th Avenue SW und 16th Street, etwa zehn Minuten Fußweg von der Innenstadt (Greyhound Tel. 403/265 91 11; Brewster Tel. 403/762 67 67). Achtung: VIA Rail fährt Calgary nicht mehr an.

DIE PRÄRIEN

Öffentliche Verkehrsmittel
Der C-Train ist ein moderner Zug, der in der Innenstadt entlang der 7th Avenue SW zwischen 10th Street und Rathaus an der 3rd Street SE kostenlos benutzt werden kann. Fahrkarten, die in Bus und C-Train gültig sind, gibt es an den Automaten der C-Train-Bahnhöfe, in Geschäften mit einem »Calgary Transit«-Aufkleber und beim Calgary Transit Information Centre in der 240-7th Avenue SW (Tel. 403/262 10 00). Wer das *passende* Kleingeld hat, kann auch im Bus bezahlen.

Touristeninformation
Besucherzentrum und Zimmervermittlung sind im kleinen Einkaufszentrum unten im Calgary Tower untergebracht (130 Tower Centre, 101-9th Avenue SW, Tel. 403/263 85 10 oder 1-800/661 16 78 in Alberta und British Columbia).

Interessant sind auch die **Devonian Gardens** ▶▶, eine moderne Form der Hängenden Gärten von Babylon, die sich über eine ganze Etage des Toronto Dominion Square erstrecken. Auf dem einen Hektar großen Innengelände gibt es Seen, Wasserfälle, Spazierwege, viele große Bäume und mehr als 20 000 tropische, subtropische und einheimische Pflanzen und Sträucher. Vor allem um die Mittagszeit ist es hier sehr voll, da viele Shopper und Büroangestellte dort ihren Mittagsimbiß verzehren, den sie im angrenzenden Einkaufszentrum gekauft haben (8th Avenue SW zwischen 2nd und 3rd Street. *Geöffnet:* täglich 9–21 Uhr. *Eintritt:* frei).

Informationen über die Energie- und Ölindustrie der Stadt bietet das **Energeum,** eine kleine, aber interessante audiovisuelle Dokumentation im Foyer des Energy Resources Building (640-5th Avenue SW. *Geöffnet:* Juni–Aug. So–Fr 10.30–16.30 Uhr, Sept.–Mai Mo–Fr 10.30–16.30 Uhr. *Eintritt:* frei). Wer naturwissenschaftlich interessiert ist, sollte das **Alberta Science Centre** und das angrenzende **Centennial Planetarium** besuchen, das astrologische Vorführungen veranstaltet (701-11th Street und 7th Avenue SW. *Geöffnet:* täglich 10–17 Uhr. *Eintritt:* teuer).

Glenbow Museum ▶▶▶ Dem Ölboom verdankt unter anderem das prachtvolle moderne Glenbow Museum (130-9th Avenue. *Geöffnet:* Mitte Mai–Mitte Okt., täglich 9–17 Uhr, Mitte Okt.–Mitte Mai, Di–So 9–17 Uhr. *Eintritt:* teuer) seine Entstehung. Die Sammlung alleine ist eine Reise nach Calgary wert: religiöse Kunst, Malerei Westkanadas, eine große, alle Aspekte abdeckende Ausstellung zur Geschichte und Kultur der kanadischen Ureinwohner und zur Geschichte der Mestizen, der Northwest Mounted Police (Mounties), des Pelzhandels, des Riel-Aufstandes, der Viehzucht, der Pioniere und der Öl- und Gasfunde. Außerdem finden Sie hier eine riesige Waffen- und Rüstungs-

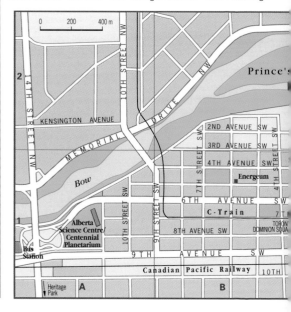

sammlung sowie eine der besten Edelstein- und Minerali-
ensammlungen der Welt.

Prince's Island ▶▶▶ Dieser friedliche Park am Bow River,
eine Oase aus Grün und Schattenplätzchen, bietet einen
willkommenen Kontrast zur Granit- und Spiegelglaswelt
der Innenstadt: ein ideales Fleckchen zum Joggen, Spazierengehen oder Faulenzen. Der Park liegt nur wenige Minuten Fußweg vom Stadtzentrum entfernt. Eine nette Zuga-
be ist der **Eau Claire Market** ▶▶ in der Nähe, eine bunte
Mischung aus Marktständen, Restaurants und interessanten kleinen Geschäften. Der offene Platz in der Mitte,
umgeben von vielen Imbißständen, ist ein wunderbarer
Standort, um das Treiben zu beobachten.

Fort Calgary ▶▶ Das Fort wurde 1875 gebaut und war bis
1914 in Betrieb; dann wurde es an die Canadian Pacific
Railway verkauft. Nach Jahrzehnten des Verfalls ist es nun
restauriert. Obwohl nur noch Reste der ursprünglichen
Umzäunung erhalten sind, bietet das Areal mit dem ange-
schlossenen Informationszentrum einen umfassenden
Überblick über die Stadtgeschichte. Nehmen Sie den C-
Train zur City Hall und gehen Sie von dort fünf Blocks zu
Fuß nach Osten zum Fort (750-9th Avenue SE. *Geöffnet:*
täglich 9–17 Uhr. *Eintritt:* Fort frei, Infozentrum niedrig).

Calgary Zoo ▶▶ In Calgarys Zoo – dem größten Kanadas –
hat man sich besonders bemüht, Anregungen der Tier-
schützer zu berücksichtigen. Soweit wie möglich leben die
1400 Tiere in ihrem »natürlichen« Lebensraum. Ringsher-
um liegen botanische Gärten und ein prähistorischer Park
mit Dinosauriern. Sie erreichen den Zoo mit dem Auto
(Memorial Drive East), dem C-Train oder auf einem Weg
am Bow River entlang. (1300 Zoo Road NE, St. George's
Island. *Geöffnet:* täglich 9 Uhr – Sonnenuntergang, Prähistorischer Park. *Geöffnet:* Juni–Sept. *Eintritt:* teuer).

Adressen
Calgarys Straßennetz ist in
Quadrate eingeteilt: NW
(Nordwest), NE (Nordost),
SW (Südwest) und SE
(Südost). Der Bow River
trennt Norden und Süden,
die Centre Street Osten und
Westen. Streets verlaufen
von Norden nach Süden,
Avenues von Osten nach
Westen. Die letzten Stellen
in einer Ziffernreihe beziehen sich auf die Hausnum-
mer: 345-6th Avenue SW
bedeutet 3rd Street, Num-
mer 45, nahe der Kreuzung
zur 6th Avenue im Süd-
west- Quadrat. Immer auf
das Quadrat achten!

141

Noch im Bau
»Es heißt, Calgary wird einmal großartig aussehen,
wenn die Bauzäune erst
verschwunden sind.«
Robert Fox, BBC Radio
(1981)

Klares Wasser
Calgary heißt im Gälischen
»klares fließendes Wasser«
und ist nach Fort Calgary
benannt, und das wiederum
nach dem schottischen
Geburtsort seines ersten
stellvertretenden Kommis-
sars. Calgary erhielt 1893
Stadtrechte.

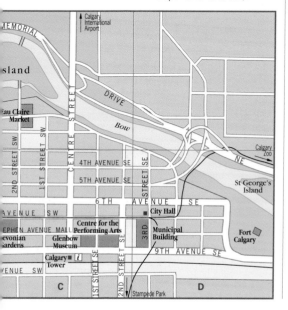

Calgary Stampede

■ **Das Vieh in Calgary weidet auf bestem Weideland, und daher gehören die hiesigen Steaks zu den besten der Welt. Wo Vieh umherstreift und Steaks bruzzeln, können Cowboys nicht weit sein. Und so ist es auch in der »Cow-town« Calgary, der Heimatstadt der Stampede, bei der das größte Rodeo der Welt stattfindet ... ■**

Küchenwagenrennen
An den einzelnen Läufen des Rennens nehmen je vier Teams mit Vierspännern und ihre Vorreiter teil. Bevor es losgeht, werden die Wagen mit Zeltstangen und einer Kiste oder einem Faß beladen, die den Herd symbolisieren sollen. Dann absolvieren sie einen Achterkurs und beenden das Rennen mit einer Runde auf der 800 Meter langen Bahn des Stampede Park.

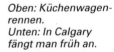

Oben: Küchenwagenrennen.
Unten: In Calgary fängt man früh an.

Jährliche Orgie: Vieh weidet zufrieden auf umliegenden Weiden, *filets mignons* bruzzeln auf dem sommerlichen Holzkohlengrill, und dennoch ist beim Spaziergang durch Calgarys Straßenschluchten kaum nachzuvollziehen, warum es sich den Ruf der Cowboy-Stadt *par excellence* erworben hat.

In den zehn Tagen im Juli, wenn hier die jährliche Stampede stattfindet, sieht das alles ganz anders aus. Dann wird man auf Schritt und Tritt daran erinnert: Jeans, Westernhemd, weißer Stetson und handgearbeitete Lederstiefel sind dann die Kleidung der Wahl. Überall spielt Country- und Western-Musik, und jeder versucht, altes Wildwest-Vokabular hervorzukramen. Ganz Calgary ist eine einzige Party; tagelang sind die Hotels voll, und auf den Straßen wird gefeiert.

Der wahre Jakob: Viele Städte in Kanada nutzen oft dubiose Gedenktage als Anlaß, sich herauszuputzen und Touristen anzulocken. Sicher hat auch der Sommerwahnsinn in Calgary einen theatralischen Aspekt (und sicher trägt die Stampede zur Zufriedenheit der Industrie- und Handelskammer bei), aber der Nervenkitzel und die Stürze bei der Stampede sind kein Theater, genausowenig der verbissene Wettkampf bei vielen Veranstaltungen. Die meisten Cowboys und Cowgirls sind Profis, die es aus ganz Nordamerika hierher zum Rodeo zieht (zum größten der Welt übrigens) – nicht zuletzt wegen des Preisgeldes von mehr als 500 000 Dollar.

Showtime: Es begann mit der Stampede im Jahr 1914 und war die Idee des Unternehmers Guy Weadick, der ein für die damalige Zeit immenses Preisgeld von 16 000 Dollar aussetzte, um Teilnehmer anzulocken. Bei der Eröffnungsfeier traten 2000 Indianer in ihren prachtvollen traditionellen Gewändern auf sowie Mitglieder von Pancho Villas Bande in voller Bewaffnung. Etwa 14 000 Menschen kamen zur Eröffnung, und dieser Hang zum Superlativ spiegelt sich bis heute in den Eröffnungsparaden der Stampede wider.

Cowboyspiele: Nicht umsonst gilt die Calgary Stampede als härteste Veranstaltung dieser Art in Nordamerika. Bei den harmloseren Wettbewerben verletzt sich kaum jemand, aber wenn es richtig zur Sache geht, wird so mancher auf einer Trage aus der Arena gebracht.

Zu den spektakulärsten Veranstaltungen gehören die Küchenwagenrennen (siehe Kasten), die abends als Abschluß der dreistündigen Wettkämpfe stattfinden (das Ereignis gilt als »Weltmeisterschaft« dieser speziellen

Calgary Stampede

»Sportart«. Angeblich erfanden die Cowboys von Calgary diese gefährliche Form des Wagenrennes bei der Stampede 1923. Zu den weiteren Wettkämpfen gehören *calf roping* (Kälber mit dem Lasso einfangen und fesseln), das Melken wilder Kühe, *steer wrestling* (einen jungen Stier mit bloßen Händen zu Boden werfen), Büffelreiten und viele »einfachere« Disziplinen wie Lassowerfen und wilde Pferde reiten.

Nach den Wettkämpfen: Gefeiert wird noch lange, nachdem der letzte Stier zu Boden geworfen wurde. Die Einheimischen treffen sich zu spontanen Grillfesten, und auf den Straßen wird überall gefeiert. In den Bars, Restaurants und Nachtklubs der Stadt ist mehr los als sonst, und viele hundertköpfige Kabarettshows halten die Leute die ganze Nacht bei Laune. Bei Sonnenaufgang fängt dann alles wieder von vorne an, indem man den Tag mit dem traditionellen Frühstück im Freien mit Speck und *flapjacks* (kleine dicke Pfannkuchen mit Sirup) beginnt.

Die meisten Veranstaltungen finden im Stampede Park statt, im Südosten der Stadt, wo es viele Bars, Restaurants, Freilichtbühnen, einen Vergnügungspark und andere Lokalitäten gibt. Die Eintrittskarten für die Veranstaltungen sind rasch ausverkauft; um Enttäuschungen zu vermeiden, sollten Sie einen Besuch während der Stampede rechtzeitig planen.

Bullenreiten auf Calgarys jährlicher Stampede.

Mitmachen
Es macht einfach Spaß, bei der Stampede in Calgary dabei zu sein. Wenn Sie zu dieser Zeit in der Stadt sein wollen, müssen Sie auf jeden Fall rechtzeitig ein Zimmer reservieren (siehe S. 140, Informationen über Calgarys Tourismusbüro). Die Eintrittskarten sind schnell vergriffen; sie kosten zwischen 5 und 75 Dollar. Für Kartenbestellungen, Vorverkauf und Informationen steht Ihnen Calgary Exhibition and Stampede zur Verfügung (Box 1860, Station M, Calgary T2P 2L8, Tel. 403/261 01 01).

DIE PRÄRIEN

► ► **Churchill** 135E3

Wer durch Kanada reist, stellt fest, daß es oft einer langen Reise bedarf, um mit einem besonderen Anblick belohnt zu werden. Dies gilt besonders für Churchill, einen isolierter Außenposten an der felsigen, rauhen Küste der Hudson Bay. Die Stadt an sich würde man kaum besuchen – zum einen, weil sie Hunderte von Kilometern entfernt der Zivilisation liegt und es kaum Sehenswürdigkeiten gibt. Es ist auch keine besonders schöne Stadt; ihr heruntergekommenes Äußeres ist typisch für viele Gemeinden weit im Norden. Und doch kommen immer mehr Besucher hierher. Einige reizt die 20stündige Zugfahrt (siehe Kasten), andere wollen sich die »Eisbärenhauptstadt der Welt« nicht entgehen lassen.

Pelzhandelsposten: Als der dänische Forscher Jens Munck 1619 hier ankam, lebten die Inuit bereits seit 3000 Jahren an diesem Ort. Munck verbrachte nur einen Winter hier, bevor er weiterzog – einer von zahllosen Seefahrern, die vergeblich die Nordwest-Passage suchten (von der 65 Mann umfassenden Expedition überlebten nur Munck und zwei seiner Gefährten). Als nächstes kam die Hudson's Bay Company, die 1717 hier einen Handelsposten einrichtete, um mit den Cree und Assiniboin Pelze zu tauschen. Im 19. Jahrhundert versuchte man, Churchill als Handelshafen zu etablieren, um von hier Getreide aus den Prärien zu exportieren, das bis dahin über die Häfen der Ostküste verschifft wurde. Dies scheiterte nicht zuletzt daran, daß der Hafen neun Monate im Jahr zufriert. Dennoch wurden von Winnipeg aus Gleise verlegt, um das Getreide nach Norden zu transportieren.

Eisbären: Unzählige Anbieter in Churchill (siehe Kasten gegenüber) veranstalten Touren zur Beobachtung der mehr als 200 Vogelarten: Eine der arktischen Hauptvogel-

---

Touristeninformation
Das Besucherzentrum von Churchill (Visitor Information Bureau) liegt am VIA Rail-Bahnhof im Stadtzentrum (Tel. 204/6 75 20 22). Im Bayport Plaza Building (Tel. 204/675 88 63) gibt es auch ein Besucherzentrum des Canadian Parks Service.

Anreise
Churchill ist nicht mit dem Auto zu erreichen. Die Canadian Airlines bietet Linienflüge (Mo–Fr zweimal täglich) von Winnipeg aus an, von dort gibt es auch eine Zugverbindung der VIA Rail. Die flache, offene Tundra macht die Zugfahrt zu einer der faszinierendsten Bahnreisen Kanadas.

Nach dem Schneesturm.

Eisbären kommen bis nach Churchill, wenn nach dem Winter das Packeis schmilzt.

fluglinien führt durch das Gebiet. Andere organisieren Fahrten, um Belugawale zu beobachten, die sich zwischen Juni und September an der Mündung des Churchill River versammeln. Die meisten allerdings widmen sich der Vorliebe ihrer Kunden für Eisbären. Ab Juni, wenn das Packeis der Hudson Bay zu schmelzen beginnt, kommen die Tiere hierher an Land, treiben sich am Stadtrand herum oder – was gefährlich ist – wandern durch die Hauptstraße, immer auf der Suche nach Nahrung. Sie bleiben bis November an Land; dann ist das Eis wieder fest genug, damit sie ihren natürlichen Jagdgewohnheiten nachgehen können.

Inuit Museum ▶▶▶ Die Missionare brachten zwar Schulen, Krankenhäuser und die Bibel zu den Inuit, aber sie trugen auch dazu bei, ihre jahrtausendealte Sozialstruktur und ihren Glauben zu zerstören (siehe S. 132). So betrachtet man das ausgezeichnete Inuit Museum sicher mit gemischten Gefühlen (Vérendrye Street. *Geöffnet:* Juni–Okt., Mo 13–17 Uhr, Di–Sa 9–12 und 13–17 Uhr; Nov.–Mai Di–Fr 10.30–12 und 13–16.30 Uhr, Mo und Sa 14–16.30 Uhr. *Eintritt:* frei). Die Sammlung wurde von Laienbrüdern des Ordens der Heiligen Jungfrau Maria zusammengetragen. Zu den Ausstellungsstücken gehören zwei große Kanus und viele Artefakte, Werkzeuge und Schnitzereien.

Fort Prince of Wales ▶▶ Dieses heutige Nationalmonument wurde von der Hudson's Bay Company zwischen 1731 und 1771 gebaut. Es sollte zum einen den alten Handelsposten ersetzen (siehe Kasten), zum anderen aber auch, die Interessen der Gesellschaft vor den Franzosen schützen. Arbeiter, Ochsen und Pferde für das Projekt wurden aus England herangeschafft, das trotz der 40 Jahre Bauzeit nicht zu verteidigen war. Als französische Schiffe 1782 im Hafen auftauchten, konnte der Kommandant die Festung, Samuel Hearne, keine Garnison aufstellen und mußte sie kampflos übergeben. Das Fort – die Kanonen wurden vernagelt, die Mauern unterminiert – wurde nie wieder benutzt.

Eisbären beobachten
Die Eisbären von Churchill kann man sich vom Hubschrauber, vom Boot oder vom »Tundra Buggy« aus ansehen – das hängt von Ihrer Reisekasse und der Jahreszeit ab. Der Herbst, kurz bevor die Bay völlig zufriert, ist dafür die beste Jahreszeit (September–Anfang November). Fragen Sie beim Tourismusbüro oder rufen Sie beim Churchill Wilderness Encounter an, einer der etablierten Anbieterfirmen (Tel. 204/675 22 48 oder 1-800/2 65 94 58).

Fortbesichtigung
Fort Prince of Wales liegt auf der anderen Seite der Bucht. Für einen Besuch von Festung, Kasernen und Kommandantenhaus müssen Sie ein Wassertaxi nehmen oder sich einer der Bootstouren anschließen. Details erfahren Sie im Tourismusbüro.

Mit dem Auto

Cypress Hills

Eine Tour über Nebenstraßen durch die Cypress Hills mit idyllischen Tälern, sanften Hügeln und vorbei an historischen Monumenten (200 km).

Lange Strecken zu fahren läßt sich in den Prärien nicht vermeiden. Um die Cypress Hills zu sehen, einen der schönsten Landstriche, muß man von der kürzesten Route durch die Prärien, den Trans-Canada Highway (Highway 1), abweichen. Die Tour beginnt in **Medicine Hat** ▶▶. Die Stadt verdankt ihren Namen einem Medizinmann der Cree, der in einer Schlacht seinen Hut verlor. Seine Gefolgsleute faßten dies als schlechtes Omen auf, worauf sie der Mut verließ und von ihren Feinden, den Blackfoot, geschlagen wurden. Das Schlachtfeld erhielt den Namen *Saamis* (»medicine man's hat« = Hut des Medizinmannes), den die Siedler 1882 übernahmen. Rudyard Kipling

nannte die Stadt einen Ort »mit einem Höllenfundament«, weil es unter der Stadt große Erdgasvorkommen gibt, die unter anderem die Straßenbeleuchtung speisen. Sehenswert sind das Rathaus, ein verblüffendes Beispiel moderner Architektur, das Historische Museum und die ehemalige Medalta Töpferei (heute Nationales Kulturerbe) im nahegelegenen **Redcliff**. Die Töpferei ist auch für ihre Blumen und Gewächshäuser bekannt, die zum Teil besichtigt werden können.

50 Kilometer östlich von Medicine Hat fahren Sie vom Highway 1 ab auf den Highway 41 zum Kurort Elkwater (34 km) und zum **Cypress Hills Provincial Park** ▶▶▶. Die Blackfoot nannten dieses Gebiet nach den ungewöhnlichen Gipfeln und Plateaus, die hier das Land überragen, *Ketewius Netumoo* – »die Hügel, die nicht sein sollten«. Die Hügel haben nur dank

Links: Fort Walsh im Herzen der Cypress Hills, eine Rekonstruktion des ursprünglichen Mountie-Postens.

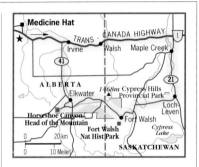

ihrer Höhe überlebt, die sie vor Erosion durch die Gletscher der letzten Eiszeit bewahrten. Hier liegt der höchste Punkt Kanadas zwischen Labrador und den Rockies, dessen Höhenlage ein kühleres und feuchteres Klima bewirkt als im Rest der Prärien vor einer üppigen Vegetation, abwechslungsreichen Landschaft und guten Lebensbedingungen für Tiere und Wildblumen. Seinen Eindruck beschrieb John Palliser 1859 mit den Worten: »eine vollkommene Oase in der Wüste«.

Mehr Informationen über den Park, seine Wanderwege und Straßen bekommen Sie im Besucherzentrum in Elkwater (Tel. 306/893 37 77) oder im Tourismusbüro der Stadt (Tel. 306/893 38 33). Die schönsten Routen sind kleine Abzweigungen vom Highway 41. Die erste führt nach Westen zum Horseshoe Canyon und **Head of the Mountain** ▶▶▶, einem wunderbaren Aussichtspunkt mit Blick bis nach Montana, die zweite zum Reesor Lake, wo man entweder zum Highway 41 zurück- oder weiter nach Osten zum Fort Walsh National Historic Park (siehe unten) fahren kann. Der lange Weg zum Fort führt durch schöne Landschaft. Die Straße ist teils geteert, teils geschottert und kann bei schlechtem Wetter tückisch sein. Informieren Sie sich im Elkford Parkbüro über den Straßenzustand.

Wenn Sie nicht über den direkten Weg kommen, müssen Sie ein Stück (88 km) auf dem Highway 1 zurück bis Maple Creek. Von dort führt der Highway 21 nach Süden zum Ostteil des Cypress Hills Provincial Park, der das kleine, sehr hübsche **Loch Leven** ▶▶ , den Sitz der Parkverwaltung, umgibt. Von hier können Sie eine Straße zum 32 Kilometer entfernten **Fort Walsh National Historic Park** ▶▶▶ nehmen (*Geöffnet:* Mitte Mai–Sept., täglich 9–17.30 Uhr. *Eintritt:* frei), einem hervorragenden Nachbau des Forts, das eine große Rolle in der Geschichte der Mounties spielt (siehe S. 148–149). Auf Tafeln wird von der Geschichte des Forts

berichtet, der Kultur der Ureinwohner und von der Gründung der Mounties. Besuchen Sie **Farwell's Trading Post** ▶▶ in der Nähe, eines der berüchtigten »Whiskey-Forts«, das am Cypress Hills-Massaker beteiligt war (siehe S. 148).

147

Übernachtungsmöglichkeit im Cypress Hills Provincial Park.

Die Mounties

■ **Bestimmte Personen symbolisieren für Außenstehende eine Stadt oder ein ganzes Land. Großbritannien hat den »Bobby«, Venedig den Gondoliere und Kanada den Mountie, den Polizisten in roter Uniform, dem niemand entkommt. Der Mountie, Inbegriff von Recht und Ordnung, stammt aus der Zeit der Gesetzlosigkeit in Kanadas Westen ...** ■

Oben: NWMP Camp, Calgary.
Rechts: Rekrutierungsposter.

Schutz

Die Mounties waren für ihre Unparteilichkeit berühmt. Crowfoot, einer der größten Blackfoot-Häuptlinge des 19. Jahrhunderts, zollte der Truppe seinen Respekt: »Wenn sie nicht in mein Land gekommen wären«, erklärte er, »wo wären wir dann heute? Schlechte Männer und Whiskey brachten uns so schnell um, daß nur wenige überlebt hätten. Die Polizei hat uns beschützt, wie die Federn den Vogel vor dem Winter schützen.«

Sitting Bull

1876 besiegte Häuptling Sitting Bull mit 5000 Sioux-Kriegern General Custer am Little Big Horn in Süd-Montana. Aus Furcht vor einem Vergeltungsschlag der US-Regierung flohen die Sieger nach Kanada. Inspector James Walsh von der NWMP erhielt zwei Aufträge, um die er nicht zu beneiden war: Er sollte Sitting Bull dazu bringen, das Land zu verlassen und einen Krieg der Stämme verhindern (die Sioux waren Feinde der Präriestämme Cree und Blackfoot). Walsh ritt mit nur sechs Mann in das große Lager der Sioux am Wood Mountain (350 km östlich von Fort Walsh). Sein Mut brachte ihm Respekt – und schließlich den Abzug von Sitting Bull ein, der seine Tage (wenn auch unfreiwillig) in einem Indianerreservat beschloß.

Whiskey und Rabatz: Die Mounties wurden Hals über Kopf ins Leben gerufen. Sie hießen Northwest Mounted Police (NWMP), als sie 1873 in Ottawa gegründet wurden. Das geschah so unvorbereitet, daß die Truppe nicht einmal Uniformen hatte und sich aus einem Lager britischer Armeeuniformröcke bedienen mußte (daher die berühmten roten Jacken). Die Truppe wurde zu einem ganz bestimmten Zweck gegründet: Sie sollten für Ordnung in Kanadas Westen sorgen und den illegalen Whiskeytransporten ein Ende bereiten, die die Ureinwohner ins Verderben stürzten (siehe Kasten). Der Transport wurde meistens von amerikanischen Abenteurern durchgeführt, die heimlich über die Grenze nach Saskatchewan und Süd-Alberta kamen. Dieses Gebiet war für seinen hohen Alkoholkonsum berüchtigt und hieß »Rabatz-County«.

Cypress Hills: Die Whiskeyhändler brachten ihre Ware im Herbst nach Norden, richteten sich in einem Netz von Whiskeyforts ein und gingen im Frühjahr mit Pelzen und Häuten zurück, die sie bei den Indianern eingetauscht hatten. Vorfälle in zwei der Forts (Farwell und Solomon), die als Cypress Hills-Massaker in die Geschichte eingingen, sorgten für den raschen Einsatz der neuen Truppe. Die genauen Umstände des Massakers liegen bis heute im dunkeln. Eine Bande von Wolfsjägern aus Montana hatte sich in einem Fort verschanzt und war eines Abends gegen eine Gruppe von Assiniboine vorgegangen, die ihnen angeblich die Pferde gestohlen hatte (die Pferde waren vermutlich von den Cree gestohlen worden, den Rivalen der Assiniboine). Vom Alkohol angestachelt, überfielen die Jäger ein Lager der Assiniboine, vergewaltigten fünf Frauen und töteten 21 Indianer.

Verstärkung: Als Premierminister MacDonald in Ottawa diese Nachricht hörte, beschleunigte er die Rekrutierung für die NWMP. Eine eilig zusammengestellte Truppe wur-

Die Mounties

de nach Fort *Whoop-up* (»Rabatz«) geschickt, dem berüchtigsten der Whiskey-Forts in der Nähe des heutigen Lethbridge. Unterwegs verirrte sich das Kommando auf nicht kartografiertem Gelände. Die Händler konnten fliehen, aber die Ehre war wieder hergestellt, als die Männer schließlich doch verhaftet wurden. Obwohl man sie aus Mangel an Beweisen wieder freilassen mußte, verdiente sich die Polizeitruppe durch die Verhaftung nicht nur den Respekt der Indianer; sie legte auch den Grundstein für den legendären Ruf der Unparteilichkeit (siehe Kasten links).

Stabilisierung: Im Oktober 1874 hatte die rekrutierte NWMP-Truppe, erschöpft nach der langen Reise, ein Lager in Fort Macleod eingerichtet – den ersten NWMP-Posten im kanadischen Westen. Er trägt den Namen seines ersten Kommandanten, Colonel James Macleod. Von hier aus räumte die Truppe gründlich mit dem Whiskeyhandel auf, und mit dem Bau weiterer Forts begann eine Phase der Stabilisierung in der Region. Fort Edmonton entstand 1874, Fort Calgary 1875. Von Calgary patrouillierten die Polizisten 400 Kilometer nach Norden bis Edmonton und 160 Kilometer nach Süden bis Fort Macleod. 1875 wurde ein Posten in Fort Walsh gebaut (siehe S. 147), in der Nähe des Battle Creek, wo das Cypress Hills-Massaker stattfand und eine der ruhmreichsten Begegnungen der Mountie-Geschichte (siehe Kasten gegenüber).

Die Mounties: Mit der Zeit wurde die NWMP immer mehr zum verlängerten Arm der Regierung. Sie vergrößerte Machtbereich und Autorität der Konföderation und verschaffte dem Gesetz kraft ihres Amtes und mit Waffen Geltung. Vor allem in abgelegenen Gegenden waren ihre Aufgaben vielfältig: Dort waren sie Richter, Gesetzeshüter, Postboten und sammelten sogar die Ernteberichte ein. 1920 wurde ihr nationaler Status durch Umbenennung in Royal Canadian Mounted Police – kurz: Mounties – gewürdigt.

Fusel
Der den Ureinwohnern mit verheerenden Folgen angedrehte amerikanische Whiskey war für seine Inhaltsstoffe berüchtigt. Außer Gärungsalkohol enthielt er wahrscheinlich Färbemittel, Tinte, Schießpulver, Paprika, Melasse, Strychnin und Kautabak.

DIE PRÄRIEN

▶ ▶ ▶ **Drumheller und die Badlands** *134B1*

Die alte Bergwerksstadt Drumheller liegt im Tal des Red Deer River, im Herzen der Alberta Badlands: eine ungewöhnliche Mondlandschaft mit kahlen Felsschluchten, verwitterten Klippen und sonnigen Hügeln. Die Stadt selbst ist wenig attraktiv, wäre da nicht das Royal Tyrrell Museum of Palaeontology, eines der besten naturhistorischen Museen der Welt. Von hier aus ist auch der sogenannte Dinosaurier-Trail gut zu erreichen, ein 51 Kilometer langer Rundweg, der historische Fundstätten und Aussichtspunkte verbindet. Das Gebiet ist nur 140 Kilometer von Calgary entfernt und eignet sich daher gut für einen Tagesausflug. Für einen Besuch des Dinosaur Provincial Park (174 Kilometer von Drumheller) sollten Sie sich etwas mehr Zeit lassen. Aus diesem faszinierendsten Landstrich der Badlands stammen viele Funde des Tyrell Museums.

Drumheller ▶ Plötzlich fallen die leicht gewellten Präriehügel Albertas ab, um ein düsteres Tal freizugeben, in dem viele stillgelegte Kohlenschächte und die kleine dunkle Stadt Drumheller liegen. Wenn Sie nur ins Tyrrell Museum möchten (siehe unten) lohnt es sich nicht, hier anzuhalten – es sei denn, Sie möchten Informationen über das Gebiet (siehe Kasten). Wenn Sie allerdings eine Stunde Zeit haben, besuchen Sie das **Homestead Antique Museum** mit 4000 Artefakten der Ureinwohner und Utensilien der Pionierzeit (1 km nordwestlich von Drumheller vom Highway 838 abbiegen. *Geöffnet:* täglich Mai 10–18 Uhr, Juni–Sept. 9–20 Uhr. *Eintritt:* niedrig)

Royal Tyrrell Museum of Palaeontology ▶ ▶ ▶ Jedes Jahr kommen über eine halbe Million Besucher in dieses Museum der Superlative, um mehr als 800 Fossilien, 35 Dinosaurierskelette und eine große Menge hervorragend präsentiertes Material zur Geologie und Naturgeschichte des Dinosauriers zu sehen. Das Museum liegt sechs Kilo-

Liebling der Maler
Der Maler A. Y. Jackson von der »Gruppe der Sieben« (siehe S. 176–177) war von den zerklüfteten Badlands am Red Deer River so beeindruckt, daß er sie »das malenswerteste Tal in Westkanada« nannte.

Damals und heute
Heute sind die Alberta Badlands kahl und beinahe knochentrocken; vor 75 Millionen Jahren, als die Dinosaurier hier umherstreiften, waren sie subtropisches Marschland. Das Gebiet bestand aus einem großen, mild temperierten Binnensee und üppiger Vegetation, die den heutigen Everglades in Florida entspricht.

150

In prähistorischer Zeit üppig und grün, heute grau und düster: die Landschaft um die alte Bergwerksstadt Drumheller.

Im preisgekrönten Tyrrellmuseum.

Dinosaurierrausch
1884 stolperte der Geologe J. B. Tyrrell (nach dem das Royal Tyrrell Museum benannt wurde) zwischen Büschen und Sträuchern der Alberta Badlands zufällig über ein paar Dinosaurierknochen. Sein Fund löste den »großen kanadischen Dinosaurierrausch« aus: Tausende von Geologen und Möchte-gern-Geologen eilten in die Badlands, um Dinosaurierskelette auszugraben. Viele ihrer Funde sind heute in Museen rund um den Erdball ausgestellt.

meter nordwestlich von Drumheller, mitten in den Badlands. Das schlichte, moderne Gebäude ist gut in die Landschaft integriert. Auch die Inneneinrichtung ist dem Zweck des Museums ideal angepaßt: Die Ebenen sind arrangiert wie geologische Schichten. Attraktionen sind die Schautafeln über die Evolution des Lebens auf der Erde, ein Ur-Garten mit Pflanzen, deren Stammbaum 350 Millionen Jahre alt ist, und die große Halle mit Skeletten und lebensgroßen Dinosaurierrepliken *(Geöffnet: Mai–Sept., täglich 9–21 Uhr, Okt.–April, Di–So 10–17 Uhr. Eintritt: niedrig, Di frei).*

Dinosaur Trail ►► Diese ausgeschilderte Panoramastraße führt westlich von Drumheller am Red Deer Valley entlang, dem Schmelzwassereinschnitt der Gletscher in die Prärie. Unterwegs gibt es etwa 30 Stellen, an denen sich das Halten lohnt; interessanter sind **Horseshoe** und **Horsethief Canyon,** zwei Aussichtspunkte in stark erodierten Schluchten; im Horseshoe Canyon führt ein Weg an versteinerten Bäumen, Fossilienfundstätten und Dinosaurierknochen entlang. Die **Hoodoos,** eine Gruppe bizarrer Felsformationen, erinnern an Pilze. Im **Midland Provincial Park** gibt es Wanderwege und ein Infozentrum, das die Bergwerksgeschichte der Region erläutert. Die **Atlas Coal Mine,** die einst Erz verarbeitete, ist ein interessantes Stück Industriegeschichte.

Dinosaur Provincial Park ►► Der Park, Weltkulturerbe der Vereinten Nationen, wurde 1955 eingerichtet, in der Hoffnung, die Begeisterung privater Fossiliengräber zu zügeln: Diese waren dabei, eine der reichsten Fundstätten der Welt zu zerstören (mehr als 300 komplette Dinosaurierskelette wurden hier gefunden). Der Großteil des Geländes ist nicht zugänglich, aber von der **Field Station of the Tyrrell Museum** führen Wanderwege durch das Gebiet (44 km nordwestlich von Brooks. *Geöffnet:* Mai–Sept. täglich 9–21 Uhr; Okt.– April Mo–Fr 9–16.30 Uhr). Die Station bietet auch Bustouren an (Mai–Sept. zehnmal täglich. *Eintritt:* niedrig).

Die »Badlands« des Dinosaur Provincial Park.

DIE PRÄRIEN

▶   **Edmonton**   *134B2*

Albertas Hauptstadt hat so ziemlich alles, was eine Stadt braucht: Theater, Grünflächen, Flughäfen und moderne Einkaufszentren. Und doch scheint sie Besucher kaum anzulocken. Das mag mit ihrer geographischen Lage zusammenhängen: Als nördlichste Großstadt ganz Nordamerikas herrscht hier rauhes Winterklima. Vielleicht ist es aber auch der Eindruck, der sie wie eine nie ganz fertiggestellte Grenzstadt wirken läßt. Nur die Innenstadt ist dank der mit Ölgeldern gebauten Hochhäuser attraktiver. Leider liegen die Sehenswürdigkeiten außerhalb des Zentrums, darunter auch die West Edmonton Mall, das größte Einkaufszentrum der Welt, das die Massen anlockt.

Downtown ▶▶ Dicht an dicht ragen die Stahlbetontürme im Stadtzentrum um die Hauptstraße, die Jasper Avenue, empor. Hier drängen sich Bars, Geschäfte und Restaurants, aber Sehenswürdigkeiten gibt es nur wenige: das Edmonton Convention Centre, ein extravagantes modernes Gebäude, in dem das Tourismusbüro untergebracht ist (siehe Kasten), Canada's Aviation Hall of Fame *(Geöffnet:* täglich 11–17 Uhr) und die Canadian Country Music Hall of Honour. Im dritten Stock des örtlichen Polizeihauptreviers befindet sich das **Edmonton Police Museum**, das mit seinen ungewöhnlichen Ausstellungen einen Besuch wert ist (9620–130A Street. *Geöffnet:* Mo–Sa 9–15 Uhr. *Eintritt:* frei).

Um das Civic Center und den Sir Winston Churchill Square liegen das Citadel Theatre, Kanadas größter Theaterkomplex, und die **Edmonton Art Gallery** ▶ *(Geöffnet:* Mo–Mi 10.30–17 Uhr, Do–Fr 10.30–20 Uhr. *Eintritt:* billig), die eine Sammlung moderner kanadischer Malerei und wechselnde Ausstellungen zeigt. Nicht weit entfernt erhebt sich das **Alberta Legislative Building**, ein viktorianisches Gebäude, das 1912 auf dem ursprünglichen Standort von Fort Edmonton errichtet wurde (97th Avenue und 107th Street. Führungen Mo–Fr 9–16.30 Uhr. *Eintritt:* frei).

Umgebung: Edmontons ziemlich veraltetes **Provincial Museum of Alberta** ▶ sollte eigentlich das führende Museum Albertas sein, zieht aber im Vergleich mit dem prachtvollen Glenbow Museum in Calgary den kürzeren (siehe S. 140–141). Es bietet nur einen rudimentären Überblick über die Provinz und leidet unter seinem abgelegenen Standort westlich des Zentrums. Sie erreichen es mit den Bussen 1, 2, 115, 116 oder 120, die von der Jasper Avenue nach Westen fahren (12845-102nd Avenue. *Geöffnet:* Mai–Sept. täglich 9–20 Uhr, Okt.–April, Di–So 9–17 Uhr. *Eintritt:* niedrig). Ein neues Gebäude würde ihm guttun; vielleicht eines wie das **Muttart Conservatory** ▶▶, vier Glaspyramiden, die südlich des Zentrums den North Saskatchewan River überragen. Drei sind Gewächshäuser mit tropischem, gemäßigtem und trockenem Klima, die vierte, der »Show Pavillon«, ist für Sonderausstellungen reserviert (98th Avenue-96a Street. *Geöffnet:* So–Mi 11–21 Uhr, Do–Sa 11–18 Uhr. *Eintritt:* niedrig).

West Edmonton Mall: Die wenigsten Städte haben Einkaufszentren, die Touristenattraktionen sind, und schon gar keine andere Stadt der Welt hat ein Einkaufszentrum, das mit der gigantischen West Edmonton Mall konkurrie-

*Das Parlamentsge-
bäude Albertas, 1912
an der Stelle des
ursprünglichen Fort
Edmonton gebaut.*

ren könnte. Jährlich kommen etwa neun Millionen Besucher, sehr zum Verdruß der Geschäfte der Innenstadt. Die
meisten wollen nur gucken, nicht kaufen. Der Bau der
Stadt in der Stadt kostete über eine Milliarde Dollar, sie
umfaßt eine Fläche, die so groß ist wie 15 American-Foot-
ball-Stadien. Es gibt hier einen überdachten Rummelplatz
(der größte der Welt), einen Minigolfplatz mit 18 Löchern,
eine Kapelle, eine Bingohalle, einen See mit vier funkionie-
renden U-Booten (mehr, als die kanadische Marine
besitzt), über 800 Geschäfte, 110 Restaurants, 19 Kinos,
11 Kaufhäuser und die Nachbildung von Columbus' *Santa
Maria* in Originalgröße. Die größte Attraktion ist der **World
Waterpark,** ein wunderbares Ensemble aus Schwimm-
und Wellenbädern und Wasserrutschen *(Geöffnet: Mo–Fr
10–21 Uhr, Sa 10–18 Uhr, So 12–17 Uhr. Eintritt:* teuer).

*Winnipeg: Im erneu-
erten Stadtviertel
»Forks«.*

Anreise

Winnipeg International Airport (Tel. 204/774 00 31 oder 180 06 65 02 04) liegt sieben Kilometer westlich vom Stadtzentrum, das man mit dem Taxi oder dem Zubringerbus erreichen kann. Die Transkontinentale-Züge der VIA Rail von und nach Churchill kommen am Bahnhof Main Street und Broadway an (Tel. 204/944 87 80). Der Busbahnhof liegt Ecke Portage Avenue und Memorial Boulevard.

Touristeninformation

Das Tourismusbüro Winnipegs befindet sich im ersten Stock des Convention Centre, Ecke York und Carlton (Tel. 204/943 19 70). Die umfassendsten Informationen erhält man aber im Manitoba Travel Ideas Centre im Stadtteil Forks (Tel. 204/945 37 77).

►► Winnipeg 135D1

Städte, die mehr oder weniger im Nichts liegen, müssen für ein gutes Unterhaltungsprogramm sorgen. Genau das hat die »Präriehauptstadt« getan und gegen ihre geographische Isolation blühendes kulturelles Leben und eine gesunde, breit gefächerte Wirtschaft gesetzt.

Winnipeg galt lange als »die Stelle, an der der Westen anfängt« und wurde als Handelsposten der Hudson's Bay Company gegründet, die hier immer noch ihr Hauptquartier hat. Diese Schlüsselrolle wurde noch verstärkt, als die Konkurrenzfirma Northwest Trading Company 1738 ebenfalls einen Posten hier einrichtete. Thomas Douglas, Earl of Selkirk, kaufte 1821 Land ganz in der Nähe und siedelte dort Schotten an, die ihre Heimat hatten verlassen müssen. 1873 erhielt Winnipeg Stadtrechte, und 1886 kam eine Flut von Siedlern mit der transkontinentalen Eisenbahn. Heute ist Winnipeg die größte Stadt Kanadas zwischen Toronto und Calgary.

Downtown ►► Winnipegs Sehenswürdigkeiten sind auf mehrere Gebiete verstreut: Downtown, die »Forks« (östlich der Innenstadt), das Centennial Centre und das Ukrainian Cultural Centre (im Norden), und St Boniface (auf der anderen Red River-Seite). In der Innenstadt liegt der **Winnipeg Square,** das Shopping-Zentrum, und die **Winnipeg Commodities Exchange** (360 Main Street. *Geöffnet:* Mo–Fr 9.30–13.15 Uhr. *Eintritt:* frei), die berühmte Weizenbörse Kanadas, wo auch Öl und anderes gehandelt wird. Die **Winnipeg Art Gallery** ►► (300 Memorial Boulevard und Portage. *Geöffnet:* Sept.– Mai, täglich 11–17, Mi 11–21 Uhr, Mo geschlossen. *Eintritt:* niedrig) hat die weltgrößte Inuit-Kunstausstellung. In den Bars und Restaurants am lebhaften **Exchange District and Market Square** ►►, dem Stadtzentrum des 19. Jahrhunderts, pulsiert das Nachtleben.

Forks ▶▶▶ Dieser Bezirk, früher ein heruntergekommenes Viertel mit Lagerhäusern und Rangierbahnhöfen, zieht nach der Sanierung während der letzten Jahre immer mehr begeisterte Besucher an.

Das **Manitoba Travel Ideas Centre** versorgt Sie mit Wissenswertem über das Viertel und in Ausstellungen mit Informationen über die gesamte Provinz. Den historischen Hintergrund gibt **The Forks National Historic Site**, Tafeln erläutern die Geschichte der Ureinwohner und Pelzhändler, die sich als erste an der »Gabelung« von Red River und Assiniboine niederließen.

Andere restaurierte Bahngebäude beherbergen **Forks Market** und Johnston Terminal, beides belebte Areale mit Bars, Restaurants, Straßenmusikern und Geschäften, und das neue **Manitoba Children's Museum** ▶▶▶ (Geöffnet: Juni–Aug., Mo–Mi 10–18 Uhr, Do–So 10–20 Uhr; Sept.–Mai, Mo–Mi 9.30–18 Uhr, Do–Fr 9.30–20 Uhr, Sa–So 10–18 Uhr. Eintritt: niedrig), dessen historische, wissenschaftliche und naturhistorische Exponaten Kinder und Erwachsene gleichermaßen anzieht. Nördlich davon erhebt sich das **Ukrainian Cultural Centre** ▶▶ (184 Alexander Street und Main Street. Geöffnet: Di–Sa 10–16 Uhr, Eintritt: frei). Die Ausstellung im fünften Stock gibt einen Überblick über Geschichte und Tradition von Manitobas zweitgrößter Volksgruppe.

Centennial Centre: Dieser imponierende Komplex wurde 1967 zum 100jährigen Bestehen Kanadas gebaut und beherbergt das Manitoba Planetarium und das exzellente **Manitoba Museum of Man and Nature** ▶▶▶, dessen Ausstellungen die historischen und geographischen Aspekte der Provinz abdecken (190 Rupert Avenue. Geöffnet: Mitte Juni–Aug., täglich 10–18 Uhr. Sept.– Mitte Juni, Di–Fr 10–16 Uhr, Sa–So 10–17 Uhr. Eintritt: niedrig). Stolz des Museums ist die Nonsuch, eine Nachbildung des Schiffes, dessen Einsatz im Pelztransport zur Gründung der Hudson's Bay Company führte (siehe S. 168–169). Ein frisch renovierter Museumsflügel wird demnächst die Sammlung der Hudson's Bay Company zeigen, 6000 Artefakte, die die Gesellschaft im Laufe der Zeit erworben und nun der Provinz vermacht hat. Ein weiterer Blickfang ist das Eisbärendiorama (Arktis-Antarktis-Abteilung) und das originalgroße Tipi der Assiniboine (Prärie-Abteilung). Das Planetarium sollte man in Verbindung mit der »Touch the Universe«-Abteilung ansehen, eine Hightech-Sammlung mit »Wissenschaft zum Anfassen«.

St Boniface
Dieser Stadtteil war im frühen 18. Jahrhundert das Herz der frankokanadischen und Mestizenkultur und wurde erst vor 20 Jahren eingemeindet. Ein Viertel der Bevölkerung spricht noch französisch als Muttersprache. Besuchen Sie die St Boniface (avenue de la Cathedrale und avenue Tache), die nach einem Brand 1968 wieder aufgebaute Kathedrale, und das St Boniface-Museum im ältesten Gebäude Winnipegs (494 avenue Tache) mit seinen Mestizen-Exponaten (Geöffnet: Mitte Mai–Mitte Sept., täglich 9–21 Uhr; sonst Mo–Fr 9–17 Uhr, Sa–So 10–17 Uhr. Eintritt: Spende).

155

Winnipegs imponierendes Parlamentsgebäude.

Religionsgemeinschaften

■ In der Vielvölkerschar der Präriesiedler waren drei charakteristische Religionsgruppen (vor allem aus Rußland und Osteuropa) vertreten. Jede der Gruppen bildete eine in sich abgeschlossene Gemeinschaft, deren Lebensweise, wie die der Amish in den USA, über die Jahrhunderte unverändert geblieben ist ... ■

Ein Hutterer aus der Ewelme-Kolonie führt Gänse zum Füttern.

Alles in der Familie
Etwa 6000 Hutterer leben in Zentral-Alberta. Ihre Gemeinschaften sind so von der Außenwelt abgeschottet, daß viele ihren Stammbaum 500 Jahre zurückverfolgen können.

Ablehnung
Die Hutterer lehnen die moderne Welt total ab. Sie beziehen keine Rente und kein Arbeitslosengeld und weigern sich zu wählen. Kontakt mit der Außenwelt nehmen sie nur auf, wenn sie landwirtschaftliche Güter brauchen oder Land kaufen, was hin und wieder zu Spannungen mit den Menschen in den angrenzenden Gebieten führt.

Ein Mennonit auf dem Weg zu seinem Gehöft.

Hutterer: Keine der drei Gruppen hat sich so sehr modernen Einflüssen verschlossen und ist ihren Idealen so treu geblieben wie die Hutterer. Die Sekte der Wiedertäufer wurde im 16. Jahrhundert gegründet, ursprünglich in Mähren und Tirol. Den Namen hat sie von ihrem ersten Führer, Jakob Hutter. Nachdem sie durch Osteuropa nach Rußland gezogen war, emigrierte sie 1870 nach South Dakota; nach Kanada zog sie dann zwischen 1918 und 1922. Der Emigration lagen die pazifistischen Prinzipien der Hutterer zugrunde, denn ihnen drohte Militärdienst in den USA.

Heute besteht jede Hutterergemeinschaft aus etwa 100 Personen (etwa zehn Familien). Neue Gemeinschaften werden gebildet, wenn die Zahl auf 150 Personen angewachsen ist. Jede Gemeinschaft wird von einem gewählten Prediger geführt, und jeder Haushalt hat einen gewählten Vorstand, den *Wirt*. Die Arbeit wird gemeinsam erledigt und vom Wirt je nach Fähigkeit und Fertigkeit verteilt. Es gibt nur Gemeinschaftseigentum, die Familien leben in einfachen, nahezu identischen Häusern. Die Mahlzeiten werden gemeinsam eingenommen, wobei Frauen und Männer an nach Alter getrennten Tischen sitzen. Wenn die Kinder 18 Wochen alt sind, kommen sie in eine Krippe, ab dem zweiten Lebensjahr erhalten sie täglich sechs Stunden Unterricht im Kindergarten. Die Hutterer sprechen einen deutschen Dialekt, in dem auch die Gottesdienste gehalten werden. Wie die Sprache ist auch ihre Kleidung der Vergangenheit verhaftet: Die Männer tragen dunkle Anzüge und breitkrempige Hüte (und Bärte, wenn sie verheiratet sind); die Frauen tragen knöchellange Kleider und gepunktete Kopftücher.

Mennoniten: Die Wurzeln der Mennoniten liegen in den Niederlanden, wo die Bewegung im 16. Jahrhundert von

Menno Simons gegründet wurde. Wie viele Protestanten wurden sie wegen ihrer religiösen Ideale und pazifistischen Ansichten verfolgt. Zwei Sektenzweige leben jetzt in Kanada, da Unstimmigkeiten zur Spaltung führte: Die liberaleren *Untere* wanderten über Rußland nach Manitoba, und die fundamentalistischeren *Ammoniten*, die zuerst in die USA flohen, zogen später nach Ontario. Die Mennoniten sind heute weit mehr als die Hutterer, etwa 175 000 Personen. Etwa 65 000 leben in Manitoba, 45 000 in Ontario, die restlichen in anderen Provinzen. Der Zweig in Manitoba ist besser in den kanadischen Alltag integriert (aber immer noch pazifistisch). Viele der Ammoniten Ontarios dagegen lehnen Autos, Telefone und moderne Maschinen immer noch ab; deswegen sieht man sie oft in ihren Pferdewagen fahren; auch sie tragen noch ihre traditionellen dunklen Anzüge.

Duchoborzen: Sie kommen nicht aus protestantischer Tradition, sondern spalteten sich im 18. Jahrhundert von der russisch-orthodoxen Kirche ab, deren Priester und Hierarchie sie ablehnten. Ihre pazifistischen, gemeinschaftsorientierten Ideen führten rasch zu ihrer Verfolgung und zur Auswanderung nach Saskatchewan, wohin sie ihrem Führer Peter Verigin folgten. Im Gegensatz zu anderen Sekten bekamen die Duchoborzen Probleme in der neuen Heimat: Der kanadische Staat forderte, daß sie ihr Gemeinschaftseigentum in Privateigentum überführten, was zur Spaltung führte zwischen denen, die die Forderung der Regierung anerkannten, und denen, die ihren kollektivistischen Ideen treu blieben. Die letzteren gingen so weit, ihr Eigentum zu zerstören, sogar ihre Kleider zu verbrennen, um ihre Verachtung für weltliche Güter zu demonstrieren. Unter Verigin verließen die Extremisten Saskatchewan und zogen nach British Columbia. In Saskatchewan blieben die Gemäßigten zurück, sie wurden wohlhabende Farmer. Heute gibt es um die 38 000 in Kanada, davon etwa 32 000 in British Columbia.

Duchoborzinnen beim Getreideworfeln.

Dorfleben
Im Mennonite Heritage Village, einem Museumsdorf mit Infozentrum (61 km südöstlich von Winnipeg, bei Steinbach), bekommt man einen Eindruck vom Leben der Mennoniten *(Geöffnet:* Juni–Aug., Mo–Sa 9–19 Uhr; So 12–19 Uhr; Mai und Sept. Mo–Fr 10–16 Uhr, So 12–17 Uhr. *Eintritt:* niedrig). Es leben immer noch Mennoniten in diesem Gebiet, aber nur wenige tragen die traditionelle Kleidung oder arbeiten auf den Gemeinschaftshöfen.

Gemeinschaften
Die meisten Hutterergemeinschaften leben in Zentral-Alberta. Man sieht ihre Farmen von einsamen Präriestraßen um Stettler und Drumhelle aus sowie in den Tälern Battle und Red Deer. Hutterer kommen ab und zu in die Stadt. Sie fahren mit Pferdewagen und tragen ihre altmodische Tracht.

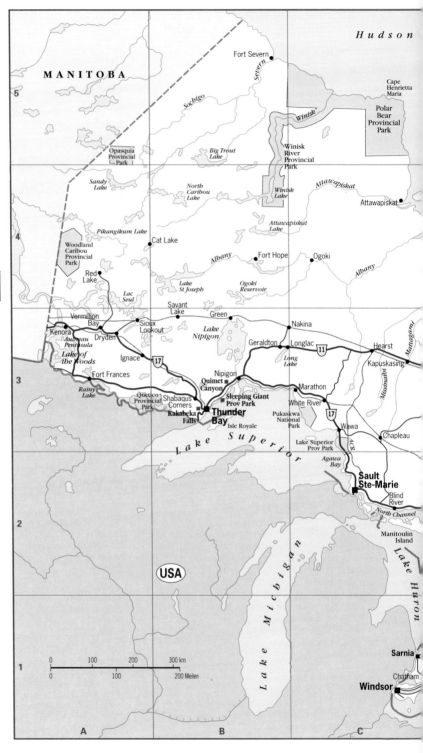

159

ONTARIO

B a y

James

kimiski
land

Bay

Fort Albany

oosonee

Abitibi

*Kesagami
Lake*

QUÉBEC

Cochrane

(11)

Lake Abitibi

Timmins

Kirkland
Lake

Gogama   New
Liskeard

Cobalt

*Lake
Temagami*

Cartier

(17) **Sudbury**   **North Bay**

Mattawa   *Ottawa*

*Lake
Nipissing*

Algonquin
Provincial   Pembroke
Park

Parry
Sound   Barry's   (17) Hull **OTTAWA**

Huntsville   Bay   Nepean   Cornwall

**Bruce
Peninsula
National Park**   Perth   Smiths
Falls

Georgian Bay   Ste-Marie among
the Hurons   (401)

Owen
Sound   Midland   *Lake
Simcoe*   (7)   Brockville

Wasaga
Beach   Barrie   **Peterborough**   **Kingston**

(21)   (403)   Belleville

North York   Newcastle   *Edward
Peninsula*

Guelph   **Oshawa**   *Lake
Ontario*

Goderich   (401)   **TORONTO**

itchener   **Burlington**

(403)   **Hamilton**

02)   **London**   Niagara Falls

(401)   St
Thomas   Simcoe   Fort Erie

L a k e   E r i e

D

E

ONTARIO

Vor der Abreise
Informationen über Ontario erhalten Sie beim Ministry of Culture, Tourism and Recreation, 77 Bloor Street West, Toronto, Ontario M7A 2R9 oder bei Ontario Travel, Queen's Park, Toronto, Ontario M7A 2E5 (Tel. 416/314 09 44). Aus den USA und Kanada (außer Yukon, Alaska und den NWT) können Sie die gebührenfreie Nummer 1-800/568 27 46 wählen.

Bus und Zug
Voyager Colonial Bus-Linien bieten in Ontario einen Schnellbusservice zwischen Ottawa, Montréal und Toronto an. Für weitere Informationen rufen Sie beim Ottawa Bus Terminal an (Tel. 613/ 238 59 00). Folgende Strecken haben Zugverbindungen: Ottawa–Kingston, Cochrane– Moosonee, Sault Ste Marie–Hearst, Sudbury–White River, Toronto– Huntsville–Hearst, Toronto– Kingston–Montréal, Toronto–Ottawa, Toronto– Sudbury–Winnipeg. Anschlüsse an die AMTRAK gibt es in Windsor (Detroit) und Fort Erie (Buffalo).

Die zweitgrößte Provinz: Ontario ist Kanadas politisches, industrielles und kulturelles Zentrum, seine zweitgrößte Provinz und eine der wohlhabendsten und dichtbesiedeltsten Regionen. Der Reichtum erklärt sich aus den reichen Bodenschätzen, dem fruchtbaren Ackerland und der Nähe zur USA, die kontinuierliches Wirtschaftswachstum und eine nationale Vormachtstellung ermöglichten. Ottawa, die Bundeshauptstadt, lebt von der Politik, und Toronto nimmt eine Spitzenstellung unter den nordamerikanischen Städten ein. Trotz der unübertroffenen kulturellen Angebote – vor allem Museen – fehlt den Städten Ontarios die Eleganz, und seinen Landschaften die atemberaubende Schönheit derer in anderern kanadischen Provinzen.

Erkundungen: Durch eine Linie, die vom Ottawa River zur Georgian Bay führt, ist die Region deutlich in Nord und Süd unterteilt. Nördlich der Linie liegt spärlich bevölkerte Wildnis, eine zerklüftete Landschaft mit Bergen und Seen, die bei Kanusportlern und Anglern beliebt ist. Die meisten anderen Besucher fühlen sich im Süden wohler und beginnen mit ihren Erkundungen in Toronto, dessen Flughafen der größte Verkehrsknotenpunkt Kanadas ist, oder folgen den Straßen und Schienenwegen von Westkanada an die Seeufer des Huron und Superior. Von Toronto aus kann man die Niagara-Fälle besuchen, die größte Attraktion der Region, und hat gute Anschlußmöglichkeiten nach Ottawa, Montréal und Québec. Auch zu den schönsten Landstrichen der Provinz ist es nicht weit, vor allem zum Gebiet um die Georgian Bay und Bruce Peninsula am Lake Huron (in deren Städtchen man sich gerne aufhält).

Erste Besiedlung: Ontarios Klima und geographische Lage waren ausschlaggebend für die Besiedlung. Bevor die Europäer eintrafen, war der kältere, unwirtlichere Norden das Zuhause widerstandsfähiger Halbnomaden. Der Süden, wärmer und fruchtbarer, war die Domäne der Irokesen und Algonkin, die wohlhabender und seßhafter waren (siehe S. 184–185). Ihrem Beispiel folgte der Großteil der Bevölkerung Ontarios. 85 Prozent leben an den Südrändern der Provinz, in einem Gebiet, das nur 15 Prozent der Gesamtfläche ausmacht.

Großbritannien und Frankreich: Es waren die Irokesen, mit denen die französischen Entdecker und Händler im 17. Jahrhundert die ersten (meist freundlichen) Kontakte hatten. Von einer Niederlassung in Sainte-Marie nahe dem heutigen Toronto, begannen die ersten französischen Missionare die Huronen zu bekehren. Diese Siedlung war lange Jahre Anlaufstelle und Heimat für viele Neuankömmlinge in diesem Gebiet (siehe S. 163). Die Missionsarbeit trug allerdings keine Früchte, denn die Irokesen zerstörten 1650 Sainte-Marie und ermordeten die Missionare. Diesen Rückschlag kompensierte Frankreich durch die Expansion im Süden. Im Norden dagegen gewannen die Briten das Rennen. Ihre wachsende Autorität repräsentierte die 1670 gegründete Hudson's Bay Company (siehe S. 168–169), deren Handelsposten in Moosonee (1673 errichtet) die älteste offizielle Niederlassung der Provinz ist. Handel konnte jedoch die Kolonisation nicht ersetzen, und beim Fall von Neu-Frankreich. 1763 (siehe S. 33) gab es hier nicht mehr als 400 Europäer.

Revolution und Invasion: Erst nach dem Amerikanischen Unabhängigkeitskrieg (1775–83) stieg die Zahl der Siedler deutlich an, als etwa 80 000 der eineinviertel Millionen Menschen, die der britischen Krone die Treue hielten, über die Grenze kamen. Etwa 10 000 von ihnen ließen sich im heutigen Ontario nieder. 1791 wurde die Region offiziell als Upper Canada etabliert, um sie vom hauptsächlich französischsprachigen Lower Canada – dem heutigen Québec – abzugrenzen. Niagara-on-the-Falls war die erste Hauptstadt, später abgelöst von Toronto.

1812 griffen die USA erneut in die Geschichte Ontarios ein, als sie in das Land einzumarschieren versuchten, während Großbritannien gerade in Europa mit Napoleon beschäftigt war. Aber die Eroberung war nicht so einfach, und um die Great Lakes und Niagara wurde erbittert gekämpft. Nach weiteren sporadischen Gefechten wurden die Amerikaner zurückgeschlagen.

Einwanderung: Vom Eroberungsversuch abgeschreckt, bemühten sich die Briten, Upper Canada durch eine massive Einwanderungspolitik zu stärken. Die wirtschaftlich harten Zeiten und das Angebot von kostenlosem Land lockten rund 1,5 Millionen Briten zwischen 1820 und 1840 nach Upper Canada. Mit frischem Blut kam ein frischer Wind, vor allem im politischen Leben, wo die festverwurzelte Macht des britischen Gouverneurs und seiner Clique – »Family Compact« – 1837 durch einen bewaffneten Aufstand unter William Lyon Mackenzie herausgefordert wurde.

Obwohl der Aufstand rasch niedergeschlagen war, veranlaßte er die britische Regierung zu einer politischen Umstrukturierung. Er beschleunigte außerdem die Konföderation, die von den Politikern John A. Macdonald aus Ontario und George Etienne Cartier aus Québec vorangetrieben wurde. Die Einigung kam 1867 zustande, und aus Upper Canada wurde die Provinz Ontario.

Wäßriges Erbe
Der Name »Ontario« stammt von einem Wort der Irokesen, für das es verschiedene Übersetzungen gibt: »schönes Wasser«, »schimmernde Gewässer« (wegen der zahllosen Seen der Provinz) und »Felsen, die hoch neben dem Wasser stehen« (vielleicht eine Anspielung auf die Niagara-Fälle).

Reiche Bodenschätze
Die uralten Felsen des Kanadischen Schildes (siehe Seite 12) bergen einen ungeheuren Reichtum an Bodenschätzen. Im Sudbury Basin lagern die größten Nickelvorkommen der Welt (1883 entdeckt); in Cobalt gibt es große Silberreserven (1903 entdeckt), und die Provinz ist ein bedeutender Produzent von Gold, Kupfer, Eisen, Zink und Uran.

161

In einem Jahr werden die Niagara Fälle von etwa 12 Millionen Leuten besucht.

Herbstfarben in der Georgian Bay.

Binnengewässer
Die Great Lakes sind riesengroß. Rudyard Kipling bemerkte dazu: »Süßwasser hat kein Recht, bis über den Horizont zu reichen, große Dampfer auf und ab zu schaukeln; kein Recht, die langsamen Schritte der Tiefsee zwischen zerklüfteten Klippen zu tanzen; oder an Schilfufer und Sandstrände zu tosen, zwischen breiten Landzungen, die meilenweit in Dunst und Nebel versinken.« *Letters of Travel* (1907).

Seelenlos und unheimlich
»Diese großen Seen haben etwas Unheilvolles und Unnatürliches ... Das Meer wird im Himmel keinen Einlaß finden. Es hat keine Seele. Es ist grausam, tückisch ... Aber diese riesigen Seen, die den Ozean nachahmen, sind weder richtiges Süß- noch Salzwasser. Sie haben wahrnehmbare Seelen, und die sind verdorben.« Rupert Brooke. *Letters from America, 1913* (1916).

▶▶　**Lake Huron**　　　　　*158C2*

Bruce Peninsula ▶▶ schneidet die Georgian Bay vom Rest des Lake Huron fast ab. Auf der Insel gibt es ein paar bewundernswerte Nationalparks und interessante Dörfer und Städtchen. Das erste ist das verschlafene **Owen Sound** ▶ mit der **Tom Thomson Memorial Art Gallery** *(Geöffnet: Mo–Sa 10–17 Uhr, So 12–17 Uhr, Sept.–Juni zusätzlich Mi 19–21 Uhr, Mo geschlossen. Eintritt:* Spende), eine Art künstlerischer Schrein für den Gründungsvater der *Group of Seven* (siehe S. 176–177). Weiter nördlich schmiegt sich **Tobermory** ▶, ein ruhiges Fischerdörfchen, um seine beiden Häfen Little Tub und Big Tub. In Little Tub liegt das National Park Visitor Centre, in das Sie unbedingt hineinschauen sollten, wenn Sie die beiden Nationalparks besuchen. Der **Fathom Five Marine National Park** ist eine Art See-Nationalpark mit 19 unbewohnten Inseln, der beliebtere **Bruce Peninsula National Park** ▶▶ ein Mosaik aus Klippen, Stränden und Wäldern.

Georgian Bay ▶▶▶ Die Bucht, so groß, daß sie als See im See bezeichnet werden kann, steht im Zentrum der touristischen Attraktionen des Lake Huron. Sainte-Marie among the Hurons ist das Highlight (siehe S. 163), aber das ganze Gebiet zieht Besucher und Einheimische gleichermaßen an. Sehr beliebt ist **Wasaga Beach** ▶ mit seinem 14 Kilometer langen weißen Sandstrand. Östlich davon liegt die hübsche Stadt **Peneetanguishene** ▶▶, »Ort des wandernden weißen Sandes«, eine ehemalige Mission, die 1639 gegründet und zeitgleich mit Sainte-Marie aufgegeben wurde. Etwa elf Kilometer nordwestlich liegt Awenda National Park, ein kleines Paradies mit Wäldern, felsigen Stränden und leichten Wanderwegen. **Midland,** eine halbindustrialisierte Kleinstadt dient hauptsächlich als Ausgangsbasis für einen Besuch in Sainte-Maire. Nehmen Sie sich Zeit für **Huronian Museum and Huronia Native Village** (King Street. *Geöffnet:* täglich Mo–Sa 9–17.30 Uhr, So 10–17.30 Uhr; Sept.–April ab 17 Uhr geschlossen. *Eintritt:* niedrig), die beide über Geschichte und Kultur der Huron neu informieren.

Goderich▶▶ Das schönste der unbeschriebenen Städtchen an der Ostseite des Lake Huron liegt auf einer Klippe über dem See. Hier endet die Huron Road, die gegen Ende des 19. Jahrhunderts gebaut worden war, um die Einwanderung in dieses Gebiet zu erleichtern. In dem von Alleen durchzogenen Städtchen geht es im Sommer meist sehr lebhaft zu. Es beherbergt das **Huron County Museum**, eine Sammlung von Erinnerungsstücken aus der Pionierzeit (110 North Street. *Geöffnet:* Mo–Fr 10–16.30 Uhr, So 13–16.30 Uhr, Mai–Sept. auch Sa 10–16.30 Uhr *Eintritt:* niedrig), und das **Huron Historical Jail**▶▶, ein 150 Jahre altes Gefängnis und Gerichtsgebäude (181 Victoria Street. *Geöffnet:* April–Mitte Okt. Mo–Sa 10–16.30 Uhr; Mitte Okt.–Nov. auch Sa 13–16.30 Uhr. *Eintritt:* niedrig).

Sainte-Marie among the Hurons▶▶▶ Fünf Kilometer östlich von Midland am Highway 12 liegt dieser exakte Nachbau jener befestigten Mission, die die Jesuiten 1639 mitten unter den Huronen anlegten. *(Geöffnet:* Mai–Okt. täglich 9–21 Uhr; *Eintritt:* niedrig) Obwohl sie nur zehn Jahre lang bewohnt war, beherbergte die Siedlung etwa 20 Prozent aller Europäer, die bis 1648 in Neu-Frankreich lebten (siehe S. 30). Angriffe der feindlichen Irokesen und das Massaker an mehreren Priestern führte schließlich zum Untergang der Siedlung (siehe Kasten), zusätzlich dezimierten von Europäern eingeschleppte Krankheiten die konvertierten Huronen.

Bevor Sie sich die Siedlung ansehen, holen Sie sich im ausgezeichneten **Reception Centre** und dem **Museum** Hintergrundinformationen über die Geschichte der Mission. Sie war wie ein europäisches Kloster aufgebaut: Priester und Europäer bewohnten den einen Teil, Konvertierte den anderen. Führer und Helfer in Kostümen des 17. Jahrhunderts machen den Besuch anschaulich.

Fremdenverkehrsbüros
Goderich: Victoria und Elgin; *Midland:* King Street; *Wasaga Beach:* Area 3, 35 Dunkerron Street.

Grausames Ende
Fünf Missionare wurden in Sainte-Marie among the Hurons von den Irokesen zu Tode gefoltert. Einer von ihnen, Jean de Brébeuf, wurde besonders grausam gequält. Man schlug ihn nackt an einen Pfahl, übergoß ihn als »Taufe« mit kochendem Wasser, und legte ihm einen Kragen aus glühenden Axtblättern um den Hals. Trotz seiner Qualen predigte er seinen Folterern weiter, bis sie ihm Zunge und Lippen herausschnitten. Die Irokesen waren von seiner Tapferkeit so beeindruckt, daß sie sein Herz aßen, damit seine Kraft auf sie überginge.

Das wiedererrichtete einheimische Dorf in Sainte-Marie among the Hurons.

Fremdenverkehrsbüros
Sault Ste-Marie: Industrie-
und Handelskammer, 120
Huron Street (Tel. 705/
949 71 52); *Sleeping Giant
Provincial Park:* Lake Marie
Louise (Tel. 807/977 25 26);
Thunder Bay: Peterson
Park, Fort William (Tel.
807/623 75 77) und CN Stati-
on, Port Arthur's Marina
Park (Tel. 807/345 68 12).

Geschäftiger Fluß
St Mary's River gehört zu
den meistbefahrenen Flüs-
sen der Welt (100 Mio. t
Getreide und Holz jährlich).

*Algoma Central Rail-
way auf dem Weg
zum Agawa Canyon.*

▶▶   **Lake Superior**   *158B3*

Uferregion▶▶ Die rauhe Schönheit des Lake Superior
erlebt man am besten auf der 230 Kilometer langen Fahrt
von Sault Ste-Marie nach Wawa, einem Teil des Trans-
Canada Highway; er durchquert die überwiegend öde Szenerie, bevor er die Granit-Landzungen, die Höhlen und Klippen der wilden Landschaft rund um den See erreicht. Zu
den Höhepunkten der Reise gehören die Aussichtspunkte
Alona Bay und **Agawa Bay**▶▶ und die 84 Kilometer lange
Strecke durch den **Lake Superior Provincial Park** ▶▶. Das
Parkzentrum (Tel. 705/856 22 84) liegt am Highway, 194
Kilometer von Sault Ste-Marie entfernt.

Sault Ste-Marie ▶▶ Die Stadt mit dem Spitznamen »Soo«
liegt am St Mary's River, der die Grenze zwischen den
USA und Kanada bildet und eine Verbindung zwischen
Lake Huron und Lake Superior herstellt. An seinen Stromschnellen versammelten sich die Ojibwa seit frühester
Zeit. 1669 bauten französische Jesuiten hier eine Mission
und legten den Keim zu einer Siedlung, die zu einer der
wichtigsten Städte Ontarios heranwuchs.

Die hübsche Innenstadt entschädigt für den Anblick der
Industriegebiete. Hauptattraktion ist das **Marie Ermantin-
ger Old Stone House** (831 Queen Street East. *Geöffnet:*
April–Mai, Mo–Fr 10–17 Uhr; Juni–Sept., täglich 10–17
Uhr; Okt.–Nov., Mo–Fr 13–17 Uhr. *Eintritt:* Spende), das
ein wohlhabender Pelzhändler 1814 im georgianischen Stil
für seine Frau, eine Ojibwa-Prinzessin, baute. Gegenüber
bietet das **Sault Ste-Marie Museum** einen allgemeineren
Überblick über die Geschichte der Stadt *(Geöffnet:* Mo–Sa
9–16.30 Uhr, So 13–16.30 Uhr. *Eintritt:* Spende).

Einen Block weiter südlich, unten am Wasser, liegt das
Museumsschiff **MS** *Norgoma,* das letzte Schiff, das für
den Passagierverkehr auf den Great Lakes gebaut wurde.
Die Anlegestelle für die empfehlenswerten Fahrten auf

Unterricht in Provinz-geschichte, die sich über 350 Jahre erstreckt.

Algoma Central Railway (ACR)
Die 500 km lange Eisenbahnstrecke wurde 1901 gebaut, um Sault Ste-Marie mit den Holzressourcen weiter im Norden zu verbinden. Heute nutzt man sie, um Ausflüge in die Seen-, Wald- und Berglandschaft der Wildnis von Agoma zu machen. Am schönsten und ausgesprochen beliebt ist die Agawa Canyon Train Tour (Juni-Sept., täglich 8 Uhr; unbedingt rechtzeitig reservieren), eine 336 km lange Tagesfahrt mit zweistündigem Aufenthalt am Agawa Canyon. Der Snow Train fährt dieselbe Strecke im Winter. Im Sommer gibt es auch noch eine Zweitagestour mit Übernachtung in Hearst. Näheres erfahren Sie bei ACR, 129 Bay Street (Tel. 705/946 73 00).

den **Kanälen und Schleusen von Soo**►► ist am benachbarten Norgoma Dock *(Geöffnet:* 2–4 Überfahrten täglich, saisonabhängig. *Eintritt:* teuer). Die Wasserwege können auch von einem Aussichtspunkt am Südende der Huron Road überblickt werden. Die meisten Besucher kommen aber nicht deswegen in die Stadt, sondern wegen der **Algoma Central Railway** (siehe Kasten).

Thunder Bay► Den unermeßlichen Weizenreichtum Kanadas erfaßt man am besten, indem man durch die Prärien fährt oder sie überfliegt. Oder man besucht Thunder Bay, einst Haupthafen für Prärieprodukte, dessen gigantische Getreidesilos gleichsam aufragen wie Monumente der Fruchtbarkeit. Dieser moderne Hafen, Dreh- und Angelpunkt des Handels, ist Endpunkt des großen 3200 Kilometer langen St Lawrence-Wasserweges. Da die Regierung mehr die Pazifikhäfen begünstigte, büßte der Hafen seine Vorrangstellung weitgehend ein. Die Stadt versuchte verzweifelt, diese wirtschaftlichen Einbußen durch die Förderung des Tourismus zu kompensieren. Nun kann niemand behaupten, Thunder Bay sei eine besonders schöne Stadt – ganz im Gegenteil –, aber die kosmopolitische Atmosphäre verleiht ihr einen ganz besonderen Reiz. Die angebotenen **Hafenrundfahrten**►► bieten einen faszinierenden Einblick in das Hafengeschehen.

Umgebung von Thunder Bay►► Einige Attraktionen der Umgebung entschädigen für Thunder Bays wenig attraktives Erscheinungsbild. 30 Kilometer westlich des Trans-Canada Highway liegen die **Kakabeka Falls**►►, die 39 Meter tief in eine enge Schlucht stürzen. Da der Wasserfall zur Stromgewinnung genutzt wird, sieht man manchmal nur ein Rinnsal; erkundigen Sie sich besser vorher im Fremdenverkehrsbüro. Nordöstlich von Thunder Bay liegt der bemerkenswerte **Quimet Canyon**►►: ein 100 Meter tiefer, 150 Meter breiter Abgrund, über dessen fast kahle Hänge man von zwei Plattformen schauen kann. Eindrucksvolle Landschaften bieten auch der **Sleeping Giant Provincial Park**►, 51 Kilometer östlich von Thunder Bay, und die Küste der **Nipigon Bay.**

Pelzhandel
In der Zeit des Pelzhandels, als Thunder Bay noch Fort William hieß, war die Stadt Dreh- und Angelpunkt für Trapper aus Montréal und der Northwest Trading Company. Einmal im Jahr brachten sie die Beute eines Jahres aus dem Westen hierher und übergaben sie den Händlern zum Transport über die Großen Seen bis in die Häfen Ostkanadas. In mit Fellen beladenen Kanus traf man sich hier jeden Sommer zum sechswöchigen »Great Rendezvous«. Thunder Bay erinnert jedes Jahr im Juli mit einem Festival im alten Fort William (16 km außerhalb) an das rauschende Fest.

Enttäuschung
Die Niagara-Fälle waren lange Zeit das beliebteste Flitterwochenziel der Nordamerikaner. »Die Niagara-Fälle müssen die zweitgrößte Enttäuschung in einer amerikanischen Ehe sein«, kommentierte Oscar Wilde.

Aus der Luft
Hubschrauberrundflüge über die Wasserfälle organisiert Niagara Helicopter Ltd. (Tel. 905/357 56 72; sehr teuer).

Nichts ist mehr wie früher
Bevor der Niagara River zur Stromgewinnung genutzt wurde, strömten 6 Mio. l Wasser pro Sekunde über die Kippen. Nach der gemeinsamen Nutzungsvereinbarung von Kanada und den USA (1951) fließen im Sommer nur noch 3,1 Mio. und im Winter 1,4 Mio. l. Dadurch verringerte sich die Erosion von 1 m auf 30 cm jährlich.

Vom Donnern verführt
Der Jesuitenmissionar Louis Hennepin war der erste Europäer, der die Niagara-Fälle sah (1678). Er befuhr den Lake Ontario, als er von diesem Donnern magisch angezogen wurde. Er folgte dem Niagara flußaufwärts, bis er die Fälle entdeckte. Durch die Regulierung der Wassermassen kann man die Fälle heute vom See aus nicht mehr hören!

▶▶▶ **Niagara Falls**   159D1

Die Niagara-Fälle sind nicht die größten oder gar höchsten Wasserfälle der Welt, aber mit zwölf Millionen Besuchern jährlich sicher die berühmtesten und meist besuchtesten. Der starke Publikumsverkehr bringt zwangsläufig eine häßliche Kommerzialisierung mit sich, vor allem in der Stadt Niagara Falls (gleich nördlich der Fälle). Die Umgebung der Fälle erweist sich als relativ zivilisiert, aber dennoch ist es meist angenehmer, nur zu einem Tagesausflug hierherzukommen. Wenn Sie bleiben wollen, übernachten Sie in dem Städtchen **Niagara-on-the-Lake,** 26 Kilometer flußabwärts.

Geschichte: Die Niagara-Fälle bestehen aus zwei Teilen: den **American Falls** (300 m breit und 50 m hoch) auf der US-amerikanischen Seite des Flusses, und den größeren und berühmteren **Horseshoe Falls** (800 m breit und 50 m hoch) auf der kanadischen. Beide sind aus geologischer Sicht noch jung; sie entstanden am Ende der letzten Eiszeit, als sich das Wasser des Lake Erie einen Ausweg Richtung Lake Ontario suchte. Unterwegs stürzte der neue Fluß über den Rand eines Kalkkraters, wurde zum Wasserfall und grub im Verlauf dieses Prozesses eine tiefe Schlucht. Die Fälle verlegten sich so im Lauf der letzten 12 000 Jahre etwa elf Kilometer flußaufwärts zurück (siehe Kasten). Mit der Zeit werden sie bis Buffalo am Lake Erie zurückwandern, und die Fälle, die wir heute kennen, werden dann nicht mehr existieren.

Blick vom Fluß: Wenn Sie vom Ort Niagara Falls (dort gibt es günstige Bus- und Zugverbindungen) zu den Niagara-Fällen fahren, bietet sich als bester Weg, das Schauspiel zu betrachten, die **Niagara Parkway River Road** (am Westufer des Niagara) an. Die meisten der Wanderwege und Aussichtsplattformen dieses Gebiets werden vom Canadian Park Service verwaltet; dadurch können die schlimmsten kommerziellen Exzesse eingegrenzt werden. Der blumenreiche **Queen Victoria Park** ist hübsch: Ein Areal gepflegter Rasenflächen und baumgesäumter Wanderwege, das etwa einen Kilometer lang bis zur Rainbow Bridge am Ufer entlang verläuft (eine Verbindung über den Fluß in die USA).

Vogelperspektive: Von zwei Beobachtungstürmen dicht an der Straße kann man die Fälle aus der Vogelperspektive betrachten: vom **Minolta Tower** (6732 Oakes Drive. *Geöffnet:* täglich Juni-Sept., 9–24 Uhr; Okt.–Mai, 9–23 Uhr. *Eintritt:* niedrig) und vom etwas höheren **Skylon Tower** (5200 Robinson and Murray Hill. *Geöffnet:* täglich 8–24 Uhr. *Eintritt:* niedrig). Diese Türme bieten die beste Möglichkeit, die Fälle nachts bei Flutlicht anzusehen. Den optimalen Rundblick über das Gebiet bietet aber ein **Hubschrauberrundflug** (siehe Kasten) über die Schlucht unterhalb der Fälle, die »Whirlpools«, wo der Fluß nach Osten abbiegt, die Whirlpool Rapids (Stromschnellen) und über die eigentlichen Klippen.

Aus erster Hand: Einen hautnahen Eindruck bietet das **Table Rock House** *(Geöffnet:* März–Aug. täglich 9–22 Uhr; Sept.–Okt. So–Fr 9–18 Uhr, Sa 9–20 Uhr; Nov.–Feb. So–Fr 9–17 Uhr, Sa 9–18 Uhr. *Eintritt:* niedrig) direkt an den

Horseshoe Falls, zu erreichen per Seilbahn von der Porton Road, nähe Minolta Tower. Obwohl man auf den Aussichtsplattformen im Gischtregen steht, ist der Tunnel hinter den Fällen das Großartige, von wo aus man einen Blick durch den Wasservorhang werfen kann. Aufregend ist auch eine Fahrt mit dem **Boot** der Maid of the Mists bis zum Rand der Fälle (im Sommer 9–20 Uhr alle 15 Minuten; im Winter 10–17 Uhr. *Eintritt:* teuer). Der Anlegeplatz liegt unterhalb der Rainbow Bridge und ist mit der Seilbahn von der Ecke Clifton Hill und Niagara Parkway zu erreichen.

Der aufregendste – und feuchteste – Weg, die majestätischen Niagara-Fälle zu bewundern.

Die Hudson's Bay Compan

■ Der Name Hudson's Bay Company zieht sich wie ein roter Faden durch Kanadas Geschichte. Abgelegene Außenposten der Gesellschaft legten den Grundstein für zahlreiche moderne Städte und Gemeinden; ihre Vertreter regierten als Vertreter der englischen Krone über 200 Jahre lang weite Teile des Landes ... ■

168

Älteste Gesellschaft
Die Hudson's Bay Company ist die älteste in Nordamerika noch tätige Firma. Sie ist außerdem immer noch Kanadas größte Handelsgesellschaft und eine der größten Immobilien-Gesellschaften des Landes.

Abkürzung
Der Weg durch die Hudson Bay sparte im Vergleich zur Route über Montréal 1500 km Transportweg nach Europa, dem größten Abnehmer der kanadischen Pelze.

Rettich und Stachelbeere: Der Pelzhandel war Anfang des 17. Jahrhunderts fast ausschließlich in französischer Hand, und eine der größten britischen Gesellschaftsgründungen hat – ironischerweise – ihre Wurzeln in der Desillusionierung zweier Franzosen. Médard Chouart des Groseilliers und Pierre-Esprit Radisson, auch »Radish« (Rettich) und »Gooseberry« (Stachelbeere) genannt, waren schon seit langem über die enormen Kosten für den Pelztransport nach Québec und die hohen Steuern der französischen Verwalter frustriert gewesen. 1661 kamen sie an die Südseite der Hudson Bay, des »Binnenmeeres«, das Henry Hudson etwa 50 Jahre zuvor entdeckt hatte. Vielleicht, dachten sie, war es einfacher, die Pelze hierher zu bringen, anstatt sie über die verschlungenen Wasserstraßen von Montréal und St. Lawrence zu befördern.

Als sie mit den Neuigkeiten und mehr als 300 Kanus voller Pelze nach Québec kamen, wurden sie sofort wegen Handelns ohne Lizenz eingesperrt. Sie konnten in die britische Kolonie Neu England fliehen, von wo sie 1665 nach London eskortiert wurden. Dort stießen ihre Vorschläge auf weitaus mehr Interesse. Einige Händler finanzierten unter Leitung von Prinz Rupert von Böhmen, einem Cousin von Charles II., die Fahrt der beiden Schiffe *Eaglet* und *Nonsuch*, um die Vorschläge zu testen. Die *Nonsuch* kehrte 1668 mit Fellen beladen aus der Bay zurück. Am 2. Mai

1670 gewährte Charles II., vom Erfolg der Expedition motiviert, dem »Governor and Company of Adventurers trading into Hudson's Bay« eine Königliche Konzession: Die Hudson's Bay Company (HBC) war rechtskräftig. Die Domäne (sie umfaßte das Land im Einzugsbereich der in die Bay mündenden Flüsse) wurde »Rupert's Land« getauft – ein unvorstellbar großes Gebiet (siehe Kasten).

Hudson's Bay Company verließ sich hauptsächlich auf heimische Trapper. Links: Die alte Firmenflagge wird in Fort Lanley gehißt.

Wettbewerb: Da die Handelsposten der Gesellschaft von See her versorgt werden konnten (siehe Kasten gegenüber) und mitten im besten Pelztiergebiet lagen, überflügelte die Gesellschaft am Ende ihre Wettbewerber, von denen die Northwest Trading Company der härteste war. Sie wurde 1783 von Händlern aus Montréal gegründet, entwickelte sich zur größten Unternehmung ihrer Zeit und vertrieb die HBC aus den »nicht beanspruchten« Gebieten des Nordwestens. Ihre Mitarbeiter – Männer wie Alexander Mackenzie, Simon Fraser und David Thomson – gehörten zu den größten Entdeckern ihrer Zeit (siehe S. 66–67). Letzten Endes setzte sich jedoch die HBC mit ihren niedrigeren Kosten durch. 1821 schlossen sich die Firmen zusammen, wobei die HBC die Führung hatte. Gleichzeitig bestätigte die britische Regierung die Monopolstellung der Gesellschaft und sprach ihr auch die Northwest Territories zu.

Rupert's Land
Prinz Rupert und seine Händler erwarben die Handels- und Bergbaurechte für mehr als 8 Mio. Quadratkilometer Land – etwa ein Zwölftel der festen Erdoberfläche.

In voller Blüte: Die Gesellschaft spielte eine große Rolle bei der Entwicklung Kanadas. Ihre Handelsposten legten den Grundstein für viele Städte im Westen und Norden. So war James Douglas in den 50er Jahren des 19. Jahrhunderts auf Vancouver Island sowohl Angestellter der HBC als auch Gouverneur der Insel. All dies fand ein Ende, als die kanadische Regierung 1868 Rupert's Land für 300 000 Pfund kaufte (der größte Landverkauf der Geschichte, siehe S. 37). Damals schon begann sich das Interesse der HBC auf Grundstücke zu verlagern Sie handelte aus, daß sie ein Zwanzigstel des »fruchtbaren Landes« und die Gebiete um die alten Handelsposten behalten durfte. Daher blüht die Gesellschaft noch heute.

Handelsposten
Die Hudson's Bay Company war eine der ersten Aktiengesellschaften. Ihre Gesellschafter beriefen einen Geschäftsführer und einen Vorstand in London, die Leute für Bestellung und Versand der Handelswaren einstellten. Diese Männer vor Ort, die sogenannten *factors*, bauten ein Netz von Handelsposten auf, das sich schließlich über einen großen Teil von Kanadas nördlicher Wildnis erstreckte.

Ottawas Tulpenfest wird seit dem Jahr 1945 gefeiert.

Ankunft

Der Ottawa International Airport (Tel. 613/998 31 51), 18 km südlich der Stadt, ist mit der Innenstadt durch Taxis und den halbstündigen Busshuttle der Carleton Bus Lines verbunden. Reisebusse kommen am Voyager Busterminal (Tel. 613/238 59 00) im Süden der Stadt, 265 Catherine Street und Kent an. Von dort fährt der Linienbus 4 der OC Transport in die Innenstadt. Der VIA Rail-Bahnhof liegt fünf km vom Zentrum in einem südöstlichen Vorort der Stadt, 200 Tremblay Road (Tel. 613/244 82 89). Von dort fährt der Bus 95 ins Zentrum.

Neuer Name

Ottowa bedeutet in der Sprache der Ureinwohner »Ort zum Kaufen und Verkaufen«.

►► Ottawa 159E2

Ottawa galt jahrelang als eine der langweiligsten Städte Nordamerikas. Ethnische Vielfalt, Investitionen in Kunst und Kultur und die Renovierung historischer Monumente in letzter Zeit brachten eine deutliche Verbesserung. Dennoch bietet die Stadt kaum mehr als eine angenehme Provinzatmosphäre verglichen mit Toronto oder Montréal. Als Hauptstadt eines zweisprachigen Landes bemüht sie sich um Integration und ist angekunden an das frankophone Hull in Québec jenseits des Flusses Ottawa.

Wildnis: Lange bevor die erste Siedlung am Zusammenfluß von Ottawa und Rideau entstand, nutzten die Algonkin und die Pelzhändler die Flüsse als Transportwege. Der Amerikaner Philemon Wright baute hier um 1800 die erste Niederlassung am Ufer, die Sägemühle Wrightstown. Später nannte er sie zu Ehren des englischen Geburtsortes seiner Eltern Hull. Neue Impulse bekam die Siedlung 1826 durch den Bau des Rideau-Kanals, der die Verbindung zum Lake Ontario verbessern und die gefährlichen Strömungen des St. Lawrence umgehen sollte. Wo der Kanal mit dem Ottawa zusammentraf, wurde ein großes Baucamp errichtet und nach dem leitenden Ingenieur des Projektes schließlich Bytown genannt.

Westminster: Schon 1850 machte Bytown Toronto, Montréal und anderen Städten im Rennen um die Rolle der Hauptstadt der »Provinz Kanada« Konkurrenz. Die Rivalität war so groß, daß man Queen Victoria entscheiden ließ. Nachdem Ottawa 1854 seinen Namen geändert hatte, um das rauhe Image des ehemaligen Baucamps abzulegen, erhielt es 1864 den königlichen Zuschlag. (Die Königin soll ihre Wahl nur aufgrund eines Aquarells getroffen haben, das die Landschaft außerhalb der Stadt darstellte). Die Entscheidung rief große Erheiterung hervor, auch bei den Amerikanern, die meinten, die Stadt sei vor Angriffen sicher, weil »jeder Aggressor sich auf dem Weg dorthin in den Wäldern verirrt«. Beamte, die dorthin geschickt wurden, waren nicht angetan von dieser Stadt, die sie »Westminster im Wald« nannten. Seit jener Zeit wird alles getan, um sie in eine würdige Hauptstadt zu verwandeln, ein »Washington des Nordens«.

Parliament Hill ►► Ottawas drei Parlamentsgebäude erheben sich über der Stadt als gelungene neugotische Adaptionen der britischen Houses of Parliament. Die Bauten wurden 1860 auf einem Gelände begonnen, das man dem britischen Militär abgekauft hatte; nach einem Feuer 1914 wurde es teilrestauriert. Das Militär hatte den Standort – ein hoher Kalkfelsen über dem Ottawa – während des Baus des Rideau-Kanals als Kasernengelände genutzt. Im Sommer sehen um zehn Uhr Menschenmassen der **Changing of the Guards,** dem Wachwechsel, zu, der mit viel Getöse und Dudelsackblasen vor sich geht (täglich Ende Juni–Ende Aug., wetterabhängig).

Viele viktorianisch eingerichtete Räume der Gebäude können im Rahmen einer Führung besichtigt werden. Schauen Sie sich die wundervolle alte **Bibliothek** an (hinter dem sogenannten Centre Block) und den prächtigen **Senat** mit Fresken, die Kanadas Rolle im Ersten Weltkrieg darstellen. Abseits der Hauptgebäude gibt es noch die **Centennial Flame** in der Nähe des Eingangs, die 1967 zur 100-Jahrfeier der Kanadischen Konföderation entzündet wurde, und den **Peace Tower,** 1927 zum Gedenken an die im Krieg gefallenen Kanadier gebaut: 66651 im Ersten, 44895 im Zweiten Weltkrieg. Vom Turm hat man einen guten Blick über die Stadt (Wellington Street. *Führungen:* Mai–Sept. Mo–Fr 9–20 Uhr, Sa–So 9–17.30 Uhr; Okt.–April täglich 9–16.30 Uhr. *Eintritt:* frei). Gehen Sie auf dem Gelände spazieren, wo Mounties in voller Uniform patrouillieren, und versäumen Sie nicht den hübschen Spazierweg am Fluß.

Upper Town ►► Die interessantesten Sehenswürdigkeiten Ottawas liegen im dicht bebauten Zentrum südlich und östlich von Parliament Hill (Upper und Lower Town). Dazu zählen im Osten die National Gallery und auch Hull. Gleich westlich von **Parliament Hill** tagt in einem Art-déco-Gebäude der Supreme Court, der

Touristeninformation
Ottawas größtes Tourismusbüro, Canada's Capital Visitor Centre, liegt gegenüber vom Parlamentsgebäude in der Metcalfe Street (Tel. 613/239 50 00 oder 1-800/465 18 67). Informationen und Hilfe bei der Hotelreservierung bekommen Sie auch beim Ottawa and Hull Tourisms Inc. Visitor Information Centre im National Arts Centre, 53 Elgin Street (Tel. 613/237 51 58).

Helfende Hand?
Der Oxidationsprozeß, der zur Grünfärbung der Kupferdächer der Parlamentsgebäude führte, wurde von den Arbeitern im 19. Jahrhundert kräftig unterstützt: Sie urinierten angeblich auf die damals noch glänzenden Kupferverkleidungen.

171

Der Regierungssitz auf dem Parliament Hill.

ONTARIO

Eine Bootsfahrt auf dem Rideau Canal bietet eine andere Perspektive von Ottawas Zentrum.

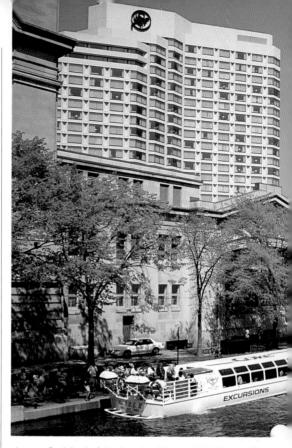

Altes Land
Ein Großteil von Ontario erstreckt sich über das kanadische Schild (siehe Seite 12), dessen Felsen – zwischen 600 Millionen und 3 Milliarden Jahre alt – zu den ältesten der Welt gehören.

Beschäftigte Provinz
Über 50 Prozent aller in Kanada hergestellten Güter werden in Ontario produziert.

Pendler auf Schlittschuhen
Im Winter ist der zugefrorene Rideau Canal bei Eisläufern beliebt; manche fahren auf Schlittschuhen zur Arbeit.

Schlechte Lage
»Ein Holzfällercamp kurz vor dem Nordpol.« Autor Goldwyn Smith aus Toronto im 19. Jahrhundert über Ottawa.

Festivals
In Ottowa finden mehr Festivals statt als in den meisten Städten Kanadas. Das berühmte Tulpenfestival (Mitte Mai) wurde 1945 zum ersten Mal gefeiert, als Holland 100 000 Tulpenzwiebeln an die kanadischen Soldaten schickte, die bei seiner Befreiung mitgewirkt hatten. Wenn die Blütenpracht explodiert, gibt es Feuerwerk, Paraden, Konzerte und eine Handwerksmesse.

oberste Gerichtshof des Landes (Kent and Wellington Street *Geöffnet:* Mai–Aug.; Führungen täglich 9–17 Uhr. *Eintritt:* frei). Ganz in der Nähe liegt das **Currency Museum** (245 Sparks Street. *Geöffnet:* Mai–Aug., Mo–Sa 10.30–17 Uhr; Sept.–April, Di–Sa 10.30–17 Uhr, So 13–17 Uhr. *Eintritt:* niedrig) mit Ausstellungen über die Geschichte des Geldes, vor allem des kanadischen, und Münzen aus dem antiken Griechenland, Rom, China, Byzanz, und *wampum*-Währung (siehe S. 185). Es gibt Marken der Hudson's Bay Company, Armbänder aus Elefantenhaar, Kartengeld aus Neu-Frankreich, Biberfelle aus den Zeiten des Tauschhandels und die angeblich größte Münze der Welt.

Südlich vom Museum erstreckt sich Kanadas erste Fußgängerzone, die Sparks Street Mall, mit Cafés, Geschäften und Kaufhäusern. An ihrem östlichen Ende liegt der Confederation Square und gleich in der Nähe **Château Laurier** (1912), ein Hotel, das von den großen Eisenbahngesellschaften im beliebten Schloß-Stil gebaut wurde.

Nicht weit entfernt liegt das **National Arts Centre** (1969), Opernhaus, Konferenzzentrum und Kunstkomplex (*Geöffnet:* tägl. 8–24 Uhr. *Eintritt:* frei), das von Fred Lebensold entworfen wurde, die sichtbarste Manifestation des Einsatzes staatlicher Fördermittel, die Ottawas Profil verbessern sollten (Geld, um das die Stadt von anderen Teilen Kanadas beneidet wird). Die Führungen sind immer überlaufen, obwohl es wenig zu sehen gibt, abgesehen vom Ambiente und der Architektur. Das Café ist ein hübsches Plätzchen zum Entspannen.

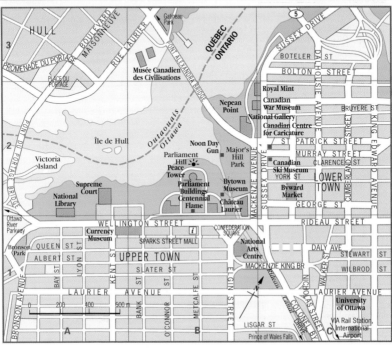

HULL

BOULEVARD MAISONNEUVE

PROMENADE DU PORTAGE

RUE LAURIER

Gatineau Park

PONT ALEXANDRA BRIDGE

QUÉBEC
ONTARIO

5

SUSSEX DRIVE

BOTELER ST

DALHOUSIE

BOLTON STREET

PLACE DU PORTAGE

Musée Canadien des Civilisations

Royal Mint

Canadian War Museum

BRUYERE ST

National Gallery

Nepean Point

Canadian Centre for Caricature

KING EDWARD AVENUE

PONT DU PORTAGE BRIDGE

Île de Hull

Outaouais
Ottawa

Noon Day Gun

Major's Hill Park

ST PATRICK STREET

MURRAY STREET

Canadian Ski Museum

CLARENCE ST

CUMBERLAND STREET

Victoria Island

Parliament Hill

YORK ST

LOWER TOWN

Peace Tower

Byward Market

Supreme Court

Parliament Buildings

Bytown Museum

GEORGE ST

National Library

Centennial Flame

Château Laurier

MACKENZIE AVENUE

SUSSEX DRIVE

RIDEAU STREET

Ottawa River Parkway

WELLINGTON STREET

i

CONFEDERATION SQUARE

Currency Museum

SPARKS STREET MALL

DALY AVE

STEWART ST

Bronson Park

QUEEN ST

National Arts Centre

ALBERT ST

BAY ST

LYON

KENT ST

SLATER ST

ST

ST

ELGIN STREET

MACKENZIE KING BR

WILBROD ST

WALKER ST

UPPER TOWN

LAURIER AVENUE

BANK

O'CONNOR

METCALFE ST

NICHOLAS STREET

LAURIER AVENUE

University of Ottawa

0   200   400   500 m

A

B

LISGAR ST

Prince of Wales Falls

COLONEL BY

CANAL RIDEAU

VIA Rail Station, International Airport

C

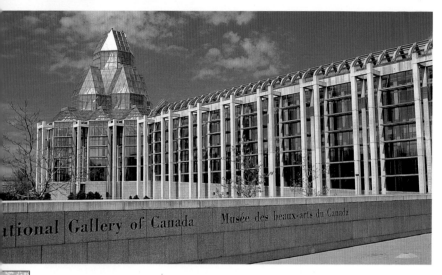

National Gallery of Canada — Musée des beaux-arts du Canada

174 *Das neue Gebäude- der nationalen Kunst- sammlung Kanadas.*

Zwölf Uhr mittags
Die berühmteste Attraktion Ottawas ist das Abfeuern der Kanone im Major's Hill Park neben der National Gallery. Das laute Spekta- kel wurde 1889 eingeführt, um die Postdienste aufeinan- der abzustimmen (täglich außer sonntags – um die Kirchgänger nicht zu stören – um zwölf Uhr).

Mit dem Auto
Zu den lohnenden Aus- flugszielen gehören Rock- cliffe und Sussex Drive (sechs km am Fluß ent- lang), der Ottawa River Parkway (elf km), die Prin- ce of Wales Falls (elf km auf dem Queen Elizabeth Drive am Westufer des Rideau Canal; Rückfahrt auf dem By Drive am Ostufer), und der Gatineau Park, ein ausgedehntes Naturreser- vat nordwestlich der Stadt (Hin- und Rückfahrt 55 km).

Lower Town ►► Die Lower Town erreicht man nach Überquerung des **Rideau Canal** ►, dessen viele Schleu- sen attraktive Kontraste zur Betonrinne des Kanals bilden. Am Westufer ist das **Bytown Museum** *(Geöffnet:* April– Mitte Mai, Mitte Okt.–Nov. Mo–Fr 10–16 Uhr; Mitte Mai–Mitte Okt., Mo–Sa 10–16 Uhr, So 14–17 Uhr. *Eintritt:* niedrig)* im Old Commissariat untergebracht, dem ältesten Steingebäude Ottawas (1827). Die 3500 Exponate doku- mentieren den Bau des Kanals und die Geschichte der Stadt. Ein paar Blocks weiter östlich liegt **Byward Market**, seit 1846 Marktplatz unter freiem Himmel. Im Zuge der jüngsten Sanierung des umliegenden Gebietes haben sich hier viele Cafés, Bars, Galerien und interessante Geschäf- te angesiedelt. Zwischen Kanal und Château Laurier liegt das **Museum of Contemporary Photography** ►, dessen 158 000 Fotos in wechselnden Ausstellungen präsentiert werden (1 Rideau Canal. *Geöffnet:* Mai-Sept., Fr–Di 11–17 Uhr, Mi 16–20 Uhr, Do 11–20 Uhr; Okt.–April, und Fr– So 11–17 Uhr, Do 11–20 Uhr. *Eintritt:* billig, Do frei).

Weiter im Norden stößt man auf drei kleinere Museen, die Sie vielleicht vor der National Gallery besichtigen möchten: das **Canadian Ski Museum** (457a Sussex Drive. *Geöffnet:* Mai–Sept., 11–16 Uhr; Okt.–April, Di–So 12–16 Uhr. *Eintritt:* billig) mit einer zusammengewürfelten Sammlung von Ski-Memorabilia; das **Canadian Centre for Caricature** (St Patrick Street. *Geöffnet:* Sa–Di 10–18 Uhr; Mi–Fr 10–20 Uhr. *Eintritt:* frei), eine Galerie mit satirischen Porträts vom 18. Jahrhundert bis heute; und das **Canadi- an War Museum** ►► *(Geöffnet:* 9.30–17 Uhr, Di 9.30–20 Uhr, im Winter, Mo geschlossen *Eintritt:* billig, Do frei), das die Geschichte innerkanadischer Konflikte und Kriege, in denen Kanadier kämpften, darstellt. Das Prunkstück der Sammlung, als »Adolf Hitlers Auto« bezeichnet, gehörte eigentlich Hermann Göring.

National Gallery ►►► Ottawas Nationalgalerie wird ihrem Namen gerecht: Sie bietet die größte Sammlung kanadi- scher Kunst im ganzen Land. Die Ausstellung beginnt mit sakraler Kunst aus Québec und Nova Scotia, dann folgen

Gemälde der in Europa ausgebildeten Einwanderer aus dem 19. Jahrhundert. Schließlich sind die berühmteren Namen der kanadischen Malerei an der Reihe: Cornelius Krieghoff, Paul Kane, Emily Carr, Tom Thomson und die *Group of Seven*. Zwei weitere Höhepunkte sind der **Croscup Room**, ein Salon mit Wandmalereien, die ohne Beschädigung aus dem Haus eines früheren Schiffsmagnaten hierher gebracht wurden, und die **Rideau Street Convent Chapel** (1887) mit silbernen und hölzernen Skulpturen aus Québec. Im oberen Flur befindet sich eine Sammlung amerikanischer und europäischer Meisterwerke, darunter Bilder von El Greco, Rembrandt, Filippino Lippi, Klimt, Picasso, Rothko und Jackson Pollock (Sussex Drive. *Geöffnet:* Mai–Okt. täglich 10–18 Uhr, Do 10–20 Uhr; Okt.–April Mi–So 10–17 Uhr, Do 10–20 Uhr. *Eintritt:* frei).

Musée Canadien des Civilisations ▶▶▶ Es wurden keine Kosten gescheut, um diesem prachtvollen Museum, das Sie nicht versäumen dürfen, einen angemessenen Rahmen zu verleihen. Die Landschaften an den Nordgrenzen Kanadas und des Kanadischen Schilds werden vorgestellt, und es befaßt sich mit allen Aspekten der Besiedlung Kanadas. Die **Grand Hall** beherbergt eine der weltgrößten Totempfahlsammlungen, dazu Wohnstätten der Ureinwohner angereichert mit audiovisuellen Dokumenten ihres früheren und heutigen Lebens. **Canada Hall** enthält alle Arten von nachgebildeten historischen Vignetten, von arkadischen Siedlungen der ersten französischen Pioniere bis zu einer kompletten Straße aus dem Ontario des 19. Jahrhunderts (100 Laurier Street-Place du Portage, Hull. *Geöffnet:* Mai–Mitte Okt. 9–18, Uhr, Di 9–21 Uhr, Juli–Aug. auch Fr 9–21 Uhr; Mitte Okt.–April Di–So 9–17 Uhr, Do 9–21 Uhr. *Eintritt:* niedrig).

175

Die Innenräume des Musée Canadien des Civilisations.

Group of Seven

■ **Nur wenige Künstler hatten so großen Einfluß auf das Selbstverständnis eines Landes wie die *Group of Seven* (»Gruppe der Sieben«). Die Maler aus dem Toronto des frühen 20. Jahrhunderts gründeten die erste kanadische Schule der Malerei und veränderten mit ihrem ikonoklastischen Ansatz die Einstellung zur Landschaft … ■**

Verwirklichung
»Nur, wenn wir unsere eigene kanadische Kunst pflegen, werden wir uns zu einem Volk entwickeln.« A. Y. Jackson, Mitglied der *Group of Seven*.

Manifest
Nach Ansicht dieser Gruppe war die Wildnis, ganz besonders der Norden Kanadas, das eigentliche »Land der Maler«. »An der Natur«, meinte einer von ihnen, »mißt sich die Größe des Menschen.« Auch Pioniergeist – wichtig für ein Land wie Kanada – war Teil ihrer Vorstellung von Kunst, zu der es auch gehörte, daß man sich auf den Weg machte und »alles für das große Abenteuer riskiert«.

Die Maler der Group of Seven *1920 im* Arts und Letters Club, Toronto.

176

Anfänge: Obwohl die Inuit und andere Ureinwohner Kanadas schon seit Jahrtausenden eine künstlerische Tradition besaßen, blieb die frühe Kunst der weißen Immigranten den europäischen Traditionen verhaftet. Von ein paar Votivbildern und gelegentlichen Porträts abgesehen, wurde der Großteil der frühen französisch-kanadischen Malerei aus Frankreich nach Kanada importiert. Die britischen Siedler, vor allem der Aquarellist Thomas Davies, wagten sich ein bißchen weiter vor und drückten ihre Empfindungen für Kanada in topographischen Zeichnungen und idealisierten Landschaften aus.

Stilistische Anlehnung: Bis zum Ende des 19. Jahrhunderts lehnte sich die kanadische Malerei fest an die europäischen Traditionen an; dann begannen Entdecker und Maler wie Paul Kane (1810–71) und William Hind (1833–89), Landschaften, Tiere und die Wildnis Kanadas im Bild festzuhalten. Landschaften, vor allem romantische, waren auch für Künstler wie Allan Edson (1846–88) und Lucius O'Brien (1832–99) der hauptsächliche Broterwerb. Obwohl beide in ihrer Zeit überragend und einflußreich waren, legten auch sie die Fesseln europäischer Konventionen nicht ab.

Tom Thomson (1877–1917): Diesem Mann wird das Verdienst zugeschrieben, eine rein kanadische Ausdrucksform der Kunst geschaffen zu haben. Er begann seine Karriere als einfacher Gebrauchsgraphiker bei Grip Ltd. in Toronto. Sein künstlerisches Erwachen kam 1912 mit einer Reise in die Algonkin-Regionen nördlich von Toron-

to, die ihm die Augen für die einzigartige Schönheit der kanadischen Landschaft öffnete und ihn im Laufe der Zeit immer mehr zum Naturmenschen machte. Er fing an, in der Wildnis zu malen und begründete damit die erste kanadische »Schule« der Malerei.

Group of Seven: Thomson teilte seine Vision mit einer Gruppe von Freunden, meist Arbeitskollegen. Einige begleiteten ihn auf seinen Reisen in die Wildnis und wurden von seiner naturalistischen Darstellungsweise inspiriert. Vier hoben sich besonders heraus: A. Y. Jackson, J. E. H. MacDonald, Franklin Carmichael und Lawren Harris. Harris, ein wohlhabender, unabhängiger Mann, baute ein Studio in Toronto, in dem die fünf Maler gemeinsam arbeiten konnten. (Thomson malte allerdings oft allein in einem Schuppen auf dem Gelände).

Der Erste Weltkrieg und der Tod Thomsons durch Ertrinken rüttelte die Gruppe auf: Sie rekrutierten mit Arthur Lismer, Frederick Varley und Frank Johnston drei weitere Maler und gründeten die *Group of Seven*. Ihre erste gemeinsame Ausstellung fand 1920 in Toronto statt.

Reaktionen: Mit Anleihen bei Cézanne, den Impressionisten, skandinavischen Malern und der Art Nouveau stellten sie die Wildnis in ihrer beängstigendem Schönheit dar. Ihre Farben waren oft grell, ihre Gemälde sachlich, lebhaft und aufrüttelnd. Trotz ihres Erfolges – 40 Ausstellungen in den folgenden elf Jahren – bekamen ihre Werke anfangs schlechte Kritiken. Viele meinten, sie porträtierten Kanada in einem düsteren Licht. In der British Empire Exhibition 1924 waren sie jedoch stark vertreten und ihre Werke wurden als »die lebhaftesten Gemälde des Jahrhunderts« beschrieben und als »Grundstein für eine der besten Schulen der Landschaftsmalerei«. Die Gruppe löste sich 1932 offiziell auf; einige Mitglieder gründeten im folgenden Jahr jedoch mit der Canadian Group of Painters eine ähnliche Gruppe. Ihr Einfluß war noch bis in die 50er Jahre stark – zu stark, fanden einige, die behaupteten (und noch behaupten), daß die Gruppe einen zu großen Schatten auf nachfolgende Malergenerationen werfe.

Tom Thomsons
Silver Birches (1914),
drei Jahre vor seinem
Tod gemalt.

Gezähmte Wildnis
Der Kritiker Hugh Mac-Lennan sagte einmal, daß die *Group of Seven* »das erträglich und schön werden läßt, was die Hauptursache der kanadischen Neurose ist – das öde, düstere, kahle und leere Land ...«.

Sammlung McMichael
Diese hervorragende Sammlung von Werken Tom Thomsons und der *Group of Seven* – unbedingt ansehen, wenn Sie diese Malerei mögen – wurde privat zusammengetragen und 1965 der Stadt Ontario übergeben. Es ist die größte Kunstsammlung mit Werken der Gruppe in Kanada, angemessen untergebracht in einer Reihe von Holz- und Steinhäusern auf 40 ha idyllischem Gelände. Die nächste Stadt ist Kleinburg, eine Schlafstadt Torontos, etwa 40 km nordwestlich des Zentrums am Highway 400 (10365 Islington Avenue. *Geöffnet:* Juni–Okt., täglich; Nov.–Mai, Di–So. *Eintritt:* niedrig).

ONTARIO

Touristeninformation
Das Hauptbüro des Touris-
mus in Toronto liegt im fünften Stock des Queen's Quay
Complex in der 207 Queen's
Quay West (Tel. 416/203 25
00 oder 1-800/-363 19 90).

Amerikanischer Stil
»Es sieht hier irgendwie
nach Yankee aus ... eine
aufdringliche, geschäfts-
mäßige, gerissene Atmo-
sphäre.« – Charles Mackay,
Life and Liberty in America
(1859).

*Ein junger Bewohner
Torontos trägt die
Last der Welt auf sei-
nen Schultern.*

▶▶ **Toronto**   159D1

Die Stelle, auf der Toronto sich heute ausbreitet, war im
17. Jahrhundert der Anfang einer Portage (einer Strecke
zwischen zwei Flüssen oder Seen, auf der Kanus über
Land getragen wurden), die französische Händler auf dem
Weg nach Norden nutzten. Mitte des 18. Jahrhunderts
entstand das französische Fort Rouillé, das den Briten
jedoch nicht standhalten konnte: Sie eroberten es 1759
während des Siebenjährigen Krieges. 1787 kaufte man
von den Missisauga ein Stück Land von der Größe des
heutigen Toronto für 1700 Pfund. Sechs Jahre später wurde hier der Bau einer neuen Stadt ins Auge gefaßt. Der
beauftragte Generalleutnant von Upper Canada, John Gra-
ves Simcoe, war im Gegensatz zu seinen Vorgesetzten,
die diesen Standort für eine Provinzhauptstadt doch
an der Grenze zu Amerika gelegenen Niagara-on-the-Lake
vorzogen, nicht begeistert. Die Lage ließ viel zu wünschen
übrig. »Besser zum Froschteich geeignet als zum Wohnort
für Menschen«, meinte Simcoe.

Schlammiges York: Um 1812 war die Siedlung mit dem
Namen York wenig mehr als ein Dorf, das wegen der großen Feuchtigkeit den Spitznamen »Schlammiges York«
erhielt. 1834 lebten jedoch schon 10 000 Menschen in der
Stadt, und York wurde in Toronto (in der Sprache der
Ureinwohner »Treffpunkt«) umbenannt. Für den Rest des
Jahrhunderts stand die Stadt unter liberaler, aber traditio-
neller Verwaltung. Jene Zeit legte den Grundstein für
Torontos heutiges wirtschaftliches Gewicht (die Stadt hat
die viertgrößte Börse Nordamerikas). Industrie, Wohlstand
und Bevölkerung wuchsen im 20. Jahrhundert, aber erst in
den letzten 20 Jahren wurde es das heutige Toronto. Vororte schossen wie Pilze aus dem Boden, die Industrie
boomte, Einwanderer kamen aus aller Welt. Andere Städte mögen schöner sein, aber nur wenige haben ein so
vielfältiges kulturelles Leben: Theater, Oper und
Ballett gehören zu den besten des Landes.

Harbourfront ▶▶▶ Drei Millionen Men-
schen besuchen jährlich das früher so
deprimierende Hafengebiet, das sich in
den letzten Jahren in ein dynamisches
Viertel mit Spazierwegen, Geschäften,
Cafés,   Yachthäfen,   Kunstzentren,
modernen Appartements und luftigen
Freiflächen verwandelte. Das Gebiet
reicht von der Yonge Street etwa zwei
Kilometer nach Westen. Sehenswert sind
der Antiquitätenmarkt auf dem **Maple Leaf
Quay** (täglich außer Mo) und die **Power
Plant,** westlich vom Queen's Quay (variable
Öffnungszeiten), ein umgebautes Elektrizitäts-
werk, das zeitgenössische Kunst zeigt. Sie können
von der Union Station hierher laufen oder den LRT zur
Queen's Quay Station nehmen (siehe Kasten S. 181).

Toronto Islands ▶▶▶ Die Harbourfront ist auch der Ausgangspunkt für **Hafenrund- und Fährfahrten** zu den
Toronto Islands (eigentlich nur eine Insel mit vier verschiedenen Namen: Centre, Ward's, Algonquin und Hanlan's
Point). Von den Booten und Fähren aus hat man einen

schönen Blick auf die sagenhafte **Skyline** ▶▶▶, den man nicht versäumen sollte. Dennoch sind auch die vor der Küste liegenden Inseln schon einen Besuch wert: Es gibt hier viele Parks, Gärten, Spielplätze und die Möglichkeit, sich Kanus, Ruderboote oder Fahrräder zu leihen (keine Autos auf den Inseln), außerdem Sandstrände (Lake Ontario ist so klar, daß man mißtrauisch werden könnte), von denen die besten an der Westseite von Hanlan's, der Südostseite von Ward's und der Südseite von Centre liegen. Die Boote fahren am Quay von York und Yonge Street ab (Mai–Ende Okt.), Fähren gleich in der Nähe am Ende der Bay (dreimal stündlich). Nähere Informationen erteilt Toronto Tours (Tel. 416/869 13 72).

Fort York ▶ Die Festung kann man sich zusammen mit dem Hafen ansehen, sie liegt nur einen Kilometer westlich – allerdings in wenig anziehender Umgebung. Sie wurde 1793 erbaut, um die britische Position in der Region zu stärken, 1812 jedoch von den Amerikanern erobert und zerstört. Die jetzigen Gebäude stammen von 1815: acht Holz- und Steingebäude, unter anderem mit der alten Pulverkammer und den ehemaligen Offiziersquartieren (Torontos ältestes Wohnhaus). Führungen sind kostenlos; Tafeln informieren über das Fort und die kanadische Geschichte des 19. Jahrhunderts (Bathhurst Street. *Geöffnet:* Di–So, Mo nur an Feiertagen 12–17 Uhr. *Eintritt:* niedrig).

CN Tower ▶▶▶ Die meisten Besucher Torontos strömen wie die Lemminge an ihrem ersten Morgen in der Stadt zum CN Tower, mit 553,33 Metern das höchste freistehende Gebäude der Welt, um sich dort in die Schlange einzureihen. Der Turm wurde 1976 von der Canadian National Railways (CN) gebaut, um Fernseh- und Radioübertragungsmasten sowie Mikrowellenkapazitäten für die CN Telekommunikation bereitzustellen. Heute ist der Turm die größte Attraktion der Stadt. An Wochenenden und von 11 bis 16 Uhr kommen die meisten Besucher.

Die Besucher werden zu viert im Aufzug an der Außenseite des Turms nach oben befördert, wofür man einen

Den CN Tower und Torontos bekannte Skyline betrachtet man am besten bei einer Bootsfahrt auf dem Lake Ontario.

Ankunft
Hauptflughafen Torontos ist der Lester B. Pearson International Airport (Tel. 905/676 35 80 auch Malton oder Toronto Airport genannt), 25 km nordwestlich der Stadt. Vom neuen Trillium Terminal fahren regelmäßig Busse ins Zentrum. Das Bus Terminal (Tel. 416/393 79 11) liegt in der 610 Bay Street, nahe der Dundas Street. Amtrak- und VIA Rail-Züge kommen am Bahnhof Union Station an.

CN Tower in Zahlen
Baubeginn 1972. Fertigstellung 1976. Kosten: 57 Mio. $. Höhe: 553,33 m. Treppen: 1760. Gewicht: entspricht 23 500 Elefanten. Aufzüge: Vier. Aufzugsgeschwindigkeit: 365 m/min (entspricht der Beschleunigung eines startenden Jets). Schwankung des Turms bei Sturm: Schaft 25 cm, Spitze 2,5 m. Stürme in Toronto: 50–80 jährlich.

ONTARIO

Lester B Pearson International Airport

Summerville Ⓜ

Casa Loma

Spadina

Ⓜ Dupont

Vermont Square

Ramsden Park

Ⓜ Rosedale

Sibelius Square

Ketchum Park

Ⓜ Spadina

Metro Toronto Library

Museum of the History of Medicine

Ⓜ Bathurst   Spadina Ⓜ   Ⓜ St George   Bay Ⓜ   Ⓜ Bloor Yonge

BLOOR STREET WEST   BLOOR STREET EAST

Ontario Science Centre

Royal Ontario Museum

Gardiner Museum of Ceramic Art

St Paul's Church

McLaughlin Planetarium

Ⓜ Museum

University of Toronto

Queen's Park

Wellesley Ⓜ

Parliament Buildings

Ontario Hydro

Ⓜ Queen's Park

Maple Leaf Gardens

COLLEGE STREET   COLLEGE STREET

CARLTON STREET

Ⓜ College

Allan Gardens

Kensington Market

CHINATOWN

Ryerson I of T

The Craft Gallery

DUNDAS STREET WEST

Alexandra Park

Ⓜ St Patrick

Museum for Textiles

Toronto City Hall

i Dundas   DUNDAS   STREET   EAST

Art Gallery of Ontario

Ⓜ Mackenzie House

Grange Park

Eaton Centre

Osgoode Hall

NATHAN PHILLIPS SQUARE

Massey Hall

Armouries

Campbell House

Ⓜ Queen

Moss Park

QUEEN   STREET   WEST

Osgoode

Old City Hall

QUEEN STREET EAST

Royal Alexandra Theatre

First Canadian Place

St James Park

Ⓜ St Andrew

Scotia Plaza

Clarence Square

Roy Thomson Hall

KING STREET WEST

KING STREET EAST

KING STREET WEST

T-D Centre

Ⓜ King

Commerce Court

St Lawrence Hall

Victoria Memorial Square

Canadian Broadcasting Centre

BCE Place

St Lawrence Market

Royal York Hotel

Royal Bank Plaza

FRONT   STREET   WEST

FRONT STREET WEST

St Lawrence Centre for the Arts

O'Keefe Centre

Union Ⓜ

Union Station

Fort York

CN Tower

GARDINER   EXPRESSWAY

SkyDome

QUEENS   QUAY   E

GARDINER   EXPRESSWAY

2

Antiques Market

HARBOURFRONT

York Quay Centre

i

QUEENS   QUAY   W

Queen's Quay Terminal

N

Toronto Harbour

0   200   400   600 m

Toronto Islands

A   B   C

Öffentliche Verkehrsmittel Zur Toronto Transit Commission (TTC) gehören Busse, Trolleybusse, eine U-Bahn mit zwei Linien und 60 Stationen und eine Straßenbahn (INFO- Tel. 416/393). Fahrkarten und Chips sind an den U-Bahnstationen und in Geschäften mit dem TTC-Aufkleber erhältlich. Man kann im Bus bezahlen, wenn das Fahrgeld abgezählt ist. Ein unbegrenzter Day Pass gilt Mo–Fr ab 9.30 Uhr, samstags ganztägig und sonntags für zwei Personen. Fahrkarten und Chips gelten für eine komplette Fahrt im ganzen Verbund. Wenn Sie von einem Transportmittel auf ein anderes umsteigen, bekommen Sie ein kostenloses Transferticket (beim Busfahrer oder an den Automaten der U-Bahn).

robusten Magen braucht – nur eine Scheibe Glas zwischen Ihnen und dem freien Fall. Erster Halt ist der **Sky Pod** (335,3 m), eine runde Plattform, die die minarettähnliche Silhouette des Turms unterbricht. Der Pod hat sieben Stockwerke; im zweiten ist eine Außenaussichtsplattform, im dritten sind eine eher vertrauenerweckende Innenplattform und das größte Drehrestaurant der Welt. Der Ausblick ist wirklich umwerfend; an klaren Tagen kann man in 120 Kilometern Entfernung die Nebel der Niagara-Fälle sehen. Für ein paar Dollar mehr kann man weitere 33 Stockwerke bis zum **Space Deck** (446,5 m) hinauffahren – die höchste öffentlich zugängliche Plattform der Welt (301 Front Street West. *Geöffnet:* täglich Mai–Sept. 9–24 Uhr; Okt.–April 10–22 Uhr. *Eintritt:* teuer).

Art Gallery of Ontario (AGO) ►►► 1900 hatte die Galerie weder eine Heimstatt noch eine Sammlung. Heute ist sie eine der bedeutendsten Kunstgalerien Nordamerikas; ihr Prestige stieg durch die 50 Millionen Dollar teure Nachrüstung 1992. Die Sammlung ist in drei Abteilungen gegliedert: Im Erdgeschoß befindet sich die **Europäische Malerei**, zu der Alte Meister und Impressionisten gehören und Bewegungen des 20. Jahrhunderts. Sie umfaßt zum Beispiel Werke von Brueghel, Tintoretto, Rembrandt, Hals, Gainsborough, Renoir, Monet, Picasso, Gauguin, Dégas und van Gogh (moderne Werke sind im neuen Flügel).

Die **Kanadische Sammlung** im oberen Stock besticht durch ihre Vielzahl zeitgenössischer Werke genauso wie durch die Aufmerksamkeit, die sie Künstlern früherer Zeiten widmet.

SkyDome Dieses Stadion ist die Heimat der Toronto Blue Jay-Baseballmannschaft und eines der bekanntesten Wahrzeichen der Stadt. Es hat 52 000 Sitzplätze und ist das einzige Stadion der Welt mit gänzlich einziehbarem Dach. Bis die große Kuppel ausgefahren ist, dauert es 20 Minuten; sie bedeckt 32 000 m² Spielfläche und die Sitzplätze. Auch die Videowand ist die größte der Welt. Sie können das Stadion mit einer Führung besichtigen*(Geöffnet:* täglich zur vollen Stunde:Juli–Aug. 10–18 Uhr, Sept.–Juni 10–16 Uhr. *Eintritt:* teuer) oder eines der vielen Konzerte besuchen.

Skulpturen von Henry Moore, Art Gallery of Ontario.

Das Eaton Centre
Eaton-Läden gehören einfach zu Kanada. Man findet sie in nahezu jeder Stadt, meist schöne Gebäude, im Herzen des Stadtzentrums gelegen. Der erste Laden der Eaton-Kette wurde 1868 auf der Yonge Street in Toronto eröffnet.

Ontario Science Centre
Diese interaktive »Spielwiese der Wissenschaften« zieht jährlich mehr als eine Million Besucher an. Die 700 Exponate erläutern die Geschichte der Technik und technologische Entwicklungen heutiger Zeit. Das Centre liegt 11 km außerhalb des Stadtzentrums, man erreicht es mit der U-Bahn von Yonge Street bis Pape oder Eglinton, dann mit dem Bus Richtung Don Mills oder Eglinton East bis Don Mills Road (770 Don Mills Road. Geöffnet: täglich 10–17 Uhr. Eintritt: teuer).

Torontos Malervereinigung, die *Group of Seven,* ist hier vor allem präsent, besonders Tom Thomson, der Gründungsvater der Gruppe, dessen *West Wind* (1917) – vielleicht das bedeutendste der kanadischen Bilder – hier hängt (siehe S. 176–177). Der Galeriebesuch endet im **Henry Moore Sculpture Centre**, 1974 von Moore selbst eröffnet, der weltgrößten Sammlung von Werken Moores. Die 300 Exponate umfassen 5 bedeutende Bronzen, 15 große Statuen, 200 Holzskulpturen und 60 Zeichnungen (317 Dundas Street West. *Geöffnet:* Mi-Do 10–22 Uhr, Fr –So 10–17 Uhr; Mo und Di geschlossen. *Eintritt:* teuer).

Royal Ontario Museum (ROM) ▶▶▶ Die Eröffnung von Kanadas bedeutendstem Kulturzentrum war schicksalhaft: Am selben Tag im Jahre 1912 sank die *Titanic.* Jetzt, am Ende des Jahrhunderts und nach mehr als zwei Jahrzehnten Renovierungsarbeit, ist es das zweitgrößte Museum Nordamerikas, nach dem Metropolitan Museum of Art in New York. Seine Einzigartigkeit liegt in den mehr als sechs Millionen Exponaten, zusammengetragen in verschiedenen Sammlungen, unter anderem zu Kunst und Kunsthandwerk, Wissenschaften, Naturgeschichte und Archäologie.

Die bedeutendste ist die weltbekannte **Far East Collection,** die größte ihrer Art außerhalb Chinas (im ersten Stock des Museums). Sie dokumentiert nahezu 4000 Jahre chinesischer Kultur und Geschichte, von der Shang-Dynastie (um 1600 v. Chr.) bis zur Gründung der Republik 1912. Zu sehen sind unter anderem die berühmte Tonfigur des Yanlo Wang (Yama), des Königs der Unterwelt, und ein **Ming-Grab** aus dem 17. Jahrhundert.

Im zweiten Stock des Museums befinden sich die naturgeschichtlichen Sammlungen, so die **Dinosaur Gallery,** die Skelette aus den Alberta Badlands (siehe S. 150–151) zeigt; die **Evolution Gallery,** die die Evolutionstheorien Darwins veranschaulicht; die **Bat Cave** mit 4000 zum Teil präparierten, zum Teil künstlich modellierten Fledermäusen, und die **European Musical Instruments Gallery** mit mehr als 1200 sehr schönen historischen Instrumenten. Weitere Abteilungen des Museums sind der Geschichte Kanadas, vor allem der Kultur der Ureinwohner, gewidmet (110 Queens Park.

Geöffnet: Mo–Sa 10–18 Uhr, Di 10–20 Uhr; So 11–18 Uhr
Eintritt: teuer).

Auch wenn Sie im ROM sicher Stunden zubringen können, versäumen Sie nicht das **Gardiner Museum of Ceramic Art** gegenüber. Da es Teil des ROM ist, kann es mit derselben Eintrittskarte besichtigt werden. Es zeigt Keramiken aus den unterschiedlichsten Epochen und Ländern, kolumbianische Keramiken, italienische Majolika, englisches Steingut und europäisches Porzellan des 18. Jahrhunderts. Die nahegelegene **Canadiana Gallery** (14 Queen's Park Crescent), ebenfalls dem ROM angeschlossen, bietet schöne Silber- und Glasarbeiten sowie Mobiliar aus verschiedenen Epochen.

Casa Loma ▶▶ Die etwas außerhalb des Stadtzentrums gelegene herrlich exzentrische Casa Loma lohnt – als Kontrast zur Hochhausarchitektur der Innenstadt – unbedingt einen Besuch. Sir Henry Pallet, ein Millionär, der sein Vermögen mit Hilfe der Niagara-Fälle machte, deren Wasserkraft er nutzte, um fast ganz Ontario mit Heizung und Strom zu versorgen, errichtete das Landhaus zwischen 1911 und 1914 im Stil einer mittelalterlichen Burg. Etwa drei Millionen Dollar investierte er in 60 Zimmer, 38 Bäder, ein privates Telefonsystem, eine Bibliothek mit 100 000 Bänden, geheime Gänge, eine Orgel und einen Saal, der 2000 Menschen Platz bietet. Das Haus fiel schließlich an den Staat, da Pallet wegen mehrerer geschäftlicher Fehlschläge sowie horrender Ausgaben für unzählige Bedienstete seine Steuern nicht mehr zahlen konnte. Heute ist es ein Museum, dessen Besucher am Eingang einen Plan für ausgeschilderte Rundgänge durch das Haus bekommen, damit sie sich in dem Labyrinth nicht verirren (1 Austin Terrace, Spadina Avenue; U-Bahn-Station Dupont. *Geöffnet:* täglich 9.30–16 Uhr. *Eintritt:* teuer).

Marktbummel

Toronto beheimatet eine Vielzahl ethnischer Gruppen. Auf den Märkten und in den kleinen Läden nördlich von Dundas, zwischen Spadina und Augusta, dem sogenannten Kensington Market, trifft man auf nahezu alle Nationalitäten. Nach einem Bummel über den Markt bietet sich ein Spaziergang über den reizenden Bellevue Square an.

Chinatown

Von allen ethnisch geprägten Stadtteilen Torontos ist Chinatown mit seinen Läden, Restaurants und Märkten sicherlich der bunteste und interessanteste. Die Chinatown erstreckt sich zwischen Bay und Spadina und von hier bis King.

183

Forschungsarbeit im Royal Ontario Museum.

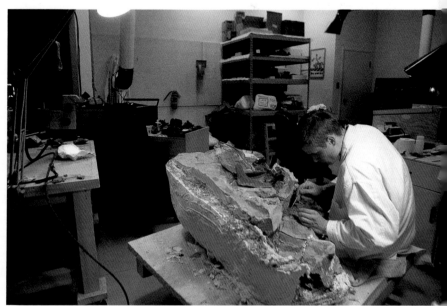

Völker der Woodlands

■ **Einige der bekannteren Völker Kanadas lebten einst in den fruchtbaren Ebenen Ontarios. Die meisten gehörten den sogenannten Waldland-Stämmen an, die als Halbnomaden in Clans zusammenlebten und deren Leben sich deutlich von dem anderer bedeutender Stämme Kanadas unterschied ... ■**

Muttersprache

In Kanada gibt es mehr als 50 verschiedene »Muttersprachen« und Dialekte, die jeweils zu einer von zehn linguistischen Hauptgruppen gehören. Die bedeutendste dieser Hauptgruppen ist das Algonkin (60 Prozent), gefolgt von Athapaskisch, Irokesisch, Salish, Wakasha, Tsimschian, Sioux, Kutenai, Haida und Tlingit.

Dieses schöne, mit Elchhaar verzierte Huronen-Kunstwerk stammt aus dem Jahr 1840.

Seßhaftes Leben: Kulturelle Bräuche und Lebensart der Ureinwohner bestimmten sich vor allem durch die jeweiligen klimatischen Bedingungen, da Nahrung, Waffen, Kleidung, Werkzeug und Baumaterial aus der natürlichen Umwelt bezogen wurden. Im milden und fruchtbaren Klima der Waldregionen im Süden Ontarios fand sich Nahrung im Überfluß, so daß seine Bewohner auf einem Niveau lebten, das das der Stämme in der nordwestlich gelegenen Pazifikregion bei weitem übertraf. Die bedeutendsten Waldland-Völker waren die Algonkin und die Irokesen, die zwar eigene Sprachen hatten, deren Lebensweise sich jedoch sehr ähnelte.

Lebensweise: Beide Gruppen lebten in verstreuten Gemeinschaften, denen bisweilen mehrere hundert Menschen angehörten. Die Siedlungen wurden in fruchtbaren Gebieten in Wassernähe angelegt, wo es zudem Holz gab, Bedingungen also, die die Ebenen Ontarios boten. Die Menschen lebten normalerweise in Langhaus-Pfahldörfern, doch einige Algonkin-Stämme bevorzugten Rundhütten. In jedem Haus wohnten mehrere Familien, die Feuerstelle und Schlafebene teilten. Das Essen bestand vor allem aus Bohnen, Kürbis und Mais – den sogenannten »drei Schwestern« der Waldland-Küche. Die Indianer führten überwiegend ein seßhaftes Leben, wenn auch manche im Sommer mit Booten auf die Jagd fuhren und im Winter in den Wäldern Fallen stellten. Dabei gehörten Schneeschuhe und Schlitten zu ihrer Ausrüstung.

Frauenpower: Die Irokesen lebten, im Unterschied zu den Algonkin in Matriarchat (die Algonkin hatten das Patriarchat). Die Abstammung wurde matrilinear dokumentiert, die einzelnen Clans hatten ein weibliches Oberhaupt, Frauen bestimmten über das Gemeinwesen, wobei jedoch mehr Wert auf Übereinstimmung als auf Autorität gelegt wurde. Wenn ein Mann heiratete, zog er in den Clan seiner Frau. Die Häuptlinge oder *sachems* jedoch waren stets Männer und kamen aus Clans, die zu der traditionellen *sachem*-Kaste zählten. Sie wurden aber von den weiblichen Oberhäuptern der Clans gewählt und von einer Ratsversammlung aller Stämme bestätigt.

Krieg und Religion: Die Irokesen waren auch die einzigen der Ureinwohner, die an die zwei Großen Geister – Gut und Böse – glaubten und die zum Zeit-

*Angriff der Iroquois
auf eine Pfahlsiedlung
am Ottawa River.*

vertreib – dank reichlicher Nahrungsvorräte – Kriege führten. Hierfür organisierten sie eine Konföderation von Irokesen-Stämmen, die »Fünf Nationen«. Diese kämpften gegen die Algonkin, gegen die Franzosen und gegen die Huronen (Partner der Franzosen im Pelzhandel), einen Irokesen-Stamm, der nicht zu den »Fünf Nationen« gehörte (siehe S. 31). Die Konföderation hatte eine eigene »Währung«, *wampum*, die vor allem bei schamanistischen Zeremonien und im Tauschhandel benutzt wurde.

Kunst: Die Irokesen hatten schon zwischen 900 und 1600 n. Chr. ein eigenes Kunsthandwerk, unter anderem mit Symbolen verzierte Töpferware sowie schön dekorierte Stein- und Tonpfeifen, die sie beim rituellen Tabakrauchen verwendeten. Die Huronen-Kunst späterer Zeit entwickelte dann einen Individual-Stil, wobei die Selbstdarstellung des Künstlers ebenso wichtig war wie die des Stammes. Die Stickereien der Huronen waren besonders hochgeschätzt, vor allem die Blumenmotive und Elchhaarstickereien, die normalerweise auf schwarzem Leder ausgeführt wurden. Ebenso ausgefallen sind auch die »falschen Masken« oder »falschen Gesichter« der Irokesen, Holzmasken mit Augen aus Metall und menschlichem Haar, die bei Heilungs-Zeremonien benutzt wurden oder zur Abwehr böser Geister und Krankheiten.

Bevölkerung
Laut kanadischer Volkszählung von 1986 sind 711 720 der Einwohner (von insgesamt 25 Mio.) indianischer Abstammung. 300 000 davon gehören zu Volksgruppen wie den Irokesen (unterschieden von den Inuit oder den Angehörigen gemischter Rassen, den Mestizen). Die meisten zählen sich zu einer der 576 sogenannten *native bands*, und etwa 70 Prozent von ihnen leben auf »eigenem« Land in Reservaten.

In den Provinzen
Der Anteil kanadischer Eingeborener ist von Provinz zu Provinz sehr unterschiedlich. In den Northwest Territories stellen sie etwa 59 Prozent der Gesamtbevölkerung, im Yukon 21 Prozent, in Manitoba und Saskatchewan 8 Prozent und auf Prince Edward Island 1 Prozent.

QUÉBEC

Einmalig: Québec ist möglicherweise eine von Nordamerikas ungewöhnlichsten Regionen. Etwa 80 Prozent der acht Millionen Einwohner Québecs sind französischer Abstammung, so ist diese Region in Lebensweise, Konventionen, Bräuchen und äußerem Erscheinungsbild ganz und gar französisch. Alles Französische geht auf die Zeit zurück, als Québec das Herz von Französisch Nordamerika war (siehe S. 28–33), und wird hier mit Stolz gepflegt. Damals war Québec Kanada und umgekehrt; dieser Status prägte die Entwicklung des Landes jahrhundertelang und schlägt sich heute in separatistischen Strömungen nieder, Québec von Kanada abzutrennen (siehe S. 22–24). Als Besucher kann man französische Traditionen genießen sowie die beiden ältesten und dynamischsten Städte ganz Kanadas, Québec und Montréal, kennenlernen.

Ankunft: Beide Metropolen werden von nationalen und internationalen Fluglinien angeflogen, zudem bestehen Zugverbindungen nach Toronto und in amerikanische Städte sowie Straßenverbindungen zwischen Québec und Montréal, der kosmopolitischeren der beiden Städte (ein Drittel aller Einwohner Québecs wohnen hier). Über Trois-Rivières führen Schnellstraßen nach Québec und an das St Lawrence-Nordufer, kleinere Straßen entlang seines Südufers ermöglichen die Erkundung der Landschaft von L'Estrie (siehe S. 195). Eine der schönsten Streckenführungen nördlich Québecs ist der Highway entlang der Côte de Charlevoix (siehe S. 210–211) mit Abstechern ins Landesinnere. Dieser zwingt jedoch, wie viele andere Straßen auch, die im »wilden Norden« Québecs enden, den Reisenden zur Umkehr. Anders die Straßen nach New Brunswick und in die Atlantikprovinzen, doch auch hier müssen Sie letztlich umkehren (außer Sie fahren weiter in die USA).

Gaspésie: Abgesehen von den Städten bildet die Halbinsel Gaspésie vor dem St Lawrence-Südufer Québecs reizvollstes Touristenziel. Arm und über Jahrhunderte mehr oder weniger entvölkert, ist sie mit ihren schönen Dörfern und atemberaubenden Landschaften heute ein beliebtes Ferienparadies. Die Halbinsel ist etwa 550 Kilometer lang, doch nicht einfach zu erschließen. Sie sollten mehrere Tage für einen Aufenthalt einplanen, um auch das Inselinnere mit seiner wilden Bergwelt und vielleicht auch den 1268 Meter hohen Mont Jacques Cartier zu erkunden. Wie andere Gipfel gehört er zu den Appalachen, deren schönste Gebiete im Parc de la Gaspésie und Parc National de Forillon geschützt sind. Der Süden der Region ist weniger interessant, die Straßen führen nach New Brunswick und Nova Scotia oder über Edmundston zurück nach Québec.

Die Ureinwohner: Die Belange der kanadischen Ureinwohner Québecs, vor allem die von ihnen beanspruchten Besitzrechte an Grund und Boden, sind bei allen Diskussionen um die Abspaltung der Provinz von Kanada (siehe S. 22–24) zu berücksichtigen. In Québec leben elf unterschiedliche Gruppen kanadischer Indianer, darunter Huronen, Cree und Mohawk. Sie alle tendieren zur englischsprachigen Minderheit und sprechen auch eher englisch als französisch – Sympathien und Antipathien, die aus den frühen Tagen Neu-Frankreichs, d. h. der französischen Kolonialisierung, herrühren.

187

QUÉBEC

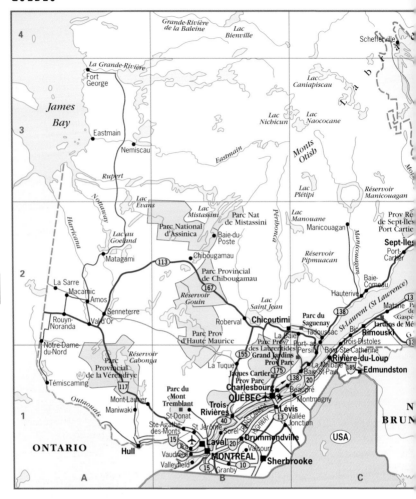

188

*Seite 186: Herbst in
den Laurentides.
Seite 187: Teilansicht
der Place d'Armes in
Québec.*

In Gesetzesvorlagen für den Fall einer Abspaltung werden stets die Rechte der englischsprachigen Bevölkerung und die Möglichkeit einer teilweisen Autonomie der eingeborenen Bevölkerungsgruppen unterstrichen. Andererseits war die politische Devise der Regierung Québecs stets, das gesamte Land müsse im Falle einer Abspaltung der Provinz in den Besitz des neuen Staates Québec fallen. Sprecher der kanadischen Ureinwohner jedoch reklamieren für sich das Recht der Selbstbestimmung über ihr Land, d.h. ihren Grund und Boden, und wollen sich nicht dem Diktat Québecs beugen, so, wie sie auch wünschen, daß dieses Land, zumindest nominell, kanadisch bleiben muß.

Konflikte: Bei der Frage um die Aufteilung des Landes geht es um mehr als nur einige Reservate. Das Land der kanadischen Indianer macht etwa ein Drittel der Provinz aus. Hier gibt es viel Nutzholz und andere Ressourcen sowie unzählige Wasserläufe, die die wichtigste Basis bilden für Québecs seit langem gehegten Traum, sich selbst

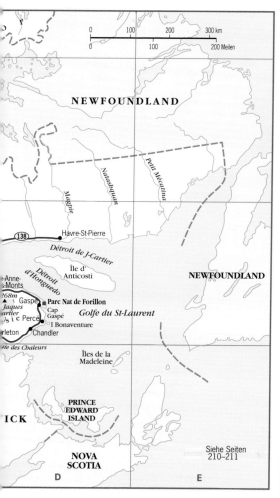

Rechtzeitige Umbennung
Es ist gerade mal etwas mehr als ein Jahrzehnt her, daß eine Lesung zur Umbennung der Inschrift *Les Portes de sauvage* über dem Portal der Nationalversammlung von Québec stattfand. So konnte der vor alten Vorurteilen nur so strotzende Titel in den weniger aufwühlenden *Les portes de la Famille Ameridienne* umbenannt werden.

Beste Reisezeit
Québec unterliegt extremen Temperaturschwankungen: Die Winter sind bitterkalt und sehr schneereich, vor allem im Norden (die durchschnittliche Wintertemperatur in Montréal beträgt –5°C). Der Frühling ist kurz und geht ab etwa Juni bereits in den Sommer über, mit hohen Temperaturen (durchschnittliche Julitemperatur in Montréal: 26°C) und hoher Luftfeuchtigkeit. Ideale Reisezeit ist der lange Herbst mit seinen schönen Farben und dem »Indian summer« im Oktober und frühen November.

mit Elektrizität zu versorgen. Die Landwiedergabeforderungen, anfangs friedlich, arteten in jüngster Vergangenheit in militante Auseinandersetzungen aus. 1990 machten die Straßenkämpfe zwischen den Mohawk und der Polizei von Montréal weltweit Schlagzeilen, während die Huronen seit acht Jahren gerichtlich fordern, in bestimmten Regionen die Fischrechte zurückzubekommen. Rund um die James Bay kämpfen die Cree gegen ein Staudammprojekt, das ein Gebiet so groß wie die Bundesrepublik Deutschland überfluten würde. Doch für die Provinz geht es um vitale Interessen: Ohne das Land der Indianer kann Québec sich nicht von Kanada lösen, da Québecs Wirtschaftskraft auf Bergbau, Wasserkraft und Nutzholz basiert, und letzteres wird in einigen Jahren die Grundlage für fast die Hälfte der gesamten Papierherstellung Kanadas sein und somit auch die Hälfte seines Exports von Zeitungspapier – das sind 20 Prozent der Weltproduktion. Auch Kanada hat viel zu verlieren: Québec umfaßt ein Sechstel seines Territoriums – etwa 1,65 Millionen Quadratkilometer.

Die frühesten Amerikaner
»Amerikaner südlich der kanadischen Grenze vergessen oder wußten nie..., daß die Franzosen die ersten Europäer hier waren.« – Alistair Cooke, *Alistair Cooke's America* (1973).

Die Jardins de Métis.

Alter Name
Der Name Gaspé kommt von *gaspeg,* einem Wort der Ureinwohner, was bedeutet »dort, wo das Land endet«.

Klagelied der Bäume
Der Name Anse-Pleureuse an der Nordküste Gaspés bedeutet »Weinende Bucht«. Darin spiegeln sich verschiedene Legenden. Das Rauschen des Windes in den Bäumen etwa wird als das Jammern eines verlassenen Kindes interpretiert, oder als das Stöhnen eines Mordopfers oder als Schreie der Geister schiffbrüchiger Seeleute. Interessanterweise erfährt der Wind im nahegelegenen Rivière-la-Madeleine als *braillard de Madeleine–* das »Schluchzen von Madeleine« – eine ähnliche Deutung.

▶▶▶ **Gaspésie (Halbinsel Gaspé)** 187C2

Jardins de Métis ▶▶▶ Nach einer Reihe relativ nichtssagender Städte – Rivière-du-Loup, Trois-Pistoles, Bic und Rimouski – sind die schönen Jardins de Métis (nahe Grand-Métis. *Geöffnet:* Anfang Juni–Mitte Sept. täglich 8.30–20 Uhr. *Eintritt:* niedrig) das erste lohnende Ziel der Gaspé. Die sieben Ziergärten sind das Werk von Elsie Redford, die diesen Landstrich 1919 von ihrem Onkel, Lord Mount Stephen (1829–1921), dem ersten Präsidenten der Canadian Pacific Railway, geerbt hatte und in einen Garten im englischen Stil verwandelte. Das war eine beachtliche Leistung, da der Boden hier sehr felsig und das Klima im Winter sehr rauh (bis –40°C) ist. Hier findet man 500 einheimische und exotische Pflanzen, die normalerweise so hoch im Norden gar nicht wachsen. Im Herzen der Anlage befindet sich das Landhaus der Familie Stephen, einige der Wohnungen können mit Führung besichtigt werden (*Geöffnet:* täglich 10–17 Uhr. *Eintritt:* günstig). Der nahegelegene kleine Ort **Métis-sur-Mer** ▶▶, der älteste dieser Region, bietet einige schöne Strände und alte Häuser.

Parc de la Gaspésie ▶▶ Hat man die von einigen Industrieanlagen geprägte Stadt Matane hinter sich, eröffnet der Highway 132 dem Reisenden eine herrliche Landschaft zwischen Küste und Bergwelt. Über den Highway 195 gelangt man ebenfalls über Matane nach etwa 34 Kilometern zum **Réserve Faunique de Matane** ▶, einem Naturreservat, das vor allem für seine Elchherden, fischreichen Seen und Flüsse bekannt ist. Wer unberührtere Landschaft liebt, sollte jedoch einen Abstecher vom Highway 132 zum **Parc de la Gaspésie** machen, und zwar über die etwa 39 Kilometer Zweigstrecke südlich bei Sainte-Anne-de-Montes (Highway 299). Die kurvenreiche Strecke bietet herrliche Ausblicke über die Chic-Choc-Mountains, darunter atemberaubende Blicke in die Schlucht unterhalb der Felszacken des Mont-Albert. Hier befinden sich auch Eingang sowie Dokumentationszentrum des Parks (Tel. 418/763 33 01; *Geöffnet:* Juni–Aug. täglich 7–20 Uhr), das unter anderem Informationen über das 250 Kilometer lange Wegenetz des Parks bietet. Drei der besten Routen führen zum Gipfel des Mont Albert, dessen Wege von mehr als 150 Arten von Bergblumen gesäumt sind. Vielleicht begegnen Ihnen unterwegs Elche, Karibus oder Virginiahirsche, denn dies ist der einzige Landstrich Québecs, wo alle drei Spezies leben.

Parc National de Forillon ▶▶▶ Ist die Landschaft entlang der Nordküste der Gaspé schon äußerst reizvoll, so ist die jenseits des Mont-Saint-Pierre noch um einiges grandioser. Höhepunkt hier ist der Forillon-Nationalpark, ein majestätischer Naturpark in den Appalachen mit einer Fläche von 240 km², eine tier- und abwechslungsreiche Landschaft. Vor der Küste leben Seehunde, Tümmler sowie zwölf Arten von Walen, darunter der Pilotwal (Beobachtungsfahrten können von Grande-Grave aus unternommen werden). Darüber hinaus gibt es etwa 200 Vogelarten. Tauchvögel, Möven und Kormorane nisten in den turmhohen Kalkfelsen im Norden des Parks, der dort in einer fantastischen Küste mit Kiesel- und Sandstränden endet (Heimat seltener alpiner Flora und maritimer Fauna). Weiter im Landesinneren trifft man auf dichte Wälder, wo Bären, Elche, Biber und andere Tiere leben.

Einen schönen Einblick in dieses Naturschutzgebiet hat man, wenn man der Straßenschleife folgt, die Highway 132 und Highway 197 bilden, und über einige Nebenstraßen fährt. Am beeindruckendsten ist die Straße nach Anseaux-Sauvages, von wo aus man auch sehr schnell zum Aussichtspunkt **Cap Gaspé** ▶▶ gelangt, dem östlich-

Geschäftige Halbinsel
Die Halbinsel Gaspé gilt nicht mehr als Geheimtip, sie zieht jeden Sommer zahllose Besucher an. Deshalb ist es unbedingt notwendig, Hotels, vor allem in gefragteren Gegenden, bereits im voraus zu buchen.

Vigneaux
Obwohl heute moderne Fangschiffe die meisten alten Holzsegler der Fischer ersetzt haben, findet man gelegentlich noch, vor allem rund um Cloridorm, die traditionellen Gittertische, die *vigneaux,* auf denen der Kabeljau ausgenommen, gesalzen und getrocknet wird.

191

Küstenlandschaft im Forillon-National-park.

QUÉBEC

Marinestützpunkt
An der Straße westlich von Cap-aux-Os, am südlichen Ende der Forillon-Halbinsel, liegt Fort Peninsule, die Ruine eines Marinestützpunktes, der im Zweiten Weltkrieg zur Verteidigung gegen deutsche U-Boote errichtet wurde. Das Fort sollte auch dazu dienen, die Stadt Gaspé zu verteidigen, die – zusammen mit Shelburne in Nova Scotia – im Fall einer deutschen Invasion in England als britische Marinebasis ausersehen war.

Baie des Chaleurs
Diese Bucht schließt die Südküste Gaspés, eine gefälligere und entwickeltere Region mit mehreren großen Städten. Außer Percé lohnen Orte wie Bonaventure und Carleton einen Aufenthalt, sie bieten zudem ruhigere Unterkünfte als die bedeutenderen und bekannteren Städte der Halbinsel.

Traditionelles Haus auf der Halbinsel Gaspé.

sten Punkt des Parks (etwa 90 Minuten Rundweg). Etwas weiter im Norden (nahe Cap-des-Rosiers) führt eine andere Straße zum Cap Bon Ami, wo ein kleiner Weg entlang der Küste herrliche Ausblicke auf **Cap Bon Ami** ▶▶▶ mit seinen Kalksteinfelsen eröffnet. Das Dokumentationszentrum des Parks (Tel. 418/892-55 72), ein guter Ausgangspunkt für einen Besuch, liegt nahe dem Ort Cap-des-Rosiers, darüber hinaus gibt es zwei Informationszentren, eines im Norden bei L'Anse-au-Griffon (Tel. 418/892 50 40), das andere im Süden bei Penouille (Tel. 418/892 56 61).

Gaspé ▶ Die Hauptstadt der Halbinsel ist nach dem Naturschauspiel, das der Forillon-Park mit seinen spektakulären Landschaften bietet, eher ernüchternd. Als historischer Wallfahrtsort, vor allem für die französische Bevölkerung Kanadas, ist er jedoch höchst bedeutend: Im Juli 1534 landete hier der französische Entdecker Jacques Cartier und stellte ein Holzkreuz mit dem Wappen François I. auf, um so den Anspruch Frankreichs auf das neu entdeckte Land zu dokumentieren. Das steinerne **Croix de Gaspé** erinnert an dieses legendäre Kreuz. Es wurde 1934 anläßlich der 400-Jahrfeier der Landung in der Nähe des Rathauses errichtet.

Zur gleichen Zeit wurde mit dem Bau der **Kathedrale** ▶▶ begonnen, die, rundum aus Holz (Nordamerikas einzige Holz-Kathedrale), etwas seltsam aussieht. Das gefälligere Innere ist mit Buntglasfenstern ausgestattet, von denen eines zusammen mit einem Fresko der Stadt Gaspé 1934 von Frankreich als Geschenk zur Erinnerung an die Reise Cartiers überreicht wurde. Das **Musée de la Gaspésie** ▶▶, unmittelbar östlich des Stadtzentrums, ist der Geschichte und Folklore Gaspés gewidmet, der Reise Cartiers und der anglo-französischen Problematik Québecs. Im Erdgeschoß erinnert

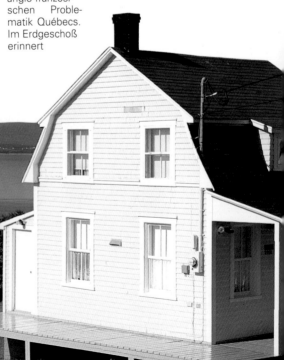

ein Denkmal an Cartier, das mit Flachreliefs und Schilderungen von Cartiers Reise dekoriert ist (80 boulevard Gaspé. *Geöffnet:* Juni–Sept. täglich 8.30– 21.30 Uhr; Okt.–Mai Mo–Fr 9–12 Uhr, Sa und So 13–17 Uhr. *Eintritt:* niedrig).

Percé ▶▶▶ Sind Sie von Gaspé enttäuscht, bietet Ihnen Percé sicherlich Entschädigung. Man fährt 75 Kilometer über den Highway 132, der vor allem hinter Belle-Anse landschaftlich sehr reizvoll ist. Schließlich führt die Straße nach Percé hinunter, wo ein Aussichtspunkt (»Belvedere«) herrliche Blicke auf die Hügel des Grande-Coup, den Pic de l'Aurore und die Stadt zu seinen Füßen eröffnet. Von hier aus sollte man auch den kurzen Weg zum **Cap Barre** ▶▶▶ gehen, der weitere herrliche Blicke auf die Küste freigibt.

Percé war früher der bedeutendste Fischerort der Halbinsel. Heute ist es ein Touristenstädtchen mit entsprechenden Läden, Galerien und hervorragenden Restaurants, jedoch hat es sich seinen Charme bewahrt, vor allem außerhalb der Saison. Die herrliche Umgebung und gleichermaßen schöne Küste laden zu Wanderungen ein, meistfotografiertes Objekt aber ist wohl der berühmte **Rocher Percé** ▶▶▶, ein 100 Meter hoher Felsen vor der Küste, der an einem Ende ein großes Loch hat, so, als sei er durchbohrt (französisch: *percé*). Am besten sieht man ihn vom Mont-Joli, unmittelbar westlich vom Stadtzentrum.

Beeindruckend ist auch das Landesinnere, vor allem um den 2,5 Kilometer langen Pfad zum Gipfel des **Mont-Ste-Anne** ▶▶ (320 m), den man von der Kirche in der avenue de l'Eglise erreicht, oder von der drei Kilometer langen »Route des Failles«, die zur Auberge de Gargantua führt, wo ein 1,5 Kilometer langer Weg zur Schlucht **Grande Crevasse** abgeht. Weniger anstrengend ist der Besuch der Île Bonaventure ▶▶▶, einer Felsinsel, die unter Naturschutz steht (siehe Kasten) und des **Centre d'interprétation faunique** (*Geöffnet:* Juni–Mitte Okt. täglich 9–17 Uhr. *Eintritt:* frei), das über Geologie, Geschichte und Fauna der Region informiert.

Die Île Bonaventure hat die größte Tölpelkolonie der Welt mit mehr als 50 000 Vögeln.

Île Bonaventure
Die Île Bonaventure nahe Percé ist ein Schutzgebiet für viele Vogelarten. Vom Kai im Süden von Percé starten die Fähren zur 3,5 km lange Strecke auf die Insel (Juni–Sept. täglich alle 90 Minuten. *Fahrtkosten:* teuer). Karten für die Überfahrt wie für Inselführungen gibt es bis 18 Uhr. Buchen Sie im voraus, möglichst auch für die Rückfahrt.

Parc de Miguasha
In den Klippen dieser kleinen Halbinsel, 20 km westlich von Carleton, fanden sich über 400 Millionen Jahre alte Fossilien, u. a. von 24 Fischarten. Museum und Interpretative Centre (*Geöffnet:* täglich Mai–Aug. 8–18 Uhr; Sept.–Okt. 9–17 Uhr. *Eintritt:* frei) bieten Führungen entlang der Küste an.

Traditionelle Holzhäuser in den Laurentides (nur ein paar Kilometer von Montréal entfernt).

Berge versetzen
Der Name Mont Tremblant erinnert an den Glauben der Ureinwohner, hier wohnten Geister, die buchstäblich fähig waren, Berge zu versetzen.

König des Nordens
Bis 1870 waren die Laurentides kaum besiedelt, und die wenigen Menschen, die hier lebten, zogen nach und nach in die USA, um sich dort Arbeit zu suchen. Der Curé Antoine Labelle, der 1868 Pfarrer in St-Eustache wurde, überzeugte die Leute dann jedoch zu bleiben. Unermüdlich tätig, gründete er 20 neue Pfarrbezirke und schließlich gelang es ihm sogar, die Regierung dazu zu bringen, die Bahnstrecke Québec-Montréal durch sein Heimatdorf zu legen.

▶▶ **Laurentides** *186B1*

Geographisch gesehen reichen die bewaldeten Hügel der Laurentides von Ottawa bis zum Saguenay, dem nördlichen Zufluß des St Lawrence. Nach Auffassung der meisten Québécois jedoch bestehen die Laurentides aus der leicht zugänglichen Hügel- und Seenlandschaft unmittelbar nördlich von Montréal (zwischen St-Jérôme und dem Parc du Mont Tremblant). Diese Region, ein Erholungs- und Ausflugsgebiet für die Städter, bietet eine Vielzahl an Freizeitmöglichkeiten, unter anderem Wassersport und Bergsteigen, hervorragende Wintersportgebiete, sehr gute Restaurants sowie ein lebendiges Nachtleben.

Les Basses Laurentides (die Unteren Laurentides) beginnen direkt vor Montréals Haustüre. Ihre schönsten Regionen sind die zwei ehemaligen Lehnsgebiete **La Seigneurie de Terrebonne** ▶▶ und **La Seigneurie du Lac-des-Deux-Montagnes** ▶, renovierte Güter, die an die Siedlungsgeschichte Québecs im 17. Jahrhundert erinnern (siehe S. 32). Beide verfügen über Dokumentationszentren, ersteres in Île-des-Moulins, 20 Autominuten nordöstlich von Montréal, letzteres in St-Scholastique, 40 Minuten nordwestlich der Stadt, sowie über einige restaurierte Häuser aus jener frühen Zeit. Auf dem Weg nach St-Scholastique sollten Sie bei **Oka** ▶▶ anhalten, wo sich ein altehrwürdiges Trappistenkloster befindet, und in **St-Eustache** ▶▶, Schauplatz eines berühmten, wenn auch fehlgeschlagenen Aufstandes der Franzosen gegen die Briten im Jahre 1837.

Über Highway 15 und 117, beides landschaftlich sehr reizvolle Strecken, kommen Sie zu **Les Hautes Laurentides** (den Oberen Laurentides) mit vielen Skigebieten, besonders um St-Sauveur-des-Monts. Jedoch gibt es auch Gegenden, in denen nicht Ski gefahren wird, etwa rund um **Ste-Agathe-des-Monts** ▶▶, der größten Stadt dieser Region. Von hier aus kann man die ruhigeren und ursprünglicheren Gebiete im Norden der Laurentides erkunden, vor allem auch den Parc du Mont Tremblant (siehe Kasten), einen der beliebtesten von ganz Québec.

► ▨▨▨ **L'Estrie (Eastern Townships)** *186B1*

Diese sehr reizvolle Gegend liegt unmittelbar an der Grenze zu den USA und berührt im Süden und Osten die Staaten New York und Neuenglands. Das Gebiet wurde nach dem Amerikanischen Unabhängigkeitskrieg besiedelt, als die Briten exilierten US-Bürgern, die auf ihrer Seite gekämpft hatten, im Osten und Westen von Montréal Land anboten (siehe Seite 34–35). Die sogenannten Western Townships wurden schon vor langer Zeit von Ontario geschluckt, die Eastern Townships haben sich jedoch erhalten (auch wenn die Montréaler diese lediglich als »Townships« oder »Cantons d'Est« kennen). Der Name *L'Estrie* jedoch ist eine Wortschöpfung aus jüngerer Zeit, aus *est* (Osten) und *patrie* (Heimat) zusammengefügt.

In dem Feriengebiet enstanden in den letzten Jahren vermehrt kommerziell ausgerichtete touristische Einrichtungen, doch hat sich die Gegend mit ihren Tälern und Seen, ihren malerischen Ortschaften und bewaldeten Hügeln (die Ausläufer der Appalachen) ihren ländlichen Charme bewahrt. Das ganze Jahr über kommen Besucher hierher, meist im Frühling und im Herbst, wenn die Bäume ihr Kleid verändern, vor allem auch um den berühmten kanadischen Ahornsirup zu probieren (siehe Kasten).

Granby ►, etwa 80 Kilometer von Montréal entfernt, ist das »Tor« zu den Eastern Townships; am besten erkunden jedoch kann man die Gegend von den Seitenstraßen der Highways 10, 55 und 243. Die Stadt ist bekannt für ihren Zoo, den **Jardin Zoologique** (347 rue Bourget. *Geöffnet:* Mai–Sept. täglich 10.30–17 Uhr. *Eintritt:* teuer). Sehenswert ist auch **Magog** ►►, idealer Ausgangspunkt für die Besichtigung des Benediktinerklosters **St-Benoît-du-Lac** von 1912 und zum Aussichtspunkt auf dem nahegelegenen Mont-Orford (im Sommer Liftbetrieb). In **Valcourt** ►► ist ein Museum dem Erfinder des Snowmobils, Joseph Armand Bombardier, gewidmet (1001 avenue J. A. Bombardier. *Geöffnet:* Juli–Aug. täglich 10–17.30 Uhr; Sept.– Juli Di–So 10–17 Uhr. *Eintritt:* niedrig).

195

Ahornsirup, eine Delikatesse aus der Natur.

▶▶▶ Montréal   186B1

Montréal befindet sich im Herzen des St Lawrence, auf einer der mehr als 230 Inseln des Flusses. Montréal ist die zweitgrößte Stadt Kanadas, die zweitgrößte französischsprachige Stadt der Welt und eines der kosmopolitischsten und anregendsten Pflaster in Kanada. Die Strassen sind ein lebendiger Kontrast zwischen alt und neu, hier Wolkenkratzer, dort alte Häusern in einer Vielzahl, wie sie keine andere Stadt Nordamerikas aufweist. Museen, Kirchen, Galerien, Parks überall, eine sanierte Hafenanlage, Bars, Cafés und jede Menge Restaurants, die quasi Gerichte aus aller Welt bieten.

Geschichte: Jacques Cartier erhob 1535 für König François I. von Frankreich Anspruch auf Montréal. Damals wohnten hier etwa 1000 Menschen in einer Ansiedlung namens Hochelaga. Der Stammesälteste führte Cartier zu einem Hügel nahe der Siedlung, der den Entdecker derart beeindruckte, daß er ihn *un mont réal* nannte, »königlicher Berg«. Nach Cartiers Abreise kam wahrscheinlich erst 1603 wieder ein Fremder hierher, Samuel de Champlain, der hier eine Handelsstation errichtete, die als Place Royale bekannt wurde. 1642 gründete Paul de Chomeday dann eine Missionsstation, Ville-Marie de Mont-Réal, die den Kern der heutigen Stadt bildete.

1672 lebten im der Mission etwa 1500 Menschen, sie war Handelszentrum sowie Basis für Entdecker und Trapper, die von hier aus die Great Lakes, Ohio und das Tal des Mississippi erkundeten. Bei Ankunft der Briten 1759 war die Stadt auf 5000 Einwohner angewachsen und von einer Mauer umgeben, ein Areal, das mehr oder weniger der Altstadt von Montréal entspricht (siehe unten). Immigranten und exilierte US-Bürger ließen dann die Stadt schnell größer werden, zusätzlich boomte der Pelzhandel. 1783 wurde die Northwest Trading Company gegründet, die den Pelzhandel weiter konsolidierte und eine große Konkurrenz für die Hudson's Bay Company darstellte. Seit der Konföderation im Jahre 1867 ist Montréal die bedeutendste Stadt Kanadas geblieben.

In jüngerer Zeit jedoch ging es mit der Stadt etwas bergab, zum Teil bedingt durch den St Lawrence Seaway – dessen Bau die Bedeutung des Hafens von Montréal schwinden läßt – und zum Teil auch bedingt durch den Weggang vieler englischer Geschäftsleute nach Toronto (aufgrund der fast francomanen Politik der Stadt).

Stadtgebiet: Montréal erstreckt sich auf einer großen Insel (51 km lang, 16 km breit), jedoch das Zentrum selbst ist wesentlich kleiner und besteht eigentlich aus drei Teilen: **Vieux Montréal,** das Herz der Altstadt am St Lawrence; **Mont-Royal,** der große Hügel hinter dem Stadtzentrum; und **Downtown,** ein Viertel mit Wolkenkratzern und alten Häusern, zwischen Vieux Montréal und Mont-Royal angesiedelt. Etwas außerhalb liegt das beeindruckende Olympische Gelände von 1976. Die Distanzen zwischen den einzelnen Stadtteilen sind zwar groß, doch in den Vierteln selbst kann man sich gut zu Fuß bewegen. Montréal hat zudem eine sehr gut ausgebaute U-Bahn (siehe Kasten gegenüber) und bei schlechtem Wetter kann man auch die berühmte Ville Souterraine, die »unterirdische Stadt« besichtigen (siehe Kasten S. 199).

Mit dem Flugzeug
Montréal hat zwei Flughäfen: Dorval, 22 km südwestlich der Stadt für Inlandflüge und Flüge in die USA (Tel. 514/633 31 05). Mirabel, 55 km nordwestlich der Stadt, vornehmlich für Flugverbindungen nach Übersee (Tel. 514/567 30 10). Grayline-Connoisseur-Busse (Tel. 514/934 12 22) fahren von Dorval alle 20–30 Minuten in die Innenstadt; Stops: La Reine Elizabeth (Gare Centrale) und Voyageur-Busstation. Von Mirabel aus fahren Aéro Plus-Busse dieselben Stationen an.

Mit Bus und Zug
Montréals Busstation, Terminus Voyageur, liegt am boulevard de Maisonneuve Est (Tel. 514/842 22 81), direkt bei der U-Bahn-Station Berri-UQAM. Der Hauptbahnhof, Gare Centrale (VIA Rail train station), befindet sich in der rue de la Gauchetière, nahe dem Hotel Reine Elizabeth (VIA Rail, Tel. 514/871 1331). Die nächstgelegene U-BahnStation ist Bonaventure.

Blick in Montréals Ville Souterraine.

Place d'Armes►► Dieser Platz ist einer von zwei Aus-
gangspunkten für eine Besichtigung von Vieux Montréal
(alternativ die Place Jacques-Cartier). 1644 war er Schauplatz einer Schlacht zwischen Ureinwohnern und Missiona-
ren. Paul de Chomedey, dessen Statue auf dem Platz
steht, soll hier eigenhändig den Häuptling der Irokesen
getötet haben. Die Nordseite des Platzes überragt die **Ban-
que de Montréal**► (129 rue St.-Jacques. *Geöffnet:* Mo–Fr
10–14 Uhr. *Eintritt:* frei), 1847 als Hauptsitz der ältesten
Bank Kanadas errichtet (1817 gegründet). Sie hat zum Teil
noch die alte Ausstattung und ein kleines Museum.

Südlich erhebt sich die **Basilique de Notre-Dame**►►►
(116 rue Notre-Dame Ouest. *Geöffnet:* Juni–Sept. täglich
7–20 Uhr; Okt.–Mai 7–18 Uhr. *Eintritt:* frei), Katholisches
Gotteshaus seit 1829, mit den beiden Türmen, Temperan-
ce und Preseverance. Im Westturm befindet sich eine der
größten Glocken Nordamerikas, der 12 Tonnen schwere
Gros Bourdon, den man 25 Kilometer weit hört. Das überwältigende Innere der Kirche ist mit einem blauen Gewöl-
be, schönen Holzschnitzereien und herausragenden französischen Buntglasfenstern ausgestattet.

Unmittelbar bei der Kirche befindet sich das **Séminaire
de Saint-Sulpice**►, das älteste Gebäude Montréals
(1685–1715). Es wurde für die Kongregation der Sulpizia-

*Downtown, Blick
vom Parc du Mont-
Royal.*

Mit U-Bahn und Bus
Montréal ist stolz auf sein
U-Bahnnetz, das 65 Stationen bedient. Es besteht aus
vier Linien, die farblich
unterschiedlich gekenn-
zeichnet sind, zudem ist auf
den Zügen jeweils die Endstation der Linie angezeigt.
Es gibt Einzelfahrscheine
und Sechserblöcke, soge-
nannte *carnets.* An Automaten in Bahnhöfen erhält
man kostenlose Tickets,
correspondances, zum
Umsteigen von der U-Bahn
auf den Bus oder umge-
kehrt, Geltungsdauer eine
Stunde.

198

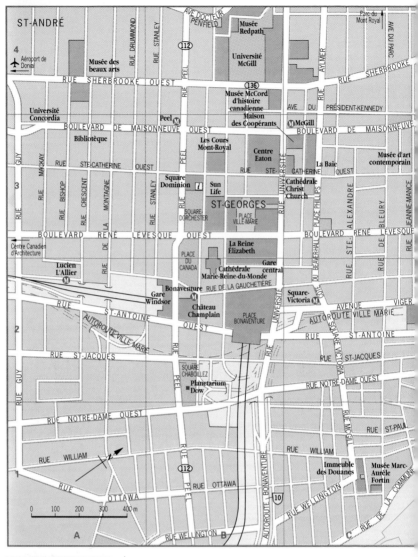

ST-ANDRÉ

4 Aéroport de Dorval

Musée des beaux arts

AVE DOCTEUR PENFIELD

Musée Redpath

Université McGill

Parc du Mont Royal

RUE DRUMMOND

RUE STANLEY

112

PEEL

AVE DU PARC

AYLMER

RUE SHERBROOKE OUEST

RUE SHERBROOKE

Université Concordia

Peel M

136

Musée McCord d'histoire canadienne

AVE DU PRÉSIDENT-KENNEDY

Maison des Coopérants

McGill M

BOULEVARD DE MAISONNEUVE

BOULEVARD DE MAISONNEUVE OUEST

Bibliotèque

Les Cours Mont-Royal

Centre Eaton

La Baie

Musée d'art contemporain

RUE STE-CATHERINE OUEST

RUE GUY

RUE MACKAY

RUE BISHOP

RUE CRESCENT

RUE DE LA MONTAGNE

RUE STANLEY

PEEL

RUE STE-

RUE UNIVERSITÉ

CATHERINE OUEST

Cathédrale Christ Church

RUE STE. ALEXANDRE

RUE DE BLEURY

RUE JEANNE-MANCE

3

Square Dominion i

Sun Life

ST-GEORGES

SQUARE DORCHESTER

PLACE VILLE-MARIE

PLACE DROMMEL

BOULEVARD RENÉ LÉVESQUE OUEST

BOULEVARD RENÉ LÉVESQUE

Centre Canadien d'Architecture

DE

La Reine Élizabeth

RUE STE BEAVER HALL

PLACE DU CANADA

Gare central

Lucien L'Allier M

Cathédrale Marie-Reine-du-Monde

Square-Victoria

Gare Windsor M

Bonaventure

RUE DE LA GAUCHETIÈRE

VIGER

Château Champlain

PLACE BONAVENTURE

AVENUE

AUTOROUTE VILLE MARIE

2

RUE ST-ANTOINE

AUTOROUTE VILLE MARIE OUEST

RUE ST-ANTOINE

RUE GUY

RUE ST-JACQUES

SQUARE VICTORIA

RUE ST-JACQUES

SQUARE CHABOILLEZ

Planetarium Dow

RUE NOTRE-DAME OUEST

PEEL

RUE MCGILL

RUE ST-PAUL

RUE NOTRE-DAME OUEST

RUE WILLIAM

RUE WILLIAM

112

Immeuble des Douanes

Musée Marc-Aurèle Fortin

RUE OTTAWA

RUE OTTAWA

10

RUE WELLINGTON

AUTOROUTE BONAVENTURE

RUE DE LA COMMUN

0 100 200 300 400 m

A   RUE WELLINGTON   B   C

Schiffsfahrten
Montréals Hafenrundfahrten starten im Sommer vom Clock Tower Pier aus, am Ende der rue Berri im Gebiet des alten Hafens (Tel. 514/842 38 71). Nächste U-Bahn-Station ist Champs-de-Mars. Mit dem Jet Boat gibt es amüsantere und teurere Ausflüge vom Quay Victoria bei Bonsecours zu den Lachine Rapids (Tel. 514/284-9607).

ner errichtet, 1641 in Paris gegründet. Die wichtigste Aufgabe dieses Ordens war es, Priester auszubilden, doch wurde er auch damit beauftragt, Missionare für Neu-Frankreich zu rekrutieren. Als treibende Kraft hinter der Missionstätigkeit von Chomedey war dieser Orden somit auch an der Gründung Montréals beteiligt. Bis 1854 hatten die Sulpizianer Besitzrechte an großen Teilen der Stadt, heute gehört ihnen nur noch das Seminar, das für die Öffentlichkeit nicht zugänglich ist. Beachten Sie die Uhr über dem Hauptportal, die älteste öffentliche Uhr Nordamerikas (vor 1710 entstanden).

Château Ramezay ►► Über die rue Notre-Dame, Montréals älteste Straße, gelangt man ostwärts zu weiteren historischen Gebäuden. Links liegt das **Old Courthouse**,

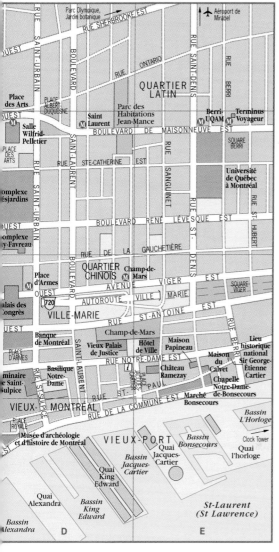

Touristeninformation

Das größte Informationsbüro von Tourisme-Québec ist Infotouriste an der Nordecke von Metcalf und Square Dorchester, 1001 Square Dorchester (Tel. 514/873-2015 oder 1-800-363-7777) im Zentrum. Nächste U-Bahn-Station ist Peel. Das Büro übernimmt kostenlos Hotelreservierungen. Ein kleineres Infobüro ist in Vieux Montréal, 174 rue Notre-Dame Est, Ecke Place Jacques-Cartier (Tel. 514/873 20 15).

Ville Souterraine

Die feuchtheißen Sommer und bitterkalten Winter Montréals ließen diese »Untergrund-Stadt« entstehen, einen ständig expandierenden Komplex, der es den Montréalern erlaubt, einzukaufen, zu arbeiten, Museen, Theater sowie Cafés und Restaurants zu besuchen, ohne eine überirdische Straße zu betreten. 1960 an der Place Ville-Marie begonnen, umfaßt die Anlage heute ein Netz von mehr als 30 km.

Rue Sherbrooke

Die Straße ist nach Sir John Sherbrooke benannt, 1816–1818 Generalgouverneur Kanadas. Es heißt, daß zu seiner Zeit die wenigen tausend Menschen, die im Umfeld der rue Crescent lebten, etwa 70 Prozent des gesamten kanadischen Vermögens besaßen. Deshalb hieß dieses Viertel auch »Golden Square Mile«. Heute zeugen noch das berühmte Ritz-Carlton Hotel sowie zahlreiche teure Galerien und Geschäfte vom ehemaligen Reichtum dieser Gegend.

1857 von den Engländern errichtet, etwas weiter das **Hôtel de Ville** von 1878. Vom Rathausbalkon rief der bereits verstorbene de Gaulle 1967 seinen berühmten Ausspruch »*vive le Québec libre*«. Gegenüber steht eines der ältesten Gebäude Nordamerikas, das **Château Ramezay** (280 rue Notre-Dame Est. *Geöffnet:* Mitte Juni–Sept. täglich 10–18 Uhr; Okt.–Mitte Juni Di–So 10–16.30 Uhr. *Eintritt:* billig), 1705 von Claude de Ramezay errichtet. Es wurde 1755 Sitz der Compagnie des Indes, einer Handelsgesellschaft, die lange das Monopol für den Export von Biberpelzen hielt. 1763 erwarben die Engländer das Haus, später war es Hauptquartier der amerikanischen Streitkräfte, die 1775 kurz die Stadt besetzten. In den mit altem Interieur ausgestatteten Räumen befindet sich heute ein Museum zur Geschichte der Stadt und des Schlosses.

QUÉBEC

Parc du Mont-Royal

Dieses Areal auf einem vor langer Zeit erloschenen Vulkankegel wurde 1875 für die enorme Summe von einer Million Dollar angekauft. Frederick Law Olmstad, der Landschaftsarchitekt des New Yorker Central Park und Golden Gate Park in San Francisco, wurde damit beauftragt, auch diesen Landschaftsgarten anzulegen. Hier spazierenzugehen, auszuruhen und die Ausblicke über die Stadt zu genießen, bildet einen Höhepunkt jedes Montréal-Besuchs.

Parc Olympique

Die ausgewogene Pracht von Montréals Olympiagelände, das 1976 enstand, ist absolut beeindruckend. Das Olympiastadion ist mit Führungen zu besichtigen, zudem kann man mit dem Lift auf den 168 m hohen Olympiaturm hinauffahren, von wo aus man überwältigende Ausblicke über Montréal hat. Die nächstgelegenen U-Bahn-Stationen sind Viau und Pie IX.

Häuser in Vieux Montréal, dem Herzen der Altstadt.

Place Jacques-Cartier ▶▶▶ Auf dem zweiten zentralen Platz im Herzen von Vieux Montréal spielt sich im Sommer das soziale und kulturelle Leben der Altstadt ab. Straßencafés, Läden und Restaurants ziehen Einheimische wie Touristen an, Straßenkünstler treten hier auf und Pferdekutschen warten auf ihre Fahrgäste. Der Platz wurde 1804 als bedeutendster Markt der Stadt eröffnet, doch heute erinnern nur noch wenige Blumenstände an diese einstige Funktion. Am Westende befindet sich der alte Silver Dollar Saloon (1811), heute Touristeninformation (siehe Kasten S. 199). Die Statue (1809), die sich über dem Platz erhebt, stellt Admiral Nelson dar, etwas überraschend, denkt man an Montréals frankophile Tradition. Die Statue wurde 1809 von britischen Bürgern Montréals nach dem Sieg Nelsons über die Franzosen bei Trafalgar aufgestellt. Eine kleine Straße, die in südlicher Richtung vom Platz wegführt, die rue St-Amable, ist bekannt für die zahlreichen Straßenartisten und -maler, die dort ihre Kunst darbieten.

Lieu historique Sir George-Etienne Cartier ▶▶ Diese miteinander verbundenen Häuser waren einst Wohnsitz und Büro von Sir George-Etienne Cartier, einem der Gründungsväter der Konföderation (siehe S. 36–37). Die Québec-Separatisten sehen in Cartier, einst als kanadischer Nationalheld gefeiert, heute so etwas wie einen Verräter an der eigenen Sache. Entsprechend sind die Objekte und Dokumentationen in seinem Haus, das noch immer so ausgestattet ist wie zu seinen Lebzeiten, eine Art Politikum. Auffallend ist, daß man sich hier vor allem auf Cartiers Rolle beim Bau der transkontinentalen Eisenbahn konzentriert und weniger auf seine Anstrengungen, ein vereinigtes Kanada zu schaffen (458 rue Notre-Dame Est. *Geöffnet:* Mai–Sept. 10–18 Uhr; März–Mai, Sept.–Dez.,10–12, 13–17 Uhr, vom 22.Dez.–Feb. geschlossen. *Eintritt:* günstig).

Chapelle Notre-Dame-de-Bonsecours ▶▶▶ Etwa einen Block westlich von Cartiers ehemaligem Haus befindet sich die schönste der kleinen Kirchen Montréals. Eine erste Holzkapelle wurde hier bereits 1657 errichtet. Die heutige Kirche stammt aus dem Jahr 1772, wenn auch der rückwärtige Turm und die Statue der Hl. Jungfrau aus dem 19. Jahrhundert datieren. Versäumen Sie nicht, den Hauptturm zu besteigen, der herrliche Ausblicke über die Stadt bietet. Das Gotteshaus wurde als Kirche der Seeleute bekannt, da sie im Innern Schiffsmodell-Votivgaben birgt. Im Untergeschoß befindet sich ein kleines Museum, Margherite Bourgeoys gewidmet, die die Kirche stiftete, nachdem sie sich Chomedeys Mission angeschlossen hatte. 1982 wurde sie als erste Kanadierin heiliggesprochen. Neben der Kirche erhebt sich ein elegantes Gebäude, der **Marché Bonsecours** (1854), der nach dem Umbau wieder seine ursprüngliche Funktion als Markt erhalten soll. (400 rue St.-Paul Est. *Geöffnet:* täglich Mai–Okt. 9–16.30 Uhr; Nov.–April 10.30–14.30 Uhr. *Eintritt:* Kirche frei, Museum billig).

Vieux Port ▶▶ Montréals alter Hafen wird derzeit saniert. Bislang ist lediglich einer der alten Quais, Quai King Edward, renoviert (Zugang über Porte St-Laurent), mit einem IMAX-Kino, Ausstellungsräumen für Wechselausstellungen und audiovisuelle Dokumentationen, vor allem zu den Themen

Familie und Erziehung (*Geöffnet:* Mai–Sept. erfragen Sie die Öffnungszeiten: 514/849-1612. *Eintritt:* teuer). Die nahegelegenen **Images du Futur** (85 rue St-Paul Ouest. *Geöffnet:* Mai–Sept. täglich 10–22 Uhr) bieten moderne Hightech-Präsentationen, ganz in der Nähe davon befindet sich der Flohmarkt (Marché aux puces oder **Jacques-Cartier Flea Market** ▶.

Musée d'archéologie et d'histoire de Montréal ▶▶ Dieser neue Museumskomplex der Superlative, für 27 Millionen Dollar 1969 errichtet, dokumentiert die Entwicklung Montréals. Er wurde um Ausgrabungen herum gebaut, die von der ersten Besiedlung des Stadtgebiets zeugen, darunter auch Teile des ersten katholischen Friedhofs. Hochmoderne Dokumentationen erläutern die Ursprünge der Stadt sowie deren Entwicklung von einer Missions- und Handelsstation zu einer der größten Handelsstädte Nordamerikas (350 Place Royale. *Geöffnet:* Sept.–Juni Di–So 10–17 Uhr, Mi 10–20 Uhr; Juli–Aug. Di–So 10–20 Uhr *Eintritt:* teuer).

Place Ville-Marie ▶▶ Keiner weiß genau, wo das Herz von *Downtown* schlägt, doch die Place Ville-Marie kommt hierfür sicher in Frage. Rund um den Platz liegen mehrere andere große Plätze, überragt von Wolkenkratzern, besonders beachtenswert die Place du Canada, der Square Dorchester und die Place Bonaventure (mit Kanadas größtem Geschäftsgebäude). Von hier führen mehrere Straßen und Wege zur Ville Souterraine. Der **Square Dorchester** ▶ war bis 1870 katholischer Friedhof, heute ist hier das Touristen-Informationszentrum der Stadt (siehe Kasten S. 199). Die **Place du Canada** ▶▶ ist vor allem wegen der **Cathédrale Marie-Reine-du-Monde** (1894) bekannt, die als Symbol des Katholizismus in der neuen Kolonie errichtet wurde (sie war als kleine Kopie des Petersdoms geplant). Ihr gegenüber befindet sich das Sun Life Building (1914), Montréals erster Wolkenkratzer und 25 Jahre lang das höchste Gebäude des Britischen Empire.

Die Basilika Notre-Dame gehört zu den am schönsten ausgestatteten Kirchen der Stadt.

The Main
»The Main«, wie der Boulevard St-Laurent auch genannt wird, der einst den französischen und englischen Distrikt der Stadt voneinander trennte, ist der Mittelpunkt für alle, die hip sein wollen in Montreal. Die Straßen rund um The Main, vor allem die nördlich der rue Sherbrooke, haben zahllose Cafés, Galerien, preiswerte Restaurants, Buchläden und Secondhand-Geschäfte. Hier wohnen zudem viele Künstler Montréals, Maler, Schriftsteller und Dichter. Es lohnt sich, durch die rue Ste-Catherine, die rue Prince-Arthur, über den Square St-Louis sowie durch das Latin Quarter rund um die rue St-Denis zu bummeln.

Eingeborenen-Skulptur: eines von 700 000 Werken, die im Musée McCord ausgestellt werden.

Biôdome
Das olympische Radstadion, ein kugelförmiges Velodrome, für die Olympischen Spiele 1976 errichtet, beherbergt heute ein beliebtes Umwelt-Museum (4777 avenue Pierre-de-Coubertin, Parc Olympique. *Geöffnet:* täglich Mai–Mitte Sept. 9–20 Uhr, Mitte Sept.–April 9–18 Uhr. *Eintritt:* teuer.

Jardin Botanique
Im Sommer fahren kostenlos Busse vom Olympiapark zu dieser schönen, 72 ha großen Anlage mit mehr als 30 unterschiedlichen Gärten – Japan-, Alpin-, Kloster-, Kräutergarten... (4101 rue Sherbrooke Est; U-Bahn Pie IX. *Geöffnet:* Mitte Juni– Anfang Sept. täglich 9–20 Uhr, Anfang Sept.–Mitte Juni 9–18 Uhr. *Eintritt:* niedrig.)

Rue Ste-Catherine ▶▶ Auf Montréals Haupteinkaufsstraße finden sich berühmte Kaufhäuser, Eaton, La Baie und Ogilvy, aber auch gehobenere Modegeschäfte und gute Restaurants. Im Eaton sollten Sie das wunderschöne Art déco-Restaurant im 9. Stockwerk besuchen, das wie das Restaurant eines Luxusdampfers gestaltet ist. Montréals größtes Geschäft, Holt Renfrew, liegt etwas nördlich, an der rue Sherbrooke. Hier erhebt sich auch die **Anglican Christ Church Cathedral** (1857–58) im neogotischen Stil. Im Innern, hinter dem Hochaltar, birgt sie das berühmte Coventry Cross, aus Nägeln der Kathedrale von Coventry gearbeitet, die im Zweiten Weltkrieg von deutschen Bombern zerstört wurde. Etwas weiter im Norden liegt die moderne **Place-des-Arts** ▶ mit Montréals bedeutendsten Theatern und dem **Musée d'art contemporain** ▶ (185 rue Ste-Catherine Ouest. *Geöffnet:* Di und Do–So 11–18 Uhr, Mi 11–21 Uhr. *Eintritt:* niedrig), eine Galerie für internationale zeitgenössische Kunst.

Musée McCord ▶▶ Dieses einmalige Museum liegt nahe der McGill University, einer der angesehensten Hochschulen Kanadas. Die Universität wurde 1813 von dem reichen schottischen Pelzhändler Charles McGill gegründet. Auch das Museum geht auf schottische Ursprünge zurück, es basiert auf der Privatsammlung (19. Jahrhundert) der irisch-schottischen Familie McCord. Die Ausstellungen dokumentieren die Sozialgeschichte Kanadas und sind absolut einmalig in den Bereichen Textilgeschichte, Kultur und Brauchtum der Ureinwohner (über 10 000 Objekte) und Montreals Geschichte des Pelzhandels, verbunden mit der Northwest Trading Company. Dies gilt auch für das **Notman Photographic Archive**, einer Sammlung von über 700 000 Drucken und Fotografien (690 rue Sherbrooke Ouest. *Geöffnet:* täglich 10–17 Uhr. *Eintritt:* niedrig).

Musée des beaux-arts ▶▶▶ Kanadas ältestes (1862 eröffnetes), kürzlich renoviertes Museum besitzt hervorragende kanadische, europäische und andere Kunstwerke. Die kanadische Sammlung zeichnet die Entwicklung der heimischen Kunstgeschichte nach, angefangen mit Bildern und Kunstwerken aus der Kolonialzeit über die Werke von Paul Kane, Cornelius Krieghoff und der *Group of Seven*. Die europäische Sammlung umfaßt unter anderem Werke von El Greco, Rembrandt, Breughel, Gainsborough, zum Teil Stiftungen reicher Kaufleute aus der Zeit des prosperierenden kanadischen Pelzhandels. Darüber hinaus zu sehen: Silberarbeiten, Mobiliar und Porzellan, Kunst und Kunsthandwerk der Ureinwohner, Skulpturen von Henry Moore sowie dekorative Kunst aus Afrika und dem Fernen Osten (1379 rue Sherbrooke Ouest. *Geöffnet:* Di und Do–So 11–18 Uhr; Mi 11–21 Uhr. *Eintritt:* teuer).

Centre Canadien d'architecture ▶▶ Dieser Tempel der Architektur wurde 1989 eröffnet und hat sich rasch zu einer der großen Attraktionen von *Downtown* entwickelt. Seine fensterlose Fassade verbirgt mehrere ältere Gebäude, die in diesen modernen Komplex eingegliedert sind. Die Ausstellungen umfassen Drucke, Pläne, Zeichnungen und Modelle verschiedener Architekten und Architekturschulen (1920 rue Baile. *Geöffnet:* Juni–Sept. Di–Mi und Fr–So 11–18 Uhr, Do 11–20 Uhr; Okt.–Mai Mi und Fr–So 11–17 Uhr, Do 11–20 Uhr. *Eintritt:* niedrig, Di frei).

▶▶▶ **Québec City (Québec)** *186B1*

Kanadas älteste Stadt ist auch eine der schönsten des Landes. Kopfsteinpflasterstraßen, alte Häuser und Kirchen erstrecken sich auf einem hohen Kliff – dem »Gibraltar Nordamerikas« –, das malerisch über dem St-Lawrence gelegen ist. Québec ist zudem die einzige Stadt Nordamerikas, die von einer Stadtmauer umgeben ist, um die sogenannte Haute Ville, Oberstadt, herum angelegt (die alte Hafenanlage zu ihren Füßen wird als Basse Ville, Unterstadt, bezeichnet). Die Hauptstadt des französischsprachigen Québec bietet zweifellos französisches Flair, ist gemütlich und leicht zu Fuß zu erkunden. Sie verfügt über eine Vielzahl hervorragender Restaurants, ausgefallener Geschäfte sowie schöner Straßencafés und netter Lokale.

Die französische Hauptstadt: Erste Siedler auf den Hügeln über dem St-Lawrence waren die Irokesen, die dieses Gebiet *Kebec* – »Verengung des Wassers« – nannten. Jacques Cartier, der hier 1535 den Winter verbrachte,

Touristeninformation
Québec hat zwei große Touristen-Informationen: das zentral gelegenere Maison du Tourisme de Québec, gegenüber dem Château Frontenac, 12 rue Ste-Anne, Place d'Armes (Tel. 418/643 22 80 oder 1-800-363 77 77) sowie eine nahe der Porte St-Louis, 60 rue d'Auteuil (Tel. 418/692 24 71).

Essengehen in Québecs schöner Altstadt.

203

QUÉBEC

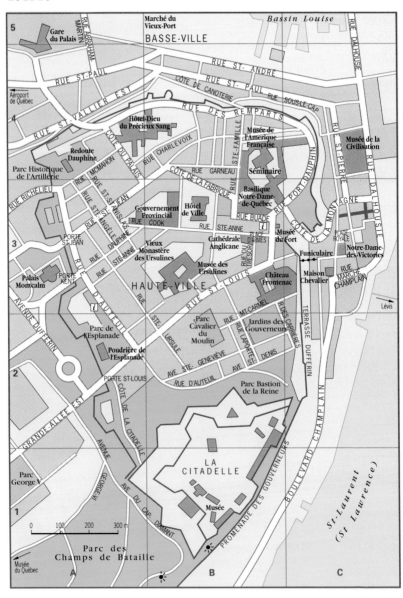

gab dem Felsplateau den Namen Cap aux Diamants, da er
hoffte, dieses Land werde reich an Bodenschätzen sein.
1608 gründete Samuel de Champlain hier eine Siedlung,
eine bescheidene Handelsstation für Pelze, die schließlich
die Hauptstadt aller französischen Territorien in Nordamerika wurde.

Kleinere militärische Auseinandersetzungen mit den
Engländern prägten das Leben der Stadt in den ersten Jahren, bis zu jener Schlacht, die für Kanadas Geschichte von
entscheidender Bedeutung sein sollte: Im Sommer 1759
beschoß eine britische Einheit, bestehend aus 40 Schiffen,
2000 Kanonen und 10 000 Mann, unter dem Kommando

des 31jährigen General James Wolfe zwei Monate lang die Stadt. Am Abend des 15. September schlichen sich 5000 britische Soldaten zur Stadt hinauf – ein Vorhaben, das Wolfe selbst als nahezu hoffnungslos beschrieb. Am nächsten Morgen mußten die Franzosen unter dem Kommando des Marquis Louis Joseph de Montcalm jedoch feststellen, daß der Feind bis etwa eine Meile an ihre Linien herangekommen war. Es folgte eine kurze, aber blutige Schlacht, in der Wolfe getötet und Montcalm tödlich verwundet wurde. 20 Minuten später hatten die Engländer die Franzosen besiegt.

Die Stadt prosperierte auch unter englischer Herrschaft und wurde 1840 Hauptstadt von Upper Canada. In der ersten Hälfte des 20. Jahrhunderts brach jedoch die Holz- und Schiffbauindustrie zusammen, es folgte der wirtschaftliche Niedergang. In den letzten Jahrzehnten erholte sich die Stadt dann wieder und ist heute ein blühendes Symbol französisch-kanadischer Lebensfreude.

Place d'Armes (Arms Square) ►►► Dieser hübsche, belebte Platz – das Herz von Québecs Oberstadt – ist der Ort, an dem de Champlain einst seine Siedlung gründete. Im Süden angrenzend an die rue de Carrières, erhebt sich das mächtige **Château Frontenac**►►►, mit seinen Türmen und seinem steilen Dach welche ein Wahrzeichen der Stadt sind . 1892 wurde es für die Canadian Pacific Railway an der Stelle des früheren Château St-Louis errichtet, ursprünglich Sitz des französischen Kolonialgouverneurs (einer von ihnen war Comte de Frontenac, der ihm den Namen gab).Im Süden erstrecken sich die schönen **Jardins des Gouverneurs** ► mit einem Denkmal für Wolfe und Montcalm sowie der **Terrasse Dufferin** ►►►, einer Promenade, die herrliche Ausblicke über den St-Lawrence und den unteren Teil von Alt-Québec bietet. An der nordöstlichen Ecke des Platzes befindet sich das **Musée du Fort**►► (10 rue Ste-Anne. *Geöffnet:* Jan. nur mit Reservierung; Feb.–März, Do–So

Das Château Frontenac, heute Hotel, steht an der Stelle des früheren französischen Gouverneurspalais.

Ankunft
Flugzeuge aus dem In- und Ausland landen am Québec City International Airport in Sainte Foy, 19 km westlich des Stadtzentrums. Maple Leaf Tours (Tel. 418/649 92 26) bieten Zubringerbusse ins Stadtzentrum. Züge der VIA Rail (Tel. 418/692 39 40) aus Montréal kommen an der Gare du Palais (Tel. 418/525 30 00) in der Basse Ville an, die Zubringer zu den Schiffsbetrieben in Lévis an der Gare du Lévis (Tel. 418/833 80 56) jenseits des St-Lawrence (siehe Kasten S. 207).

Québecs zahlreiche friedliche Ecken bieten eine Zuflucht vor den Auswirkungen des Besichtigungsandranges.

206

Unterwegs in der Stadt
Québec kann man gut zu Fuß erkunden. Für weitere Wege (siehe Kasten S. 207 und 209) bieten sich die CTCUQ-Busse an (Tel. 418/ 627 25 11). Kaufen Sie die Fahrscheine erst im Bus (nur mit passendem Betrag möglich), zahlen Sie 50 Prozent mehr als bei den Vorverkaufsstellen (die auch Tageskarten anbieten) und bei Zeitungshändlern. Taxi: Taxi Coop (Tel. 418/525 51 91) und Taxi Québec (Tel. 418/525 81 23).

Erhaben und unsterblich
»Gibt es eine andere Stadt..., die so erhaben ist wie Québec?... Québec erscheint, verglichen mit anderen Städten dieses Kontinents, erfrischend und unsterblich ... Man ist hier in einem fremden Land...« Rupert Brooke, *Letters from America, 1913* (1916).

12.30–16 Uhr; April–Aug. Mo–Fr 10–12.30, 14–17 Uhr, Sa, So 10–17 Uhr. *Eintritt:* niedrig), dessen einziges, aber sehenswertes Ausstellungsobjekt, ein maßstabgetreues Modell von Québec, die Stadt zeigt, wie sie um 1750 wohl ausgesehen hat. Auch die sechs Schlachten, die hier einst stattfanden, werden in einer 30minütigen *son et lumière*-Show dokumentiert. Westlich des Platzes verläuft die rue du Trésor, wo die Siedler einst ihre Steuern an den französischen Staat zahlten, heute eine von vielen Künstlern belebte Straße.

Séminaire (Seminar) ►► Dieser große Gebäudekomplex, kürzlich renoviert, wurde 1663 von François Xavier de Laval-Montmorency, Québecs erstem Bischof, errichtet. Ursprünglich ein Priesterseminar, wurde es jedoch bald eine der wichtigsten Bildungsstätten in »Neu-Frankreich« und Vorläufer der heutigen Université Laval von Québec, Kanadas erster französischer Universität (1852 gegründet).

Ein kleiner Teil der Anlage kann mit einer Führung durch das **Musée de l'Amérique Française** ► (9 rue de l'Université. *Geöffnet:* Juni–Sept., täglich 10–17.30 Uhr; Okt.–Mai, Di–So 10–17 Uhr. *Eintritt:* billig) besichtigt werden. Sehenswert sind das Porträt *General Wolfe* von Joshua Reynolds, die Sammlung naturwissenschaftlicher Instrumente sowie die außergewöhnlich schönen Silber- und Goldarbeiten aus verschiedenen Werkstätten Québecs. Zu den beeindruckendsten Räumen des Museums gehören das Treppenhaus (1880), die Küche und das Refektorium, beide mit Steinfußboden, sowie die für Jean Oliver Briand, 1766 bis 1784 Bischof von Québec, errichtete Kapelle, deren holzgeschnitzte Innenausstattung (1785) noch vollständig erhalten ist.

Auf dem Areal des Seminars befindet sich auch die **Basilique Notre-Dame de Québec** (*Geöffnet:* Nov.–März 6.45–16.30 Uhr; April–Okt. 6.45–14.30 Uhr. *Eintritt:* frei), eine der ältesten Pfarreien nördlich von Mexiko. 1647 errichtet, brannte sie 1922 fast vollständig nieder. Die Lampe über dem Hauptaltar ist ein Geschenk Louis' XIV.; in der Krypta liegen 900 Gräber, darunter das Samuel de Champlains, doch ist unklar, welches tatsächlich seines ist.

Hôtel-Dieu du Précieux Sang ►► Das Hôtel-Dieu wurde 1637 von Nonnen des Augustinerordens aus Dieppe gegründet. Als ältestes Krankenhaus Nordamerikas existiert es an dieser Stelle seit 1639 und wird auch heute noch von Augustinerinnen bewohnt. Das kleine Museum des Hauses birgt einige faszinierende Gemälde: die erste bekannte Ansicht von Québec als Hintergrund für ein Porträt Richelieus und seiner Nichte, Förderer des Hôtel-Dieu und *Martyrdom of the Jesuits,* das das Martyrium von Jesuitenmissionaren zeigt, was diese unter den Huronen bei Sainte-Marie (siehe Kasten S. 163) erlitten. Zu sehen sind auch alte chirurgische Instrumente, altes Mobiliar, sowie Geschenke dankbarer Patienten (32 rue Charlevoix. *Geöffnet:* Di–Sa 9.30–12 und 13.30–17 Uhr. *Eintritt:* frei).

Parc Historique de l'Artillerie (Artillery Park) ►► Unweit des Hôtel-Dieu gelangt man zum Artilleriepark, den Festungsanlagen der Franzosen, die Anfang des 18. Jahrhunderts errichtet, später von den Briten ausgebaut und von den Kanadiern während beider Weltkriege für die Waffenproduktion genutzt wurden. Das sehr gute Besucherzentrum bietet einen Überblick über den Park und ein Modell, das Québec im Jahre 1808 zeigt. Sehenswert ist auch die **Redoute Dauphine,** die sowohl die Franzosen als auch Briten als Offiziersmesse nutzten (Ecke rue St-Jean und rue d'Auteuil. *Geöffnet:* Mitte Jan.–März, Nov.–Mitte Dez., Mi–So 12–16 Uhr; April–Mitte Mai, Mi–So 10–17 Uhr; Mitte Mai–Okt. täglich 10–17 Uhr. *Eintritt:* niedrig).

Cathédrale Anglicane (Holy Trinity Anglican Cathedral) ▶▶▶

Québecs anglikanische Kathedrale war die erste, die außerhalb des Vereinigten Königreichs geweiht wurde (1804). Nach dem Vorbild der Kirche St Martin-in-the-Fields in London wurde sie auf Geheiß von König George III. von England errichtet, und zwar anstelle einer Kirche, die einst der französische König für die Missionare eines frühen franziskanischen Ordens gestiftet hatte. Viele der Kirchenschätze kamen aus England: Das Silber stiftete George III., und das Holz für das Kirchengestühl kam aus den Wäldern der Windsors. Der französische **Bischofsthron** jedoch stammt angeblich aus dem Holz jener Ulme, unter der de Champlain saß, als er mit den Huronen und Irokesen zusammentraf. In einigen der Kirchenbänke verweisen kleine Goldbarren darauf, daß sie ausschließlich für die britischen Monarchen reserviert waren (Ecke rue Ste-Anne und rue des Jardins. *Geöffnet:* Mai–Juni Mo–Sa, 9–17 Uhr, So 12–17 Uhr; Juli– Aug. täglich 10–20 Uhr; Sept.–Okt. Mo–Fr 10–15 Uhr. *Führungen* kostenlos).

Vieux Monastère des Ursulines (Ursuline Convent) ▶▶▶

Bereits 1639 wurde hier ein Konvent der Ursulinen gegründet, die sich als »Amazonen Gottes in Kanada« verstanden. In ihm wurden die weiblichen Kinder der Ureinwohner christlich erzogen, später wurden auch die Töchter französischer Siedler aufgenommen, und so etablierte sich hier die erste Mädchenschule Nordamerikas. Marie de l'Incarnati-

Aus der Feder
»Die alte Welt erhebt sich inmitten der neuen... Der St Lawrence erstrahlt zu deiner Linken ... und dahinter..., auf dem Felsplateau thront die alte Stadt, von Mauern umgeben und von ihrer Zitadelle bekrönt.« Henry James, *Portaits of Places* (1883).

Ausflug nach Lévis
Von Québecs Place Royale fahren regelmäßig Fähren nach Lévis, ans andere Ufer des St Lawrence 15 Minuten von Québec entfernt. Viele unternehmen die Fahrt allein wegen des schönen Blicks auf Québec (bleiben Sie auf der Fähre, ist die Rückfahrt umsonst), doch lohnt sich der Aufstieg zur »Terrasse« von Lévis, die einen noch phantastischeren Blick auf die Stadt ermöglicht.

Alt Québec mit dem Konvent der Ursulinen in der Abenddämmerung.

Alter Hafen
Vieles im alten Hafen ist leicht übertrieben renoviert, doch die Marktbuden auf dem Marché du Vieux Port (*Geöffnet:* März–Nov. täglich ab 8 Uhr) entlang dem alten Hafenbecken erinnern noch an die bewegte Vergangenheit dieser Region. In der nahegelegenen Rue St-André blüht der Antiquitätenhandel, darüber hinaus gibt es hier viele Bars, Galerien, kleine Läden und ausgefallene Restaurants.

Bummeln
Die rue St-Jean und die rue St-Louis sind bekannt für ihre Restaurants, letztere auch für viele der schönsten und ältesten Häuser der Stadt, so die Maison Maillou (Nr. 17), 1753 vollendet; die Maison Kent von 1649 (Nr. 25), einst Wohnsitz des Duke of Kent, Vater von Queen Victoria (und der Ort, an dem Québec 1759 an England übergeben wurde); die Maison Jacquet von 1677 (Nr. 34), heute ein berühmtes, wenn auch etwas touristisches Restaurant.

Louis XIV. auf der Place Royale.

on, die erste Mutter Priorin des Hauses, arbeitete unermüdlich mit den eingeborenen Stämmen zusammen und stellte das erste Wörterbuch für Irokesisch und Algonkin zusammen. Ihr Grab (1980 wurde sie seliggesprochen) findet sich in einer Seitenkapelle der Kirche, zu deren Innenausstattung mehrere Altäre aus dem 18. Jahrhundert zählen. Ein kleines Museum erinnert an die mühselige Arbeit des Konvents in den ersten Jahren seines Bestehens. Darüber hinaus sind hier auch einige makabre Objekte zu sehen, so ein Knochen und der Schädel des Marquis de Montcalm (Kapelle: rue du Parloir. *Eintritt:* frei. Museum: 12 rue Donnacona. *Geöffnet:* Feb.–Nov, Di–Sa 9.30–12 und 13–16.30 Uhr; So 12.30–17 Uhr. *Eintritt:* niedrig).

La Citadelle (The Citadel) ▶▶▶ Zwischen 1820 und 1852 auf Veranlassung des Duke of Wellington zur Verteidigung gegen mögliche Angriffe Amerikas errichtet, liegt die sternförmig angelegte Zitadelle auf dem höchsten Punkt von Cap aux Diaments (Côte de la Citadelle. *Geöffnet:* April–Mitte Mai, 10–16 Uhr; Mitte Mai–Mitte Juni, 9–17 Uhr; Mitte Juni–Aug., 9–18 Uhr, Sept. 9–16 Uhr, Okt. 10–15 Uhr; Gruppen nur mit Reservierungen *Eintritt:* niedrig). Die Befestigung der Zitadelle und ihre Schanzen erstrecken sich über ein Gelände von 16 Hektar, welches 25 Gebäude umfaßt. Kanadas einziges ausschließlich französischsprachiges Regiment, das Royal 22ième Régiment, zu Beginn des Ersten Weltkriegs gegründet, ist hier stationiert. In einem der vielen restaurierten Gebäude befindet sich ein kleines Museum, doch kommen die meisten Besucher hierher, um die **Wachablösung** (Mitte Juni–Aug. täglich 10 Uhr) oder den **Zapfenstreich** (Juli–Aug. Di, Do, Sa und So 19 Uhr) zu verfolgen.

Parcs des Champs de Bataille (National Battlefields Park) ▶▶ Die weitläufigen Wiesen des Parks sind jene Plains of Abraham, auf denen im Sommer 1759 französische und britische Truppen aufeinanderstießen (die Plains – Ebenen – wurden später nach Abraham Martin benannt, dem ersten Lotsen (1620) auf dem St-Lawrence-Strom. Der Park hat schöne Spazierwege, an denen Tafeln das Kampfgeschehen von 1759 erläutern. Von den beiden **Matello-Türmen** des Parks, 1805 und 1812 errichtet, hat man einen guten Blick über die Anlage (Park: Zugang zu Fuß über die Promenade des Gouverneurs. Martello Towers: *Geöffnet:* täglich 10–17.30 Uhr. *Eintritt:* frei).

Musée de Québec ▶▶ Québecs bedeutendste Kunstgalerie befindet sich in einem Gebäude des Parks, vom Stadtzentrum aus ein weiter, aber sehr schöner Weg (Bus 11 bis avenue Wolfe-Montcalm). Die 18 000 Ausstellungsobjekte der hervorragenden Sammlung kanadischer Kunst seit dem 17. Jahrhundert zeichnen die Entwicklung seit ihren Anfängen nach, von der sakralen Kunst bis hin zu modernen Künstlern wie den »Automatistes« Montréals (1 avenue Wolfe-Montcalm. *Geöffnet:* Juni–Anfang Sept., 10–17.45 Uhr;

Mi 10–21.45 Uhr; Anfang Sept.–Mai, Di, Do-So 11–17.45
Uhr, Mi 11—20.45. *Eintritt:* niedrig).

Place Royale ▶▶▶ Zahllose Stufen, die *funiculaire*, führen
von der Place d'Armes in die Basse Ville (Unterstadt),
deren Zentrum die Place Royale bildet, wo de Champlain
1608 seine erste *habitation* errichtete (ein Bauernhaus mit
einem Schuppen). Während sich mit der Zeit das religiöse,
militärische und Verwaltungszentrum der Stadt in die
Haute Ville (Oberstadt) verlagerte, blieb die Unterstadt mit
ihrem Hafen das wirtschaftliche Zentrum. Bis in die 70er
Jahre hinein eher schäbig, ist dieser Teil Québecs heute,
nach langjährigen Sanierungsarbeiten, eine attraktive
Gegend mit wunderschön restaurierten Häusern. Renoviert wurde auch die Kirche **Notre-Dame-des-Victoires**
(1688), die mit ihrem Namen an zwei Siege über die Briten
in den Seeschlachten von 1690 und 1711 erinnert. Ironie
der Geschichte: 1759 wurde sie durch britische Kanonen
fast vollständig zerstört.

Musée de la Civilisation ▶▶▶ Das beste Museum der
Stadt, welches von Moshie Safdie 1988 entworfen wurde,
besteht eigentlich aus drei alten Gebäuden, darunter auch
der einstige Sitz der First Bank of Québec. Der moderne
und gestalterisch innovative Bau, mit Steinen aus der Provinz Québec errichtet, entspricht auch dem Ausstellungs-
konzept des Museums, das auf sehr unterhaltsame Weise
die Geschichte und Kultur Kanadas und Québecs dokumentiert, und zwar in den vier Abteilungen »Memories«
(das Leben der Siedler in Québec über vier Jahrhunderte);
»Messages« (die Geschichte der Kommunikation); »La
Barque« (ein 250 Jahre altes Boot, das auf dem Gelände
des Museums gefunden wurde) und »Objects of Civilisation« (eine ständig wechselnde Ausstellung historischer
Exponate aus dem Besitz des Museums). Das Museum
zeigt darüber hinaus zahlreiche Wechselausstellungen (85
rue Dalhousie. *Geöffnet:* von 24. Juni–7.Sept., 10–19 Uhr;
8. Sept.–23 Juni, Di–So 10–17 Uhr. *Eintritt:* niedrig;
Sept–Juni Di frei).

*Militärmusik auf der
Zitadelle, Herz der
schönen Wehran-
lagen Québecs.*

Montmorency-Wasserfälle
Diese prachtvollen, 83 m
tief herabstürzenden Was-
serfälle (9 km nordöstlich
der Stadt) bieten einen
wahrhaft majestätischen
Anblick, trotz ziemlich viel
touristischen Rummels und
der Tatsache, daß sie
durch verschiedene hydro-
elektrische Vorrichtungen
»gezähmt« sind. Man
erreicht sie mit dem Bus Nr.
50 oder 53 ab Place
Jacques-Cartier.

Mit dem Auto, Côte de Charlevoix

Siehe Karte auf S. 188–189

Eine Fahrt entlang der wunderschönen Küste von Québec nach Tadoussac, dem Tor zum atemberaubenden Parc du Saguenay (225 km).

Über weite Strecken geht diese Fahrt auf den Highways 138 und 362, entlang dem Nordufer des St-Lawrence, durch Wiesen, Felder und verschlafene Dörfer, Zeugen der Besiedlung des Landes durch die Franzosen im 17. Jahrhundert. Dann wieder geht es durch Wälder und über steile Klippen, wo sich herrliche Ausblicke über die Côte de Charlevoix eröffnen, die nach dem Jesuiten und Historiker François-Xavier de Charlevoix benannt ist.

Die Strecke beginnt in Québec (zunächst Highway 40 bis Courville oder Highway 138 aus der Stadt hinaus) und erreicht, vorbei an den **Montmorency-Wasserfällen** ▶▶▶ (siehe Kasten S. 209), **Ste-Anne-de-Beaupré** ▶, einen Wallfahrtsort, den jährlich zwei Millionen Pilger besuchen. Bereits 1665 sollen hier Kranke geheilt worden sein: Lahme konnten wieder gehen, Blinde wieder sehen. Bei Beaupré, 15 km weiter, biegen Sie in den Highway 138 ein und fahren nach **Chutes Ste-Anne** ▶▶, von wo aus ein kurzer Weg durch den Wald zu den Ste-Anne-Wasserfällen führt, die 74 m herabstürzen.

Der schönste Teil der Strecke beginnt bei **Baie-St-Paul** ▶▶▶, einem Dorf in reizvoller Lage, mit schönen, alten Häusern. Man kann hier auch gut übernachten, vor allem, wenn man die nahe **Île aux Coudres** ▶▶ besuchen möchte, eine kleine Insel mit einer 24 Kilometer langen Panoramastraße. Man erreicht sie von St-Joseph-de-la-Rive aus in 15 Minuten mit der Fähre (am Highway 362).

Die Straße führt nun weiter nach **Pointe-au-Pic,** seit langem als Ferienort bekannt, nicht zuletzt wegen eines der vornehmsten Hotels der Gegend, dem Manoir Richelieu (um 1920). Von La Malbaie geht dann ein kleiner Abstecher zu einem landschaftlichen

Innenansicht von Ste-Anne-de-Beaupré, einer bedeutenden Wallfahrtskirche.

Höhepunkt dieser Region, dem **Parc Régional des Hautes-Gorges-de-la-Rivière-Malbaie** ►►, einem atemberaubenden Landstrich mit mehreren 700 Meter tiefen Schluchten (die tiefsten Schluchten Kanadas außerhalb der Rockies). Man erreicht sie über den Highway 138 in Richtung St-Aimé-des-Lacs und weiter über eine 30 Kilometer lange, nicht asphaltierte Straße durch den Wald.

Zurück auf der Küstenstraße bieten der Ort **Cap-à-l'Aigle** und das vielbesuchte **Port-au-Persil** ►► außer einer ziemlich schroffen Küstenlandschaft auch einmalige Ausblicke über den St-Lawrence. **Baie-Ste-Catherine** ►►, fast schon am Ende der Strecke, ist bekannt als Ausgangspunkt für **Walbeobachtungen** ►►►, jedoch kann man die Wale gelegentlich auch vom Aussichtspunkt oberhalb von Haute Cotière de Pointe-Noire aus sehen. Eine kostenlose Fähre bringt die Reisenden dann rund um die Uhr über den Saguenay, wo der Highway 138 Richtung **Tadoussac** ►► weiterführt, ebenfalls ein Mekka für Walbeobachter und gleichzeitig Ausgangspunkt für einen Besuch des

Tadoussac, einst Pelzzentrum, heute Walbeobachtungszentrum.

Saguenay National Parks, den man am besten durch eine Bootsfahrt auf dem herrlichen Saguenay-Fjord erkundet.

Von hier aus sollten Sie noch ein Stück über den Highway 172 fahren, der Sie entlang dem Saguenay River nach **Chicoutimi** ► bringt. Diese 125 Kilometer lange Fahrt eröffnet unvergeßliche Ausblicke auf den Saguenay-Park, ein Naturschutzgebiet rund um einen der größten Fjorde der Welt (siehe oben). Chicoutimi bietet, ähnlich wie Tadoussac, **Bootsfahrten** ►►► entlang dem Fjord (auch über den Highway 172 zu erreichen). Von hier aus nun gibt es zwei Möglichkeiten, nach Québec zurückzufahren. Man nimmt entweder den Highway 170 entlang der Südküste des Flusses bis nach St-Siméon, eine 129 Kilometer lange Fahrt durch wunderschöne Landschaft und mit herrlichen Ausblicken über den Fjord, oder den Highway 381 nach Baie-St-Paul, eine Strecke, die durch noch atemberaubendere Natur führt.

Wale beobachten

■ **Was auch immer der tiefere Grund für die Faszination ist, die Menschen zu den Walen zieht (auch schon die frühen Jäger), die Attraktion der größten Säugetiere der Welt ist nicht zu bestreiten. Wale aus der Nähe zu beobachten, ist ein Erlebnis, das man sich mit Bootsfahrten entlang Kanadas Pazifik- und Atlantikküste erfüllen kann ...** ■

Pazifik
Am Pazifik bietet Vancouver Island die beste Möglichkeit, Wale zu beobachten, und zwar ab Victoria, Telegraph Cove (nahe Port McNeill) oder ab Tofino und Ucluelet im Pacific Rim National Park. In all diesen Orten werden Bootsfahrten zur Beobachtung der Wale angeboten.

212

St Lawrence
»Whale-watching«-Fahrten auf dem St Lawrence und im Saguenay-Fjord starten in Québec ab Baie-Ste-Catherine, ab Tadoussac und ab Rivière-du-Loup.

Rituelles Schlachten: Wale sind und waren nicht nur Objekte friedlicher Beobachter. Die Inuit jagten sie seit Jahrhunderten, um Öl, Speck und Knochen für ihren Lebensunterhalt zu gewinnen. Auch die Bewohner der Westküste waren große Jäger, vor allem die Nootka von Vancouver Island, für die der Walfang auch rituelle Aspekte hatte. Bevor die Männer des Dorfes auf die Jagd gehen durften, mußten sie lernen, mit den zerbrechlichen Zedernholzkanus umzugehen. Danach hatten sie sich einer Zeit der Reinigung zu unterziehen, in der Baden, Fasten und sexuelle Enthaltsamkeit gefordert wurde. Darüber hinaus mußten sie heilige Stätten im Wald aufsuchen und dort das Bild eines Wales, umgeben von menschlichen Schädel- oder Skelettknochen, verehren. Einige schnitzten Statuen von toten Walfängern, um die Toten zu beschwören, ihnen bei der Jagd zu helfen oder sie vor der Jagd zu bewahren, zum Beispiel dadurch, daß tote Wale am Strand angeschwemmt wurden.

Die heutigen Jäger: Europäische Walfänger kannten keine solchen Rituale. Etwa um 1818 drangen sie erstmals vor allem in die östliche Arktis vor, um in den Polargewässern der Davis-Straße Grönlandwale zu fangen. Da hierbei viele Schiffe verlorengingen – festgefroren und zerschmettert vom Packeis –, begann man, halbfeste Walfangstationen einzurichten bzw. die Fangmethoden der Inuit zu übernehmen. Dies war so erfolgreich, daß 1880 das Überleben der Grönlandwale gefährdet war.

Ein Anblick, auf den es sich zu warten lohnt.

Wale beobachten

Krankheiten: Jedoch nicht nur die Wale, auch die Inuit selbst litten unter den Einflüssen der Außenwelt, was sich am auffallendsten bemerkbar machte, nachdem amerikanische Walfänger im Jahre 1890 in ihre Gebiete gekommen waren. Die weitverbreiteten Krankheiten der Europäer rafften die Ureinwohner dahin. Schon 1858 hatte der schottische Walfänger William Penny festgestellt, daß auf Baffin Island nur noch 350 Menschen lebten, während es zehn Jahre zuvor noch etwa 1000 waren. Nach einem Bericht aus dem Jahre 1920 waren etwa ein Drittel der gesamten Eskimo-Bevölkerung in nur 14 Jahren an Grippe gestorben, und 1931 stellte man in Coppermine fest, daß 19 von 100 Inuit an Tuberkulose litten.

Atlantik: Heute bieten die Gewässer vor Kanadas Küsten die besten Möglichkeiten der Welt, Wale zu beobachten. Sowohl durch den Atlantik als auch Pazifik verlaufen einige der wichtigsten Wanderrouten der Wale, es gibt reichlich Nahrung und viele versteckte Buchten, die die Wale zur Rast und Nahrungsaufnahme aufsuchen.

Im Atlantik findet man an der Stelle, wo der Saguenay in den St-Lawrence mündet, vor allem Blau-, Fin-, Buckel-, und Weißwale. Etwas weiter im Norden trifft man auch noch andere Walarten, so um Brunswick, Nova Scotia und Neufundland.

Pazifik: An der Pazifikküste kann man kalifornische Grauwale und Killerwale sehen, die bei ihrer Wanderung, welche mit 8000 Kilometern die längste aller Säugetiere ist, hier vorbeikommen. Im Dezember paaren sie sich in den Gewässern vor Mexiko und unmittelbar danach machen sich die Männchen auf den Weg nach Norden (mit einer Geschwindigkeit von etwa zwei bis vier Knoten) in ihre Sommerreviere im Beringmeer und in der Tschuktschensee (vor Sibirien). Im Februar folgen ihnen die Weibchen mit den Jungen (Grauwale haben nur ein Junges, die Schwangerschaft dauert 13 Monate). Etwa im März/April erreichen sie Vancouver Island, wo einige der geschätzten 19 000 Tiere den Sommer verbringen. Im September und Oktober erscheinen sie wieder vor der Küste Kanadas, dieses Mal auf dem Weg in ihr Winterquartier.

Nahe Tadassouc: Warten auf die Wale im St Lawrence.

213

Atlantik
In Neufundland gibt es »whale-watching«-Fahrten von Trinity und anderen Orten der Bonavista Peninsula aus. Wichtigste Ausgangspunkte in Nova Scotia sind Brier Island und Long Island (Tiverton), in New Brunswick Dalhousie und die Inseln Deer, Andrew und Grand Malan.

Frauen und Wale
Während die Walfänger vom Stamm der Nootka auf der Jagd waren, erwarteten sie von ihren Frauen, sich zuhause absolut ruhig zu verhalten, da sie hofften, auch die Wale würden gleichermaßen fügsam sein.

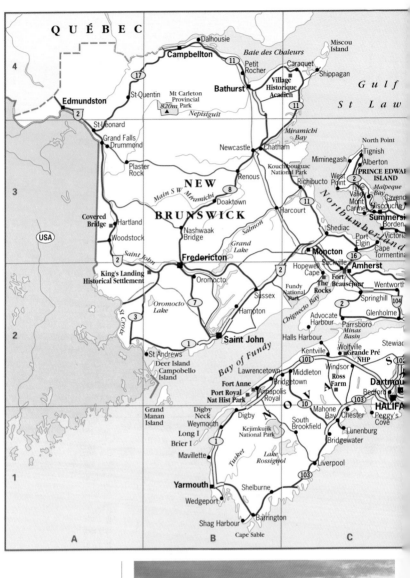

214

QUÉBEC

Dalhousie

Campbellton 17

Petit Rocher

Baie des Chaleurs

Miscou Island

Caraquet

Shippagan

Gulf

St Law

St-Quentin

Mt Carleton Provincial 820m Park

Bathurst

Village Historique Acadien 11

Nepisiguit

Edmundston 2

St-Leonard

Grand Falls Drummond

Plaster Rock

Newcastle Chatham

Miramichi Bay

North Point

Tignish

Miminegash Alberton

PRINCE EDWARD ISLAND

West Point

Main SW Miramichi 8

NEW BRUNSWICK

Renous

Doaktown

Kouchibouguac National Park

Richibucto 11

Harcourt

Northumberland

Tyne Valley Mont Carmel

Malpeque Bay

Caveno Miscouche

Summersi Borden Victoria Port Elgin

Covered Bridge Hartland

Woodstock

USA 2

Salmon

Nashwaak Bridge

Grand Lake

Shediac

Cape Tormentina

Moncton 16

Amherst

Saint John

Fredericton

Hopewell Cape

Sackville **Fort Beauséjour**

Wentworth

King's Landing Historical Settlement

Oromocto 7

Sussex

Fundy National Park

The Rocks

Springhill 104

Glenholme

2

3

St Croix

Oromocto Lake

Hampton

Chignecto Bay

Advocate Harbour

Parrsboro

Minas Basin

1

Halls Harbour

Stewiac

Saint John

Deer Island Campobello Island

St Andrews

Bay of Fundy

Lawrencetown

Kentville

Wolfville **Grande Pré NHP**

101 Middleton

Windsor

Ross Farm

S 102

Dartmou

Bedford

HALIFA

Fort Anne Port Royal Nat Hist Park

Bridgetown Annapolis Royal

10

N O V A

103

Grand Manan Island

Digby Neck

Weymouth

Long I

Brier I

Mavillette

Digby

1

Kejimkujik National Park

Mahone Bay Chester

Peggy's Cove

South Brookfield

Lunenburg

Bridgewater

Tusket

Lake Rossignol

Liverpool

Yarmouth

103

Wedgeport

Shelburne

Shag Harbour Barrington

Cape Sable

A | B | C

4 | 3 | 2 | 1

Der Leuchtturm bei Peggy's Cove, Nova Scotia.

NEWFOUNDLAND

Cabot Strait

Îles de la
Madeleine
(Québec)

St Paul
Island

*) f

n c e

Cape
North

Bay St Lawrence
Cape Breton
Pleasant Bay | Highlands
532m | National Park
Chéticamp | Ingonish
| Ingonish Beach

rince Edward
land
ational Park

Margaree
Harbour | Cape Breton Island

East
Point

Northeast | Sydney | New
Margaree | **Mines** | **Waterford**

ackley | Souris

Bay Fortune | Inverness

Charlottetown

North | **Glace Bay**
Sydney | **Sydney**

Montague
Panmure Is | Port
Hood | Whycocomagh | Baddeck

cky | 1

Murray
Harbour | 4 | Louisbourg

Big | **Fortress of**
Pond | **Louisbourg**
National
Historic Park

Wood
lands | *Strait*

St
George's
Bay | 105 | *Bras
d'Or Lake*

5 | Caribou

Pictou | Port
Hastings | St Peters

New | 104 | Antigonish
Glasgow | Port
Hawkesbury

ro | *St Mary's* | 7 | Canso

Goldenville

Sheet
Harbour | Moser River | Siehe Seiten 230–231

9

Musquodoboit
Harbour

Sable
Island

0   50   100 km

0   25   50 Meilen

D   E

Atlantikprovinzen: Die »Maritimes« – Nova Scotia (NS), New Brunswick (NB) und Prince Edward Island (PEI) – sind Kanadas kleinste Provinzen. Die meisten Touristen kommen hierher, um die schöne Küstenlandschaft zu genießen, oder um sich in der fast unberührten Natur und den noch ganz ursprünglich erhaltenen Dörfern zu erholen. Auch die Küche dieser Provinzen zieht viele Besucher an – Hummer, Austern und viele andere Fischarten bereichern den Mittagstisch, während das kulturelle Leben reich an Traditionen aus dem französischen, schottischen, irischen und anderem europäischen Erbe dieser Gegend ist.

Fahrten durch die Maritimes: In Kanada mit seinen großen Distanzen und wilden Landschaften sind nur wenige Orte einfach zu erreichen. In den Maritimes jedoch sind

DIE ATLANTIK-PROVINZEN

216

Beste Reisezeit

Das Meer, ständiger Bundesgenosse der Maritimes, bedingt das oftmals dunstige Klima in dieser Region, starker Wind und dichter Nebel bestimmen ganzjährig das Wetter (August und September sind die klarsten Monate). Im Winter blasen arktische Winde über die Provinzen und sorgen für Kälte und Stürme. Die durchschnittliche Sommertemperatur liegt bei gesunden 17–18°C, und die Luftfeuchtigkeit ist hier niedriger als in Québec oder Ontario. Auch der Herbst mit seinen bunten Wäldern ist eine beliebte Reisezeit.

Nahe am Meer

Das Meer ist, wie der Name »Maritimes« bereits verdeutlicht, ein konstanter Faktor im Leben dieser Region. Nirgendwo ist man hier mehr als 160 km vom Ozean entfernt, die meisten Orte liegen nicht weiter als 50 km hinter der Küste.

diese Probleme noch größer als anderswo. Nicht nur das die Provinzen an der Peripherie des Landes liegen, sie sind auch noch dicht bewaldet und ihre Küsten schwierig zu befahren. Um sich Ärger zu ersparen, sollte man mit dem Flugzeug anreisen, sich ein Auto mieten und entweder von Halifax oder von Fredericton bzw. Charlottetown aus die Regionen erkunden, insbesondere den landschaftlichen Höhepunkt Cap Breton Island. Doch führen auch Straßen von Québec und der Gaspé-Halbinsel nach New Brunswick (sowie nach Nova Scotia und zur Prince Edward Island).

Sehenswürdigkeiten: Es ist ratsam, sich über einige der wichtigsten Sehenswürdigkeiten der Region zu informieren und Ausflüge entsprechend zu planen. Prince Edward Island, die kleinste der Provinzen, bietet einen sehr guten Einstieg in den ursprünglichen Charakter der Küstenlandschaft und ihrer Dörfer, in denen die Zeit seit langem stillzustehen scheint. Cape Breton Island, Teil von Nova Scotia und der Fundy National Park in New Brunswick sind ebenfalls landschaftlich sehr reizvoll, während Halifax, Annapolis Royal (PEI) und Charlottetown (NS) die belebtesten Städte dieser Region sind. Unter den vielen historischen Zeugnissen aus der Zeit der französischen Kolonialisierung sind besonders das alte Fort bei Louisbourg (NS) hervorzuheben, das Fort Beauséjour (NB) sowie die Ville Historique Acadien (NB).

Nova Scotia: Vor Ankunft der Europäer waren die Maritimes Lebensraum der Micmac und Malecite, algonkinsprachige Bewohner, die zur Gruppe der östlichen Waldlandstämme (siehe S. 184–185) gehörten. John Cabot war einer der ersten Fremden, die in diese Region kamen, wenn vor ihm wohl auch schon baskische Fischer und die Wikinger (Neufundland, das die Wikinger für sich beansprucht, bestreitet diese These vehement) hierhergekommen waren. Bereits vor Gründung von Port Royal im Jahre 1605, von Samuel de Chamberlain als Pelzhandelsstation an der Südküste der Bay of Fundy errichtet, gab es einige Anläufe, hier Siedlungen zu gründen. 1613 fiel Port Royal an die Briten, und 1621 übergab König James I. die Region an Sir William Alexander, einen schottischen Gefolgsmann. Die Urkunde spricht von der Gründung einer Provinz »New Scotland« bzw. *Nova Scotia*, wie sie lateinisch bezeichnet wurde.

Doch bereits 1632 gab Charles I. die Provinz im Vertrag von St-Germain-en-Laye an die Franzosen zurück. Diese richteten ihr Augenmerk nun wieder auf Port Royal und nannten ihre neue Kolonie Acadie (Akadien). Im Vertrag von Utrecht fiel die Provinz 1737 wieder an England, mit Ausnahme von Prince Edward Island und Cape Breton Island, die bei Frankreich blieben. Der Sieg der Engländer im Siebenjährigen Krieg konsolidierte ihre koloniale Position, die sie mit der beschämenden Deportation von Tausenden französischer Siedler (siehe S. 225) noch untermauerten. Einwanderer aus Irland, England und Schottland siedelten nun hier und exilierte US-Bürger, die loyal zu England standen und nach dem Amerikanischen Unabhängigkeitskrieg hierherkamen. Dieser Bevölkerungsanstieg führte zu einem administrativen Bruch, der Abtrennung von Nova Scotia und der Neugründung der Provinzen Prince Edward Island und New Brunswick im Jahre 1784.

Schiffsbau: Wie viele Regionen der Maritimes erlebte auch Nova Scotia im weiteren einen wirtschaftlichen Aufschwung. Die Landwirtschaft und der Schiffsbau florierten, und auch der Fischfang brachte große Erträge. Die Wälder, vor allem die New Brunswicks, lieferten die Segelmasten für die britische Marine und etwa ab Mitte des 19. Jahrhunderts weltweit das Holz für den Schiffsbau, und Halifax entwickelte sich zum bedeutendsten Stützpunkt der British Navy im Nordatlantik. Gegen Ende des Jahrhunderts war diese Region die reichste von ganz Kanada. Erst die Erfindung von Dampfantrieb und Stahl beendeten den Boom. Die Provinzen schafften den Anschluß an die Moderne nicht und fielen zum wirtschaftlichen Ausgangspunkt zurück: Land- und Holzwirtschaft sowie zum Fischfang.

Kartoffelinsel: Prince Edward Island wurde im Jahr 1535 von Jacques Cartier zum französischen Hoheitsgebiet erklärt. Die Insel, zunächst Île St-Jean genannt, wurde jedoch erst 200 Jahre später besiedelt, als französische Akadier hier den Port-la-Joie, nahe dem heutigen Charlottetown, gründeten. Als die Insel 1758 an England fiel, wurden die Akadier erneut vertrieben, das Land wurde unter englische Landlords aufgeteilt in der Hoffnung, daß diese hier Siedlungen gründeten. Doch lag das Land praktisch jahrelang brach, eine Situation, die sich erst durch die Land Purchase Act von 1875 änderte, als das Land an Pächter übergeben wurde. Doch blieb die Provinz weiterhin arm, da ihre wirtschaftlichen Aktivitäten im wesentlichen aus Fischfang und Kartoffelanbau bestanden, ein Umstand, der ihr den Spitznamen »Spud Island«, Kartoffelinsel, einbrachte. Heutzutage hat der Tourismus wirtschaftliche Erleichterungen gebracht, doch gibt es auch weiterhin die Probleme Arbeitslosigkeit und Landflucht.

217

Die Zitadelle in Halifax, auf Geheiß des Duke von Wellington errichtet.

Fisch – und noch mehr Fisch
Die Maritimes kämpfen mit dem gleichen Problem wie Neufundland – der Überfischung der Meere (siehe S. 242–243). Gleichzeitig wird hier überall Fisch in Hülle und Fülle angeboten, so in New Brunswick Sardinen und Lachs aus dem Atlantik, in der Malpeque-Bucht (PEI) Austern und in Nova Scotia Schwertfisch. Alle drei Provinzen offerieren Thunfisch und Hummer, letztere oftmals in küstennahen Gehegen gezüchtet, um sie das ganze Jahr über anbieten zu können.

Touristeninformation
Fredericton: City Hall, Queen Street and York (Tel. 506/452 96 16 oder 452 95 00); *Moncton:* City Hall, 774 Main Street (Tel. 506/803 35 90); *Saint John:* City Hall, King Street (Tel. 506/658 29 90); Tourismus New Brunswick (Tel. 1-800-561 01 23).

Frederictons Frosch
Das außergewöhnlichste Exponat in Frederictons York-Sunbury Museum ist der sogenannte »Coleman-Frog«. Dieser gigantische Frosch mit einem Gewicht von etwa 20 kg wurde angeblich im 19. Jahrhundert von dem Wirt Fred Coleman nahe dem Killarney Lake gefunden. Coleman behauptete, er habe den Frosch in seiner Bar mit Bier und Buttermilch ernährt und dann für die Nachwelt konserviert....

New Brunswick

▶▶▶ **Fort Beauséjour**   *214C2*

Dieses alte französische Fort, an der Grenze zwischen New Brunswick und Nova Scotia gelegen, bietet herrliche Ausblicke über einen Seitenarm der Chignecto Bay. Die Region, zunächst von den Franzosen besiedelt, die ihr den Namen »Beau Bassin« gaben, fiel 1713 im Vertrag von Utrecht an die Briten, demgemäß verlief hier dann die Grenze zwischen dem britischen Nova Scotia und dem französischen Acadia. Die Briten bauten zur Verteidigung ihres Landes Fort Lawrence, was die Franzosen veranlaßte, 1750 Fort Beauséjour zu errichten. Fünf Jahre später fiel die Festung an die Engländer, die sie weiter ausbauten, um die Region nun gegen mögliche Angriffe der Amerikaner zu schützen. Bis 1835 wurde das Fort als Verteidigungsanlage genutzt, seit 1925 steht es unter Denkmalschutz. Ein hier eingerichtetes Museum dokumentiert die Geschichte des Forts und der Region (Aulac, 55 km südlich von Moncton. *Geöffnet:* Juni–Mitte Okt., täglich 9–17 Uhr. *Eintritt:* frei).

▶▶▶ **Fredericton**   *214B2*

Die Hauptstadt der Provinz New Brunswick geht auf die französische, um 1732 gegründete Siedlung Point Ste-Anne zurück, die sich mit der Ankunft exilierter US-Bürger ab 1783 sprunghaft entwickelte. Im folgenden Jahr wurde sie Provinzhauptstadt und nach dem zweiten Sohn König Georges III. benannt. Heute ist Fredericton eine verhaltene und vornehme Stadt, deren Einwohner hauptsächlich bei der Regierung oder an der städtischen Universität beschäftigt sind.

Die meisten Sehenswürdigkeiten befinden sich nahe dem schäbigen Stadtzentrum, so der **Military Compound**, eine parkähnliche Anlage zwischen Queen Street und Saint John

Grand Manan Island: eine Siedlung auf Stelzen.

River. Hier, im Gebäude der ehemaligen britischen Garnison, ist heute das **York-Sunbury Museum**▶▶ (*Geöffnet:* Mai–Aug.Di, Mi, Do, Sa 10–18 Uhr, Juli–Aug., Mo, Fr bis 21 Uhr geöffnet, So 12–18; Sept.–Mitte Okt., Mo–Fr 9–17 Uhr, Sa 12–16 Uhr; Mitte Okt.–April, Mo–Mi, Fr 11–15 Uhr oder nach Absprache. *Eintritt:* billig) eingerichtet mit Exponaten zur Stadtgeschichte. Das restaurierte **Guard House** und die **Soldiers' Barracks** (*Geöffnet:* Juni–Aug. täglich 10–18 Uhr. *Eintritt:* frei) dokumentieren das militärische Leben im 19. Jahrhundert. Im Sommer kann man zwei mal täglich am Officers' Square der Wachablösung zuschauen.

In **The Green**▶▶, etwas in südlicher Richtung am Fluß gelegen, befindet sich die herausragende **Beaverbrook Art Gallery**▶▶▶, die Bilder von Dali, Hogarth, Turner, Gainsborough, Bacon und Reynolds zeigt sowie Werke kanadischer Künstler, darunter Emily Carr, Cornelius Krieghoff und die *Group of Seven* (*Geöffnet:* Okt.–Mai Di–Fr 9–17, Sa 10–17, So 12–17 Uhr, Juni–Sept. Mo–Fr 9–18, Sa, So 10–17 Uhr. *Eintritt:* niedrig). Besichtigen Sie auch **Christ Church Cathedral** (1853), ein schönes Beispiel neogotischer Architektur, und das imposante **Legislative Building**▶▶ (*Geöffnet:* Juni–Aug. Mo–Fr 9–18 , Sa, So 10–17 Uhr. Führungen alle 30 Minuten, Mo–Fr ab 9.15 Uhr, Sa, So 10.15 Uhr; Sept.–Juni, Mo–Fr 9–16 Uhr; Bibliothek *geöffnet:* täglich 8.15–17 Uhr), berühmt für seine Innenausstattung.

▶▶ Fundy Islands 214B2

Dieser Inselarchipel verfügt über drei bedeutende Sehenswürdigkeiten, die über der Bay of Fundy, zwischen Maine und dem südwestlichen Teil von Brunswick, verstreut liegen. Die erste ist **Deer Island**▶, von Letete an der Passamaquoddy Bay aus mit der Fähre zu erreichen, eine schöne Fahrt, die an mehreren kleinen Inseln vorbeiführt (an

Lord Beaverbrook
William Maxwell Aitken, 1879 in Ontario geboren, kam sehr jung nach New Brunswick. 1910 ging er als erfolgreicher Geschäftsmann nach England, trat in die Politik ein und erhielt 1917 den Adelstitel Lord Beaverbrook (nach einem Städtchen in New Brunswick). Er gründete die *Beaverbrook Newspapers,* die seinen Reichtum mehrten, und nahm schließlich während des Zweiten Weltkrieges im Kabinett Winston Churchills verschiedene Schlüsselpositionen ein. Wegen seiner lebenslangen Bindung an New Brunswick unterstützte er großzügig Frederictons Kunstgalerie, Theater und Universität .

Meeresspezialität
»Dulse« ist eine eßbare Alge, die man in New Brunswick häufig findet. Die rosa- bis lilafarbene Pflanze – zart oder zäh, je nach Alter – wird bei Ebbe geerntet und dann etwa fünf Stunden in der Sonne getrocknet. Erfahrene Pflücker sammeln etwa 60 kg pro Ebbe. Man kann die Algen roh essen oder geröstet, als Pulver nimmt man sie auch zur Zubereitung von Soßen, Suppen und Eintöpfen. Diese Delikatesse ist reich an Eisen und Jod, und hat man sie einmal probiert, wird man ihren Geschmack nicht mehr vergessen...

Der Fundy National Park ist einer der schönsten der Maritimes.

Wochenenden und Feiertagen sind lange Warteschlangen an den Fähren normal). Die Insel hat ein Hotel, doch die meisten Besucher kommen nur kurz und fahren dann mit der nächsten Fähre weiter nach **Campobello Island** ▶▶▶.

Dieses Paradies mit seinen Sandstränden und baumbewachsenen Buchten war ein Lieblingsort von Franklin D. Roosevelt, der hier regelmäßig seine Ferien verbrachte. Diese »American connection« stellt sicher, daß die Insel jeden Sommer übervölkert ist (eine Brücke vebindet sie mit Lubec im Bundesstaat Maine). Die meisten Besucher wollen **Roosevelt's** »cottage« sehen, ein Landhaus mit 34 Räumen, heute ein Museum, das Roosevelt gewidmet ist (Roosevelt Park Road. *Geöffnet:* Mai–Mitte Okt. täglich 10–18 Uhr; Park ganzjährig geöffnet. *Eintritt:* frei).

Die größte der drei Hauptinseln des Archipels, **Grand Manan** ▶, erreicht man mit der Fähre von Blacks Harbour, einer Anlegestelle unmittelbar westlich von Letete an der Passamaquoddy Bay (die Überfahrt dauert zwei Stunden). Schroffer als die Nachbarinseln ist Grand Manan bekannt für seine Klippen, sein *dulse* (siehe Kasten), seine *whale-watching*-Fahrten und die über 230 verschiedenen Vogelarten. Touristische Informationen erhält man im Museum von Grand Harbour, dem größten Ort der Insel.

▶▶▶ Fundy National Park 214C2

Dieser außerordentlich schöne Naturpark von bescheidener Größe schützt etwa 207 km² der Bay of Fundy, darunter eine 13 Kilometer lange, absolut spektakuläre Küstenlandschaft, die sich an das bewaldete und von Flußläufen durchzogene Hochland des Parks anschließt. Man erreicht den Park von Moncton über den Highway 114 oder von Saint John, ebenfalls über den Highway 114, jedoch von Westen her. Am Highway 114 liegen auch die beiden Informationszentren, eines an der Parkostseite nahe **Alma**, das andere etwa 20

Kilometer westlich am **Wolfe Lake,** die Details über die zahlreichen Wege des Parks bieten (insgesamt rund 100 km). Die meisten sind bequem an einem oder einem halben Tag zu bewältigen. Sehenswert sind vor allem der weite Strand von Alma, berühmt für seine außergewöhnlichen Gezeitenwechsel (siehe Kasten), **Herring Cove,** das schöne Ausblicke und einen Weg hinunter zur Küste bietet (11 km vom östlichen Parkeingang entfernt) und **Point Wolfe,** eine nette Bucht, die man über eine zehn Kilometer lange Seitenstraße des Highway 114 erreicht. Strandgutsammler finden hier meist wahre Schätze, während die Region für Vogelbeobachter insgesamt 215 verschiedene Vogelarten beherbergt.

▶ ▬▬ **Moncton**   *214C3*

Moncton ist hauptsächlich wegen seiner **Springflut** berühmt, bedingt durch die extremen Gezeitenunterschiede (siehe Kasten), auch wenn sie heute nicht mehr so spektakulär sind wie früher (vor allem die Versandung des Flusses ist verantwortlich für die »Zähmung« des Wassers). Fragen Sie bei der Touristeninformation (siehe Kasten S. 218) nach den Zeiten von Ebbe und Flut, und gehen Sie zum Bore View Park, von dem aus Sie die Springflut am besten beobachten können. Moncton ist auch die selbsternannte Hauptstadt der Acadie, der französischsprachigen Ecke New Brunswicks (siehe S. 224–225). Deutsche und Niederländer waren zwar die ersten Siedler der Region, doch kamen 1750 auch viele Akadier nach hier (Vertreibung aus Nova Scotia. Heute spricht etwa ein Drittel der Einwohner Monctons französisch.

Die Geschichte der Akadier zeigt das **Acadian Museum** ▶▶, drei Kilometer nördlich des Stadtzentrums auf dem Campus der Moncton University (Clément Cormier Building, Moncton University. *Geöffnet:* Juni–Sept. Mo– Fr 10–17 Uhr, Sa–So 13–17 Uhr; Okt.–Mai Di–Fr 13–16.30 Uhr, Sa–So 13–16 Uhr. *Eintritt:* frei). Ein bei weitem beliebteres Vergnügen bietet ein Ausflug zum **Magnetic Hill,** an dem man einer berühmten optischen Täuschung unterliegt, »bergaufwärts« im Auto zu sitzen und beim Lösen der Handbremse vorwärts zu fahren!

▶▶ ▬▬ **Passamaquoddy Bay**   *214B2*

Eine Fahrt in den Südwesten New Brunswicks stellt zwar einen größeren Abstecher dar, lohnt sich jedoch wegen der Fundy Islands (siehe S. 219–220) und der Landschaft um die Passamaquoddy Bay. Diese Region war die erste, die Samuel de Champlain, der »Vater Neu-Frankreichs«, auf seiner Entdeckungsreise im Jahre 1605 (siehe S. 30) besiedelte, obwohl die damalige Siedlung am St-Croix River auf der anderen Seite des Flusses und damit heute auf US-Staatsgebiet in Maine liegt. Ein erster größerer Ort wurde hier jedoch erst 1783 gegründet, nachdem exilierte US-Bürger hierherkamen.

St Andrews ▶▶▶, Hauptort der Bucht, ist ein kleiner, ruhiger Ferienort mit eleganten alten Häusern (280 der insgesamt 550 Häuser stammen noch aus der Zeit von vor 1880). Ausgeschilderte Wege führen zum Court House, zur Greenock Church und zum **St Andrews Blockhouse** ▶▶ (Joe's Point Road), dem einzigen noch erhaltenen Verteidigungsposten von insgesamt 14 seiner Art, die einst die Grenze New Brunswicks zu Amerika schützten. Sehenswert sind auch das **Huntsman Aquarium and Museum** ▶ (Brandy Cove Road. *Geöffnet:* Mai–Juni täglich 10–16.30 Uhr; Juli–Aug.

Springflut
New Brunswicks Springflut ist weithin bekannt. Normalerweise merkt man keinen großen Unterschied zwischen Ebbe und Flut, doch in V-förmigen Buchten wie der Bay of Fundy, die zum Land hin sehr eng zuläuft, wird das Wasser bei Flut sehr stark gegen die Bucht und ihre Zuflüsse gepreßt. dies kann eine Welle oder Flutwelle verursachen. Der Tidenhub beträgt hier 19 m, er gilt als der höchste der Welt. Auf offener See beträgt er lediglich 80 cm.

▨ **221**

Hopewell Cape
Nahe dieser kleinen Stadt (35 km südlich von Moncton) liegt der Rocks Provincial Park, ein Naturschutzgebiet rund um eine Küstenlandschaft, die aus schroffen, merkwürdig geformten, jedoch wunderschönen Felsen und Klippen besteht. Bei Flut sehen diese Felsen wie kleine Inseln aus, bei Ebbe jedoch wie gigantische Blumenstöcke.

Fiddlehead greens
»Fiddlehead« ist die noch geschlossene Dolde eines Farnkrauts, eine Delikatesse, die man im Mai in den Wäldern und an den Flußufern New Brunswicks pflückt. Schon die Ureinwohner dieser Region aßen dieses Farnkraut oder nutzten es als Medizin. Heute wird es kommerziell verwertet und tiefgefroren. Inzwischen ist es so bekannt, daß es als das inoffizielle Wahrzeichen der Provinz gilt.

Ursprüngliche Land-schaft im Saint John River Valley.

Touristeninformation
Touristeninformationen über St. Andrews sind über das Welcome Centre, 46 Reed Avenue, erhältlich (Tel. 506/529 30 00).

Village Historique Acadien
Mit 24 alten Gebäuden, von überallher nach New Brunswick gebracht (nur die Kirche ist nicht original), wurde eines jener Dörfer rekonstruiert, wie die Akadier sie nach ihrer Vertreibung aus Nova Scotia (siehe S. 225) errichteten. Wie in ähnlichen »lebenden Museen« trägt man die Kleidung jener Zeit und geht damaligen handwerklichen und bäuerlichen Arbeiten nach (11 km westlich von Carequet. *Geöffnet:* täglich Juni–Aug., 10–18 Uhr; Sept., 10–17 Uhr. *Eintritt:* niedrig).

Im 17.Jahrhundert brachten die Siedler der Akadier den Maritimen das Sticken und Teppichknüpfen näher.

täglich 10–18 Uhr; Sept. und Okt. Mi–So 10–16.30 Uhr, Mo–Di 12–16.30 Uhr. *Eintritt:* niedrig), das Ausstellungen zur Geschichte der Marine zeigt, und das **Ross Memorial Museum** ►► (188 Montagu Street. *Geöffnet:* Ende Juni–Mitte Okt. Mo–Sa 10–16.30 Uhr; Mitte Okt.–Ende Juni Di–Sa 10–16.30 Uhr. *Eintritt:* frei) eine Schatzkammer alter Teppiche, Porzellane und Möbel.

►   **Saint John**   *214B2*

Saint John, die »Stadt der Loyalisten«, war immer wirtschaftliches Zentrum von New Brunswick, wobei es die Regierungsgeschäfte Fredericton überließ. Im 19. Jahrhundert wurde es durch Handel und Schiffsbau reich. Die wirtschaftliche Blüte endete nahezu über Nacht, als die ersten Schiffe im 19. Jahrhundert aus Stahl gebaut wurden (die unermeßlichen Holzvorkommen hatten Saint John seinen Reichtum beschert). Seit kurzem verzeichnet die Stadt wieder einen wirtschaftlichen Aufschwung als Folge von Investitionen in den Ausbau eines Container- und Tiefseehafens.

Viele Touristen kommen nur, um von hier aus mit der Fähre nach Digby in Nova Scotia (siehe Kasten S. 226) zu fahren oder weiter nach Westen zur Passamaquoddy Bay. Die Stadt ist nicht besonders reizvoll und bietet kaum Sehenswürdigkeiten. Am schönsten ist der renovierte **Market Slip** ►►►, das Herzstück des alten Hafens, heute voller Cafés, Restaurants und kleiner Läden. Hier befindet sich auch **Barbour's General Store** ►► (*Geöffnet:* Mitte Mai–Okt. täglich 9–16 Uhr), ein Trödelmuseum, und ein Stück weiter die King Street hinauf das **Loyalist House** ►► (120 Union Street. *Geöffnet:* Juni– Sept. Mo–Sa 10–17 Uhr; Juli–Aug. Mo–Fr 10–19 Uhr, Sa 10–17 Uhr, So 13–17 Uhr. *Eintritt:* billig), 1810 für eine reiche Familie errichtet, heute renoviert. Werfen Sie auch einen Blick auf den **City Market** ►► nahe King's Square, den ältesten Markt Kanadas.

Unmittelbar außerhalb der Stadt liegt das **New Brunswick Museum** ► (Market Square. *Geöffnet:* Mo–Fr 9–21 Uhr, Sa 10–18 Uhr, So 12–17 Uhr. *Eintritt:* billig), das bedeutendste Museum für Geschichte und Kultur der Provinz. Nahe des Museums befinden sich die zwar interessanten, aber nicht so schönen **Reversing Falls Rapids**▶, deren Richtung sich entsprechend den Gezeiten ändert (erkundigen Sie sich nach dem Zeitpunkt des Gezeitenwechsels). Der nahegelegene **Carleton Martello Tower**▶ (*Geöffnet:* Juni –Mitte Okt. täglich 9–17 Uhr. *Eintritt:* frei), 1814 errichtet zur Verteidigung gegen amerikanische Angriffe, bietet ebenso schöne Ausblicke über die Stadt wie das auf einem Felsen westlich vom Stadtzentrum gelegene **Fort Howe Lookout**▶.

▶▶ Saint John River Valley   *214B2*

Die Ureinwohner von New Brunswick nannten den Saint John *Oo-lahs-took* – »den guten Fluß« – , da das fruchtbare Land rundum reiche Ernten brachte. Auch heute noch beschert er der Region mit ihrem Farmland im Süden und ihren Gebirgswäldern im Norden eine reiche Ernte.

Die Hauptverbindungsstraße der Provinz, der Trans-Canada Highway, folgt dem Flußlauf und bietet zwischen Québec und Fredericton eine ganze Reihe von Sehenswürdigkeiten. **Edmundston**, eine Industriestadt, gehört zwar nicht dazu, doch liegen hier die **Grand Falls**▶▶▶, wo der Fluß 21 Meter in die Tiefe stürzt. **Saint Leonard**▶, unmittelbar nördlich gelegen, ist bekannt für seine berühmten Madawaska-Webereien, die in vielen Werkstätten des Ortes bewundert werden können. **Drummond** markiert den Beginn des »Kartoffellandes«, und Hartland verfügt über die längste **geschlossene Holzbrücke**▶▶ der Welt (siehe Kasten).

Das nette **Woodstock**▶▶ hat einige elegante alte Häuser, Höhepunkt des Tals ist jedoch das herrlich gelegene **King's Landing Historic Settlement**▶▶▶ (30 km westlich von Fredericton. *Geöffnet:* Juni–Mitte Okt. täglich 10–17 Uhr. *Eintritt:* teuer), ein rekonstruiertes Dorf britischer Loyalisten aus dem 19. Jahrhundert, dessen alte Häuser schön restauriert sind. Im Museumsdorf kann man zuschauen, wie Handwerker zu damaliger Zeit arbeiteten.

Geschlossene Brücken
Geschlossene Holzbrücken – auch »wishing« oder »kissing bridges«, Wunsch- oder Kußbrücken genannt – findet man oft in Québec und New Brunswick. Da offene Brücken im rauhen Kanada meist sehr bald einstürzten, baute man geschlossene Brücken, die geschützter waren und meist über 80 Jahre hielten, zudem scheuten hier die Pferde nicht angesichts der Fluten um sie herum. Die Brücken mußten so hoch und so breit sein, daß eine Fuhre Heu bequem passieren konnte.

223

Die längste geschlossene Holzbrücke der Welt in Hartland.

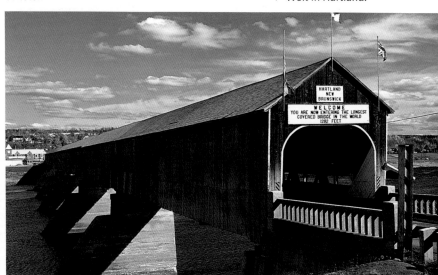

Die Akadier

■ **Acadia, oder deutsch Akadien, war der Name, den die französischen Siedler im 17. Jahrhundert jener Region gaben, die heute das amerikanische Maine, New Brunswick und Nova Scotia umfaßt. Ihre Nachfahren, die bis in unsere Zeit hinein von Verfolgung und Deportation heimgesucht werden, leben auch heute noch hier ...** ■

Woher der Name?

»Acadia« geht wahrscheinlich auf das Wort *akade* der Micmac, Ureinwohner Nova Scotias, zurück. Es bedeutet Überfluß, und stellt somit eine Referenz dar an das fruchtbare Land dieser Region. Vielleicht stammt es aber auch von den Europäern, die dieses Land sahen und es mit Wohlgefallen als Arkadien bezeichneten, jenen klassischen griechischen Landstrich, in dem Milch und Honig fließen.

Oben: Acadia House, Cheticamp.
Rechts: Samuel de Champlain.

Wo sind sie heute?

Die reichen Farmen, die verträumten Dörfer und jene *joie de vivre* der Akadier findet man heute noch bei Edmundston, entlang dem Saint John River, an der Grenze zwischen New Brunswick und Maine, an der Atlantikküste New Brunswicks zwischen Moncton und der Gaspé, auf der Île de Madeleine, an der Südwestküste von Cape Breton Island sowie im Westen der Prince Edward Island.

Anfänge: Die erste Akadier-Siedlung wurde 1604 von Pierre Sieur de Monts und Samuel de Champlain gegründet, und zwar auf der Docher's Island im Gebiet von Saint-Croix (Teil der Bay of Fundy, heute Maine). Viele Siedler starben hier jedoch im darauffolgenden harten Winter, weswegen die Überlebenden an einem geschützteren Küstenabschnitt des heutigen Nova Scotia das Dorf Port Royal gründeten.

Die Ersten Vierzig: Einige der Siedler machten sich weiter auf den Weg nach Québec, das bald die französischen Siedlungen in den Maritimes weit an Bedeutung überflügelte. 1613 wurde Port Royal von britischen Siedlern aus Virginia eingenommen, erst 1632 fiel das Gebiet wieder an die Franzosen zurück; 40 französische Siedler aus Westfrankreich gründeten nun ein zweites Mal Port Royal, und zwar an der Stelle des heutigen Annapolis Royal.

Siedlung: Einige Historiker gehen davon aus, daß die Bewohner der ersten Siedlung von Port Royal sich nicht von den Briten vertreiben ließen. Andere sehen jedoch erst in den 40 »Pilgervätern« die ersten Akadier, denen bald ein wahrer Strom französischer Siedler folgte. Sie nahmen Annapolis Valley in Besitz und verteilten sich über das ganze Gebiet des heutigen Nova Scotia bis zum Isthmus von Chignecto (jene Landzunge, die Nova Scotia und New Brunswick verbindet). Im Lauf der folgenden Jahre griffen die Kolonien Neu Englands immer wieder Akadien an, und das Besitzrecht wechselte ständig zwischen Frankreich und England. Die Akadier, die den politischen Kämpfen wenig Beachtung schenkten, ließen sich als Farmer nieder.

Loyalität: Diese Situation änderte sich jedoch 1713, als Nova Scotia im Vertrag von Utrecht an die Briten fiel. Die französischen Siedler wurden vor die Alternative gestellt, entweder

Die Akadier

den britischen Untertaneneid zu schwören oder das Land zu verlassen und nach Cape Breton zu gehen (noch französisches Territorium). Nur wenige wollten das fruchtbare Ackerland Nova Scotias verlassen, aber noch weniger wollten den britischen Eid schwören, der sie gezwungen hätte, gegebenenfalls auch die Waffen gegen ihre französischen Landsleute zu erheben. Schließlich erklärten sie sich bereit, diesen Eid zu schwören, unter der Bedingung, daß sie keinen Militärdienst leisten mußten, ein Kompromiß, der anfangs akzeptiert wurde (hauptsächlich, weil die Akadier die einzigen waren, die die Bevölkerung mit Nahrung versorgen konnten).

Zuspitzung der Lage: Als jedoch der Siebenjährige Krieg ausbrach, erwies sich diese Vereinbarung als gegenstandslos. Denn erstens bedrohte Louisbourg, eine französische Festungsanlage auf Cape Breton Island, Nova Scotia. Zum zweiten gerieten die Akadier in den Verdacht französischer Komplizenschaft, da nämlich 1747 nahe Grand Pré bei einem französischen Überraschungsangriff 100 britische Soldaten getötet wurden. Drittens bestärkte die Gründung von Halifax 1749 die Briten in der Annahme, nicht mehr auf die Unterstützung der Akadier angewiesen zu sein. Entsprechend verschlechterte sich deren Lage, und als erneut ein Krieg gegen die Franzosen bevorstand, erzwang der Gouverneur von Nova Scotia, Charles Lawrence, ein neuerliches Ultimatum: Bedingungslos den Eid schwören oder das Land verlassen. Als die Akadier sich weigerten, befahl der Gouverneur 1775 schließlich ihre Deportation.

Deportation: Im Laufe der nächsten acht Jahre wurden mehr als 14 600 Menschen deportiert. Nur wenigen wurde erlaubt, den Ort ihres Exils selbst zu wählen. Etwa die Hälfte wurde in die britischen Kolonien in Nordamerika geschickt, die anderen gingen nach Frankreich oder nach New Brunswick, Québec und auf die Prince Edward Island. 1780, nach dem Friedensschluß zwischen Frankreich und England, kehrten viele nach Nova Scotia zurück, wo nun britische Siedler ihr Land bestellten. So zogen sie weiter nach New Brunswick, wo die Mehrheit ihrer Nachfahren heute noch lebt.

Die Traditionen der Akadier werden seit Jahrhunderten gepflegt.

Unbarmherzig
Die Deportation der Akadier macht deutlich, mit welcher Rigorosität die Briten ihre Kolonialpolitik betrieben. General Lawrence, der die Deportationen anordnete, befahl einem der Offiziere, der diese durchzuführen hatte, »mit allen Mitteln die Akadier zu zwingen, sich einzuschiffen bzw. zu verhindern, daß auch nur einer von ihnen der Deportation entkommt, notfalls dadurch, daß man ihre Häuser niederbrennt und alles zerstört, was sie dazu bewegen könnte, im Land zu bleiben.«

Die Vorfahren der Cajun
Viele Akadier, die im Siebenjährigen Krieg deportiert wurden, kamen in die britischen Kolonien nach Nordamerika, wo sie selten willkommen waren. Nur in Louisiana konnten sie Fuß fassen. 1785 kamen weitere 1500 Akadier hierher, die zuvor nach Frankreich geflohen waren. Diese waren die Vorfahren der Cajun von Louisiana, deren Namen eine Adaption von »Akadier« darstellt.

Nova Scotia

▶▶ **Annapolis Valley**   214B2

Diese bäuerliche Gegend im Norden von Nova Scotia war die Wiege der europäischen Siedlungsbewegung in Kanada. Im Herzen dieser Region liegt **Annapolis Royal**▶▶, nahe jenem Ort, an dem Samuel de Champlain erstmals 1605 siedelte, und somit ist die Stadt die älteste des Landes (siehe S. 224),daran erinnert die **Port Royal Historic Site**▶▶▶ (10 km westlich von Annapolis Royal. *Geöffnet:* Mitte Mai–Mitte Okt. täglich 9–18 Uhr. *Eintritt:* billig). Annapolis selbst ist eine nette Stadt mit einer hübschen Promenade und angenehmer Atmosphäre. Sehenswert sind **Fort Anne**▶▶, ein französisches Fort aus dem 18. Jahrhundert (mit einem kleinen Museum), und die **Royal Historic Gardens**, die aus mehreren verschiedenen Gartenanlagen bestehen (441 St. George Street. *Geöffnet:* Mitte Mai–Mitte Okt. täglich 8 Uhr bis Sonnenuntergang. *Eintritt:* niedrig).

Fährt man den Fluß hinauf, so kommt man an stillen Dörfern, endlos erscheinendem Farmland und freundlichen Städten wie Bridgetown, Middleton und Lawrencetown vorbei. Einer der nettesten Orte ist vielleicht Wolfville nahe dem **Grand Pré National Historic Park**▶ (*Geöffnet:* Mitte Mai–Mitte Okt. täglich 9–18 Uhr. *Eintritt:* frei), dessen kleines Museum das Schicksal der Akadier dokumentiert.

▶▶ **Atlantikküste**   214C1

Nova Scotias wilde Südküste mit ihren felsigen Stränden und windigen Buchten steht in deutlichem Kontrast zur bäuerlichen Landschaft des Annapolis Valley im Norden. Einen Ausflug in diese Gegend kann man gut mit einer Rundfahrt verbinden, die von Halifax und Liverpool aus ins Landesinnere führt (Highway 8), vorbei am **Kejimkujik National Park**, der einen ersten Eindruck von der wilden Unberührtheit der Landschaft im Landesinneren vermittelt, und weiter durch das Annapolis Valley, von wo aus man zurück nach Halifax fährt. Die Dörfer, die diese Strecke begleiten, bieten Übernachtungsmöglichkeiten und die Restaurants gehören zu den besten der Provinz.

Eine der herausragendsten Sehenswürdigkeiten der Küste ist zweifelsohne **Peggy's Cove**▶▶▶, wahrscheinlich das am meisten gemalte und fotografierte Dorf Kanadas. 1811 gegründet, hat dieses Fischerdorf mit seinen schönen Häusern und den Hütten am Meer trotz ständig anhaltender Touristenströme seinen Charme bewahren können. Auch die Indian Bay, **Chester**▶▶ und die Dörfer in seiner Umgebung haben ein hübsches Ambiente, was ebenfalls viele Touristen aus den USA und reiche Kanadier hierherlockt. Etwa 24 Kilometer nördlich liegt **Ross Farm**▶▶ (New Ross. *Geöffnet:* Juni–Mitte Okt. täglich 9.30 –17.30 Uhr. *Eintritt:* niedrig), ein Museumsdorf, das das bäuerliche Leben im 19. Jahrhundert dokumentiert. **Mahone Bay**▶▶ wiederum ist eine prosperierende Stadt, deren Reichtum, wie so oft in dieser Gegend, auf dem Schiffsbau basiert und dem eher dubiosen Handel der Freibeuter des 18. Jahrunderts (siehe Kasten S. 229).

Lunenburg▶▶▶, 1753 von deutschen und Schweizer Siedlern gegründet, ist eine nette Stadt mit hübschen alten Häusern und dem herausragenden **Fisheries Museum of**

226

Neuartige Nova Scotia-Türschwelle.

the Atlantic (*Geöffnet:* Mitte Mai–Mitte Okt.9.30–17.30 Uhr; Mitte Okt.–Mitte Mai, Mo–Fr 8.30–16.30. *Eintritt:* niedrig). Es ist das bedeutendste Meeres- und Fischereimuseum von Nova Scotia mit einem Aquarium, Schiffsmodellen , richtigen Schiffen (die draußen vor Anker liegen) und Dokumentationen zum Wal- und Fischfang sowie zum Schiffsbau und nicht zuletzt zum lukrativen Geschäft des Alkoholschmuggels, der hier während der Prohibition in den 20er Jahren blühte. Die Stadt, die von deutschen und schweizer Siedlern 1753 gegründet wurde, besitzt eine merklich europäische Atmosphäre.

►►► Halifax 214C2

Die Hauptstadt von Nova Scotia verfügt über ein städtisches Ambiente, verbunden mit dem Charme einer lebhaften Küstenstadt. Sie wurde 1749 rund um einen der besten Naturhäfen der Welt gegründet und sollte zunächst der französischen Festung Louisbourg (siehe S. 229) Paroli bieten. Der Hafen war der wichtigste Atlantik-Stützpunkt der Royal Navy und im Zweiten Weltkrieg eine der bedeutendsten Basen, von der die Konvois der britischen Marine in See stachen. Die Altstadt und das Hafengebiet sind noch in ihrer ursprünglichen Gestalt erhalten und lohnen einen Besuch.

Eine der wichtigsten Sehenswürdigkeiten der Stadt ist die Citadel ►►►, die 1818 auf Geheiß des Duke of Wellington errichtet wurde (*Geöffnet:* täglich Mitte Juni–Aug. 9–18 Uhr; Sept.–Mitte Juni 10–17 Uhr. *Eintritt:* niedrig). Achten Sie auf die Turmuhr (1803), das Wahrzeichen der Stadt, die man von allen Seiten her sehen kann. Sie wurde auf Veranlassung des Duke of York, des Vaters von Queen Victoria, angebracht, damit keiner seiner Soldaten und Matrosen eine Entschuldigung hatte, wenn er zu spät kam. Die sternförmig angelegte Zitadelle verfügt auch über ein kleines Museum mit Exponaten und Dokumentationen zur Militärgeschichte. Westlich der Zitadelle, außerhalb des Stadtzentrums, befindet sich das Nova Scotia Musuem of Natural History ►►, das einen Überblick gibt über Geologie, Kultur- und Naturgeschichte der Region (1747 Summer Street. *Geöffnet:* Mitte Juni–Okt., Mo–Sa 9.30–17.30 Uhr, So 13–17.30 Uhr. *Eintritt:* preiswert).

Peggy's Cove: Fotografen und Maler erliegen immer wieder seinem Charme.

Touristeninformation
Tourism Halifax befindet sich in der City Hall, Duke und Barrington Street (Tel. 902/421 87 36); Informationen für die gesamte Provinz gibt das Nova Scotia Visitor Information Centre beim Old Red Store am Hafen gelegen, Historic Properties (Tel. 902/425 57 81 oder 424 42 47). Das International Visitors Centre in der Berrington Street (Tel.902/490 59 46) bietet ähnliches.

Züge und Busse
Züge der VIA Rail verbinden Halifax ab Terminal Road station (Tel. 902/429 84 21) über Truro, Moncton und Saint John mit Montréal . Langstrecken-Busse fahren ab 6040 Almon Street (Tel. 902/454 93 21) nach Annapolis Royal, Charlottetown, Fredericton, Liverpool, Moncton, Montréal und Sydney.

Im Stadtzentrum wurden Teile des alten Hafen- und Lagerhausviertels, heute die **Historic Properties**▶▶▶, restauriert und in eine sehr hübsche Fußgängerzone mit Läden, Cafés und Restaurants verwandelt, ähnlich dem **Brewery Market**▶▶ südlich der Water Street. Spaziergänge empfehlen sich auch durch die Public Gardens, über die **Grand Parade** (den eleganten und belebtesten Platz von Halifax) und den Old Burying Ground, den ersten Friedhof der Stadt. Die bedeutendsten Sehenswürdigkeiten in der Innenstadt sind das **Province House**▶ (1726 Hollis Street. *Geöffnet* mit Führungen: Juli–Aug., Mo–Fr 9–17 Uhr, Sa–So 10–16 Uhr; restliches Jahr, Mo–Fr 9–16 Uhr *Eintritt:* frei), ein altes Wohnhaus im georgianischen Stil und Sitz der Provinzregierung; das **Maritime Museum of the Atlantic**▶▶ (1675 Lower Water Street. *Geöffnet:* Mo–Sa 9.30–17.30 Uhr, Di 9.30–20 Uhr, So 13–17.30 Uhr; Mitte Okt–Mai, Di–Sa 9.30–17 Uhr,Di 9.30–20 Uhr, So 13–17 Uhr. *Eintritt:* niedrig), das die Geschichte der Seefahrt dieser Region dokumentiert; und die **Art Gallery of Nova Scotia**▶ mit sehr schönen Bildern der *Group of Seven* (1741 Hollis Street. *Geöffnet:* Juni–Aug. Di–Fr 10–17 Uhr, Do 10–21, Sa, So 12–17.30 Uhr; Sept.–Mai Di–Fr 10–17 Uhr, Sa, So 12–17 Uhr. *Eintritt:* billig).

▶▶▶ Louisbourg   215E2

Das an der Küste gelegene Fort Louisbourg ist eine der bedeutendsten Stätten des französischen Kolonialismus in Nordamerika. An der Ostküste von Cape Breton Island 1719 errichtet, diente es dem Schutz Québecs und des St Lawrence gegen Übergriffe vom Atlantik und sollte gleichzeitig etwas von jener imperialen Macht Frankreichs, die das Land sechs Jahre zuvor im Vertrag von Utrecht an die Briten eingebüßt hatte, wiederaufleben lassen. Die 40 Hektar große Anlage umfaßt ein sternförmiges Fort, eine Hafenanlage – die größte nördlich von Boston – und ein komplettes Dorf, das der Versorgung und Verstärkung der Garnison (der größten in Nordamerika) diente.

Trotz allem war dieses Fort ein Fehlgriff: Der Untergrund erschwerte das Bauen, die Lebensbedingungen führten zu Spannungen unter den Soldaten, Korruption und Bürokratismus blühten; einige Hügel der Umgebung waren höher als das Fort, zudem ließ die Entwicklung der Artillerietechnik sehr bald schon hohe Steinmauern nutzlos werden. Zweimal wurde das Fort angegriffen, zweimal wurde es niedergezwungen. 1745, vor seiner Fertigstellung, stürmten es 4000 Briten (später wurde es per Vertrag an die Franzosen zurückgegeben), und 1758 nahm es James Wolfe auf seinem Weg nach Québec (siehe S. 33) ein und machte es dem Erdboden gleich.

Bis heute wurden über 30 Millionen Dollar in die Renovierung des Forts gesteckt; ein Besucherzentrum informiert über dessen geschichtliche Hintergründe und Zusammenhänge. Etwa 50 Gebäude wurden und werden restauriert, einige haben noch die Originalausstattung des 18. Jahrhunderts, während andere geschichtliche Ausstellungen veranstalten. Führungen durch diese beeindruckende Anlage erfolgen durch Bedienstete in alten Uniformen (2 km außerhalb des Ortes Louisbourg, 34 km südlich von Sydney. *Geöffnet:* Juli–Aug. 9–19 Uhr; Juni und Sept. 9.30–17 Uhr. Mai und Okt., Wanderungen und einige Dienstleistungen. *Eintritt:* teuer).

Gegenüber: Pfarrkirche in Mahone Bay.

Big bang
1917 erlebte Halifax die gewaltigste Explosion vor der Detonation der ersten Atombombe: den Zusammenstoß eines belgischen Schiffes mit einem französischen Munitionsboot, das für den Krieg in Flandern mit 250 000 kg TNT beladen war. Hierbei starben über 1400 Menschen, weitere 600 erlagen später ihren Verletzungen, 900 wurden verletzt, 199 erblindeten. Der gesamte Norden von Halifax war zerstört und noch im 100 km entfernten Truro brachen die Fensterscheiben. Später fand man von dem französischen Schiff nur noch eine Kanone und ein Stück vom Anker, das 4 km weit weggeschleudert worden war.

229

Freibeuter
Das Freibeutertum war eine Art legalisiertes Piratentum, das in der zweiten Hälfte des 18. Jahrhunderts (nicht nur) in Nova Scotia grassierte. Einheimische Schiffe griffen die der Franzosen, Spanier und Yankees auf offenem Meer an, zum Teil sogar noch in der Karibik, und plünderten sie. Die Kapitäne dieser Schiffe mußten sich beim englischen Gouverneur in Halifax hierfür eine Genehmigung holen und später ihre Beute vom Vizeadmiral der Stadt legalisieren lassen. Die Profite aus diesem Geschäft waren enorm.

Mit dem Auto

Der Cabot Trail

Siehe Karte auf S. 214–215

Eine Fahrt entlang herrlicher Küsten und in das schöne Bergland im Norden von Cape Breton Island (286 km).

Diese Strecke gilt als eine der schönsten im gesamten Osten von Nordamerika und ist benannt nach dem Entdecker John Cabot, der zunächst auf Cape Breton Island an Land ging. Diese Fahrt verläuft durch einige der beeindruckendsten und abwechslungsreichsten Landschaften Kanadas: Zunächst geht es durch idyllisch anmutendes Farmland und weiter zur Küste mit spektakulären Felsen und Buchten, dann ins Landesinnere, in die Berge und Wälder des Cape Breton Highlands National Park.

Die Route beginnt in **Baddeck ▶▶**, einem vielbesuchten Ferienort am Bras d'Or Lake, einem Meeresarm, der Cape Breton fast halbiert. Hier

Alexander Graham Bell

verbrachte der Erfinder Alexander Graham Bell (1847–1922) viele Sommer, hier liegt er auch, nahe seinem ehemaligen Wohnsitz Beinn Breagh (Privatbesitz der Bells), begraben. Das **Alexander Graham Bell Museum ▶▶▶** (Chebucto Road. *Geöffnet:* Juli–Aug. 9–20 Uhr, Juni und Sept., 9–19 Uhr, Okt.–Mai 9–17 Uhr. *Eintritt:* niedrig) veranschaulicht anhand vieler Exponate das geniale Lebenswerk Graham Bells, dessen Ideen und Arbeiten so unterschiedlichen Bereichen wie der Telekommunikation, der Luft- und Seefahrt, der Medizin, der Arbeit mit Taubstummen und der Viehzucht gewidmet war.

Von Baddeck geht die Fahrt weiter durch das Middle und das Margaree Valley, letzteres vor allem bekannt für

Im Cape Breton National Park.

seine Lachse, denen in **North East Margaree** ►► ein ganzes Museum gewidmet ist, das **Salmon Museum** (*Geöffnet:* Mitte Juni–Mitte Okt. täglich 9–17 Uhr. *Eintritt:* niedrig), das das Leben der Lachse im Atlantik und die unterschiedlichen Arten des Lachsfangs dokumentiert. Ein zweites Museum der Stadt, das **Museum of Cape Breton Heritage** ►► (*Geöffnet:* Mitte Juni–Mitte Sept. täglich 9–17 Uhr. *Eintritt:* niedrig) zeigt Textilien und Kunsthandwerk der vielen ethnischen Gruppen der Insel.

Nördlich von Margaree beginnt das »Acadian country«. **Chéticamp** ►, ein Fischerdorf, ist kulturelles Zentrum der französischsprachigen Bevölkerung der Insel und bekannt für seine Teppichknüpfereien, die man im **Acadian Museum** (Main Street. *Geöffnet:* Mitte Mai–Mitte Juni, 9–18 Uhr; Mitte Juni–Aug. 8–21 Uhr; Okt. 9–18 Uhr. *Eintritt:* frei) sehen kann, und im Sommer für seine Bootsfahrten mit *whale-watching;* genauere Informationen hierzu erhält man bei Whale Cruisers Ltd (Tel. 902/224 33 76).

Nördlich von Chéticamp führt die Strecke zum **Cape Breton Highlands National Park** ►►►, »wo Berge und Meer aufeinandertreffen«. Herrliche Ausblicke überall, vor allem, wenn man den French Mountain (459 m) hinauf- und dann weiter zur Pleasant Bay fährt. Nahe letzterer befindet sich **Lone Shieling** ►, ein rekonstruiertes schottisches Bauernhaus. Es wurde errichtet als Symbol der Verbundenheit Cape Bretons mit dem schottischen Hochland, aus dem viele der ersten Siedler Kanadas kamen. Etwas weiter westlich, nahe Big Intervale, gelangt man zu den **Beuluch Ban-Wasserfällen** ► inmitten schöner Wälder. Bei South Harbour empfiehlt sich ein kleiner Umweg nach Norden über Sugarloaf Beach, wo John Cabot 1497 gelandet sein soll, nach **Bay St Lawrence** ►►, einem wunderschönen Fischerort.

Im Highlands National Park gibt es etwa 30 markierte Wanderwege, die meist direkt von der Straße wegführen. Der beliebteste dieser Wege ist der Skyline Loop unmittelbar nördlich von Chéticamp. Detaillierte Informationen über den Park und seine Wege erteilt das Reception Centre in

Grüne Weiden und idyllische Dörfer begleiten weite Strecken des Cabot Trail.

Chéticamp (Tel. 902/224 23 06) oder das in Ingonish Beach (Tel. 902/285 26 91).

Etwa ab Ingonish Beach, am östlichen Eingang des Parks, verliert der Cabot Trail etwas von seiner bisherigen Abgeschiedenheit und führt nun durch kleine Ferienorte wie zum Beispiel **Ingonish** ►►. Von hier gelangt man Richtung Süden allmählich weiter zur **Gaelic Coast,** die mit ihrem Namen der ersten Siedler aus Schottland gedenkt. Eine Referenz an diese ist auch das **Gaelic College** in South Gut St. Ann, Nordamerikas einziges College, das der gälischen Kunst und Kultur gewidmet ist. Ein kleines Museum auf dem Campus dokumentiert schottische Traditionen rund um Schottenrock und Dudelsack.

Das Green Gables House bei Cavendish.

Prince Edward Island

Wohl nirgendwo präsentieren sich die idyllischen Landschaften Kanadas schöner als auf Prince Edward Island (PEI). Die Insel, die kleinste Provinz Kanadas, besitzt herrliche Hügellandschaften, fruchtbares Ackerland, saftige Wiesen (sie wird auch als »Million Acre Farm« bezeichnet), nahezu unberührte Küsten, Sandstrände sowie Dörfer voller Leben und Lebensfreude. Es war zudem die Geburtsstätte von Lucy Maud Montgomerys literarischen Werk *Anne of Green Gables*. Die Romanfigur Anne mit ihrem charakteristischen Aussehen, zu dem der lange Zopf gehört, scheint untrennbar mit dem Image der Provinz verbunden zu sein.

Fahrten über Prince Edward Island beginnt man am besten in Charlottetown, der einzigen größeren Stadt der Insel, und wählt dann eine der drei als landschaftlich besonders reizvoll angelegten Routen (siehe S. 233–235).

Verkehrsverbindungen
Von vielen Städten in Ostkanada bestehen Flugverbindungen nach Charlottetown. Von Cape Tormentine (New Brunswick) fahren Fähren der Marine Atlantic Co. (Tel. 902/794 57 00) nach Borden, 56 km westlich von Charlottetown (45 Minuten). Northumberland Ferries (Tel. 1/800/565 02 01) verbinden Caribou (Nova Scotia) und Wood Islands, 61 km östlich von Charlottetown (75 Minuten). Öffentliche Busverbindungen gibt es kaum, jedoch ab Charlottetown organisierte Bus-, Boots-, Fahrrad- und Wandertouren quer über die Insel.

▶▶ Charlottetown   215D3

Charlottetown ist mit seinen begrünten Straßen und Plätzen genauso elegant und kultiviert wie jene Frau, nach der die Stadt benannt ist (die Ehefrau von König George III.). Berühmteste Sehenswürdigkeit ist **Province House** ▶, ein wunderschönes Sandsteinhaus, in dem 1864 die »Väter der Konföderation« (siehe S. 37) tagten (Richmond Street. *Geöffnet:* Juni 9–17.30 Uhr; Juli–Aug. 9–18 Uhr; Sept.–Mitte Okt. 9–17 Uhr; Mitte Okt.–Juni Mo–Fr 9–17 Uhr. *Eintritt:* frei).

In unmittelbarer Nähe befindet sich das **Confederation Centre of the Arts** ▶, 1964 anläßlich des 100. Jahrestages der Konföderationsverhandlungen errichtet. Jeder kanadische Bürger zahlte damals 15 Cents für den Bau dieses Zentrums und beteiligt sich darüber hinaus bis heute an den Kosten für dessen Unterhalt. Den Besucher erwarten ein kleines Museum, eine Kunstgalerie, ein Café, eine Bibliothek und ein Theater mit 1100 Sitzplätzen (Queen Street. *Geöffnet:* das ganze Jahr über 9–17 Uhr; Juni–Sept. länger. *Eintritt:* frei). Weiter lohnen die nahegelegenen drei Kirchen **St Paul's**, **St Dunstan's** und **St Peter's** einen Blick, doch eigentlich ist es am schönsten, hier einfach nur herumzulaufen und die Stadt zu genießen, so die Gegend um den Hafen, den Victoria Park sowie die alten Viertel rund um die King Street und Water Street.

▶▶▶ Blue Heron Drive 214C3

Benannt nach einem Zugvogel der Insel, dem Blaureiher, führt diese Route 191 Kilometer durch das Kernland von PEI (das sogenannte Queens County), vorbei an herrlichen Stränden, hübschen kleinen Fischerdörfern und atemberaubenden Küstenstreifen in die Region um Cavendish, bekannt als *Anne of Green Gable*-Land. Cavendish selbst mit seinem touristischen Ambiente fällt etwas aus dem beschaulichen Rahmen der übrigen Insel.

Der **Prince Edward Island National Park** ▶▶▶ umschließt etwa 40 Kilometer der schönsten Küstenlandschaft im Norden der Insel mit Wegen entlang der Küste, durch Wälder, über herrliche Sandstrände, Dünen und einzigartige Klippen und Felsen. Ein Besucherzentrum des Parks befindet sich bei Brackley, ein weiteres bei **Cavendish**, letzteres bekannt für seine schönen Strände und das **Green Gable House** (*Geöffnet:* Mitte Mai–22. Juni, Sept.-Okt., 9–17 Uhr; 23. Juni-29. Aug., 9-20 Uhr. *Eintritt:* frei). Dieses hübsche Holzhaus war einst Wohnsitz von Verwandten Lucy Maud Montgomerys, die sie als Handlungsort für ihren Roman *Anne of Green Gables* (1908) benutzte. Die sentimentale Erzählung, die Stechkanufahrer aus aller Welt nach Cavendish lockte.

Lohnenswert ist ein Aufenthalt in New London, Geburtsort Montgomerys; in Victoria, einem malerischen Fischerdorf; in York mit einer rekonstruierten Siedlung der ersten Einwanderer; in Malpeque, bekannt für seine wunderschönen Gärten; in Rustico Island, Sommerrevier Tausender Blaureiher; in Rocky Point, nahe Port-La-Joie (siehe S. 217) und einem restaurierten Dorf der Micmac, der Ureinwohner der Insel.

▶▶ Kings Byway Drive 215D3

Diese Route führt von Charlottetown aus über 375 Kilometer durch den östlichen Teil von PEI, das sogenannte Kings County, vorbei an einsam gelegenen Bauernhöfen, ruhigen Fischerdörfern, durch Wälder und abgeschiedene Landstriche. Man sollte ein bis zwei Übernachtungen in einem der gemütlichen Landgasthäuser, auf die man unterwegs immer wieder trifft, einplanen.

Nur wenige Kilometer hinter Charlottetown gelangt man bereits zu einer der herausragendsten Sehenswürdigkeiten der Region, dem **Orwell Corner Historic Village** ▶▶▶, einem lebendigen, geschichtlich interessanten Museumsdorf mit einer rekonstruierten Farm aus dem 19. Jahrhundert, wie schottische und irische Siedler sie einst errichteten (*Geöffnet:* Mitte Mai–20. Juni, Mo–Fr 10–15 Uhr; 24. Juni–31. Aug., Di–So 9–17 Uhr; 2. Sept.–24. Okt., Di–So 10–15 Uhr. *Eintritt:* niedrig).

233

Wegen seines fruchtbaren Acker- und Weidelandes heißt Prince Edward Island auch »Million Acre Farm«.

Kartoffelhimmel
Die erste Kartoffel, die weiße oder irische Kartoffel, kam Ende des 18. Jahrhunderts mit Siedlern nach Prince Edward Island. Klima und Boden der Insel bieten ideale Bedingungen für den Kartoffelanbau. Heute werden hier über 90 Prozent der kanadischen Kartoffeln in 30 verschiedenen Sorten angebaut, von denen einige inzwischen auch in 18 andere Länder als Saatkartoffeln exportiert wurden.

Lady Slipper Drive
Diese Route ist nach einer Orchideenart, dem Frauenschuh, benannt. Eine weißgrundige rotumrandete rote Blume markiert auch die Wegstrecke. Der Frauenschuh ist hier auch als *mocassin flower* bekannt oder als *whippoorwill's shoe*. Er wächst in den Wäldern der Insel, wobei es zwölf Jahre dauern kann, bis er ausgewachsen ist. Pflückt man die Blüte, so stirbt oft die restliche Pflanze ab.

Im nahegelegenen Belfast ist vor allem die **St John's Church,** von Siedlern der Isle of Skye 1823 gebaut, sehenswert.

Auf dem Weg um die Ostküste kommt man an vielen, wie halbvergessen daliegenden Fischerdörfern vorbei, deren schönste Murray Harbour, Montague und **Bay Fortune**▶▶ sind. Bei **Milltown Cross** befinden sich ein Vogelschutzgebiet und ein Rotwild- und Büffelgehege, **Panmure Island** bietet bei Gaspereaux herrliche Sandstrände. Nahe **Souris** kann man das interessante **Basin Head Fisheries Museum** ▶▶▶ besichtigen, das die Geschichte und das Leben der Fischer von PEI dokumentiert (*Geöffnet:* Juli und Aug., täglich 10–19 Uhr; Juni und Sept., Mo–Fr 10–15 Uhr). Verschiedene Orte an der Küste bieten auch Bootsfahrten zu Robben- und Vogelkolonien.

▶▶ ▬▬ Lady Slipper Drive   *214C3*

Die beschaulichste der drei Routen (287 km) bringt Sie zu kleinen Dörfern, saftigen Weiden, Sandsteinklippen und weißen Sandstränden im Westen der Insel. Diese Region ist bekannt für ihre Austern, ihr *Irish moss* (siehe Kasten S. 233), ihre Kartoffeln – etwa die Hälfte der Kartoffeln von PEI stammt von hier – und ihren Akadier-Lebensstil, der sich in den letzten 200 Jahren kaum verändert hat. Erster Halt ist **Summerside** ▶, PEIs zweitgrößte Stadt, einst berühmt für

ihre Silberfüchse, die hier wegen ihrer Pelze gezüchtet wurden. Das **International Fox Museum** (286 Fitzroy Street. *Geöffnet:* Juni–Sept. Mo–Sa 9–17 Uhr. *Eintritt:* Spende) informiert über die Geschichte des Pelzhandels und bietet zudem Informationen über die Stadt und ihre Umgebung.

Unmittelbar westlich bei **Miscouche** befindet sich die wohl bedeutendste Sehenswürdigkeit auf dieser Route, das **Acadian Museum of Prince Edward Island** ▶▶▶, das die Geschichte der etwa 15 000 Akadier auf der Insel dokumentiert. Zu sehen sind rekonstruierte Gebäude, Werkzeug, Mobiliar und alte Kunstgegenstände (*Geöffnet:* 21. Juni–Anfang Sept., täglich 9.30–17 Uhr, das restliche Jahr, Mo–Fr 9.30–17 Uhr. *Eintritt:* niedrig). Weitere Sehenswürdigkeiten sind das **Green Park Shipbuilding Museum** in Port Hill (*Geöffnet:* Mitte Juni–Anfang Sept., tägl. 10–19 Uhr. *Eintritt:* billig), das **Irish Moss Interpretative Centre** in Miminegash (*Geöffnet:* Mitte Juni–Anfang Sept. täglich 10–17 Uhr. *Eintritt:* frei) und das **Acadian Pioneer Village** bei Mont Carmel (*Geöffnet:* Mitte Juni–Mitte Sept. täglich 9–19 Uhr; Mitte Sept.–Mitte Juni Mo–Fr 9–17 Uhr. *Eintritt:* billig). Einige der Dörfer, die sie besuchen sollten, sind Alberton, wo Jacques Cartier einst an Land ging; Tignish, bekannt für seine unförmige Kirche, das freundliche kleine West Point, dessen alten Leuchtturm Sie sich ansehen sollten, und Tyne Valley, wo es fast die besten Austern der Provinz gibt.

Sand und Meer
PEI zählt zu den Regionen mit dem wärmsten Meerwasser nördlich von Florida und den schönsten Stränden Ostkanadas, darunter Bothwell Beach (nahe Souris); Greenwich (nahe St. Peter's Bay); Cedar Dunes (nahe West Point) und Brackley Beach im Prince Edward National Park.

NEUFUNDLAND

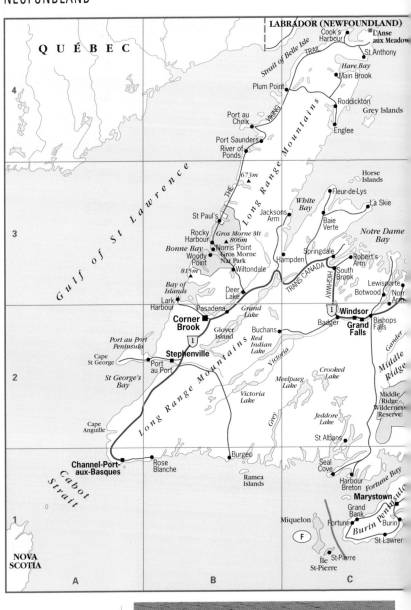

LABRADOR (NEWFOUNDLAND)

QUÉBEC

Gulf of St Lawrence

Cook's Harbour
L'Anse aux Meadow
St Anthony
Strait of Belle Isle
TRAIL
Hare Bay
Main Brook
Plum Point
Roddickton
Grey Islands
VIKING
Port au Choix
Englee
Port Saunders
River of Ponds
Long Range Mountains

Horse Islands
673m
THE
Fleur-de-Lys
La Skie
White Bay
St Paul's
Jacksons Arm
Baie Verte
Rocky Harbour
Gros Morne Mt
806m
Notre Dame Bay
Bonne Bay
Norris Point
Springdale
Gros Morne Nat Park
Robert's Arm
Woody Point
Hampden
South Brook
815m
Wiltondale
TRANS CANADA HIGHWAY
Lewisporte
Botwood
Norr Arm
Bay of Islands
Deer Lake
Lark Harbour
Pasadena
Grand Lake
Corner Brook
Glover Island
Buchans
Badger
Windsor
Bishops Falls
Red Indian Lake
Grand Falls
Gander
Stephenville
Port au Port
Victoria
Middle Ridge
Port au Port Peninsula
Cape St George
St George's Bay
Crooked Lake
Meelpaeg Lake
Middle Ridge Wilderness Reserve
Victoria Lake
Long Range Mountains
Grey
Jeddore Lake
Cape Anguille
St Albans
Burgeo
Seal Cove
Channel-Port-aux-Basques
Rose Blanche
Ramea Islands
Harbour Breton
Fortune Bay
Marystown
Cabot Strait
Grand Bank
Burin Peninsula
Miquelon
Fortune
Burin
F
St Lawren
NOVA SCOTIA
Île St-Pierre
St-Pierre

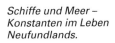

Schiffe und Meer – Konstanten im Leben Neufundlands.

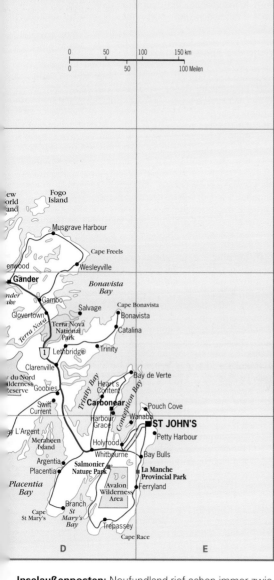

Fogo Island

Musgrave Harbour

Cape Freels

Wesleyville

Gander

Gambo

Glovertown

Salvage

Cape Bonavista

Bonavista

Terra Nova National Park

Catalina

Lethbridge

Trinity

Clarenville

Bay de Verte

Goobies

Heart's Content

Swift Current

Carbonear

Pouch Cove

Harbour Grace

Wanaba

ST JOHN'S

Petty Harbour

Holyrood

Whitbourne

Bay Bulls

Argentia

Salmonier Nature Park

Placentia

La Manche Provincial Park

Avalon Wilderness Area

Ferryland

Placentia Bay

Branch

Cape St Mary's

St Mary's Bay

Trepassey

Cape Race

Bonavista Bay

Trinity Bay

Conception Bay

Terra Nova

Inselaußenposten: Neufundland rief schon immer zwiespältige Gefühle hervor, vielleicht wegen der unwegsamen Natur und des scheußlichen Wetters, vielleicht wegen des ganz eigenen Menschenschlags, der hier lebt – die sogenannten »Newfies« (eine Verballhornung aus Newfoundland und *to fie*, sich schämen), Zielscheibe vieler Witze, Menschen, die jahrhundertelang gegen die rauhe See kämpften und mit schwer zu bestellendem Land rangen. Auch wer als Tourist auf die Insel kommt, wird mit harten Bedingungen konfrontiert: unzugängliche Gebiete, schlechtes Wetter, kaum Museen, keine Freizeitparks und nur wenige, sehr einfache Hotels. Gleichzeitig kann

NEUFUNDLAND

238

Mit dem Schiff
Marine Atlantic-Fähren verkehren ganzjährig von North Sydney (Nova Scotia) nach Port-aux-Basques an der Westküste Neufundlands (900 km von St John's entfernt). Die Überfahrt dauert sechs Stunden. Von Juni bis Oktober unterhält die Gesellschaft eine zweite Verbindung von New Sydney nach Argentia an der Ostküste (131 km südwestlich von St John's). Es ist möglich, mit der einen Linie anzureisen, die Insel zu überqueren und an der anderen Seite wieder abzureisen. Autotouristen müssen im voraus buchen (Tel. 1 800 341 79 81)

Sprache
Zwei kanadische Provinzen haben einen ganz eigenen Wortschatz: Prince Edward Island hat 873, Neufundland über 5000 Wörter, die ansonsten nicht gebräuchlich sind (meist betreffen sie Fisch, Landschaft und Wetter). Auch die Dialekte unterscheiden sich hier sehr stark, geprägt von irischen, Dorset-, Davon- und Cornishdialekten, die man ansonsten seit etwa dem 17. Jahrhundert nicht mehr hört. Wissenschaftler behaupten, daß die Sprache Neufundlands vom heutigen Englisch teilweise so weit entfernt ist wie das zu Shakespeares Zeiten gesprochene.

die Insel auch unglaubliche Überraschungen bieten, vor allem für Reisende, die abenteuerlustig sind oder eine wirklich einmalige und völlig unberührte Natur genießen wollen.

Wiege des Kontinents: Die einsamen Küsten der Insel waren wahrscheinlich das erste, was die Europäer von Nordamerika zu Gesicht bekamen. Lange bevor Columbus 1492 hierherkam, kreuzten irische Seeleute vor ihren Küsten, 200 Jahre später gefolgt von englischen und baskischen Fischern (Chroniken sprechen davon, daß diese Seeleute im Meer westlich der »Insel Brasilien« segelten). Etwa 6000 Jahre früher war die Insel Heimat der Beothuck, die zu den Waldland-Stämmen zählten (siehe S. 184–185). Um 1000 n. Chr. kamen die Wikinger. Spuren ihrer Siedlungen fand man 1960 bei Ausgrabungen rund um L'Anse-aux-Meadows (siehe S. 246–247). Andere Europäer, Fischer aus England, Spanien, Frankreich und Portugal, folgten später den Spuren von John Cabot, der hier 1497 vorbeisegelte und von den reichen Fischgründen westlich der Insel berichtete.

Fisch für alle: Im 16. Jahrhundert kamen jedes Frühjahr Scharen europäischer Fischer und kehrten im Herbst mit Riesenmengen getrocknetem und gesalzenem Fisch wieder nach Europa zurück. Von einer ständigen Besiedelung der Insel rieten damals vor allem die Kaufleute des British West Country ab, die den Handel in dieser Gegend kontrollierten (und die Konkurrenz fürchteten). Einige Deserteure jedoch, die »Gesellschaft der Herrenlosen«, entflohene Seeleute, zogen ein Leben in Freiheit auf Neufundland ihrem sklavenähnlichen Dasein auf hoher See vor.

Admirale zur See und zu Land: 1583 erklärte Königin Elizabeth I. Neufundland zum englischen Territorium. Tatsächlich hatte die Krone jedoch nur wenig Einfluß auf die Insel, weswegen Charles I. 1634 die Admiralherrschafts-Charta erließ, wonach jeder Kapitän, der als erster einen Hafen auf Neufundland anlief, dort die britische Autorität repräsentieren durfte. Dieses politische Arrangement bestand 150 Jahre.

Britische Kolonie: Die Politik Englands änderte sich 1662, als die Franzosen nach Plaisance (Placentia) vordrangen. Ihre Präsenz führte zu militärischen Auseinandersetzungen, die erst 1713 mit dem Vertrag von Utrecht endeten, als Neufundland an England fiel (die Franzosen behielten noch bis 1904 Fischereirechte an der Nordwestküste, »French Shore«). Tausende irischer und schottischer Siedler kamen nun nach Neufundland (bis 1790 etwa 30 000). 1824 wurde die Insel britische Kolonie.

Kanadisches Territorium: 1855 erhielt Neufundland den Status einer selbstverwalteten Kolonie *(selfgoverning dominion)*, fünf Jahre später trat es der neugebildeten kanadischen Föderation (Canadian Confederation) bei. In den 30er Jahren erschütterte der Zusammenbruch der exportabhängigen Wirtschaft das Land, das sich dann erst wieder im Verlauf des Zweiten Weltkrieges erholte. Am 31. März 1949 schließlich sprachen sich 52 Prozent der

Bevölkerung in einer Volksabstimmung für einen Anschluß an Kanada aus.

Unterwegs: Wollen Sie Neufundland wirklich kennenlernen, so brauchen Sie unbedingt ein Auto. Haben Sie keines, so können Sie mit den CN Roadcruiser-Bussen (Tel. 709/737 59 44) fahren, die täglich auf dem Trans-Canada Highway (Highway 1) verkehren, der wichtigsten Verkehrsader der Insel, die diese von West nach Ost durchzieht und Port-aux-Basque mit der Hauptstadt St John's verbindet (15 Stunden; siehe Kasten gegenüber). Darüber hinaus verkehren auch Minibusse zwischen einigen der kleineren Orte an Neufundlands einsamen Küsten.

Neufundland kennenlernen: Neufundland ist dreimal so groß wie New Brunswick, Nova Scotia und Prince Edward Island zusammen, doch bietet es wesentlich weniger Sehenswürdigkeiten. Die Landschaft ist vorwiegend geprägt von niedrigen Hügeln, die, nur spärlich bewaldet, Neufundland auch den Beinamen »The Rock«, Felsen, eingebracht haben. Beeindruckender ist der Westen mit den Long Range Mountains, Ausläufer der Appalachen, die eine Höhe von 814 Meter erreichen. Die Entfernungen hier sind allerdings enorm, auch nach St John's, der hübschen Hauptstadt der Insel. Im Westen befindet sich auch die meistbesuchte Sehenswürdigkeit Neufundlands, das Viking Village bei L'Anse-aux-Meadows (siehe S. 247).

Ist Neufundlands Landesinneres manchmal etwas langweilig, die 10 000 Kilometer lange Küste ist fast überall sehr reizvoll, die jeweils schönsten Abschnitte bilden den Gros Morne und den Terranova National Park.

An anderen Küstenabschnitten, den Halbinseln Avalon, Burin und Bonavista, brechen hohe Wellen über die wilden, unberührten Stränge herein, bläst der Wind über kahle Felsen, und Bootsausflüge bieten ein sehr typisches Neufundlanderlebnis, sozusagen aus erster Hand.

Ortsnamen
Einige der Ortsnamen auf Neufundland vermitteln einen Eindruck vom Humor der Inselbewohner. Hier eine Auswahl: Joe Batt's Arm, Jerry's Nose, Heart's Content, Heart's Desire, Cuckold Cove, Come by Chance, Happy Adventure, Little Heart's Ease, Famish Gut, Useless Bay, Stinking Cove, Witless Bay und Blow Me Down.

Mit dem Flugzeug
Die meisten Touristen fliegen nach St John's; da Flugzeuge hier jedoch ein wichtiges Verkehrsmittel darstellen, gibt es auch in Gander, St Antony, Stephenville und Deer Lake Flughäfen. Wollen Sie den Gros Morne National Park besuchen, sollten Sie Deer Lake wählen.

239

Der Rückgang der fischverarbeitenden Industrie hat zu einer Verarmung von Neufundlands traditionellen Dörfern oder Hafengebieten geführt.

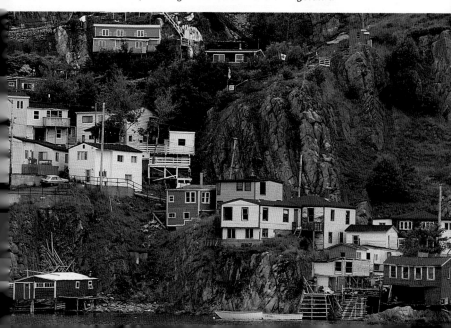

NEUFUNDLAND

Piratenleben
Peter Easton, Veteran der Royal Navy, verschrieb sich 1604 der Piraterie. Sechs Jahre später ließ er sich in Harbour Grace nieder. 1613 kehrte er jedoch mit seiner Flotte und 5000 Mann Besatzung nach Europa zurück, kaufte sich ein Palais in Frankreich, wurde Marquis und starb als einer der reichsten Männer der Welt. Sein Haus in Harbour Grace ist heute Museum (Geöffnet: Juni–Aug. täglich 10–13 und 14–17 Uhr. Eintritt: frei).

Das erste Kabel
1866 erreichte das erste Transatlantiktelegramm Heart's Content, nachdem 4447 km Kupferkabel (das längste je hergestellte) im Atlantik verlegt worden waren. Die alte Cable Station ist heute Museum (Geöffnet: Juni– Aug., tägl. 10.30–18 Uhr. Eintritt: frei).

Cape St Mary's, wo die Halbinsel Avalon das Meer berührt.

▶▶ ▶ **Halbinsel Avalon** 237D2

Die Halbinsel Avalon, über eine schmale Landzunge mit der Hauptinsel verbunden, bildet den östlichsten Teil Neufundlands. Da in der Nähe auch St John's liegt, ist sie relativ einfach zu erreichen. Der Highway 30 führt nordwärts nach **Logy Bay,** vorbei am **Ocean Sciences Centre** ▶▶, wo man Robben und andere Meerestiere in geschlossenen Gehegen beobachten kann (Marine Lab Road. *Geöffnet:* Juni– Anfang Sept., 10–12 und 13–18 Uhr; Führungen täglich alle 30 Minuten. *Eintritt:* niedrig). **Pouch Cove** ▶, ein nettes Dorf im Norden der Conception Bay, wurde 1611 nahe einem extrem engen Naturhafen gegründet, um zu verhindern, daß hier Schiffe illegale Siedler aufnehmen konnten. Nimmt man den Highway 21 entlang der Conception Bay in Richtung Süden, gelangt man, vorbei an einigen alten Dörfern, nach **Holyrood.**

Von hier aus kann man nach St John's zurück- oder weiter über den Highway 70 nach **Harbour Grace** ▶▶ fahren, dem schönsten Dorf der Conception Bay, 1550 besiedelt und von dem Piraten Peter Easton befestigt (siehe Kasten). Sehr hübsch ist auch **Heart's Content** ▶▶ im Westen, das einst eine wichtige Rolle spielte bei dem Versuch, das erste Transatlantikkabel zu legen (siehe Kasten).

Südlich von St. John's trifft man auf einige der ältesten und traditionsreichsten Siedlungsstätten der Provinz, **Petty Harbour, La Manche, Brigus South,** Bay Bulls und Ferryland (einige ziemlich trostlos). Zu diesen und zu den wilden Küstenlandschaften der Region führt der Highway 10. Einen Aufenthalt lohnt auch der **Salmonier Nature Park** (Highway 90. *Geöffnet:* Juni–Anfang Sept. täglich 12–19 Uhr. *Eintritt:* frei) mit Elchen, Bibern und Karibus.

Höhepunkte einer Fahrt durch den Südwesten der Halbinsel bilden **Placentia** ▶▶, die wunderschöne alte Hauptstadt von Französisch-Neufundland, und Cape St Mary's Ecological Reserve, angelegt zum Schutz der zweitgrößten Tölpelkolonie der Welt.

Verkehr
Die Halbinsel Bonavista erreicht man über den Highway 230, genannt Discovery Trail (Entdeckungspfad), der vom Trans-Canada Highway (Highway 1) bei Clarenville, 190 km westlich von St John's, nach Norden führt. Von hier sind es 119 km bis nach Cape Bonavista, dem Endpunkt der Halbinsel. Zweimal täglich fahrt ein Taxi Service der Newhook's Transportation (Tel. 709/726 48 76) nach Trinity und zu anderen Dörfern der Halbinsel.

241

▶▶ **Halbinsel Bonavista** 237D2

Die bekannteste von Neufundlands Halbinseln nimmt einen besonderen Platz in der von Mythen umrankten Geschichte der Insel ein, da hier John Cabot 1497 angeblich erstmals den amerikanischen Kontinent sah. Auch der Name der Halbinsel soll daher rühren, denn der schöne Blick war eine *buona vista*. Entlang der felsigen Küsten der Halbinsel trifft man auf herrliche Buchten und farbenfrohe Dörfer, darunter **Trinity** ▶▶▶, eines der schönsten der gesamten Provinz.

Trinity liegt 74 Kilometer abseits des größten Highways (siehe Kasten) der Halbinsel malerisch in einer von Bergen umgebenen Bucht. Eine der ältesten Siedlungsstätten der Insel, war dieses Dorf Sitz des ersten »Court of Admirality« (Juni 1615) unter dem Vorsitz von Sir Richard Whitbourne, der von England beauftragt war, den Streit zu schlichten zwischen den ansässigen Fischern und Saisonfischern. Eines der vielen alten Gebäude Trinitys ist die Kirche **St Paul's,** deren Holzdecke von der Kunstfertigkeit der ersten Schiffszimmerleute des Dorfes zeugt. Schräg gegenüber der Kirche befindet sich das 1880 errichtete **Trinity Museum,** dessen etwa 1000 Exponate alte Methoden der Schuh- und Faßherstellung sowie des Walfangs dokumentieren.

Südlich von Trinity führt der Highway 239 nach **Trouty,** einem kleinen, zwischen Felsen gelegenen Dorf, und weiter nach **Bonavista** ▶, dem 400 Jahre alten Hauptort der Halbinsel. Besuchen Sie das Bonavista Museum in der Church Street mit seinen von der hiesigen Bevölkerung zusammengestellten Dokumentationen und die historischen Gebäude von **Mockbeggar Property** (*Geöffnet:* Juni–Sept. täglich 10.30–18 Uhr. *Eintritt:* frei). Etwa fünf Kilometer nördlich der Stadt liegt **Cape Bonavista** ▶▶▶, eine atemberaubend schöne, einsame Landzunge, überragt vom restaurierten **Bonavista Lighthouse** (*Geöffnet:* Juli–Aug. täglich 10.30–18 Uhr. *Eintritt:* frei).

Screeching
Eine besonders beliebtes alkoholisches Getränk der Neufundländer ist traditionell *»screech«,* ein mörderisches Gesöff, einst aus Alkoholresten in alten Rumfässern gezaubert. Obwohl heute (meist) unter Aufsicht der Regierung hergestellt, bleibt es dennoch ein deftiges Getränk. Die Tradition verlangt, daß man bei den zeremoniellen *»screeching ins«* nach dem ersten Schluck ein Stück rohen Fisch ißt.

Zeitverschiebung
Neufundland hat eine eigene, etwas seltsame Zeitzone, die der Einzigartigkeit der Insel entspricht: Die Uhren gehen hier eine halbe Stunde vor, im Vergleich zur Atlantic Standard-Zeit und der in den Maritimes (eineinhalb Stunden vor gegenüber der Eastern Standard-Zeit).

■ Die Fischerei ist, wie die Forstwirtschaft, für viele kanadische Provinzen die Lebensgrundlage, ganz besonders gilt dies für Neufundland. Nach fünf Jahrhunderten ungehemmter Ausbeute jedoch sind die einst reichen Fischgründe der Grand Banks so gut wie leer und Gegenstand heftiger internationaler Auseinandersetzungen ... ■

Fisch in Hülle und Fülle
Neufundlands Fischreichtum lag in den *banks* begründet, den Ausläufern des kontinentalen Festlandssockels, die sich relativ nahe der Meeresoberfläche vor der Ost- und Südküste der Insel erstrecken. Die größten sind die Grand Banks, am Zusammenfluß des Labrador- und Golfstroms gelegen. Das zunächst kalte Wasser gerät hier unter die warmen Wasser des Golfstroms, wodurch das Plankton nach oben gespült wird und die einst riesigen Fischschwärme dieser Gegend anzog.

242

Begutachtung des Fangs in St John's.

Anrüchige Geschichten: Henry VII. erwartete Gold, Gewürze und ungeahnte Reichtümer und war somit völlig unbeeindruckt von all den Geschichten über Fisch, die John Cabot nach seiner Transatlantikreise 1497 (für die er 10 Pfund Lohn erhielt) zu berichten hatte. Die europäischen Fischer jedoch nahmen durchaus Notiz von der Kunde, daß Neufundlands Gewässer derart fischreich seien, daß man dort nicht nur mit dem Netz, sondern auch mit Körben fischen könne. Innerhalb weniger Jahre wurden die Grand Banks (siehe Kasten) von britischen, französischen, spanischen und portugiesischen Schiffen heimgesucht, die regelmäßig Kabeljau, Steinbutt und Heilbutt von ihren langen Beutezügen (im Frühjahr hin, im Herbst zurück) nach Europa mitbrachten.

Fisch für alle: So blieb es über Jahrhunderte: Die Schiffe kamen von weither, doch in damaliger Zeit, als es noch keine Kühlmöglichkeiten gab, beschränkte sich die Fangmenge ganz von selbst darauf, wieviel Fisch getrocknet oder eingesalzen werden konnte. Neufundlands Fischer selbst benutzten kleine Boote, vor allem im Sommer, zur Zeit des *capelin run,* wenn die Seesternschwärme an der Küste vorbeizogen und dabei den Kabeljau, ihren größten Feind, im Kielwasser hatten. Dieser wurde dann in riesigen Netzen gefangen und in einem der mehr als 700 *outports* Neufundlands, kleinen Vorhäfen, getrocknet und gesalzen.

Haken, Leine und Senkgewicht: In anderen Jahreszeiten wurde der Fisch geangelt, wobei die Angeln, mit Haken und Köder versehen, von Boden ausgeworfen wurfen. Als der Markt jedoch immer unersättlicher und die Fischausbeute immer geringer wurde, ging man dazu über, Netze zu spannen und mit Gewichten abzusenken. Später kombinierte man beide Methoden, und die Boote blieben samt Angeln und Netzen mehrere Tage auf dem Meer.

Überfischte Meere: Der Bedarf an Fisch war so groß und die Grand Banks waren so ergiebig, daß es undenkbar schien, es könne irgendwann keinen Fisch mehr geben. 1991 jedoch trat dieses Undenkbare ein: Die Kabeljaugründe im Norden waren fast leer. Heute gibt man vor allem Ausländern die Schuld daran, vor allem den Spaniern und Portugiesen – die sicherlich ihren Teil beitrugen –, doch auch die Neufundländer selbst überfischten jahrzehntelang ihre Fischgründe. Die Einführung von Kühlschiffen in den 30er Jahren leitete einen Ausverkauf der

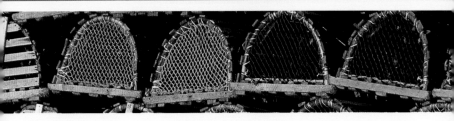

Fischgründe ein, verbunden mit dem Wandel der Methoden der Neufundländer. So wurde einst von sogenannten *dories* vor der Küste gefischt, kleinen, flachen Booten, die von größeren Schiffen erst dann zu Wasser gelassen wurden, wenn der Fisch gesichtet war. Seit 1945 ging man dazu über, die Meere mit Hochseeschiffen, die später mit Satelliten und Unterwasserortungsgeräten ausgestattet wurden, auszubeuten.

Die Zukunft der Fischerei: Aufgrund des Desasters von 1991 erließ Neufundland ein zweijähriges Fangverbot für Kabeljau. 1994 stellten Wissenschaftler fest, daß die Kabeljaugründe sich noch nicht wieder erholt hatten und forderten ein Moratorium auf unbestimmte Zeit. Über 40 000 Fischer Neufundlands verloren ihre Arbeit. Die Regierung erstellte ein Hilfsprogramm, das jährlich eine Million Dollar kostet, um den Fischern zu helfen. 1994 verschwanden auch Gelbaal und Flunder aus den Gewässern Neufundlands und mußten ebenfalls unter Schutz gestellt werden. Die größeren Probleme jedoch liegen jenseits der kanadischen Hoheitsgewässer, wo die Fangflotten anderer Länder nach wie vor fischen. Während kontrovers diskutiert wird, ob hier überhaupt gefischt werden darf, die Netze und die Größe der Fangfische der Norm entsprechen, stirbt unterdessen der Fisch aus.

Fischgerichte
»Fisch« bedeutet in Neufundland immer Kabeljau; andere Meerestiere werden mit ihrem Namen bezeichnet (Hummer, Makrele, Lachs, Hering, Steinbutt, Muscheln und Krabben). Kabeljau wird auf viele Arten zubereitet: Man hatte Jahrhunderte Zeit, immer neue Variationen zu kreieren. Eine Spezialität ist Kabeljau-Eintopf oder auch »cod tongues«, gebratenes Kabeljaufilet.

Fangquoten
Im März 1995 gelang es einer Fischflotte, ihre Jahresfangquote in nur acht Minuten aus dem Meer zu holen – eine Episode, die die heutige Situation charakterisiert.

Gotterdämmerung für Neufundlands Fischindustrie?

243

NEUFUNDLAND

Ankunft
Man erreicht die 230 km
lange Halbinsel Burin über
den Highway 210, der bei
Goobies, 160 km westlich
von St John's, vom Trans-
Canada Highway abgeht.

Ankunft in St-Pierre
Flüge zur Halbinsel gibt es
ab St John's (Provincial
Airlines, Tel. 709/576 16 66),
und Sydney, Nova Scotia
(Air St.-Pierre, Tel. 902/562
31 40). Zwei Fährgesell-
schaften bieten täglich
Überfahrten (55 Minuten)
ab Fortune (Mitte Juni bis
Ende Sept.). SPM Tours
(Tel. 709/722 38 92) und
Lloyd G. Lake Ltd. (Tel.
709/832 20 06). Plätze für
Autos müssen vorab
gebucht werden.

244

Touristeninformation
Das Office du Tourisme von
St-Pierre befindet sich
1 quai de la République. Es
bietet Informationen über
die zahlreichen Ausflüge
und Bootsfahrten, die überall angeboten werden.

Wandern
Der Gros Morne National
Park bietet eine Reihe hervorragender Wanderwege.
Leichter zu begehen sind
jedoch die Wege am
Western Brook Pond (siehe
Text): 7 km östlich von
Rocky Harbour am Highway
430 beginnt der James Cal-
lahan Trail auf den Gros
Morne Mountain. 4 km
westlich von Woody Point
beginnt der Tablelands
Hiking Trail (4 km) durch die
tundraähnliche Landschaft
des Gros Morne; 8 km wei-
ter verläuft der Green Gardens Trail (9 km) durch eine
abwechslungsreiche
Küstenlandschaft. Das
Informationszentrum in
Rocky Harbour bietet detaillierte Auskünfte über diese
und andere Wanderwege.

▶▶ Halbinsel Burin   236C1

Obwohl die Halbinsel Burin landschaftlich durchaus reizvoll ist, kommen doch die meisten Besucher vor allem
hierher, um **St-Pierre et Miquelon** ▶▶▶ zu besuchen,
einen kleinen Archipel, einst die einzige Kolonie Frankreichs in Nordamerika.

Der Highway 210 erschließt die Halbinsel ab Goobies
(siehe Kasten), wesentlich interessanter sind jedoch die
vielen Seitenstraßen und Abzweigungen, die auch zu den
Sehenswürdigkeiten Burins führen und zu den *outports*,
den kleinen Hafenorten an der Küste, so nach Bay l'Ar-
gent, Little Bay East, Rushoon, Baine Harbour, zu den
attraktiven Orten **Beau Bois, Little Bay**, John the Bay
und nach **Swift Current**, bekannt für seine herrlichen
Strände und atemberaubenden Landschaften rund um
den Piper's Hole River.

Die erste bedeutendere Stadt am Highway ist **Marystown** ▶, auf dessen Werften einst der größte Teil der
großen Fischtrawler Neufundlands gebaut wurde. Dahinter liegt Grand Bank mit dem **Southern Newfoundland
Seaman's Museum** ▶▶▶ (Marine Drive. *Geöffnet:* Juni–
Aug. Mo–Fr 9–16.15 Uhr, Sa–So, 10–17.45 Uhr; Sept.–
Mai Sa–So 10–12 und 13–17.45 Uhr. *Eintritt:* frei), das
einen faszinierenden Überblick über die Fischerei in den
Grand Banks bietet. In unmittelbarer Nachbarschaft befindet sich Fortune, ein kleiner Hafen für die Fähren zum
Archipel von St-Pierre et Miquelon (siehe Kasten).

Es ist kein Witz: Für St-Pierre brauchen Sie Ihren Paß, die
Währung hier ist der französische Franc (doch kanadische
Dollars werden meist akzeptiert). Von Cartier 1536 zum
französischen Territorium erklärt, blieb sie auch nach 1763
französischer Stützpunkt für Fischfangflotten. 1976 erhielt
die Insel Sitz und Stimme im französischen Parlament und
ist seither ein Département Frankreichs. Die Hauptstadt
St-Pierre mit eleganten Geschäften und französischen
Restaurants hat europäisches Flair. Viel zu sehen gibt es
zwar außer der Kathedrale und einem kleinen Museum
nicht, doch lohnt sich ein Aufenthalt.

▶▶▶ Gros Morne National Park   236B3

Gros Morne, aus dem Französischen »große Düsternis«,
ist der Name für eine der schönsten Landschaften Ostkanadas, in deren Höhenrücken sich gigantisch Fjorde ein-
schneiden, Steilwände gehen in Kliffs und in bewaldete
Hochplateaus über. Den schönsten Blick auf diese Küstenlandschaft hat man vom Boot aus (Fahrten können in verschiedenen Orten gebucht werden), doch auch die Highways 430 und 431 bieten herrliche Ausblicke auf die wohl
grandioseste Landschaft der Region. Die Gros Morne verfügt, ähnlich wie die Tundra, über eine Flora und Fauna, die
typisch ist für hoch im Norden gelegene Regionen, so finden sich hier der Schneehase, die arktische Seeschwalbe,
Bären, Luchse und das Neufundland-Karibu.

Weiter im Süden führt eine Straße rund um die **Bonne
Bay** ▶▶▶, den größten Fjord der Gros Morne, mit Wiltondale und dem besonders hübschen Dorf **Rocky Harbour** ▶▶, wo sich ein Informationszentrum (Tel. 709/458
24 17) befindet. Zudem bietet es sich als Ausgangspunkt
für den Naturpark an. Elf Kilometer südlich liegt **Norris
Point**, wo Fähren über den Fjord starten (Juni–Anfang
Sept. täglich 8–16 Uhr alle zwei Stunden; Fahrzeit 15 Minu-

ten). Ab Wood Point, auf der gegenüberliegenden Seite des Fjords, führt dann der Highway 431 am südlichen Fjordausläufer, an vielen Seen vorbei, überragt vom Gros Morne Mountain, dem höchsten Punkt des Naturparks (806 m). Am östlichen Ausläufer des Fjords führt ab Wiltondale der Highway 430 nach Norden, der einen auf einer 38 Kilometer langen Fahrt durch eine unglaublich schöne Landschaft wieder nach Rocky Harbour bringt. Von hier sollte man nördlich Richtung St. Paul's (36 km) fahren, vorbei an kleinen Fischerdörfern, herrlichen Sandstränden, zerklüfteten Küsten und windzerzausten Wäldern. Kurz vor St. Paul's führt ein Weg (40 Minuten) zum **Western Brook Pond** ▶▶▶, einem majestätischen, von Felsen überragten Gletschersee, auf dem man **Bootsfahrten** ▶▶▶ unternehmen kann (*Geöffnet:* Juni–Sept. eine Fahrt täglich; Juli–Aug. 3–4 Fahrten täglich. *Eintritt:* teuer).

Gros Mornes unfruchtbar wirkende Landstriche sind ein Zufluchtsort für Pflanzen- und Tierarten der Tundra, die normalerweise in nördlicheren Regionen auftreten

Die Wikinger

■ Vor etwa 1000 Jahren gründeten die Wikinger in Nordamerika eine Siedlung, in den altisländischen Sagas als Vinland überliefert. Die Diskussionen über den Standort der Siedlung hielten bis 1960 an, als Überreste einer alten Wikinger-Siedlung in L'Anse-aux-Meadows auf Neufundland entdeckt wurden ... ■

Wein-Land

Experten glaubten lange, daß das »Vin« aus Vinland, Leif Eriksons erster nordamerikanischer Siedlung, darauf verweist, daß diese an einem Ort gelegen habe, an dem Wein wächst. Bis zu den Ausgrabungen bei L'Anse-aux-Meadows gingen die Wissenschaftler also davon aus, daß Vinland an der südöstlichen Küste der USA zu finden sein müßte. Andererseits hätte in dem Zeitraum, der in den Island-Sagas angegeben ist, niemals ein Schiff so weit nach Süden segeln können.

246

Wikingerhäuser aus Torf und Holz bei L'Anse-aux-Meadows.

Neues Land: Ende des 9. Jahrhunderts zwang die Überbevölkerung einen Teil der Wikinger, Skandinavien zu verlassen, um in Island und Grönland neues Siedlungsgebiet zu erschließen. Von diesem Ereignis berichten zwei isländische Sagas, *Graenlendinga* und die *Eirick*, von Erik dem Roten erzählt, einem nordischen Hitzkopf, der 982 wegen Mordes aus Skandinavien verbannt wurde. Er nutzte sein dreijähriges Exil auch dazu, die Küste Grönlands zu erforschen, wo er zwei Kolonien gründete. 986 geriet ein Seemann aus einer dieser Kolonien auf See in einen Sturm und landete an einer ihm fremden Küste (siehe S. 28). Eriks Sohn, Leif Erikson, machte sich 995 auf den Weg in dieses neue Land, angezogen von den Berichten über das viele Holz, das es dort, im Gegensatz zu den kahlen Küsten Grönlands, geben sollte. Er gelangte an einen fruchtbaren Landstrich, den er Vinland nannte und wo er mehrere Jahre lang blieb. Leif Erikson war der erste Europäer, der seinen Fuß auf nordamerikanischen Boden setzte.

Entdeckung: Etwa 1000 Jahre später fanden die norwegischen Forscher Helge und Anne Stine Ingstad, fasziniert von den Berichten der Island-Saga, eine Wikinger-Siedlung auf Neufundland: 1960 führte sie ein Einheimischer zu einer unbedeutend erscheinenden Ansammlung grasbewachsener Steinbauten an der Epaves Bay, wo Ausgrabungen zwischen 1961 und 1968 eine skandinavische Siedlung zutage förderten, die um 1000 herum angelegt worden sein muß.

Die Wikinger

Eisen: Freigelegt wurden insgesamt sieben Torf- und Holzbauten (ähnlich den Wikingerhäusern auf Island), Kochstellen, Knochen, Torf, Holzkohle, eine Öllampe und der Rumpf eines Norwegerschiffs. Spektakulärer jedoch war eine Schwungscheibe aus Speckstein (zum Spinnen von Wolle benutzt), das älteste europäische Haushaltsgerät, das jemals in Nordamerika gefunden wurde (und identisch mit denen, die in Wikingersiedlungen Skandinaviens gefunden wurden). Der bedeutendste Fund waren die Reste einer Schmiede mit Amboß, Nägeln und einem Senkeisen, alles Zeugnisse der Metallverarbeitung, die den Ureinwohnern Nordamerikas damals noch völlig unbekannt war.

Thesen: Die Ingstads hatten zweifelsohne eine Wikingersiedlung gefunden, die einzig authentische in ganz Nordamerika. Fraglich jedoch ist, ob sie nun das Vinland in *Eirick* und *Graenlendinga* ist, eine Diskussion, die Archäologen nun fast schon seit 40 Jahren beschäftigt. Die Sagas selbst geben nur sehr vage Anhaltspunkte bezüglich der Lage dieser Siedlung, denn viele Details sind durch die mündliche Überlieferung während vieler Jahrhunderte nur ungenau überliefert. Dies führt dazu, daß die Experten sich heute über linguistische Probleme den Kopf zerbrechen, darüber etwa, daß Vin fruchtbar heißen könnte, was auf Neufundland bezogen zutrifft. Andere argumentieren, daß damit auch Wein gemeint sein könnte, was nicht auf Neufundland bezogen werden kann.

Die Siedlung: Diese Fragen interessieren kaum all die Touristen, die jedes Jahr nach L'Anse-aux-Meadows kommen, eine windige Landspitze von Neufundlands Great Northern Peninsula. Als UNESCO-Weltkulturerbe wird es vom Canadian Parks Service verwaltet, dessen herausragendes Dokumentationszentrum (Tel. 709/623 26 01 oder 623 26 08. *Geöffnet:* Mitte Juni– Aug. täglich 9–20 Uhr. *Eintritt:* frei) audiovisuelle Dokumentationen über die Wikinger und die besten Fundstücke aus der Siedlung bietet. Die Anlage selbst zeigt die Reste der alten Siedlung und drei rekonstruierte Torfhäuser – ein Langhaus, eine Werkstatt und einen Stall – vollkommen ausgestattet mit Feuerstelle und Schaffellen, um einen Hauch von Authentizität zu vermitteln.

Die Boote haben sich in 1000 Jahren nur wenig verändert.

Anreise

L'Anse-aux-Meadows ist ziemlich weit ab jeglicher Zivilisation (was in Neufundland einiges bedeutet). Es liegt am nördlichen Ende des Highway 430, etwa 450 km von Deer Lake, am Trans-Canada Highway, entfernt. An dieser Strecke liegt auch der Gros Morne National Park, die Fahrt in diesen Park und zur Siedlung läßt sich also kombinieren (siehe S. 244–245). Von überall in Neufundland und von einigen Flughäfen Ostkanadas gehen täglich Flüge nach St Antony, der der Siedlung am nächsten gelegenen Stadt. Dreimal wöchentlich fährt ein Viking Express-Bus (Tel. 709/634 47 10) von Deer Lake sowie einmal wöchentlich eine Fähre von Lewisporte (Mitte Juli–Mitte Nov., keine Autos). Autos vermietet Tilden (Tel. 709/454 85 22) in St Antony.

NEUFUNDLAND

G. Marconi, »Erfinder« des Radios.

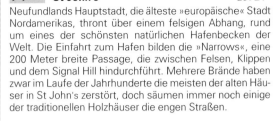

▶▶   St John's 237E1

Neufundlands Hauptstadt, die älteste »europäische« Stadt Nordamerikas, thront über einem felsigen Abhang, rund um eines der schönsten natürlichen Hafenbecken der Welt. Die Einfahrt zum Hafen bilden die »Narrows«, eine 200 Meter breite Passage, die zwischen Felsen, Klippen und dem Signal Hill hindurchführt. Mehrere Brände haben zwar im Laufe der Jahrhunderte die meisten der alten Häuser in St John's zerstört, doch säumen immer noch einige der traditionellen Holzhäuser die engen Straßen.

Stadtzentrum: Einen hervorragenden Überblick über die Stadt und ihre Provinz bietet das **Newfoundland Museum** mit Dokumentationen über die Kultur der Beothuk und Inuit sowie über Schiffahrt und Fischerei (Duckworth Street. *Geöffnet:* Sept.–Mitte Juni, Di–Fr 9–17 Uhr, Sa, So 10–18 Uhr; Mitte Juni–Sept, 9–18 Uhr. *Eintritt:* frei). Gegenüber dem Museum befindet sich die **Anglican Cathedral** (1849), ein außergewöhnliches Beispiel neogotischer Architektur in Nordamerika. Ebenso beeindruckend ist die **Roman Catholic Cathedral** (1842–90), ein weiteres Wahrzeichen der Stadt, an der Military Road gelegen. Beide Kathedralen sind Johannes dem Täufer geweiht, an dessen Namenstag der Legende nach John Cabot in Neufundland gelandet ist. Weitere bedeutende Bauwerke im Stadtzentrum sind das Colonial Building (1850), das Government House (1830), das Comissariat House (1821) und die Kirche des Hl. Thomas (1836).

248

Ankunft und Information
St John's Airport liegt 6 km westlich des Stadtzentrums. Touristische Informationen erhält man hier (Tel. 709/772 00 11) oder in der Stadt: City Hall (Rathaus) an der New Gower und Adelaide (Tel. 709/576 81 06) oder in einem ehemaligen Eisenbahnwaggon am Hafen, Harbour Drive und Bairds's Hill Cove (Tel. 709/576 85 14).

Water Street
Eine der ältesten Straßen Nordamerikas hieß 1627 nur »the lower path«, unterer Weg, doch bildete sie schon damals das soziale und wirtschaftliche Zentrum St John's, was sie mit ihren Bars, Geschäften und Restaurants auch heute noch ist. Das War Memorial (1924) am östlichen Ende der Straße markiert den Ort, an dem 1583 Sir Humphrey Gilbert die Insel zur englischen Kolonie erklärte.

Hafen von St John's.

Map labels:

St John's Airport · 40 · 20 · 30 · Ocean Sciences Centre, Logy Bay · THE BOULEVARD · QUIDI VIDI · LOGY BAY RD · TORBAY RD · PORTUGAL COVE ROAD · KINGSBRIDGE ROAD · Quidi Vidi Lake · FOREST ROAD · Quidi Vidi Battery · Rennie's · Signal Hill Historic Park · NEWTOWN AVE · Government House · Commisariat House · SIGNAL HILL ROAD · George's Pond · Bannerman Park · Church of St Thomas · Colonial Building · Interpretative Centre · Cabot Tower · MILITARY ROAD · PRESCOTT ST · DUCKWORTH ST · Queen's Battery · Basilica of St John the Baptist · QUEENS RD · WATER ST · St John's Harbour · Chain Rock · The Narrows · Newfoundland Museum · HARVEY ROAD · Anglican Cathedral · HARBOUR DRIVE · SOUTHSIDE ROAD · Fort Amherst · NEW GOWER ST · Newfoundland Museum (Murray Premises) · Cape Spear · 0 · 400 · 800 m

249

Signal Hill Historic Parc ▶▶▶ Vom Hafen gelangt man über den Harbour Drive nach »The Battery«, einer kleinen Fischersiedlung, von wo ein Weg hinauf zum Signal Hill Historic Parc führt. Die felsigen Klippen mit den Ruinen einer 1812 errichteten Verteidigungsbastion umschließen das nördliche Hafenbecken von St John's. Von hier aus wurden einst die ankommenden Schiffe in der Stadt gemeldet. Und hier empfing Guglielmo Marconi 1901 das erste über eine Langstrecke drahtlos übermittelte Signal: den Buchstaben »S« des Morsealphabets, von Poldhu, 2700 Kilometer entfernt in Cornwall gelegen. Ebenfalls von hier starteten Alcook und Browne 1901 den ersten Nonstop-Transatlantikflug. Informationen dazu bietet das Dokumentationszentrum des Parks (*Geöffnet:* Mitte Juni–Aug. täglich 8.30–20 Uhr; Sept.–Mitte Juni 8.30–16.30 Uhr. *Eintritt:* frei).

An anderer Stelle des Parks erhebt sich die **Queen's Battery,** eine hoch über dem Hafen gelegene Befestigungsanlage, und in deren Nähe der »Chain Rock«, ein weißer Pfeiler, von dem aus einst eine Kette quer über die Narrows gespannt wurde, um feindlichen Schiffen die Einfahrt in den Hafen zu verwehren. Am höchsten Punkt des Parks steht der **Cabot Tower** (*Geöffnet:* im Sommer, 8.30-21 Uhr; im Winter 9.30-17.30 Uhr. *Eintritt:* frei), 1898 bis 1900 zur Feier des diamantenen Thronjubiläums von Queen Victoria und des 400. Jahrestages der Landung John Cabots errichtet. Auf dem Weg zurück in die Stadt führt ein kleiner Abstecher nach **Quidi Vidi** ▶▶▶, einem malerischen kleinen Fischerdorf. Die alte **Quidi Vidi Battery** (*Geöffnet:* Juni–Aug. täglich 10–18 Uhr. *Eintritt:* frei), ebenfalls eine Befestigungsanlage, wurde in ihrer ursprünglichen Gestalt von 1812 restauriert. Im Osten führen Wege rund um den bei Wanderern und Joggern beliebten Quidi Vidi-See.

Cape Spear Point
Highway 11 führt 11 km südlich von St John's zum Cape Spear Point, das mit 52° 37' 24'' geografischer Länge den östlichsten Punkt Nordamerikas bildet. Das Kap bietet herrliche Ausblicke, und manchmal kann man von hier aus auch Wale sehen. Das nahegelegene Cape Spear Lighthouse (1835), Neufundlands ältester Leuchtturm, lohnt ebenfalls einen Besuch (*Geöffnet:* Juni–Sept. täglich 10–18 Uhr. *Eintritt:* frei).

Red Indians
Der Ausdruck *»red Indian«* (roter Indianer) oder *»redskin«* (Rothaut) geht auf John Cabot zurück. Als er 1497 nach Europa zurückkehrte, prägte er diesen Namen für die Ureinwohner Neufundlands, die Beothuck, die ihre Körper mit rotem Ocker bemalten.

*Nebenstraßen füh-
ren zu den schönsten
Plätzen des Nova
Terra National Park.*

Meeresattraktionen
Bootsfahrten am Newman
Sound werden von Ocean
Watch (Tel. 709/533 60 24)
organisiert. Bei diesen Ausflügen kann man Pilot- und
Buckelwale beobachten,
die die küstennahen
Gewässer bewohnen. Wei-
ter vor der Küste kann man
auch Killerwale, Delphine,
Robben und Tintenfische
sehen.

Eisberg-Land
Das Eiswasser des Labra-
dorstroms hat die Küsten
des Terra Nova Parks über
die Jahrtausende ausge-
waschen, wobei in den
ersten Sommertagen Eis-
berge von den Eisfeldern im
Norden hierher treiben.

▶▶ **Terra Nova National Park** *237D2*

Der Terra Nova National Park erstreckt sich rund um die
Bonavista Bay, so daß man einen Ausflug hierher gut mit
einer Fahrt zur östlich gelegenen Halbinsel Bonavista (siehe S. 241) verbinden kann. Mitten durch den Park führt der
Trans-Canada Highway (Highway 1), doch erreicht man die
meisten der versteckten Plätze und Orte des Parks nur
über Nebenstraßen. Außer der wunderschönen Landschaft bietet der Park Bootsfahrten, Walbeobachtungsfahrten (siehe Kasten) sowie viele Wander- und Spazierwege. Er ist Heimat vieler Elche, Bären und Füchse sowie
Lebensraum von über 350 verschiedenen Pflanzen, darunter einige sehr seltene Orchideen.

Etwa 20 Kilometer nördlich des Eingangs zum Park, am
Newman Sound Fjord, befinden sich die meisten Läden
und Dienstleistungsbetriebe des Parks und ein **Visitor
Information Centre** (Tel. 709/533 28 01). Es bietet sich
also an als Ausgangspunkt für eine Erkundung des Parks,
ebenso wie **Glovertown,** unmittelbar nördlich des Parks.
Von hier führt ein kurzer Spazierweg (1,5 km) entlang dem
Sound und der Straßen zu den schönsten Aussichtspunkten, dessen herrlichster wohl **Bluehill Pond Lookout** ▶▶
ist, ein Turm mit Blick über die ganze Region.

Abseits des Highway 1 ist der Highway 310 die landschaftlich reizvollste Strecke durch den Park, ausgehend
von dessen nördlicher Grenze, dann entlang der **Eastport
Pensinsula** ▶▶. An deren östlichster Spitze liegt **Salvage,**
eines der ältesten Hafendörfer Neufundlands, mit atemberaubender Küste. Das kleine Museum hier dokumentiert, wie sehr die Geschichte des Dorfes geprägt ist durch
Meer und Fischfang. Seine Restaurants gehören zu den
besten Fischlokalen der Gegend.

In unmittelbarer Nähe liegen **Sandy Cove** ▶, einer der
schönsten Strände der Provinz (wenn das Wasser hier
auch sehr kalt ist), Eastport und Happy Adventure, dessen
Restaurants stets frischen Hummer auf der Speisekarte
führen.

Einreiseformalitäten

Bürger der Mitgliedstaaten der Europäischen Union sowie der meisten anderen europäischen Länder benötigen für die Einreise nach Kanada lediglich einen gültigen Reisepaß. Kinder unter 16 Jahren in Begleitung ihrer Eltern können im Paß der Eltern eingetragen sein. Bleibt man weniger als sechs Monate, ist kein Visum erforderlich. Gegebenenfalls verlangt man von den Reisenden ein Rückflugticket und eine ausreichende finanzielle Absicherung der Reise. Die Einreisebehörde bestimmt die Länge des Aufenthalts, normalerweise ensprechend der Länge Ihres Urlaubs (Maximum meist drei Monate). Reisende müssen zudem ein Dokument ausfüllen (im Flugzeug oder an der Grenze), die Reiseroute bzw. Orte betreffend, an denen Sie sich aufhalten (schreiben Sie »touring«, wenn Sie dies noch nicht genau wissen).

Mit dem Flugzeug

Lufthansa und Swissair fliegen von Deutschland bzw. der Schweiz direkt nach Kanada, ebenso Air Canada, Canadian Airlines und einige Charterunternehmen. Auch US-Fluglinien fliegen von Europa aus nach Kanada, mit Zwischenlandungen in den USA. Toronto, der größte Flughafen Kanadas, ist auch der wichtigste Flughafen für den Ostteil des Landes; Vancouver, der zweitgrößte, der bedeutendste an der Westküste, Calgary der beste Flughafen, um in die Canadian Rockies zu gelangen. Die Flugzeit beträgt je nach Abfahrts- und Zielort zwischen acht und zwölf Stunden, der Rückflug kann sich, bei entsprechender Windrichtung, bis zu einer Stunde verkürzen.

Lufthansa fliegt ab Frankfurt/ Main nach Calgary, Toronto, Vancouver, Edmonton und Montréal. Direktflüge bestehen ab Frankfurt/Main nach Toronto, Calgary und Vancouver; Edmonton wird über Calgary, Montréal über Toronto angeflogen. Darüber hinaus bietet die Lufthansa von den meisten deutschen Flughäfen aus Anschlußflüge nach Frankfurt. Die gleichen Strecken werden auch von Air Canada und Canadian Airlines bedient. Ab Zürich fliegt die Swissair ebenfalls direkt nach Toronto, nach Montréal und Calgary sowie nach Vancouver mit Zwischenlandung in Calgary. Von Österreich bestehen keine direkten Flugverbindungen nach Kanada. Die meisten Flüge bietet Air Canada an, vor allem während der Hochsaison, zudem auch zu Flughäfen, die von anderen Fluggesell-

Air Canada und Canadian Airlines bieten eine Vielzahl nationaler und internationaler Flüge an.

252

schaften nicht angeflogen werden. Amerikanische Fluglinien fliegen meist mit Zwischenlandungen in New York, Dallas, Detroit oder Chicago nach Kanada. Die niederländische Fluglinie KLM bietet eine ganze Reihe Flüge zu vielen verschiedenen Zielorten in Kanada an, zudem zu meist sehr günstigen Preisen.

Mit dem Auto

Von den USA nach Kanada gelangt man über insgesamt 13 Grenzstationen. Am meisten frequentiert sind die Grenzübergänge Niagara Falls und Detroit-Windsor, doch im Sommer und an Feiertagen sind alle Grenzübergänge stark befahren.

Benzin ist in den USA billiger als in Kanada, tanken Sie also noch vor der Grenze. Selbstverständlich benötigen Sie alle Auto- und Versicherungsdokumente. Die Mindestversicherungssumme beträgt 250 000 US-$, außer in Québec, dort beträgt sie 50 000 US-$. Sollten Sie in den USA ein Auto mieten und mit diesem über die kanadische Grenze fahren, so informieren Sie sich über die geltenden Bestimmungen bei der Leihwagenfirma (siehe S. 260–261) bzw. lassen Sie sich eine Erlaubnis unterzeichnen, falls Sie mit einem Wagen fahren, der nicht auf Ihren Namen gemietet ist.

Mit dem Zug

Zwischen Amtrak, der US-Zuggesellschaft, und VIA Rail, der kanadischen Zuggesellschaft, bestehen Abkommen über Viertagestouren über die Grenze. Die Preise für derartige Reisen liegen normalerweise jedoch höher als bei entsprechenden Bus- oder Fluggesellschaften, die zudem meist auch schneller sind. Der Maple Leaf-Zug verkehrt zwischen New York und Toronto, über Buffalo und Niagara Falls (12 Stunden); der Adirondack verkehrt zwischen New York und Montréal, über Albany und Pittsburg (10 Stunden); der International verbindet Chicago mit Toronto (14 Stunden) und der Montréaler fährt von Washington D.C. nach Montréal, über New York und Atlantic City (19 Stunden). Eine fünfte Zugverbindung von Seattle nach Vancouver, der Mount Baker international,

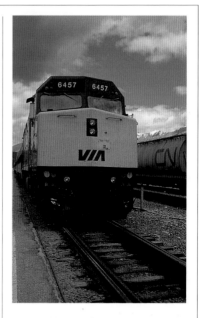

Die Verbindungen von VIA Rail, der kanadischen Zuggesellschaft, wurden stark dezimiert.

geht einmal täglich (Fahrzeit vier Stunden). Reservierungen für alle Strecken, Sitzplätze wie Schlafwagen, müssen rechtzeitig vorgenommen werden.

Zoll

Folgende Waren können zollfrei nach Kanada eingeführt werden:
- 200 Zigaretten, 50 Zigarren oder 900 g Tabak
- 1,14 Liter Spirituosen oder 24 Flaschen Bier (à 35 cl)
- Geschenke bis zu einem Wert von 60,- DM

Zollfrei ausgeführt werden dürfen:
- 200 Zigaretten oder 100 Zigarillos oder 50 Zigarren oder 250 g Tabak
- 1 Liter Spirituosen oder 2 Liter Sekt
- 2 Liter Tafelwein
- 60 ml Parfüm oder 250 ml Eau de Toilette
- Geschenke und Souvenirs bis zu einem Wert von 300,- DM

Reiseversicherung

Es empfiehlt sich, eine Reiseversicherung vor Ihrer Reise nach Kanada abzuschließen.

Wichtige Informationen

Klima

Das kanadische Klima ist sehr unterschiedlich, das der Küstenregionen sowie der Great Lakes ist im Winter milder, im Sommer weniger mild als im Landesinneren. Der Sommer kann überall angenehm warm sein, obwohl Schneefälle im August im Norden des Landes nicht unbekannt sind. In vielen Regionen sind die Winter bitterkalt.

British Columbia und der Westen haben milde Winter und Sommer und oft heftige Regenfälle im Herbst und Winter. In einigen Regionen des Südwestens, wie Okanagan, sind die Sommer heiß und trocken. Die Rockies und die Prärie-Regionen haben schöne, kurze Sommer und lange, schreckliche Winter, erstere von plötzlichen Stürmen, letztere von durchziehenden Blizzards geprägt. Québec und Ontario bieten einen langen, schönen Frühling (April bis Juni), jedoch heiße Sommer mit oft feuchtem Klima; die Winter in Ontario sind kalt und dunstig, trockener und kälter hingegen in Québec. Teile Ostkanadas und der Maritimes haben kurze, schneereiche Winter, ein mildes Frühjahr, warme Sommer und einen langen Herbst, obwohl das Wetter in diesen Regionen Kanadas am wenigsten vorhersehbar ist.

Reisezeit

Im Juli und August hat man das beste Wetter, doch ist dies auch die beliebteste und somit teuerste Reisezeit. Für Fahrten in die Rockies bietet sich ebenfalls der Sommer an, die gesamte Bergwelt Kanadas wird jedoch auch während der Skisaison

254

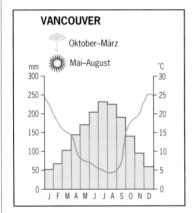

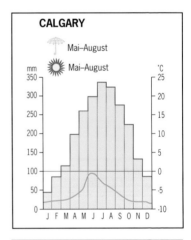

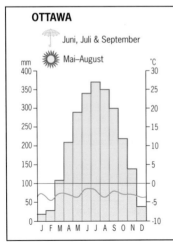

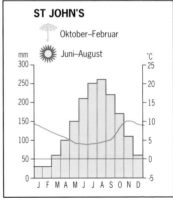

(Dezember bis März) von Touristen überschwemmt. Auch für die Prärien ist der Sommer die beste Reisezeit, mit fast nur blauem Himmel. Für einen Aufenthalt im Yukon und hohen Norden eignet sich ausschließlich der Sommer. Der frühe Herbst und das späte Frühjahr bieten die Chance, dem Regen sowie den Touristenmassen in British Columbia zu entkommen. Das Frühjahr ist auch eine gute Reisezeit für den Osten Kanadas, wenn es hier auch im April und Mai noch bis in die Täler hinab schneien kann. Der Herbst mit seiner Frabenpracht zeigt sich am schönsten in New Brunswick. Bedenken Sie, daß landesweit viele Hotels und Campingplätze nur in der Zeit zwischen Victoria Day (Mitte Mai) von Labour Day (Anfang September) geöffnet haben.

Feiertage

Banken, Schulen und staatliche Büros sind an folgenden Tagen geschlossen: New Year's Day (1. Januar); Good Friday (Karfreitag); Ostermontag; Victoria Day (Montag vor dem 25. Mai); Canaday Day (1. Juli); Labor Day (erster Montag im September); Thanksgiving (zweiter Montag im Oktober); Remembrance Day (11. November); Christmas Day (25. Dezember); Boxing Day (26. Dezember).

Feiertage der Provinzen

Banken, Schulen und staatliche Büros haben an folgenden Tagen geschlossen, meist montags, um ein langes Wochenende zu gewährleisten: **Alberta** – Heritage Day (erste Augustwoche); **British Columbia** – British Columbia Day (erste Augustwoche); **New Brunswick** – New Brunswick Day (erste Augustwoche); **Neufundland** und **Labrador** – St Patrick's Day (17. März), St George's Day (Ende April), Discovery Day (vorletzter Montag im Juni), Memorial Day (erste Juliwoche) und Orangeman's Day (dritte Juliwoche); **Manitoba, Northwest Territories, Ontario** und **Saskatchewan** – Civic Holiday (erste Augustwoche); **Québec** – Epiphany (6. Januar), Ash Wednesday, Ascension (40 Tage nach Ostern), St Jean Baptiste Day (24. Juni), All Saint's Day (1. November), Immaculate Conception (8. Dezember); **Yukon** – Discovery Day (Mitte August).

Zeit

Kanada hat sechs verschiedene Zeitzonen: Newfoundland Standard Time (NST); Atlantic Standard Time (AST); Eastern Standard Time (EST); Central Standard Time (CST); Mountain Standard Time (MST) und Pacific Standard Time (PST). Die Zeitdifferenz zwischen den beiden östlichsten Zonen (NST und AST) beträgt nur eine halbe Stunde, die gesamte Zeitdifferenz zwischen West- und Ostküste viereinhalb Stunden. NST ist viereinhalb Stunden hinter der mitteleuropäischen Zeit (MEZ) zurück, AST fünf Stunden und entsprechend dann die weiteren bis PST (British Columbia und Yukon) neun Stunden hinter der MEZ.

Daylight Saving Time

Daylight Saving Time (die kanadische Sommerzeit) gilt überall in Kanada außer in Saskatchewan und der nordöstlichen Ecke von British Columbia. Am ersten Sonntag im April werden ansonsten überall die Uhren eine Stunde vorgestellt, am letzten Sonntag im Oktober werden sie dann wieder zurückgestellt.

Arctic Circle: Land der »weißen Nächte« – der endlos erscheinenden Sommertage.

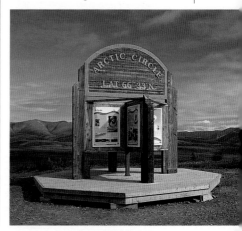

255

Kanada bietet eine Vielzahl an Übernachtungsmöglichkeiten auf hohem Standard und zu angemessenen Preisen. Das Hotelwesen ist eher amerikanisch als europäisch ausgerichtet, man sollte sich über die Unterschiede der Hotelkategorien informieren. Schauen Sie bitte auf die Seiten 272–78, um ein Angebot nach ihrem Wünschen zu finden, oder versuchen Sie es unter den Telefonverbindungen auf der folgenden Seite.

Hotels

Es gibt drei Hotelkategorien in Kanada. Zur untersten Kategorie gehören einfache, preiswerte Hotelzimmer, nicht selten über einer Bar im Stadtzentrum. Obwohl zentral gelegen, sind diese Zimmer oft etwas heruntergekommen und zudem meist der Live-Musik aus der Bar ausgesetzt. Im Gegensatz hierzu gibt es eine Reihe von Spitzenhotels sowohl in den Städten als auch in sonstigen Urlaubsgebieten, die im Vergleich zu europäischen Hotels einen absolut identischen Standard aufweisen. Im folgenden sind die Telefon-

Das Banff Springs, eines der vielen großen »Eisenbahn-Hotels«.

nummern einiger kanadischer Hotelketten der höheren Kategorie aufgeführt:

- **Best Western** Tel. 0181 541 00 33 1800 358 72 34
- **Canadian Pacific** Tel. 0171 389 11 26 1800 441 14 14
- **Delta Hotels** Tel. 0171 937 80 33 1800 877 11 33
- **Holiday Inns** Tel. 0800/89 71 21 1800 468 35 71
- **Ramada Hotels** Tel. 0800/18 17 37 1800 468 35 71
- **Relais & Château** Tel. 1800 743 80 33
- **Sheraton** Tel. 0800/35 35 35 1800 325 35 35
- **Travelodge** Tel. 0148 344 04 70 1800 578 78 78
- **Westin Hotels** Tel. 0171 408 06 36 1800 937 84 61

Motels

Motels heißen auch *travel lodges, motor lodges, inns* oder *resorts.* Wie auch immer man sie nennt, sie alle bieten angenehmen und preiswerten Aufenthalt an den Highways außerhalb der Städte. Hier bekommen Sie meist ein gutes Bett, ein Zimmer mit Bad, TV

und Telefon, wie auch Zimmer für Familien mit einer kleinen Küche, oft gibt es auch eine Sauna oder ein Schwimmbad. Einige wenige bieten außer Zimmern auch Speisen und Getränke.

Bed and Breakfast

Bed and breakfast oder Unterkunft in einem »guest house« werden immer beliebter und finden sich inzwischen überall in Kanada, sowohl in den Städten wie auch den abgelegeneren Ferienregionen. In vielen Städten gibt es Agenturen, bei denen sie eine derartige Unterkunft buchen können, entsprechende Informationen erteilen auch die Fremdenverkehrsämter. Nicht alle Zimmer dieser Kategorie sind mit eigenem Bad ausgestattet, und das Frühstück kann *continental,* Kaffee und Brötchen, oder *English,* Tee, Toast und Eier mit Speck, ausfallen. Die Ausstattung der Zimmer kann sehr unterschiedlich sein und nicht selten liegen sie weit von der Stadt oder dem Stadtzentrum entfernt. Beachten sie dies, wenn Sie eine derartige Unterkunft buchen.

Jugendherbergen

Kanada verfügt über rund 80 Jugendherbergen, die dem Verband Hostelling International (HI) – früher International Youth Hostel Federation – angeschlossen sind. Die meisten dieser Jugendherbergen, viele davon wie kleine Hotels geführt, stehen auch Nicht-Mitgliedern offen, auch wenn im Zweifelsfall Mitglieder bevorzugt werden. Sie sind meist sehr modern ausgestattet, mit Cafeterias, Kreditkarten-Service und langen Öffnungszeiten, zudem haben sie sowohl Einzel- wie Mehrbettzimmer. In vielen kanadischen Städten gibt es auch Häuser der YMCA und YWCA, die in der Regel gute Übernachtungsmöglichkeiten in Einzel-, Doppel- und Mehrbettzimmern bieten. Einige der YWCA nehmen nur Frauen und Kinder oder Paare auf, jedoch keine alleinreisenden Männer.

Reservieren

Es ist unbedingt notwendig, für Juli und August Hotels bzw. Unterkünfte im voraus zu buchen, vor allem in beliebten Ferienregionen. Auch zu anderen Jahreszeiten empfiehlt sich dies.

Für die Reservierung reicht es, wenn Sie die Nummer einer Ihrer Kreditkarten telefonisch an das Hotel geben. Nehmen Sie das Hotel dann allerdings nicht in Anspruch, müssen Sie rechtzeitig Ihre Reservierung stornieren, ansonsten hat das Hotel das Recht, den Preis für eine Übernachtung von Ihrem Konto abzubuchen.

Wenn Sie später ankommen als üblich, lassen Sie dies das Hotel wissen, oft werden Reservierungen nur bis 16 oder 18 Uhr berücksichtigt, zudem sind manche Zimmer erst nachmittags zu beziehen.

In einigen Ferienregionen gibt es Hotelvermittlungen, wo Sie gegen eine Gebühr Zimmer reservieren lassen können. Ebenso gibt es Agenturen für »bed and breakfast«, doch in den meisten Fremdenverkehrsbüros ist man Ihnen auch gerne ohne Gebühr bei der Zimmersuche behilflich.

Preise und Preisnachlässe

Reisende aus Europa werden vielleicht über das Preisniveau der kanadischen Hotels und Motels überrascht sein. Preislisten erhalten Sie bereits im voraus bei den regionalen und örtlichen Fremdenverkehrsämtern (siehe S. 269–270), wenn diese oft auch nicht die zusätzlich zu entrichtenden Steuern berücksichtigen, die von Provinz zu Provinz unterschiedlich sind (siehe S. 267). »Bed and breakfast« sind normalerweise teurer als in Europa, ihr Standardpreis bewegt sich eher auf dem Niveau eines Mittelklassehotels.

Reisen Sie mit Kindern oder in einer Gruppe, können Sie in den meisten Hotels Preisnachlässe erhalten, Kinder können oft kostenlos im Zimmer der Eltern übernachten. In vielen Hotels ist es auch möglich, sich ein drittes Bett ins Doppelzimmer stellen zu lassen, gegen einen Aufpreis von 5–20$.

Viele Hotels und Motels bieten auch in der Nebensaison bzw. unter der Woche verbilligt Zimmer an oder geben bei sehr langen Aufenthalten entsprechende Preisnachlässe. Hotels in der Stadt, in denen vor allem Geschäftsleute absteigen, haben wiederum günstigere Wochenendtarife und deutliche Preisnachlässe im Winter.

Behindertengerechte Zimmer finden Sie auf Seite 268.

257

Mit dem Flugzeug

Air Canada und **Canadian Airlines International** bieten Inlandflüge zu 125 Reisezielen. Kleinere Fluggesellschaften fliegen zudem noch Orte in den nördlichsten Regionen und anderen Teilen des Landes an. Dazu gehören **Air BC** (Britisch Columbia und Alberta), **Air Alliance** (Québec), **Air Ontario** (Ontario), **Air Atlantic** und **Air Nova** (Ostkanada und die Maritimes). Die großen Fluggesellschaften kooperieren mit den kleineren, so daß man auch Anschlußflüge oder ein integriertes Ticket buchen kann *(integrated routing and ticketing arrangements)*. Auf internationalen Flügen ist Rauchen verboten.

> **Air Canada:** Friedensstraße 7, D-60311 Frankfurt/M. (Tel. 069/27 11 51 11); Löwenstraße 56, CH-8001 Zürich (Tel. 01/224 45 45); c/o Ibusz, Krogerstraße 4, A-1010 Wien (Tel. 01/515 55 37).
> **Canadian Airlines:** Kleiner Hirschgraben 10–12, D-60311 Frankfurt/M. (Tel. 069/13 88 71 00); Usteristraße 23, CH-8001 Zürich (Tel:01/211 37 84); keine Niederlassung in Österreich.

Tickets und Angebote: Fliegen ist in Kanada relativ teuer, auch wenn die Fluggesellschaften verschiedene Ermäßigungen anbieten (für Studenten, Jugendliche und Senioren). Erkundigen Sie sich vor Reiseantritt nach entsprechenden Möglichkeiten, so auch bezüglich eines **VUSA-Passes** (Visiting USA and Canada), der einen Preisnachlaß bei internationalen Flügen gewährt. Man bekommt ihn bei Air Canada und Canadian Airlines unter der Voraussetzung, daß man mit derselben Fluggesellschaft wieder zurückfliegt. Die Pässe der Fluggesellschaften sind weitgehend ähnlich, doch bieten die kanadischen Fluggesellschaften die besten Flugverbindungen. Generell schließen diese Pässe zwei Inlandflüge mit ein, man kann jedoch bis zu acht Inlandflüge damit verbilligt buchen. Mit dem **Air BC's Western Canada Air-Pass** können Sie 7, 14 oder 21 Tage lang unbegrenzt alle Reiseziele westlich von Winnipeg anfliegen. Informationen erteilen alle Flug- und Reisebüros.

Mit dem Zug

Ein Großteil des Bahnverkehrs wird von VIA Rail abgewickelt. Zugfahrten sind meist teuerer und dauern länger als Busreisen. Jedoch hat VIA Rail in der letzten Zeit seinen Service und Komfort erheblich verbessert, und so ist die Reise mit der Bahn inzwischen eine sehr angenehme Art, das Land zu bereisen.

● **Bahnlinien**
Winnipeg–Edmonton–Jasper–Vancouver; Winnipeg–Churchill; Jasper–Prince George–Prince Rupert; Victoria–Courtenay (Vancouver Island); Toronto–Winnipeg; Toronto–Ottawa–Montréal–Québec City; Montréal–Halifax.

● **Klassen:** »Silver and Blue« ist ein neuer 1. Klasse-Service, der auf den Trans-Canada-Linien angeboten wird und spezielle, sehr bequeme Zugabteile für Touristen bietet. Abteile der 2. Klasse heißen »coach«.

● **Schlafwagen:** Die »*Section«-class* hat Liegewagen; *roomettes* sind Schlafkabinen mit Faltbett und eigenem WC; *bedrooms* sind Einzelappartements, sie kosten doppelt soviel wie *roomettes*. *Dayniter*-Plätze (das sind Plätze mit verstellbaren Rücklehnen) kann man ebenfalls in den meisten Nachtzügen buchen.

● **Reservierungen:** Man sollte stets Plätze reservieren, dies gilt insbesondere für die Trans-Kanada-Strecke (Toronto Vancouver) und für Züge, die durch den Westen des Landes fahren. 1. Klasse-Tickets müssen reserviert werden, Schlaf- und Liegewagen sowie Dayniter-Plätze müssen für Ontario, Québec und die Maritimes ebenfalls reserviert werden.

● **Preisnachlässe:** Reisende über 60 Jahre erhalten einen Preisnachlaß von 10 Prozent. Kinder zwischen 2 und 11 Jahren fahren zum halben Preis. Preisnachlässe bis zu 40 Prozent sind bei Buchungen eine Woche im voraus möglich. Davon ausgeschlossen sind Hochsaison und Wochenenden.

● **Zugpass:** Der **Canrailpass** ist für ausländische Touristen an allen Verkaufsstellen von VIA Rail erhält-

lich. Mit ihm kann man 30 Tage
lang unbegrenzt durch das Land
fahren.
- **Private Zugunternehmen:** Rocky
Mountain Railtours bietet teure,
aber beliebte Zugfahrten von Juni
bis September auf der berühmten
Route Calgary–Banff–Vancouver
durch die Rocky Mountains an (für
VIA Rail-Züge geschlossen). Eine
solche Fahrt bucht man am besten
bereits im voraus in einem
Reisebüro des Heimatlandes.
Weitere private Zugstrecken sind
BC Rail von Vancouver nach

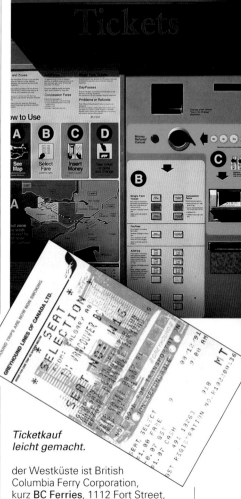

*Ticketkauf
leicht gemacht.*

Informationen erteilen in
Deutschland Kanada Tourismus-
programm, Postfach 20 02 47,
63469 Maintal und Kanada Reise-
dienst, Rathausplatz 2, 22926
Ahrensburg (Tel. 04102/51167).

Squamish, Polar Beer Express
(von Cochrane nach Moosonee)
und Ontario's Algoma Central Railway (von Hearst nach Sault Ste
Marie).

Mit dem Bus

Zwei große Gesellschaften und
eine Reihe kleinerer in den Provinzen
bedienen ein ausgedehntes Busnetz.
Im Osten ist das größte Busunternehmen **Voyageur**, 505 E Boulevard
Maisonneuve H2L 1Y4, Montréal
(Tel. 514/843 42 31); im Westen
Greyhound, 222 1st Avenue SW,
Calgary T2P 0A6 (Tel. 403/265 91 11).
Greyhound und Thomas Cook bieten
einen **Greyhound Canada Pass** an,
mit dem man für einen Zeitraum von
7, 15 oder 30 Tagen unbegrenzt im
ganzen Land herumfahren kann.
Der **14-day-Tour-Pass** bietet glei-
ches für Busfahrten in Ontario und
Québec. Man erhält ihn zwischen
Mai und Oktober an allen Bus-
stationen.

Mit der Fähre

Gebührenfreie Fähren gehören in vielen Teilen Kanadas zur Infrastruktur,
da sie zum Teil wichtige Straßen miteinander verbinden. Fähren binden
auch die vielen Inseln an das Festland, vor allem an der Ost- und Westküste. Das größte Fährunternehmen
der Westküste ist British
Columbia Ferry Corporation,
kurz **BC Ferries**, 1112 Fort Street,
Victoria BC V8V 4V2 (Tel. 604/669 12
11), die 42 Häfen anläuft und insbesondere zwischen dem Festland von
BC und Vancouver Island; zwischen
Vancouver Island und Prince Rupert
(die Inside Passage) und zwischen
Prince Rupert und den Queen Char-
lotte Islands in Betrieb ist.
    Die meisten Fähren der Ostküste
betreibt **Marine Atlantic,** Box 250,
North Sydney, Nova Scotia, B2A 3M3
(Tel. 902/794 57 00). Sie fahren zwi-
schen Nova Scotia und Neufundland;
Nova Scotia und New Brunswick;
New Brunswick und Prince Edward
Island, Portland, Maine, und Nova
Scotia.

Oftmals ist ein geländegängiges Fahrzeuge vonnöten.

Dokumente

Anerkannt sind bei Aufenthalten von nicht mehr als drei Monaten der nationale und internationale Führerschein, letzterer jedoch nur zusammen mit ihrem eigenen; Autofahrer müssen zudem das 21. Lebensjahr vollendet haben und benötigen eine Personen- und Autoversicherung bis zu einer Deckungssumme in Höhe von 250 000, in Québec bis zu 50 000.

Straßen

Die Straßen Kanadas sind sehr gut, wenn auch in den abgelegeneren Landesteilen selten und zum Teil ungeteert, mit Lehm oder Kies. Zweispurige *expressways* sind vergleichbar mit unseren Autobahnen, *highways,* ein- und zweispurig, verbinden die großen Städte, *secondary highways,* in der Regel einspurig, kleinere Städte und Orte, *tertiary roads* sind kleinere geteerte Straßen und *gravel highways* ungeteerte Straßen. Alle Straßen haben Nummern und sind gut ausgeschildert; Entfernungen sind in Kilometern angegeben.

Verkehrsregeln

- Rechts fahren. Auf zweispurigen Straßen kann außerhalb geschlossener Ortschaften rechts und links überholt werden.
- An nicht ampelgeregelten Kreuzungen in geschlossenen Ortschaften hat Vorfahrt, wer zuerst an der Kreuzung ist. Ansonsten gilt rechts vor links.
- Steht die Ampel auf rot, so dürfen Sie, falls möglich, nach rechts abbiegen. Dies gilt nicht in Québec. Sie müssen an der Kreuzung zum Stehen kommen.
- Gelbe Lichtsignale zeigen an, daß Sie abbremsen müssen.
- Es besteht Gurtpflicht; Kinder müssen in den Kindersitz.
- In einigen Provinzen muß man auch nach Sonnenaufgang bzw. vor Sonnenuntergang mit eingeschalteten Scheinwerfern fahren; in Yukon ist Scheinwerferlicht zu allen Tageszeiten obligatorisch.
- Geschwindigkeitsbegrenzungen variieren von Provinz zu Provinz, doch gilt generell auf *expressways* eine Höchstgeschwindigkeit von 100 km/h; 90 km/h auf den Trans-Canada und Yellowhead Highways; 80 km/h auf den meisten Landstraßen; zwischen 40 und 60 km/h in geschlossenen Ortschaften. Verstöße werden hart bestraft.
- Es ist verboten, die orange/gelben Schulbusse zu überholen (egal in welcher Richtung), sobald diese mit eingeschalteter Warnblinkanlage halten.
- Alkohol am Steuer wird als schweres Delikt geahndet; Alkoholika dürfen nur ungeöffnet im Kofferraum transportiert werden.
- Parkverbot besteht auf Gehwegen, nahe Ampeln, 5 Meter vor und hinter Hydranten und 15 Meter vor und hinter Kreuzungen.
- Trampen ist in den meisten Provinzen verboten.

Unfälle und Pannen

Achten Sie bei Pannen darauf, daß sie den Verkehr nicht behindern. Öffnen Sie die Motorhaube und befestigen Sie an der Fahrerseite ein weißes Tuch zum Zeichen, daß Sie Hilfe brauchen. An den meisten großen Straßen stehen Notrufsäulen. Kanadas bedeutendster Automobilclub ist die **Canadian Automobile Association** (CAA) mit Agenturen in den meisten größeren Städten und einer Hauptniederlassung in 1145 Hunt Club Road, Suite 200, Ottawa, Ontario K1V 0Y3 (Tel. 613/247 01 17). Die Notrufnummer des CAA lautet: 1-800-CAA-HELP. Mitglieder eines mit dem CAA assoziierten Automobilclubs erhalten bei Vorlage ihres Ausweises kostenlose Hilfe.

Leihwagen

Mietautos erhält man gegen Vorlage des Führerscheins, der ein Jahr alt sein muß, einer Kreditkarte oder gegen Hinterlegung einer beträchtlichen Summe Bargeld. Meist ist es billiger, ein Auto vom Heimatort aus oder zusammen mit dem Flug zu buchen (bis zu 30 Prozent Preisnachlaß). Mieten Sie ein Auto vor Ort, rechnen Sie mit zusätzlichen, versteckten Gebühren, vor allem GST und provinzbezogene Steuern (siehe S. 267). Eine *drop-off*-Gebühr wird oft erhoben, wenn Sie das Auto nicht in der Stadt abgeben, in der Sie es gemietet haben. Es ist ratsam, eine *Loss Damage Waiver* abzuschließen, eine Zusatzversicherung gegen Verlust, Schaden und Strafgebühren. Erkundigen Sie sich auf jeden Fall, ob eine solche Versicherung im Mietpreis eingeschlossen ist. Viele Firmen bieten zusätzlich zum Auto, gegen entsprechende Gebühr, ein Mobiltelefon an, was in abgelegenen Gebieten

Kanadas durchaus hilfreich sein kann. Viele Firmen verleihen keine Autos für Fahrten in Regionen mit schlechten Straßenverhältnissen. Der Fahrer muß mindestens 21 Jahre alt sein, und bis 25 Jahre wird meist eine höhere Versicherungsprämie verlangt.

Fahrten in der Wildnis

In unwegsamen Regionen und auf ungeteerten oder Holzfäller-Straßen sollten Sie besonders vorsichtig sein. Tankstellen findet man in den abgelegenen Regionen zum Teil nur alle paar Stunden, tanken Sie bei jeder Gelegenheit und nehmen Sie Reservekanister mit. Reisen Sie in kalte oder wetterunbeständige Regionen, nehmen Sie genug Nahrung mit, warme Kleidung, gutes Werkzeug, Schaufel und Abschleppseil. Müssen Sie wegen eines Schneegestöbers halten, schalten Sie den Motor ab (Auspuffgase können ins Auto dringen und Vergiftungen auslösen). Achten Sie in ländlichen Gebieten auf Holzfahrzeuge und Tiere. Bei Fahrten durch unwegsames Gebiet sollten Sie die Scheinwerfer durch Metallgitter schützen und mindestes einen Ersatzreifen dabei haben.

Schleche Straßen erfordern Vorsicht, bieten aber herrliche Aussicht.

261

Medien

Den *Globe and Mail* könnte man am ehesten als überregionale kanadische Zeitung bezeichnen; er erscheint in Ontario, hat aber auch eine Ausgabe für den Westen. Die meisten Großstädte haben eigene Blätter (*Toronto Star, Calgary Herald, Vancouver Sun*). Ihre Berichterstattung ist sehr provinziell, was für die zahlreichen Kleinstadtzeitungen natürlich noch mehr gilt. Kanadas Nachrichtenmagazin ist der wöchentlich erscheinende *Maclean's*. Europäische Zeitungen bekommt man schwer; Sonntagszeitungen bekommt man oft einige Tage später bei größeren Zeitungshändlern.

Abgesehen von den unzähligen Lokalsendern und der Canadian Broadcasting Corporation (CBC) unterscheidet sich das kanadische Fernsehen praktisch nicht von dem seines amerikanischen Nachbarn. Die meisten Hotels und Motels haben Satelliten- oder Kabelfernsehen und Pay TV. In Nordamerika gilt ein anderes Videosystem als in Europa, weshalb mitgebrachte Kassetten in Kanada nicht abgespielt werden können (und umgekehrt); dasselbe gilt für Videokameras.

Abgesehen von der CBC, die landesweit das beste Programm macht,

bietet die Radiolandschaft eine eher nichtssagende Mischung aus Musik, Talk und Lokalradio.

Post

- **Postämter** befinden sich oft in Geschäften, Kaufhäusern und Bahnhöfen. Achten Sie auf das *Canada Post*-Zeichen.
- **Öffnungszeiten der Postämter** meistens Mo–Fr 8.30–17.30 Uhr, teilweise auch Sa 9–12 Uhr; größere Stadtpostämter mitunter auch Samstag, Sonntag und an Feiertagen.
- **Briefmarken** bekommt man in Postämtern, an Zeitungskiosken oder an Automaten in Hotels, Bahnhöfen, Bushaltestellen, Flughäfen und in vielen anderen Geschäften.
- **Gebühren.** Für Postkarten und Briefe im Inland: derzeit 46 ¢ (bis 30 g); 3.75 $ (30 g bis 1 kg). Postkarten und Briefe ins Ausland: 92 ¢ (bis 30 g); 2,10 $ (bis 100 g).
- **Postlagernde Sendungen** richtet man an »c/o General Delivery, Main Post Office«, gefolgt vom Namen der Stadt und Provinz. Geben Sie, soweit bekannt, das Abholdatum an; sonst bewahrt man Briefe maximal 15 Tage auf, bevor man sie zurückschickt. Bei der Abholung müssen Sie sich ausweisen. Briefe, die zur Abholung in Hotels geschickt werden, sollten den Vermerk »Guest Mail« tragen.
- **Telepost**, ein durchgehender 7-Tage- und 24-Stunden-Service, übermittelt dem nächsten CN/CP Communications Public Message Centre (Auskünfte im Hotel oder bei der Touristeninformation) Nachrichten, die im Stil eines Telegramms spätestens am nächsten Tag innerhalb Kanadas oder in die USA weitergegeben werden.

Telefon

- **Öffentliche Fernsprecher** stehen ausreichend zur Verfügung. Ein Ortsgespräch kostet 25 ¢. Für Gespräche in andere Vorwahlbereiche und einige Ferngespräche innerhalb eines Vorwahlbereichs müssen Sie die 1 vorwählen; die Vermittlung

Briefkästen gibt es in allen Größen und Formen.

informiert Sie anschließend, wieviel Geld Sie für die Verbindung einwerfen müssen; dann brauchen Sie nur noch reichlich 5 ¢-, 10 ¢- und 25 ¢-Münzen.

- **Auslandsgespräche** erfordern eine Unmenge von 25 ¢-Münzen, weshalb es sinnvoller ist, sich ein Kreditkartentelefon zu suchen. In den Bell-Büros einiger Städte telefoniert man erst und bezahlt anschließend. Vorwahlnummern siehe Kasten.
- **Direktwähltelefone** gibt es in besseren Hotels und Motels. Ihre Gesprächsgebühren werden direkt auf die Gesamtrechnung aufgeschlagen. Sonst bittet Sie die Vermittlung um Ihre Zimmernummer, für die der Anruf verrechnet wird. In beiden Fällen wird ein Aufschlag verlangt.
- **Gebührenfreie Nummern** erkennt man an der Vorwahl 1-800; einige gelten nur innerhalb einer Provinz, andere landesweit und ein paar in ganz Nordamerika.
- **R-Gespräche** *(collect calls)* über die Vermittlung bekommt man, indem man die 0 vorwählt.
- **Auskunft** ist landesweit erreichbar unter 555 12 12. Für Nummern in anderen Vorwahlbereichen: Vorwahlbereich + 555 12 12.

Vorwahlen der kanadischen Provinzen
- **Alberta** 403
- **British Columbia** 604 oder 250
- **Manitoba** 204
- **New Brunswick** 506
- **Newfoundland** 709
- **Nova Scotia** und **Prince Edward Island** 902
- **Ontario**
  Region Toronto: 416
  Zentrum & Nordosten: 705
  Südwesthalbinsel: 519
  Region Ottawa: 613
  Nordwesten: 807
  Niagara Fälle: 905
- **Québec** Montréal: 514
  Norden 819
  Osten 418
- **Saskatchewan** 306
- **Yukon und die Nordwestterritorien** 867

Für Gespräche ins Ausland wählen Sie die internationale Vorwahlnummer, die Regionalvorwahl ohne die 0 und die Teilnehmernummer. Vorwahl für Gespräche von Deutschland/Österreich/Schweiz nach Kanada: 001.

Internationale Vorwahlnummern
- **Deutschland** 011 49
- **Österreich** 011 43
- **Schweiz** 011 41

Sun Yat Tempel in Vancouvers Chinatown.

Kriminalität und Polizei

In Kanada gibt es erstaunlich wenig Verbrechen. Dennoch sind die üblichen Vorsichtsmaßnahmen anzuraten, vor allem nachts in größeren Städten. Lassen Sie Wertsachen oder Gepäck nicht im Wagen, nehmen Sie keine großen Summen Bargeld mit und verwahren Sie Ausweis und Kreditkarten in Geldtasche oder -gürtel. Nach Einbruch der Dunkelheit sind Parks, Bahnhöfe und Stadtteile abseits der Geschäftsviertel zu meiden; Schmuck und andere Wertsachen gehören in den Hotelsafe.

Im Fall eines Verbrechens rufen Sie die Polizei unter 911. Die wichtigste kanadische Polizei ist die Royal Canadian Mounted Police (RCMP); Ontario und Québec haben ihre eigene Provinzpolizei. Wer Versicherungsansprüche geltend machen will, braucht einen Polizeibericht. Notieren Sie das Aktenzeichen dieses Berichts. Bei Verlust Ihres Passes wenden Sie sich an die Polizei und an das Konsulat oder die Botschaft Ihres Landes.

Botschaften und Konsulate

- Deutschland *Ottawa:* 275 Slater Street, Tel. 613/232 11 01.
  Vancouver: 999 Canada Place,

Suite 704, Tel. 604/684 83 77.
- Österreich *Ottawa:* 445 Wilbrod Street, Tel. 613/563 14 44.
- Schweiz *Ottawa:* 5 Marlborough Ave, Tel. 613/235 18 37.

Gesundheit

Das kanadische Gesundheitswesen ist hervorragend, doch jede Behandlung für Urlauber ist kostenpflichtig. Deshalb ist der Abschluß einer umfassenden Reiseversicherung notwendig. Im Krankheitsfall erfolgt zuerst die Behandlung, dann die Abrechnung; in einigen Provinzen muß jeder, der nicht dort ansässig ist, bis zu 30 Prozent höhere Tarife bezahlen.

Ärzte und Zahnärzte

Wenn Sie einen Arzt oder Zahnarzt brauchen, bitten Sie zunächst Ihr Hotel um Rat oder schlagen Sie in den Gelben Seiten nach. Die Nummern der Notdienste stehen meist auf der Umschlaginnenseite der Telefonbücher. Bedenken Sie, daß Hausbesuche wie jede andere Behandlung kostenpflichtig sind. Bewahren Sie generell alle Belege, Berichte und Rezepte für die Versicherung auf.

Apotheken

Zahlreiche rezeptfreie Medikamente erhält man im *drugstore.* Die meisten Städte haben mindestens eine Apotheke mit Nachtdienst für alle rezeptpflichtigen Arzneien. Wer Nachschub für Dauermedikamente braucht, sollte ein Rezept mitbringen, damit vermeiden Sie Schwierigkeiten an der Grenze und helfen dem Apotheker.

Gefahren

Der Aufenthalt in freier Natur bringt die meisten Gefahren mit sich.

Informieren Sie sich über das Wasser auf Campingplätzen (oft ist es nur zum Waschen geeignet). Im Hinterland sollten Sie als Schutzmaßnahme gegen *Giardi lamblia* (Biberfieber) Wasser mindestens zehn Minuten kochen. Dieser Krankheitserreger liebt warmes Wasser und somit natürlich auch heiße Quellen. Die Symptome Erbrechen und Magenkrämpfe treten in der ersten Woche nach der Infektion auf.

Eine wachsende Gefahr sind Zeckenbisse, die unter anderem Borreliose auslösen können. Anzeichen für eine Infektion sind ein Bullaugenähnlicher Ausschlag und grippeähnliche Symptome. Da die Infektionshäufigkeit in den Waldgebieten Südkanadas zunimmt, sollten Sie sich bei der Touristeninformation über gefährdete Zonen informieren. Es gibt Zeckenmittel und wer mit dicken Socken, langen Hosen und langärmeligen Hemden wandert, kann auch die Gefahr eines Bisses vermindern.

In ländlichen Gebieten, vor allem im südlichen Ontario und Québec, gibt es giftigen Efeu; Hautkontakt kann innerhalb von zehn Tagen zu Blasen und Entzündungen führen; Cremes und Salben zur Behandlung sind überall erhältlich.

Harmloser, aber genauso lästig, sind die Heerscharen von Mücken (z. B. Kriebelmücken), die zwischen April und Oktober Unternehmungen im Norden des Landes erschweren. Insektencremes mit DEET sind wirksam zur Abwehr; Stiche behandelt man mit einer Antihistamincreme.

Setzen Sie sich auf Wanderungen nicht zu sehr der Sonne aus. Tragen Sie einen Hut und verwenden Sie gute Sun-Blocker. Gutes Schuhwerk, Schutzkleidung und ausreichend Proviant sind ein Muß.

Notruf

Die landesweite Notrufnummer für Polizei, Feuerwehr und Krankenwagen ist **911**; in entlegenen Gegenden müssen Sie unter Umständen über die **0** die Vermittlung anrufen, die zum Notdienst weiterverbindet.

Rufen Sie bei einer Autopanne die Polizei und wenden Sie sich dann an den Kanadischen Automobilklub: Abschlepp- und Pannendienst landesweit unter der Nummer **1-800-CAA-HELP**.

Impfungen

Für Reisen nach Kanada sind keine Impfungen erforderlich, es sei denn, Sie kommen aus einem Infektionsgebiet. Reisende aus Asien, Afrika und Südamerika sollten vorher die aktuellen Bestimmungen erfragen.

265

In den berühmten Butchart Gardens von Victoria, die zu den schönsten des Landes zählen, ist die Gefahr eines Zeckenbisses gering.

Adressen

Das Straßennetz der meisten kanadischen Städte besteht aus Streets, die von Avenues gekreuzt werden. Weitere Unterteilungen: Quadrate bzw. Sektoren (NW, NE, SE und SW) oder »nördlich«, »südlich«, »östlich« und »westlich« des Zentrums *(downtown)*. Man gibt Straßennummer oder -namen oder beides an. Eine Adresse umfaßt somit eine Hausnummer, einen *block* (den Schnittpunkt von Street und Avenue) und oft auch den Sektor. Hausnummern stehen am Ende einer Zahlenfolge, Straßen- oder Blocknummern am Anfang (die Blocknumerierung beginnt meist im Stadtzentrum). »830-Fourth Avenue SW« ist somit Haus Nr. 30 an der 8th Street in der Nähe der Kreuzung mit der Fourth Avenue (im südwestlichen Teil der Stadt). »830-Fourth Avenue NW« liegt hingegen in einem völlig anderen Stadtteil. Achten Sie deshalb bei den Adressen auf die Sektoren!

Elektrizität

110 Volt, 60 Hertz Wechselspannung. Nehmen Sie unbedingt einen Adapter für Rasierapparat, Fön, Radio etc. mit.

Sitten und Gebräuche

Die Moral und Verhaltensweisen der Kanadier ähneln denen der Briten; man sollte sich jedoch auf einen sehr traditionellen Lebensstil einstellen. Es ist ratsam, die Bräuche der kanadischen Ureinwohner zu respektieren, die vermehrt ihre Rechte einfordern und sich auf ihre eigene Kultur berufen. So gilt es bei den Betroffenen zum Beispiel zur Zeit als Beleidigung, einen Inuit als Eskimo oder einen kanadischen Ureinwohner als Indianer zu bezeichnen. In französischsprachigen Landesteilen, vor allem in Québec, muß man Französisch als wichtigste, ja mitunter einzige Sprache akzeptieren. Viele Kanadier rauchen, auch wenn Rauchen an öffentlichen Plätzen immer mehr mißbilligt oder verboten wird.

Geld und Währung

Der kanadische Dollar ist in 100 Cents (¢) unterteilt. Es gibt Noten mit englischem und französischem Aufdruck zu 2, 5, 10, 20, 50, 100, 500 und 1000 Dollar, Münzen zu 1 Cent *(penny* oder *sou)*, 5 Cents *(nickel* oder *cinq sous)*, 10 Cents *(dime)*, 25 Cents *(quarter* oder *vingt-cinq sous)* und 50 Cents *(cinquante sous)*. Die Ein-Dollar-Münze wird nach dem aufgeprägten Wappenvogel auch *loonie* genannt. Meist akzeptiert man auch US-Dollar zum Umrechnungskurs von eins zu eins. Da der kanadische Dollar etwas weniger wert ist, lohnt es sich, US-Währung zu tauschen.

Geldwechsel

Abseits der Ferienorte und Großstädte gibt es in Kanada verhältnismäßig selten Gelegenheit zum Geldwechsel. In großen Hotels, auf Flughäfen und Bahnhöfen wird meist zu schlechten Kursen und mit hohen Gebühren gewechselt. Es gibt erstaunlich wenig Banken, die Geld wechseln und wenn, dann mit Gebühr. Deshalb sollte man sich mit Reiseschecks in kanadischen Dollars eindecken, die die meisten Geschäfte, Restaurants und Autowerkstätten landesweit wie Bargeld akzeptieren (das Wechselgeld bekommt man in bar). Am weitesten verbreitet sind American-Express- oder Visa-Schecks. Man kann unbegrenzt kanadische oder ausländische Währung tauschen, ein-und ausführen.

Kreditkarten

Es ist ein Muß, auf einer Reise durch Kanada mindestens eine Kreditkarte zu haben. Vorabreservierungen von Hotelzimmern sind meist nur mit Angabe der Kreditkartennummer möglich. Beachten Sie, daß Ihnen über diese Nummer automatisch die erste Übernachtung berechnet wird, falls Sie nicht rechtzeitig (meist 24 Stunden vorher) stornieren. Mit Karte können Sie auch an der Theaterkasse, bei Sportveranstaltungen, beim Skiverleih und im Supermarkt bezahlen. Auch Bar-Vorauszahlungen z. B. für Zimmer oder das Mietauto können über Kreditkarte abgewickelt werden; viele Verleihfirmen und Hotelketten akzeptieren keine Schecks, oder Travellerschecks mehr, sondern *nur* noch Kreditkarten. Am gängigsten sind Visa, Mastercard/ Access, Diners Club und American Express.

Allgemeine Verkaufssteuer

In Kanada gibt es, ähnlich unserer Mehrwertsteuer, unzählige Bundes- und Provinzsteuern auf Waren und Dienstleistungen. Auf Hotel- und Restaurantrechnungen, jedoch nicht auf Grundnahrungsmittel, wird eine Verkaufssteuer (GST) von sieben Prozent erhoben, die auf die Rechnungssumme aufgeschlagen wird. Ausländer können sich innerhalb von 60 Tagen die GST für die meisten ausgeführten Waren rückvergüten lassen (dies gilt nicht für Nahrungsmittel, Getränke, Tabak, Leih- wagengebühren und andere Ausgaben für Transportmittel). Innerhalb von maximal einem Monat kann man sich zudem die GST auf Beherbergungskosten über 100 $ rückvergüten lassen. Formulare sind auf Flughäfen, in Geschäften, Hotels und jeder kanadischen Botschaft erhältlich. Legen Sie dem Formular alle Belege bei und reichen Sie es innerhalb von 60 Tagen nach dem Verlassen des Landes ein.

Provinzsteuern

Alle Provinzen mit Ausnahme von Alberta, dem Yukon Territory und den Northwest Territories erheben neben der GST noch Provinz-Verkaufssteuern zwischen fünf und zwölf Prozent auf Restaurant- und die meisten Warenrechnungen. In Québec, Manitoba, Nova Scotia und Neufundland ist eine mit der GST vergleichbare Rückvergütung möglich; hierüber gibt das Fremdenverkehrsamt der jeweiligen Provinz Auskunft (siehe S. 269–270). Da Hotels ihre Preise meist ohne Steuer veröffentlichen, müssen Sie diese in vielen Provinzen zusätzlich kalkulieren; so gelten in Alberta und Ontario fünf Prozent Zusatzsteuer, in British Columbia acht und in New Brunswick elf Prozent.

Öffnungszeiten

● **Geschäfte:** Mo–Sa, etwa 9–17.30 Uhr, wenngleich immer mehr Geschäfte abends offenbleiben;

Die gigantische West Edmonton Mall in Edmonton ist das größte Einkaufszentrum der Welt.

viele Läden haben einen verkaufsoffenen Donnerstag oder Freitag.

● **Einkaufszentren:** Länger als Geschäfte, meist 7.30–21 Uhr.
● **24-Stunden-Geschäfte:** In den meisten Städten sind einige Apotheken und Geschäfte rund um die Uhr geöffnet (z. B. Mac's oder 7Eleven).
● **Banken:** Mo–Fr 10–15 Uhr, an bestimmten Tagen, meist Do oder Fr, bis 17 oder 18 Uhr.
● **Postämter:** Mo–Fr 8.30–17.30 Uhr, gelegentlich auch Sa 9–12 Uhr.
● **Restaurants:** 12–23 Uhr, am Wochenende länger; einige Lokale *(diners)* schließen zwischen 20 und 21.30 Uhr.
● **Museen und Galerien:** Meist wie Geschäfte mit gelegentlichen Einschränkungen an Sonn- und Feiertagen oder zu bestimmten Jahreszeiten. Großstadtmuseen sind meist einen Abend pro Woche geöffnet.
● **Saisonale Öffnungszeiten:** Viele Sehenswürdigkeiten, Museen, Parks, Touristeninformationen, Ferienhotels, Campingplätze, ländliche Motels und Frühstückspensionen, vor allem in entlegenen Gegenden, haben nur zur Saison geöffnet (meist vom Victoria Day, Mitte Mai, bis zum Labor Day, Anfang September).

Umrechnungstabelle

von	in	multipliziert mit
Inches	Zentimeter	2.54
Zentimeter	Inches	0.3937
Feet	Meter	0.3048
Meter	Feet	3.2810
Yards	Meter	0.9144
Meter	Yards	1.0940
Miles	Kilometer	1.6090
Kilometer	Miles	0.6214
Acres	Hektar	0.4047
Hektar	Acres	2.4710
Gallons	Liter	4.5460
Liter	Gallons	0.2200
Ounces	Gramm	28.35
Gramm	Ounces	0.0353
Pounds	Gramm	453.6
Gramm	Pounds	0.0022
Pounds	Kilogramm	0.4536
Kilogramm	Pounds	2.205
Tons	Tonnen	1.0160
Tonnen	Tons	0.9842

Herrengrößen

Europa	46	48	50	52	54	56	58
USA	36	38	40	42	44	46	48

Damengrößen

Europa	34	36	38	40	42	44
USA	6	8	10	12	14	16

Herrenhemden

Europa	36	37	38	39/40	41	42	43
USA	14	14.5	15	15.5	16	16.5	17

Herrenschuhe

Europa	41	42	43	44	45	46
USA	8	8.5	9.5	10.5	11.5	12

Damenschuhe

Europa	38	38	39	39	40	41
USA	6	6.5	7	7.5	8	8.5

● **Sonntagsöffnungszeiten:** Viele Bars, Geschäfte und Restaurants befolgen noch die *Blue Laws,* die es verbieten, am Sonntag zu öffnen. In einigen Provinzen sind eingeschränkte Öffnungszeiten – von 12 bis 17 Uhr – erlaubt.

Trinkgeld

Trinkgelder sind in ganz Kanada üblich. Der Service wird meist nicht berechnet, und selbst in den einfachsten *diners* und Restaurants, wo die Bedienungen sehr auf Trinkgelder hoffen, ist es üblich, etwa 15 Prozent des Rechnungsbetrags zu geben. In Bars werden Getränke oft an den Tischen serviert, und auch hier sollte man immer ein Trinkgeld geben. Beim Friseur und im Taxi sind 15 Prozent ein guter Richtwert.

Behinderte Reisende

In Kanada wird für Behinderte viel getan. Alle öffentlichen Gebäude müssen für Rollstuhlfahrer zugänglich und mit Behindertentoiletten ausgestattet sein. In den meisten Städten haben Bordsteine eine rollstuhlfreundliche Höhe. In öffentlichen Transportmitteln treten mitunter noch Probleme auf, obwohl die Busse vermehrt auch von Rollstuhlfahrern benutzt werden können. In den Zügen der VIA Rail können Rollstühle bis zu einem Gewicht von 114 kg und maximalen Abmessungen von 81 x 182 cm untergebracht werden. Reisen sind jedoch 48 Stunden, auf der Verbindung Québec–Windsor 24 Stunden, im voraus anzumelden. Die Häuser der Hotelketten Best Western und Journey's End sind komplett rollstuhlgeeignet; Holiday Inn Hotels bieten spezielle Suiten für behinderte Reisende. Die Fremdenverkehrsämter der jeweiligen Provinzen (siehe S. 269–270) geben meist Auskunft über weitere geeignete Hotels.

Die folgenden Firmen und Vereine bieten Broschüren und Informationen über behindertengerechtes Reisen ins Ausland:

● **Bundesverband Selbsthilfe Körperbehinderter e.V.,** Alkrautheimer Str. 17, D-74238

Krautheim, Tel. 06294/681 10
(Broschüre: Reise ABC '96)

- **FMG-Verlag,** Postfach 1547, D-53005 Bonn, Tel. 0228/61 61 33 (u. a Buch: Handicapped-Reisen Ausland)
- **Bundesarbeitsgemeinschaft der Clubs Behinderter und ihrer Freunde,** Eupener Str. 5, D-55131 Mainz, Tel. 06131/22 55 14 (Liste mit Veranstaltern von Behindertenreisen)
- **Grabowski Tours,** Tannenstraße 1, D-76744 Wörth, Tel. 07271/8575
- **Zellmer Reisen,** Am Anker 2, D-40668 Meerbusch, Tel. 02150/1861
- **TAMAM Reisen,** Hard 4, CH-8408 Winterthur, Tel. 052/25 57 25

Fremdenverkehrsämter

Nur wenige Fremdenverkehrsämter sind so effizient und gut ausgerüstet wie die kanadischen. Die oft auch als *Visitor Centres* oder *Infocentres* bezeichneten Stellen bieten eine sehr breite Palette unterschiedlichster Informationen. Sie erteilen gerne Auskunft über Übernachtungsmöglichkeiten, jedoch

Alle kanadischen Fremdenverkehrsämter informieren über Sport- und Freizeitmöglichkeiten.

ohne konkrete Empfehlungen zu geben. Die Fremdenverkehrsämter auf dem Land liefern Einzelheiten über Wanderungen, Angelscheine, Walbeobachtungen und Charterflugzeuge für Erkundungen des Hinterlands.

Kleinere Büros sind meist nur von Mitte Mai bis Anfang September geöffnet, Juli/August dafür oft von 9–21 Uhr, den Rest des Sommers von 9–17 oder 18 Uhr. Kleinere Informationsstände findet man auf Flughäfen und Bahnhöfen, Filialen der Hauptämter auch in den Städten. Nationalparks und bedeutende Sehenswürdigkeiten haben meist eigene Besucherzentren.

Die Fremdenverkehrsämter der Provinzen

Die folgenden Fremdenverkehrsämter sind Informationsquellen von unschätzbarem Wert. Sie können hier bereits vor Abreise praktische Hinweise und Hintergrundmaterial zu allen Aspekten Ihrer Reise einholen.

- **Alberta** Alberta Tourism, PO Box 2500, Edmonton, Alberta T5J 2Z4 (Tel. 403/427 43 21 oder 1800 661 88 88))
- **British Columbia** Tourism British Columbia, Parliament Buildings, Victoria, BC V8V 1X4 (Tel. 604/387 16 42 oder 1800 663 60 00)

Sonnenuntergang in der Mahone Bay, Nova Scotia.

- **Manitoba** Travel Manitoba, 7th Floor, 155 Carlton Street, Winnipeg, Manitoba R3C 3H8 (Tel. 204/945 37 96)
- **New Brunswick** Dept of Tourism, PO Box 12345, Fredericton, New Brunswick E3B 5C3 (Tel. 506/789 2050 oder 1800 561 01 23)
- **Newfoundland and Labrador** Dept of Tourism, PO Box 8730, St John's, Newfoundland A1B 4K2 (Tel. 709/729-2830 oder 1800 563 63 53)
- **Northwest Territories**, Northwest Territories Dept of Tourism, Box 1320, Yellowknife, Northwest Territories X1A 2L9 (Tel. 403/873-7200 oder 1800 661 07 88)
- **Nova Scotia** Nova Scotia Tourism and Culture, PO Box 456, Halifax, Nova Scotia B3J 3N8 (Tel. 902/424 42 07 oder 1800 565 00 00 in Kanada, und 1800 341 60 96 in den USA)
- **Ontario** Ontario Travel, Queen's Park, Toronto, Ontario M7A 2R9 (Tel. 416/314 09 44 oder 1800 668 27 46)
- **Prince Edward Island** Prince Edward Island Dept of Tourism, PO Box 940E, Charlottetown, PEI C1A 7M5 (Tel. 902/368 55 55; oder 1800 463 47 34, Fax 902/368 44 38)
- **Québec** Tourisme Québec, PO Box 20000, Montréal, Québec H3C 2W3 (tel: 514/873 20 15 oder 1800 363 77 77)
- **Saskatchewan** Tourism Saskatchewan, 500-1900 Albert Street, Regina, Saskatchewan S4P 4L9 (Tel. 306/787 23 00 oder 1800 667 71 91)
- **Yukon Territory** Tourism Yukon, PO Box 2703, Whitehorse, Yukon Y1A 2C6 (Tel. 403/667 53 40; Fax 403/667 26 34 oder 1800 661 07 88)

HOTELS UND
RESTAURANTS

271

ÜBERNACHTEN

Die im folgenden aufgeführten Hotels wurden in drei Preiskategorien eingeteilt:

- **preiswert** (¢) unter 75 $ für ein Doppelzimmer
- **mittelere Preisklasse** (¢¢) 75–125 $ für ein Doppelzimmer
- **teuer** (¢¢¢) über 125 $ für ein Doppelzimmer

Falls vorhanden, sind gebührenfreie Nummern angegeben, doch beachten Sie, daß diese oft nur innerhalb bestimmter Bereiche gelten (siehe Seite 263).

BRITISH COLUMBIA
Vorwahlnummer: 250
Ausnahme für Vancover :604

Kootenays
Ainsworth Hot Springs Resort (¢¢) Ainsworth Hot Springs (Tel. 250 42 12 oder 1 800 668 11 71) Nette Ferienhäuschen am See; Kaslo, Nelson und Kootenay Lake bzw. National Park sind gut zu erreichen.

Kaslo Motel (¢) First Street, Kaslo (Tel. 353 24 31). Rund um den See gibt es zahlreiche Unterkünfte, doch dieses einfache, akzeptable Motel ist die beste Adresse im Dorf selbst.

Villa Motel (¢¢) 655 Highway 3a, Nelson (Tel. 352 55 15). Wie dieses Motel liegen die meisten besseren Unterkünfte von Nelson außerhalb der Stadt am Nordufer des Sees.

Okanagan
Lake Okanagan Resort (¢¢¢) 2751 Westside Road, Kelowna (Tel. 769 35 11 oder 1-800/663 32 73). Autarke Ferienanlage am See mit Bademöglichkeit, Tennis, Golf und Reiten. Alle Zimmer für Selbstversorger. Die Zimmer der renovierten »Lakeside Terrace« sind die besten.

Willow Inn (¢) 235 Queensway, Kelowna (Tel. 762 21 22). Praktisch die einzige Unterkunft im Herzen von Kelowna. Ansprechend. Vernünftige Preise.

Skeena Valley
Inn on the Harbour (¢¢) 720 1st Avenue, Prince Rupert (Tel. 624 91 07). Zentral gelegenes, liebenswertes Motel. Die Zimmer mit Meerblick sind eine Schau.

Parkside Resort. (¢¢) 101 11th Avenue, Prince Rupert (Tel. 624 91 31). Trotz leichter Verschleißspuren behagliches Ferienhotel in angenehmer Lage etwa ein Kilometer vom Stadtzentrum.

Vancouver
Buchan Hotel (¢) 1906 Haro Street (Tel. 685-5354 oder 1-800/668-6654). Etwa die Hälfte der 60 Zimmer mit Bad, der Rest mit Gemeinschaftsbad. Ruhige Lage Nähe Stanley Park, zu Fuß etwa 15 Minuten zum Zentrum. Nichtraucherhotel.

Hotel Vancouver (¢¢¢) 900 West Georgia Street (Tel. 684-3131 oder 1-800/441 14 14). Das traditionellste und bekannteste Tophotel der Stadt. Gebäude im Stil eines Schlosses in unübertrefflich zentraler Lage.

Kingston Hotel (¢) 757 Richards Street (Tel. 684 90 24). Beliebtes, sauberes, einladendes Hotel für Preisbewußte. Zimmer teilweise mit Bad, meist mit Waschbecken und Gemeinschaftsbad auf dem Gang. Reservierung unerläßlich.

Sandman Inn (¢¢) 180 West Georgia und Homer (Tel. 681 22 11). Dieses große Mittelklassehotel (im Besitz einer Hotelkette) am Ostrand des Stadtzentrums ist ein sicherer Tip.

Sutton Place Hotel (¢¢¢) 845 Burrard Street (Tel.682 55 11). Großes, dennoch behagliches Luxushotel.

Sylvia Hotel (¢¢) 1154 Gilford Street (Tel. 681 93 21). Im »West End« der Stadt, in der Nähe der Sehenswürdigkeiten, und dennoch herrlich am Meer gelegen. Äußerst beliebt, deshalb lange im voraus buchen.

Wells Gray Provincial Park
Jasper Way Inn (¢) Dutch Lake, Clearwater (Tel. 674 33 45). Ruhiges Motel etwa einen Kilometer westlich des größten Highway in phantastischer Lage am Dutch Lake.

Wells Gray Inn (¢) Highway 5, Clearwater (Tel. 674 22 14). Das einzige große Hotel und Speiselokal im Umkreis von etlichen Kilometern. Guter Ausgangspunkt für den Park, wenn das Jasper Way Inn voll ist.

VANCOUVER ISLAND
Vorwahlnummer: 604
Pacific Rim National Park
Bamfield Inn (¢) Bamfield (Tel. 728 3354). Die größte der nicht gerade zahlreichen Unterkunftsmöglichkeiten dieses reizenden, aber abgelegenen Dorfs.

Canadian Princess (¢¢) The Boat Basin, Peninsula Road, Ucluelet (Tel. 726 77 71 or 1-800/663 70 90). Die Kojen eines ehemaligen Vermessungsschiffs wurden in

34 einfache Zimmer (mit Gemeinschaftsbad) umgewandelt. Noch einfachere Zimmer am Ufer in der nahegelegenen Ferienanlage.

Chesterman's Beach Bed and Breakfast (¢¢) 1345 Chesterman's Beach Road, Tofino (Tel. 725 37 26). Kleine Frühstückspension (nur zwei Suiten und ein Zimmer) in atemberaubender Lage direkt am Meer.

Tofino Swell Lodge (¢¢) 340 Olsen Road (Tel. 725 32 74). Vielleicht die beste der zahlreichen »Cottage«-Anlagen im Süden des Dorfs Tofino.

Victoria

Cherry Bank Hotel (¢) 825 Burdett Avenue (Tel. 385 53 80). Beliebtes Hotel im alten Stil in einem schönen Wohngebiet wenige Minuten vom Inner Harbour entfernt. Zimmer mit Frühstück.

Hotel Grand Pacific (¢¢¢) 450 Québec Street (Tel. 386 04 50 oder 1-800/663 75 50). Neues, auf Hochglanz poliertes Hotel Nähe Inner Harbour mit vielfältigen Sport- und Freizeitmöglichkeiten. Elegante Ausstattung. Alle Zimmer mit Terrasse und herrlicher Aussicht.

James Bay Inn (¢¢) 270 Government und Toronto (Tel. 384 71 51). Neben dem Cherry Bank Hotel das zweite gute »Low-Budget«-Hotel Victorias, früher das Haus der Malerin Emily Carr.

DIE ROCKIES

Vorwahlnummer für Banff und Jasper National Park: 403; für Yoho und Kootenay National Park: 250 (es sei denn, es ist anders vermerkt)

Banff Townsite

Banff Mountain Bed and Breakfast (¢) 121 Cave Avenue (Tel. 762 46 36). Ruhige Lage. Zentrum zu Fuß gut erreichbar. 15 Zimmer, aber nur 4 mit Bad.

Banff Springs Hotel (¢¢¢) Spray Avenue (Tel. 762 22 11 oder 1-800/268 94 11). Das 1888 erbaute Hotel ist vielleicht das berühmteste in ganz Kanada. Aus der Ferne ein beeindruckendes, zinnenbewehrtes Monstrum. Die meisten der 828 Zimmer mit schöner Aussicht, einige sind recht klein. Wirkt bei Hochbetrieb (praktisch ganzjährig) etwas hektisch.

Blue Mountain Lodge (¢) 137 Muskrat Street (Tel. 762 51 34). Hübsches, traditionsreiches Haus mit zehn Zimmern.

Bumper's Inn (¢¢) Banff Avenue und Marmot Street (Tel. 762-3386 oder 1-800/661 35 18). Das Motel liegt abseits

des Zentrums, doch mit seinen 85 Zimmern bietet es oft auch dann noch Platz, wenn andere Hotels voll sind.

Elkhorn Lodge (¢¢) 124 Spray Avenue (Tel. 762 22 99). Kleines Acht-Zimmer-Hotel im ruhigen Südteil der Stadt jenseits des Bow River.

Red Carpet Inn (¢¢) 425 Banff Avenue (Tel. 762 41 84 oder 1-800/563 46 09). Motel mit sauberen, schlichten Zimmern zu fairen Preisen.

Rimrock Resort (¢¢¢) Mountain Avenue (Tel. 762 33 56 oder 1-800/661 15 87). Dieses beeindruckende, neue Hotel ist sein Geld wert. Nicht zentral (man muß die Sulphur Mountain-Gondel nehmen), aber mit atemberaubender Aussicht, sehr schönen Zimmern und phänomenalem Foyer.

Tannenhof Mountain Bed and Breakfast Inn (¢) 121 Cave Avenue (Tel. 762 46 36). Ruhige Lage, und nur zehn Minuten bis in die Innenstadt. Zehn Zimmer, vier davon mit eigenem Badezimmer.

Jasper Townsite

Alpine Village (¢–¢¢) Highway 93a, 2,5 Kilometer südlich von Jasper (Tel. 852 32 85). Reizendes Ensemble von Ferienhäuschen mit sichtbaren Holzdeckenbalken, offenem Kamin und anderen rustikalen Elementen. Meist mit Bergblick.

Becker's Roaring River Chalets (¢¢) Highway 93, fünf Kilometer südlich von Jasper (Tel. 852 37 79). Mehr als 70 hervorragende neue Ferienhäuschen, viele mit Kochnische und Holzofen.

Château Jasper (¢¢¢) 96 Giekie Street (Tel. 852 56 44). Teures Haus mit renommiertem Restaurant.

Jasper Park Lodge (¢¢¢) Highway 16, vier Kilometer nordöstlich von Jasper (Tel. 852 33 01 oder 1 800/465 75 47). Das beste Ferienhotel der Stadt ist ein Ensemble aus Zimmern (von rustikal bis modern), Ferienhäusern und Sportanlagen.

Whistlers Inn (¢¢) Connaught Drive (Tel. 852 33 61). Zentrales Motel gegenüber dem Bahnhof.

Kootenay National Park

Alpen Motel (¢) Western Park Gate (Tel. 347 98 23). Eines der Hotels in unmittelbarer Nähe des westlichen Parkeingangs; auch Radium Hot Springs ist gut zu erreichen.

Castle Mountain Village (¢¢–¢¢¢) Bow Valley Parkway/Highway 1a (Tel. 403/ 762 38 68). Östlich des Parks an der malerischen Straße von Banff nach Lake Louise. Häuschen verschiedener Kategorien mit Kochecke und offenem Kamin.

The Chalet (¢¢) Madsen Road, Radium Hot Springs (Tel. 347 93 05). Besser als die meisten anderen Motels von Radium, vor allem da es etwas abseits oberhalb der Stadt liegt. Schlichte, aber praktische Zimmer mit Kochecke.

Radium Hot Springs Resort (¢¢) ein Kilometer südlich der heißen Quellen (Tel. 347 93 11). In der westlich des Parks gelegenen Stadt Radium Hot Springs gibt es an die 30 Motels; die schönsten Unterkünfte liegen außerhalb an der Zufahrtstraße zu den heißen Quellen und zum Parkeingang. Diese Anlage ist eine der größten und besten.

Lake Louise

Château Lake Louise (¢¢¢) Lake Louise (Tel. 522 35 11 oder 1-800/268 94 11). Die Lage des berühmten Hotels sucht ihresgleichen. Trotz seiner 513 Zimmer leidet es gelegentlich unter der Flut von Besuchern.

Deer Lodge (¢¢) Lake Louise Drive (Tel. 522 37 47 oder 1-800/661 15 95). Eine der beiden Lodges an der fünf Kilometer langen Straße vom Lake Louise ins nahegelegene Dorf.

Lake Louise Inn (¢¢) Lake Louise Village (Tel. 522 37 91 oder 1-800/661 92 37). Von allen Hotels im Dorf das preislich angemessenste. Viele Zimmer in verschiedenen Kategorien und Größen, einige für Selbstversorger.

Moraine Lake Lodge (¢¢¢) Moraine Lake (Tel. 522 37 33 oder 1-800/661 83 40). Eines der schönsten Hotels der Rockies. Preisgekrönte Ferienhäuser in der phantastischen Szenerie des Moraine Lake.

Post Hotel (¢¢¢) Lake Louise Village (Tel. 522 39 89 oder 1-800/661 15 86). Das beste Hotel in Lake Louise Village.

Yoho National Park

Cathedral Mountain Chalets (¢¢) am Highway 1,4 Kilometer östlich von Field (Tel. 343 64 42). Eine von zwei preisgünstigen Alternativen am Trans-Canada Highway (Highway 1).

Emerald Lake Lodge (¢¢¢) Emerald Lake (Tel. 343 63 21 oder 1-800/663 63 36). Wie Banff Springs und Château Lake Louise Hotel wurde auch dieses Hotel von der Canadian Pacific Railway erbaut. Nicht ganz so luxuriös wie seine Kollegen, aber dennoch erste Wahl, wenn man diesen Teil der Rockies stilvoll genießen will.

Kicking Horse Lodge (¢¢) 100 Centre Street, Field (Tel. 343 63 03). In Field, der einzig nennenswerten Siedlung im Park neben B&Bs, gibt es nur diese Unterkunft.

Lake O'Hara Lodge (¢¢¢) Lake O'Hara (Tel. 343 64 18). Eine der besten Adressen in den Rockies und sicherlich der beste Ausgangspunkt in Yoho für Wanderungen. Sehr beliebt, deshalb weit im voraus buchen. Außerhalb der Saison (Mai und Okt.–Dez.) Reservierungen unter Box 1677, Banff AB oder Tel. 403/678 41 10.

West Louise Lodge (¢¢) Highway 1, elf Kilometer westlich von Lake Louise (Tel. 343 63 11). Eine der beiden beliebten Lodges am Trans-Canada Highway, direkt am Ostrand des Parkareals.

DER YUKON
Vorwahlnummer: 403

Dawson City

Downtown Hotel (¢¢) 2nd Avenue und Queen (Tel. 993 62 57). Dies ist eines der besten alten Hotels der Stadt mit Holzverkleidung.

Klondike Kate's Motel (¢) 3rd Avenue und King (Tel. 993 6257). Sehr schlicht, aber sauber und freundlich; abgesehen von den Jugendherbergen erste Wahl für preisbewußte Reisende.

Westmark Dawson (¢¢¢) 5th Avenue und Harper (Tel. 993 55 42). Wie die anderen Häuser der Westmark-Kette ist auch dies komfortabel und geräumig; es hat jedoch kaum Charakter und wird gern von großen Reisegruppen bevölkert. Dennoch ist es das erste Hotel der Stadt.

Whitehorse

Edgewater Hotel (¢¢) 101 Main Street (Tel. 667 25 72). Whitehorse bietet erstaunlich viele Unterkunftsmöglichkeiten in allen Kategorien. Dies ist vielleicht das beste Haus der Mittelklasse.

High Country Inn (¢) 4051-Fourth Avenue (Tel. 667 44 71). Das angenehme Haus ist eigentlich eine Jugendherberge, hat jedoch zahlreiche gute Einzel- und Doppelzimmer mit Bad und TV.

Stratford Motel (¢¢) 401 Jarvis Street (Tel. 667 42 43). Gutes, liebenswürdiges Haus der mittleren Preisklasse.

DIE PRÄRIEN
Calgary
The Palliser (¢¢¢) 133-9th Avenue SW (Tel. 403/266 12 34 oder 1 800 441 14 14). Das älteste Tophotel in Calgary wurde unlängst renoviert.
Prince Royal Inn (¢¢) 618-5th Avenue SW (Tel. 263 05 20 oder 1-800/672 36 26). Unter den mehr als 300 Zimmern stehen auch Studios, Ein- oder Zwei-Zimmer-Appartements mit Kochecke zur Wahl. Zentrale Lage.
Sandman-Quality Hotel (¢¢) 888-7th Avenue SW (Tel. 403/237 86 26 oder 1-800/726 36 26). Dieses Mittelklassehotel ist ein sicherer Tip. Der kostenlose C-Train des innerstädtischen Verkehrsverbunds ist gut zu erreichen.

Churchill
Churchill Hotel (¢¢) Kelsey Boulevard (Tel. 204/675 88 53). Die Hotels in Churchill unterscheiden sich kaum voneinander: Wenig ansprechend, funktionell und meist total ausgebucht.
Seaport Hotel (¢¢) Munck Street (Tel. 204/675 88 07). Eines der neueren Hotels der Stadt.

Drumheller
Badlands Motel (¢) Highway 838 (Tel. 403/823 51 55). Ein Kilometer außerhalb an der Straße zum Royal Tyrrell Museum gelegen. Eine ansprechende Anlage mit Blockhäuschen.
Drumheller Inn (¢¢) Highway 56 (Tel. 403/823 84 00). Dieses auf einem Felsvorsprung oberhalb der Stadt gelegene Hotel ist das beste in Drumheller.

Edmonton
Edmonton Hilton (¢¢¢) 10235-101st Street (Tel. 403/428 71 11 oder 1-800/263 90 30). Das Tophotel in Edmonton – wenn Geld kein Thema ist.
Edmonton House (¢¢) 10205-100th Street (Tel. 403/420 40 00 oder 1-800/661 65 62). Turmähnlicher Bau mit merkwürdigem Design. Tadellose Zimmer jeweils mit gut ausgestatteter Küche. Supermarkt im Haus; kostenloser Shuttle-Bus zur West Edmonton Mall.
Inn on Seventh (¢¢) 10001-107th Street (Tel. 403/429 28 611 oder 1-800/661 73 27). Das hochaufragende Hotel in zentraler Lage ist überaus ansprechend und empfehlenswert. In der mittleren Preisklasse das beste, was Edmonton zu bieten hat.

Winnipeg
Crowne Plaza Winnipeg Downtown (¢¢) 350 St Marry Avenue (Tel. 204/942 05 51 oder 1-800 465 43 29). Das größte Hotel der Stadt, direkt am Convention Center. Gut ausgestattete Zimmer.
Gordon Downtowner (¢) 330 Kennedy Street (Tel. 204/943 55 81). Die hübscheste »Low-Budget«-Alternative in der Stadt liegt am Rand des Zentrums in der Nähe der Portage Place Mall.
Hotel Fort Garry (¢¢¢) 222 Broadway (Tel. 204/942 82 51 oder 1-800/665 80 88). Das alte Eisenbahnhotel von Winnipeg aus dem Jahr 1913 erstrahlt nach Renovierung im alten Glanz und ist wieder eine der besten Adressen, die sie in der Stadt aufsuchen können.

ONTARIO
Vorwahlnummer: 905

Niagara-on-the-Lake
Kiely Inn (¢) 209 Queen Street, Niagara-on-the-Lake (Tel. 905/ 468 45 88). Die Stadt liegt einige Kilometer von den Niagara-Fällen entfernt und ist ein weit besserer Ausgangspunkt als das triste Niagara Falls. Sie hat viele Frühstückspensionen und einige angenehm traditionelle Hotels: Dies ist eines der preiswertesten.
Prince of Wales (¢¢) 6 Picton Street, Niagara-on-the-Lake (Tel. 905/468 32 46 oder 1-800/263 24 52). Angesehenes, traditionelles Hotel in Zentrumsnähe.
Queen's Landing (¢¢) Melville and Byron, Niagara-on-the-Lake (Tel. 905/ 468 21 95). Geschmackvolles Hotel mit gutem Ausblick. Alle 78 Zimmer mit offenem Kamin zahlreichen Antiquitäten, 44 mit Whirlpool.

Ottawa
Château Laurier (¢¢¢) 1 Rideau Street (Tel. 613/241 14 14). Das 1916 erbaute Hotel ist eine Institution. Hinter der schloßähnlichen Fassade liegen 480 geräumige Zimmer. Obwohl es seinen Schick nicht zur Schau stellt, ist und bleibt es *das* Hotel der Stadt.
Doral Inn (¢) 486 Albert Street (Tel. 613/230 80 55). Restauriertes Gasthaus aus dem Jahr 1879, das sich sein altmodisches Flair erhalten hat. Nur fünf Minuten zum Parlament.
Duke of Somerset Hotel (¢) 352 Somerset West (Tel. 613/233 7762). Es gibt nichts besonderes über dieses Hotel zu sagen, aber es ist ungefähr das

preiswerteste was Sie in der Innenstadt von Ottawa finden werden.

Lord Elgin Hotel (¢) 100 Elgin Street (Tel. 613/235 33 33 oder 1-800/267 42 98). Ehrwürdiges, bekanntes Haus. Günstig angesichts des hohen Standards.

Toronto
Vorwahlnummer: 416

Delta Chelsea Inn (¢¢) 33 Gerard Street West (Tel. 416/595 19 75 oder 1-800 268 26 66). Das mit 1 600 Zimmern ausgestattete Hotel ist das größte Hotel Torontos. Es ist beliebt bei Reisegruppen und für Kongresse. Gute Zimmer, exzellente Infrastruktur. In der Nähe des Eaton Centre, aber ein Stück zur nächsten U-Bahn-Station.

Journey's End Hotels (¢) 280 Bloor Street West/111 Lombard Street nahe Queen und Jarvis (beide Hotels Tel. 416/968 00 10). Zwei relativ zentral gelegene Häuser einer wenig charaktervollen, preisgünstigen und zuverlässigen Hotelkette. Eine weitere Filiale in Flughafennähe am 262 Carlingview Drive neben dem Highway 427.

Metropolitan Hotel Toronto (¢¢¢) 108 Chestnut Street in der Nähe des Nathan Phillips Square (Tel. 416/977 50 00). Extrem zentral gelegenes, neueres Hotel mit 552 Zimmern, verteilt auf 16 Stockwerke. Gut geführt.

Royal York Hotel (¢¢¢) 100 Front Street (Tel. 416/368 25 11 oder 1-800/441 14 14). Ein Wahrzeichen Torontos und eines der berühmtesten der traditionellen kanadischen »Eisenbahnhotels«. Mit 1 408 Zimmern (unlängst renoviert) war es bei seiner Eröffnung 1927 das größte Hotel des britischen Empire.

QUÉBEC
Montréal
Vorwahlnummer: 514

Le Château Champlain (¢¢) 1 Place du Canada (Tel. 514/878 90 00 oder 1-800/441 14 14). Durch seine riesigen Bogenfenster sticht dieser Wolkenkratzer aus dem Stadtbild hervor (Spitzname »Käsereibe«). An die 600 geräumige, elegante Zimmer im Stadtkern.

Château Versailles (¢¢) 1659 rue Sherbrooke Ouest (Tel. 514/933 36 11 oder 1 800 361 36 64 in den USA ; 1 800 361 71 99 in Kanada). Wegen seines Charmes und der zentralen Lage eines der beliebtesten Mittelklassehotels der Stadt. Etliche Wochen im voraus buchen!

Hotel Inter-Continental Montréal (¢¢¢) 360 rue St-Antoine Ouest (Tel. 514/987-99 00 oder 1-800/32 02 00 von den USA oder 1-800/361 36 00 von Kanada). Wohl die erste Wahl, wenn man in einem Luxushotel in Vieux-Montréal wohnen möchte.

Hotel Radisson des Gouverneurs de Montréal (¢¢-¢¢¢) 777 rue University (Tel. 514/879 13 70 oder 1-800/333 33 33). Großes, exklusives 692-Zimmer-Hotel am Westrand von Vieux-Montréal.

Hotel Le St-André (¢¢) 1285 rue St-André (Tel. 514/849 70 70) Ein gutes 61 Zimmer umfassendes Raumangebot das sich in der Nähe der angesagtesten Gebiete der Stadt befindet.

Ritz-Carlton Kempinski (¢¢¢) 1228 rue Sherbrooke Ouest (Tel.842 42 12 oder 1-800/223 68 00). Komfort, Luxus und Service auf höchstem Niveau in einem ehrwürdigen Spitzenhotel mit europäischem Flair.

Le Westin Mont-Royal (¢¢¢) 1050 rue Sherbrooke Ouest (Tel.284 11 10 oder 1-800/332 34 42). Vielleicht die Nummer eins unter den zahlreichen Luxushotels von Montréal. Angesichts der Preise wird der herausragende Service hauptsächlich von Geschäftsreisenden in Anspruch genommen.

YMCA (¢) 1450 rue Stanley (Tel. 514/ 849 83 93). Mehr als 300 saubere, einfache und preiswerte Zimmer im Stadtzentrum. Einzel-, Doppel- und Familienzimmer (für Männer und Frauen). Unbedingt im voraus buchen.

YWCA (¢) 1355 boulevard René-Lévesque (Tel. 514/866 99 41 oder 1 800 400-YWA). Gute, preiswerte Zimmer im Stadtzentrum – nur für Frauen.

Québec
Vorwahlnummer: 418

L'Auberge du Quartier (¢¢) 170 Grand Allée Ouest (Tel. 525 97 26). Freundliches 13-Zimmer-Hotel mit kontinentalem Frühstück, zu Fuß etwa 20 Minuten zur Altstadt. Familienbetrieb.

L'Auberge Saint-Louis (¢) 48 rue St-Louise (Tel 692 24 24). Vielleicht die »Low-Budget«-Unterkunft mit der besten Lage. Kleine Zimmer, meist mit Gemeinschaftsbad, dafür auch kleine Preise und guter Service.

Château Bonne Entente (¢¢¢) 3400 chemin Ste-Foy, Sainte-Foy (Tel. 653 52 21 oder 1-800/463 43 90). Schönes Ferienhotel inmitten weitläufiger Parkanlagen; mit dem Auto etwa 20 Minuten in die Altstadt.

Château Frontenac (¢¢¢) 1 rue des Carrières (Tel. 692 38 61 oder 1-800/441 14 14). Wer im berühmtesten Hotel und gleichzeitig dem berühmtesten Gebäude Québecs logieren möchte, muß praktisch unbedingt ganzjährig im voraus buchen.

Hilton International Québec (¢¢¢) 3 Place Québec (Tel. 647 24 11 oder 1-800/ 445 86 67). Überragt seinen Hauptkonkurrenten in der Luxusklasse, das Château Frontenac, in Sachen Luxus und Infrastruktur, aber nicht dessen Renommee.

L'Hôtel du Théâtre (¢¢¢) 972 rue St-Jean (Tel. 418/694-4040). Das ehemalige Theater und Kino wurde 1992 in ein ausgezeichnetes Hotel mit 40 Zimmern umgewandelt.

Manoir d'Auteuil (¢¢¢) 49 rue d'Auteuil (Tel. 694 11 73). Das prächtig eingerichtete 16-Zimmer-Hotel ist die ideale Alternative für alle, die die Wucht der anderen Spitzenhotels abschreckt.

Manoir des Remparts (¢) 35 des Remparts (Tel. 418/692 20 56). Gutes, einfaches Hotel mit sauberen Zimmern mit Bad oder Gemeinschaftsbad. Am Nordrand von Vieux-Québec in der Nähe der Schutzwälle gelegen. Schöne Aussicht auf den Fluß.

DIE MARITIMEN PROVINZEN
New Brunswick
Vorwahlnummer: 506

Algonquin Resort (¢¢¢) 184 Aldophus Street, St. Andrews (Tel. 529 88 23 oder 1-800/268 94 11 in Kanada, 1-800/828 74 47 in den USA). Herausragende Ferienanlage der Canadian Pacific-Gruppe im Pseudo-Tudor-Stil.

Best Western Shiretown Inn (¢¢) 218 Water Street, St. Andrews (Tel. 529 88 77). Gutes, zentral gelegenes Hotel an der Passamaquoddy Bay.

Carriage House Inn (¢¢) 230 University Avenue, Fredericton (Tel. 452 99 24 oder 1-800/267 60 68). Buchen Sie rechtzeitig, um eines der nur zehn Zimmer des historischen Gebäudes im Queen-Anne-Stil zu ergattern. Gutes Frühstück.

Hotel Beauséjour (¢¢¢) 750 Main Street, Moncton (Tel. 854 43 44 oder 1-800/441 14 14). Das Tophotel von Moncton.

Parkerhouse Inn (¢¢) 71 Sydney Street, Saint John (Tel. 652 50 54). Neun-Zimmer-Hotel in einem dreigeschossigen, viktorianischen Stadthaus.

Sheraton Inn (¢¢¢) 225 Woodstock Road, Fredericton (Tel. 457 40 00 oder 1-800-325 35 35). Das neue Hotel ist erste Wahl in der oberen Preisklasse.

Nova Scotia
Vorwahlnummer: 902

Boscawen Inn (¢¢) 150 Cumberland Street, Lunenburg (Tel. 634 33 25). Ein 1888 erbautes Herrenhaus mit 17 eleganten Zimmern, teils mit Blick auf den Hafen.

Halliburton House Inn (¢¢) 5184 Morris Street, Halifax (Tel. 420 06 58). Ein historisches Gebäude, gelungen restauriert.

Hotel Halifax (¢¢¢)) 1990 Barrington Street, Halifax (Tel. 902/425 67 00). Dieses Hotel der Canadian Pacific Gruppe zählt zu den besten der Stadt.

Kaulbach House Historic Inn (¢¢) 75 Pelham Street, Lunenburg (Tel. 634 88 18). Eines der vielen historischen Häuser dieser reizenden Stadt, Hotel und Frühstückspension zugleich. Bau aus dem Jahr 1880 mit acht Nichtraucherzimmern und Blick auf den Hafen.

Louisbourg Motel (¢) 1225 Main Street, Louisbourg (Tel. 733 28 44). Guter Ausgangspunkt für die Festung Louisbourg.

Queen Ann Inn (¢) 494 Upper Saint George Street, Annapolis Royal (Tel. 532 78 50). Restauriertes Herrenhaus aus dem Jahr 1865 mit zehn behaglichen Zimmern.

Waverly Inn (¢¢) 1266 Barrington Street, Halifax (Tel. 902/423 93 46). In dem liebenswerten Inn mit 32 Zimmern wohnten schon Oscar Wilde und P.T. Barnum.

Prince Edward Island
The Charlottetown (¢¢¢) Kent Street and Pownal, Charlottetown (Tel. 902/894 73 71). Fünfstöckiger Backsteinbau im georgianischen Stil zwei Blocks vom Stadtzentrum entfernt, voller Charme und dem Glanz der alten Welt.

Duchess of Kent Inn (¢) 218 Kent Street, Charlottetown (Tel. 902/566 58 26). Viktorianischer Bau mit nur sieben Zimmern (fünf davon mit Bad). Eine sehr preisgünstige Adresse.

Fiddles 'N' Vittles (¢¢) Highway 6, 2 Kilometer westlich des Eingangs von Cavendish zum PEI National Park (Tel. 963 30 03). Guter Ausgangspunkt für den Nationalpark und Anne of Green Gables Country, aber abseits der Massen im nahegelegenen Cavendish.

Gulf View Cottages (¢¢) Nähe North Rustico, PEI National Park (Tel. 902/963 20 52). Zwölf Ferienhäuser mit je zwei

Schlafzimmern und Meerblick; eine der wenigen Unterkunftsmöglichkeiten im PEI National Park.

Inn at Bay Fortune (¢¢¢) Highway 310, Bay Fortune, Souris (Tel. 902/687 37 45). Eine Perle von einem Hotel. Gaumenfreuden und Erholung garantiert; preisgekrönt.

Island's End Inn (¢) Highway 12, 6 Kilometer nördlich von Tignish (Tel. 882 35 54). Gut geeignet für einen Halt am Lady Slipper Drive.

West Point Lighthouse (¢¢) West Point, Lady Slipper Drive (Tel. 859 36 05). Neun Zimmer in einem (automatischen) Leuchtturm, der noch in Betrieb ist.

NEUFUNDLAND
Vorwahlnummer: 709

Best Western Travellers Inn (¢¢) 199 Kenmount Road nahe Avalon Mall, St John's (Tel. 722 55 40). Gutes 91-Zimmer-Motel fünf Kilometer vom Stadtzentrum entfernt.

Compton House B&B (¢¢–¢¢¢) 26 Waterford Bridge Road, St John's (Tel. 739 57 89). Restaurierter, historischer Bau mit nur sechs Zimmern zwei Kilometer westlich vom Stadtzentrum.

Hotel Newfoundland (¢¢¢) Cavendish Square, St John's (Tel. 726 49 80). Nicht das grandioseste Hotel, dafür das geschichtsträchtigste. Die 288 Zimmer und Suiten wurden 1982 renoviert.

Journey's End Motel (¢) 2 Hill O'Chips, St John's (Tel. 754 77 88). Großes, neues 161-Zimmer-Motel einer zuverlässigen Hotelkette in zentraler Lage mit Meerblick.

Ocean View Motel (¢) Rocky Harbour (Tel. 458 27 30). Ausgangspunkt für eine Erkundung des »big bleak hill«- Gros Morne National Park, mit 35 Zimmern.

Prescott Inn (¢) 17–19 Military Road, St John's (Tel. 753 60 36). Die beliebteste und einladendste Pension der Stadt mit 8 Zimmern. Zentrale Lage.

Terra Nova Lodge (¢¢) Port Lanford, Clode Sound (Tel. 543 25 25). Guter Startpunkt für den Terra Nova National Park.

Valhalla Lodge B&B (¢) Gunner's Cove, Griquet, L'Anse-aux-Meadows (Tel. 623 20 18 oder 896 54 76 im Winter) Praktisch die einzige Unterkunft, von der aus das Wikingerdorf bei L'Anse-aux-Meadows gut zu erreichen ist.

Village Inn (¢–¢¢) Barbour's Lane, Trinity (Tel. 464 32 69). Nur zwölf Zimmer und ein gutes Restaurant in einem der hübschesten Dörfer der Insel. Vorabreservierung unerläßlich.

RESTAURANTS

Die im folgenden aufgeführten Restaurants wurden in drei Preiskategorien eingeteilt:

- **preiswert** (¢)
- **mittlere Preisklasse** (¢¢)
- **teuer** (¢¢¢)

Wo eine Tischreservierung ratsam ist, wird die jeweilige Telefonnummer angegeben (Vorwahl siehe unter Hotels).

BRITISH COLUMBIA
Kootenays

Main Street Diner (¢) 616 Baker Street, Nelson. Besseres Essen, als der Name vermuten läßt. Sehr zentral gelegen.

Treehouse Restaurant (¢) Front Street, Kaslo. Gemütliches, einladendes Restaurant mit gutem Essen – man trifft sich hier.

Okanagan

Café Belabasso (¢) 2921 30th Avenue, Vernon. Vernon hat eine Reihe kosmopolitischer Cafés und Restaurants; es ist eines der schönsten Möglichkeiten in der Innenstadt

De Montreuil (¢¢¢) 368 Bernard Avenue, Kelowna (tel: 250/860-5508). Wird für das beste Restaurant in Okanagan gehalten.

Earl's (¢–¢¢) 101–1848 Main Street, Penticton. Eine weitere Filiale der verläßlichen und exzellenten Mittelklasse-Ketten.

Earl's On Top (¢–¢¢) 211 Bernard Avenue, um die Ecke von Abbott. Kelowna ist ein gut gewählter Platz; in einer schönen Umgebung an der Bucht der Altstadt mit Rippchen, Meeresfrüchten, Steaks und anderen guten Sachen.

The Italian Kitchen (¢) 3006 30th Avenue, Vernon. Eine sichere Wahl für ein gutes italienisches Essen oder einen kleinen Imbiss im Zentrum von Vernon.

Skeena Valley

Green Apple (¢) 301 McBride, Prince Rupert. Diese kleine Kate ist eine echte Institution und berühmt für ihre ausgezeichneten *fish and chips*.

Smile's Seafood Café (¢) 113 George Hills Way, Prince Rupert. Das Lokal serviert seit 1934 ausgezeichnete Meeresfrüchte. Immer noch beliebt.

Vancouver

Bishop's (¢¢¢) 2183 W 4th Avenue nahe Yew Street (tel: 604/738 20 25). Vancouvers bestes Restaurant. Ausgezeichnetes zeitgenössisches Essen.

Reservierung erforderlich. Erste Wahl um es sich gutgehen zu lassen.

La Bodega (¢) 1277 Howe nahe Davie Street. Eine der lebhaftesten und beliebtesten Bars der Stadt. Hier bekommt man auch *tapas* und andere spanische Gerichte.

Bridges (¢¢) 1696 Duranleau, Granville Island. Gerade richtig für ein Essen oder einen Drink auf Granville Island. Das Restaurant befindet sich oben, zusätzlich gibt es noch ein Pub und ein un gezwungenes Bistro (die beste Wahl).

Le Crocodile (¢¢¢) 100–909 Burrard Street (tel: 604/669 42 98). Ein aparter französischer Betrieb, der mit *Bishop's* um den Titel des besten Restaurants ringt.

Earl's On Top (¢–¢¢) 1185 Robson Street, Ecke Bute Street. Erste wahl in der Stadt für gutes peiswertes Essen. Übrigens mit Außenterasse.

Ferguson Point Teahouse (¢¢) Ferguson Point, Stanley Park (tel: 604/669 32 81). Sehr schön und der beste Platz für ein Mittagessen nach einem Spaziergang oder Ritt im Stanley Park.

Gallery Café (¢) Vancouver Art Gallery, 750 Hornby. Zwangloses, stilvolles und beliebtes Café (im Sommer mit Tischen im Freien). Sehr gutes Mittagessen (man braucht keine Eintrittskarte für die Galerie, um hier zu essen).

Le Gavroche (¢¢¢) 1616 Alberni Street (tel: 604/685 39 24). *Le Crocodile* mag ein bißchen besser sein, aber das romantische, französische Restaurant liegt nicht weit dahinter.

Il Giardino (¢¢) 1382 Hornby Street (tel: 604/669 24 22). Ein im Trend liegender Italiener, mit exzellentem Essen und einer schönen Außenterasse.

Hon's Wun Tun House (¢) 108-268 Keefer Street an der Gore Street und anderen Märkten. Gutes Essen bei niedrigen Preisen.

Imperial Chinese Seafood Restaurant (¢¢¢) 355 Burrard Street (tel: 604/688 81 91). Erste Wahl für eine nette Atmosphäre und gutes chinesisches Essen, ohne dafür nach Chinatown gehen zu müssen.

The Naam (¢) 2724 West 4th Avenue nahe Stephens. Eine echte Institution in Vancouver: Das älteste und beliebteste Restaurant für vegetarische und Vollwertkost. Rund um die Uhr geöffnet.

Phnom-Penh (¢) 244 East Georgia nahe Gore Avenue (Tel. 682 57 77) und 955 West Broadway (Tel. 734 89 88). Hochwertige vietnamesische Küche und Meeresfrüchte in schlichtem, freundlichem Ambiente.

Piccolo Mondo (¢¢–¢¢¢) 850 Thurlow Street und Smithe Street (tel: 604/688 16 33). Exzellenter Italiener fast schon außerhalb von Robson.

Pink Pearl (¢) 1132 East Hastings nahe Glen Street (Tel. 253 43 16). Das größte kantonesische Restaurant der Stadt (650 Plätze) und eines der stilechtesten. Kommen Sie am Wochenende rechtzeitig zum *dim sum*. In einem wenig reizvollen Stadtteil gelegen.

Stepho's (¢¢) 1124 Davie Street. Das beste griechische Restaurant in der Nähe der Innenstadt.

Tojo's (¢¢¢) 777 West Broadway Ecke Willow (Tel. 872 8050). Das beste japanische Essen in der Stadt.

Villa del Lupo (¢¢–¢¢¢) 869 Hamilton (tel: 604/688 74 36). Ein italinisches Restaurant in einem renoviertem alten haus zwischen der Bücherei und Yaletown. Ein Genuß.

VANCOUVER ISLAND
Pacific Rim National Park

The Loft (¢¢) 346 Campbell Street, Tofino. Ein sicherer Tip für Frühstück, Mittag- und Abendessen.

Whale's Tale (¢) 1861 Peninsula Road, Ucluelet. Das Lokal selbst ist behaglich, die Lage eher ausgefallen, was hervorragend zur guten, herzhaften Küche paßt.

Wickaninnish Restaurant (¢¢) Long Beach, 16 Kilometer nördlich von Ucluelet (Tel. 726 77 06). Im selben Haus wie das Informationszentrum des Nationalparks. Mit seiner strandnahen Lage und seinem herrlich rustikalen Dekor eines der besten Lokale der Gegend.

Victoria

Barb's Fish and Chips (¢) 310 St Lawrence, Fisherman's Wharf bei Kingston. In einer schwimmenden Hütte werden Chowder, Austern, Chips und fangfrischer Fisch serviert. Eine der Fähren ab Inner Harbour fährt bis in die Nähe.

Demitasse Coffee Bar (¢) 1320 Blanshard Street nahe Pandora. Ideal für Kaffee, Snacks und ein preiswertes, sättigendes Mittagessen.

Herald Street Café (¢¢) 546 Herald Street. Etwas nördlich vom Inner Harbour gelegen, doch der Weg lohnt sich: Das traditionsreiche Restaurant serviert Gerichte mit einem »Pacific-Northwest«-Einschlag.

Pagliacci's (¢) 1011 Broad Street zwischen Fort und Broughton. Kaum ein Lokal ist so quirlig und heiter wie dieses bekannte italienische Restaurant im Stadtzentrum. Kommen Sie rechtzeitig, um Wartezeiten zu ver-

meiden. Fast jeden Abend Livemusik.
Camilles (¢¢) 45 Bastion Square (Tel.
250/381 34 33). Familiäre Räumlichkeiten, in
denen kreative Westküsten Küche in
ansehnlichen Portionen dargeboten wird.
Dijon-Minz Lamm, an Brombeer Portwein
Glasur und Gorgonzola überbackene
Kartoffeln sind ein Dauerbrenner. Nur für
Abendessen geöffnet.
Water Club (33–¢¢¢) 703 Douglas Street.
Ein chices, ambitioniertes und entspanntes
Restaurant, das von dem erfolgreichen
Herald Street Café teamgeleitet wird. Zenral
gelegen mit ausgezeichnetem Essen.

DIE ROCKIES
Banff
Balkan Village(¢¢)) 120 Banff Avenue. Wer
in Banff griechisch essen will, ist hier richtig.
Barbary Coast (¢–¢¢) 119 Banff Avenue. Das
angenehm zwanglose Restaurant serviert
alle kanadischen Standardgerichte (Salate,
Burgers, Pizza und Steaks). Man kann auch
in einer vom Restaurant abgetrennten, lebhaften Bar essen. Beide Lokale liegen etwas
versteckt im ersten Stock in der Passage der
Banff Avenue.
Le Beaujolais (¢¢¢) 212 Buffalo Street at
Banff Avenue (Tel. 762-2712). Bei weitem
das eleganteste Speiselokal in Banff.
Gehaltvolle französische Küche und
umfangreiche Weinkarte.
Evelyn's (¢) 201 Banff Avenue. Eines der
besten Cafés, die an der Banff Avenue Frühstück, Kaffee und Snacks servieren.
Melissa's (¢¢) 218 Lynx Street. Vermutlich
die erste Wahl für ein Mittag- oder Abendessen in der mittleren Preisklasse. Hervorragende Steaks, Salate und Burger. Speisesaal in einer Blockhütte.

Jasper
Becker's (¢¢¢) Jasper Park Lodge (Tel.
403/852 35 35). Lac Beauvert. Dieses
Restaurant bei Jasper's bestem Hotel ist
eine der Topadressen in Alberta. Nur
Abendessen
Hava Java Café (¢) 407 Patricia Street. Das
kleine, heimelige Holzschindelhaus ähnelt
eher einem Wohnzimmer als einem Café.
Fabelhaftes Frühstück und Snacks, im Som-
mer auf dem Rasen.
Mountain Foods and Café (¢) 606
Connaught Drive. Obwohl die Auswahl an
Restaurants in Jasper kleiner ist als in Banff,
ist die Mittelklasse gut vertreten. Hier kann
man sich preisgünstig satt essen, obwohl
der Rahmen mehr an ein Café als an ein
Restaurant erinnert.

Villa Caruso (¢¢) 628 Connaught Drive.
Schon auf der Straße riecht man die safti-
gen Steaks und Meeresfrüchte, die auf dem
Grill im vorderen Teil dieses gut besuchten
Restaurants brutzeln.

Lake Louise
Bill Peyto's Café (¢) Lake Louise Village. Das
zwanglose Café gehört zur noblen Jugendherberge, ist jedoch für jedermann zugäng-
lich. Wer zu einem fairen Preis gut essen
möchte, ist hier richtig.
Laggan's Mountain Bakery (¢) Samson
Mall, Lake Louise Village. Das gut besuchte
Café mit vorzüglichen Snacks, Kuchen und
Kaffee erfreut sich ungebrochener Beliebt-
heit.
Moraine Lake Lodge (¢¢) Moraine Lake. Das
kleine Café und das freundliche Restaurant
(mit wunderbarer Aussicht auf den See und
die Berge) sind Teil eines eleganten Lodge-
Hotels.
Post Hotel (¢¢–¢¢¢) 200 Pipestone Street,
Lake Louise Village. Das preisgekrönte,
etwas formelle Hotelrestaurant gilt als eines
der besten in den kanadischen Rockies.

DER YUKON
Dawson City
Klondike Kate's (¢) 3rd Avenue und King.
Ganztägig gutes Essen, wobei sich Frühstück und Mittagessen mehr empfehlen als
das Abendessen.
Marina's (¢¢) 5th und Harper (Tel. 993-
6800). Definitiv die erste Wahl für ein
Abendessen. Hier gibt es von der Pizza bis
zum dreigängigen Menü alles.

Whitehorse
Pandas (¢¢) 212 Main Street.
Momentaneiner der besten Plätze der
Stadt, aber die hohenPreise lassen darauf
schließen, das es in der Nachsaison zu
kämpfen haben wird.
Talisman Café (¢) 2112 2nd Avenue. Lege-
res, einladendes Lokal für Frühstück und
Kaffee bis hin zu einem Abendessen mit
allem Drum und Dran.

DIE PRÄRIEN
Calgary
Chianti Café 1438 17th Avenue SW
(Tel. 403/229 16 00). Dunkel, laut und lustig
ist dieses beliebte, bescheidene italienische
Restaurant. Reservierung von Vorteil.
Entre Nous Café (¢¢) 2206-4th Street SW.
Französische Küche und authentisches
Bistro-Flair im beliebten Restaurantviertel
um die 4th Street SW.

280

Churchill

Trader's Table (¢¢) Kelsey Boulevard. Die beste und teuerste Adresse in Churchill. Nordische Delikatessen wie Karibu oder arktischer Saibling.

Edmonton

Bistro Praha (¢¢¢) 10168-100A Street an der Jasper Avenue (Tel. 403/424-4218). Restaurant der gehobenen Klasse mit osteuropäischem Flair.

Earl's 11830 Jasper Avenue (Tel. 403/448 58 22). Earls ist eine Kette von Restaurants, die sich durch West Kanada zieht. Es biete gutes Essen in einer netten Umgebung. Diese Filiale ist eine der zentralsten der Kettevon acht weiteren in Edmontons Umgebung.

The Select 10018 106th Street (Tel. 403/423 04 19). Dieses familiäre und exzellente Bistro eignet sich hervorragend für ein entspanntes Essen im Herzen der Stadt.. Reservierung erforderlich.

Silk Hat (¢) 10251 Jasper Avenue (Tel. 403/428 15 51). Das Interieur des »Diner«, Jukeboxes inklusive, hat sich seit Jahrzehnten nicht geändert. Das Essen ist einfach, aber gut, und das Ambiente (für Diner-Fans) einmalig.

Winnipeg

Basil's (¢¢) 117 Osbourne. Eines der beliebtesten Restaurants der Stadt, bei schönem Wetter mit Tischen im Freien.

Le Beaujolais (¢¢¢) 131 Provencher Road (Tel. 204/237 63 06). Feines, kultiviertes französisches Restaurant. *Die* Adresse für ein stilvolles Abendessen.

D'8 Schtove (¢) 1842 Pembina Highway (Tel. 275 22 94). Das Restaurant ist stark frequentiert, obwohl es etwas außerhalb liegt. Der Name bedeutet bei den Mennoniten »Eßzimmer«. Die mennonitische Küche bietet Borscht, Strudel und weniger bekannte Gerichte, vor allem *klopz* und *wrenikje*.

Hy's Steak Loft (¢¢) 216 Kennedy Street. Im Stadtkern seit Jahren berühmt für alle Arten von Steaks.

Picasso's (¢¢) 615 Sargent Street (Tel. 204/775 24 69). Im Erdgeschoß ein lebhaftes portugiesisches Café, im ersten Stock ein etwas gediegeneres Restaurant.

ONTARIO

Niagara Falls/Niagara-on-the-Lake

Buttery Theatre Restaurant (¢) 19 Queen Street, Niagara-on-the-Lake. Gutes Essen zu vernünftigen Preisen.

Skylon Tower (¢¢) Niagara Falls (Tel. 905/356 26 51). Das Drehrestaurant (eine Umdrehung pro Stunde) ist ein Muß, wenn man bei den Niagara-Fällen essen will. Im Flutlicht sind die Wasserfälle schlichtweg überwältigend.

Ottawa

Courtyard (¢¢)) 21 George Street (Tel. 613/565 26 11). Klassisch französische Küche in einem Restaurant, dessen Geschichte 1827 mit einer Schenke aus Holz begann. Es liegt im Stadtteil Byward Market, wo viele der interessanteren Lokale der Stadt zu finden sind.

The Ritz (¢¢) 274 Elgin. The Ritz hat vier Filialen in Ottawa. Dies war und bleibt die beste Adresse für einen kulinarischen Hochgenuß.

Toronto

Arcadian Court (¢) 8. Stock, Simpson's, 176 Yonge Street Höhe Queen Street. Die Attraktion dieses Cafés in einem Kaufhaus ist der von Kronleuchtern erhellte Speisesaal im griechisch-römischen Stil.

Bistro 990 (¢¢) 990 Bay Street (Tel. 416/921-9990). Überdurchschnittliche französische Küche in authentischer, zwangloser Bistro-Atmosphäre.

Centro (¢¢¢) 2472 Street (Tel. 416/483-2211). Elegante Kleidung und gefüllte Brieftasche sind gefragt, doch hier gibt es das beste italienische Essen der Stadt. Die kalte Fassade trügt: hervorragende Speisen und Service in einem heimeligen Ambiente.

Future Bakery & Café (¢) Aus dieser Bäckerei entstand eine ganze Kette von Cafés. Ideal für Kaffee, Käsekuchen, Snacks und leichte Mahlzeiten. Filialen am St Lawrence Market, in der 95 Front Street East, 739 Queen Street, 1535 Yonge Street und 438 Bloor Street West.

Grano (¢¢) 2035 Yonge Street (Tel. 416/440-1986). Das lebhafte italienische Restaurant entstand aus einer Bäckerei und einer Imbißstube. Fleisch, Fisch, Pasta und vegetarische Gerichte.

Renaissance Café (¢) 509 Bloor Street (Tel. 416/968-6639). Malerisches Café mit vegetarischen Gerichten aus aller Welt.

Shopsy's (¢) 33 Yonge Street Ecke Front Street E. Eines der ältesten Restaurants und Delikatessengeschäfte der Stadt. Große Portionen, vernünftige Preise.

Trattoria Giovanna (¢) 637 College Street (Tel. 416/538-2098). Gute, leichte italienische Küche in nettem Ambiente.

Vanipha Lanna (¢) 471 Eglington Avenue W. (Tel. 416/484-0895). Knusprige, authentisch thailändische Küche in einem angenehm unkonventionellen Rahmen.

QUÉBEC
Montréal

Beaver Club (¢¢¢) Queen Elizabeth Hotel, 900 boulevard René Lévesque. Montréals berühmtestes Restaurant bietet feines französisches Essen und ist mit Pelzen verschönert, die an die Ursprünge 1785 erinnern sollen, als es noch ein privater Gentlemen Club war.

Ben's (¢) 990 boulevard de Maisonneuve Ouest. Legendärer, 1908 von Ben Kravitz gegründeter Delikatessenladen, der heute von seinen Enkeln geführt wird. Berühmt sind neben Big Ben Sandwich und Erdbeer-Käsekuchen, das authentische Dekor, das interessante Publikum und die Fotos berühmter Gäste.

La Binerie Mont-Royal (¢) 367 Mont-Royal. Winzig kleines, aber sehr beliebtes Café, das Bohnen, Bohnen und nochmal Bohnen serviert.

Le Bonaparte (¢¢) 443 rue St-François Xavier (Tel. 514/844-4368). Französische Küche zu moderaten Preisen.

Eggspectation (£) 198 Laurier Ouest. A Groß, freundlich und anziehend modern, ein Ort mit einem langen und interessanten Menü. Gut für ein Mittagessen in der Stadt geeignet.

L'Était Une Fois (¢) 600 place d'Youville bei der rue McGill. Befindet sich in einem alten Bahnhof. Gute Burger, Hot Dogs und Pommes Frites.

Fairmount Bagel Bakery (¢) 74 rue Fairmount Ouest. Hier gibt es die besten Bagels der Stadt. Sieben Tage rund um die Uhr geöffnet.

Laurier Bar-B-Q (¢¢) 381 avenue Laurier (Tel. 514/273 36 71). Ein moderner Ort, der seine gegrillten Hähnchen schon seit 1935 präsentiert. Das Mocca Dessert ist legendär.

Wilensky's Light Lunch (¢) 34 rue Fairmount Ouest. Konkurrenz zu Ben's, was die Auszeichnung »Bester Delikatessenladen« und das Format der Kundschaft betrifft. Diente schon vielen Filmen als Kulisse, vor allem weil sich das Interieur seit 1932 nicht verändert hat.

Québec

À la Maison de Serge Bruyère (¢¢¢) 1200 rue St-Jean (Tel. 418/694-0618). Gilt weithin als eines der besten, wenn nicht *das* beste Restaurant Kanadas. Wenn Sie Ihr Konto

mal so richtig überziehen wollen, dann hier, aber achten Sie auf die Weine: Sie kosten zwischen 25 $ und 800 $. Reservierung erforderlich.

L'Apsara (¢–¢¢) 71 rue d'Auteuil (Tel. 418/694-0232). Der kambodschanische Familienbetrieb bietet eine Alternative zur französischen Küche: thailändische, vietnamesische und kambodschanische Spezialitäten. Günstig um die Mittagszeit, teurer am Abend.

L'Astral (¢¢) 1225 Place Montcalm (Tel. 418/647-2222). Der nichtssagende, moderne Rahmen und die durchschnittliche Küche des Drehrestaurants im 29. Stock des Hôtel Loews Le Concorde wird durch den atemberaubenden Blick auf die Stadt wettgemacht.

Café Paix (¢¢) 44 rue des Jardins (Tel. 418/692-1430). 1952 gegründetes französisches Restaurant der alten Schule: gedämpftes Licht, eng gestellte Tische, traditionelle Küche und makelloser Service.

Chez Temporel (¢) 25 rue Couillard. Die Holzstühle und die wackelige Treppe verleihen diesem kleinen Café im Latin Quarter einen rustikalen Charme. Ideal für Frühstück, Kaffee und Snacks.

Le Cochon Dingue (¢) 46 boulevard Champlain (Tel. 418/692-2013). Das »Verrückte Schwein« in der Lower Town ist ein recht lebhaftes Lokal, in dem man drinnen wie draußen essen kann. Zahlreiche, preisgünstige Café-Bistro-Gerichte. Filiale im 46 boulevard René Lévesque neben dem Parlament.

Gambrinus (¢¢) 15 rue du Fort (Tel. 418/692-5144). Behagliches Ambiente und solider Service. Zwei Speisesäle mit Pflanzen und Holztäfelung. Speisekarte mit leckeren kontinentalen Standardgerichten.

Le Saint-Amour (¢¢¢) 48 rue Ste-Ursule (Tel. 418/694-0667). Ein heller, geräumiger Speisesaal schafft einen zwanglosen Rahmen, in dem Speisen höchster Qualität serviert werden.

DIE MARITIMEN PROVINZEN
New Brunswick

Acadian Room (¢) Auberge Wandlyn Inn, 58 Prospect Street West, Fredericton (Tel. 506/452-8937). Ein Lieblingslokal der Einheimischen: einfaches, aber preiswertes und gut zubereitetes Essen.

Brewbaker's (¢) 546 King Street. Erste Wahl für Pasta und Pizza.

Cy's Seafood Restaurant (¢¢) 170 Main Street, Moncton (Tel. 506/857-0032). Erstklassige Meeresfrüchte, vor allem Hummer.

Fisherman's Paradise (¢¢) 375 Dieppe Boulevard (Tel. 506/859 43 88). Ein guter Platz für Fisch , Meeresfrüchte und andere lokale Spezialitäten.

Gables Lounge-Brass Bull Pub (¢) 143 Water Street, St Andrews. Neben der Smuggler's Wharf das Restaurant in St Andrews mit der besten Lage.

Grannans (¢) Market Square, Saint John (Tel. 506/634-1555). Das exzellente Meeresfrüchte-Restaurant ist wegen seiner drei gut besuchten Bars und der Lage am Hafen mit Tischen im Freien die erste Wahl in Saint John.

Lunar Rogue (¢) 625 King Street, Fredericton (Tel. 506/450-2065). Das beste Pub der Stadt serviert gute, leichte Mahlzeiten, bei schönem Wetter im Innenhof.

M & T Deli (£) 602 Queen Street, Fredericton. Kalte Schnittchen, Brote, Käse und Desserts vom feinsten

Reggie's (¢) 26 Germain Street, Saint John. Ein herrliches, altmodisches Diner.

Smuggler's Wharf (¢) 225 Water Street, St Andrews (Tel. 506/529-3536). Großartige Steaks und Meeresfrüchte in romantischer Lage direkt am Meer.

Nova Scotia

Bell Buoy (¢¢) Main Street, Baddeck (Tel. 902/295-2581). Eines der besten Restaurants auf Cape Breton Island.

Big Red's (¢) Bluenose Drive, Lunenburg. Gutes Familienrestaurant mit Blick auf den Hafen, direkt neben dem Fischereimuseum.

Five Fishermen (¢¢) 1740 Argyle Street, Halifax (Tel. 902/422-4421). Das beste, was die Stadt zu bieten hat: Eines der ältesten Gebäude von Halifax (1817), großartige Meeresfrüchte und ortstypische Spezialitäten wie Digby-Jakobsmuscheln und Malpeque-Austern.

Leo's Café (¢) 222 St George, Annapolis Royal (Tel. 902/532-7424). Gutes Lokal der Mittelklasse. Das gehobenere **Newman's** liegt nebenan.

Newman's ist praktisch eine Tür weiter.

Ryan Duffy's (¢¢) Dresden Row, 5640 Spring Garden Road, Halifax (Tel. 902/421-1116). Ein sicherer Tip, vor allem wegen seiner exzellenten Steaks.

Satisfaction Feast (¢) 1581 Street, Halifax. Renommiertes vegetarisches Restaurant.

Prince Edward Island

Claddagh Room Restaurant (¢¢–¢¢¢) 131 Sydney Street, Charlottown (Tel. 902/ 892-9661). Die irischen Inhaber sorgen für eine herzliche Begrüßung. Oft Folksongs live in der Bar. Die Meeresfrüchte zählen zu den besten der Stadt.

Griffon Room (¢¢) Dundee Arms Motel and Inn, 200 Pownal Street, Charlottetown (Tel. 902/892-2496). Lachs, Jakobsmuscheln und andere Meeresfrüchte (auch Steaks) in einem gemütlichen Speisesaal mit offenem Kamin.

Lobsterman's Landing (¢¢) Prince Street Wharf, Charlotteville (Tel. 902/368-2888). Blick auf den Hafen, Terrasse und vorzügliche Meeresfrüchte.

New London Lions Lobster Suppers (¢¢) Highway 6, New London (Tel. 902/886-2599). Legeres Hummeressen mit Festpreisen ist im Sommer typisch für Prince Edward Island; auch im **St Ann's Church** in St Ann am Highway 224 (Tel. 964 23 85) und im **New Glasgow** am Highway 258 (Tel. 964 28 70).

Off Broadway (¢¢) 125 Sydney Street, Charlottetown (Tel. 902/566-4620). Eine bunt zusammengestellte Speisekarte und behagliche Eßnischen im alten Stil für ein Essen im kleinsten Rahmen.

Pat and Willy's (¢) 119 Kent Street, Charlotteville. Das beliebte Grillrestaurant im Obergeschoß serviert eine Mischung aus mexikanischen, italienischen und kanadischen Gerichten.

NEUFUNDLAND

Cellar Restaurant (¢¢) Baird's Cove between Water Street und Harbour Drive, St John's (Tel. 709/579-8900). Idyllischer, historischer Bau am Meer. Etwas feiner und teurer als die meisten anderen Lokale in St John's.

Ches's (¢) 9 Freshwater Road bei Lemarchant, St John's. Die besten *fish and chips* in der Stadt; weitere Filialen in der 655 Topsail Road und 29–33 Commonwealth Avenue.

Ocean View Motel Restaurant (¢) Rocky Harbour. Meeresfrüchte-Spezialitäten als Stärkung für die Erkundung des Gros Morne National Park. Eine gute Alternative wäre das **Fisherman's Landing** in der Main Street.

Living Rooms Café (¢) Murray Premises, St John's. Geselliges Café im Zentrum, das tagsüber Snacks serviert.

Stone House (¢¢) 8 Kenna's Hill, St John's (Tel. 709/753-2380). Meeresfrüchte und neufundländische Spezialitäten vom feinsten in einem steinernen Landhaus aus dem 18. Jahrhundert am westlichen Ende des Quidi Vidi-Sees.

Register

284

REGISTER

287

REGISTER

Bildnachweis

Die Automobile Association bedankt sich bei folgenden Fotografen, Bibliotheken und Institutionen für die Mithilfe bei der Vorbereitung dieses Buches.

THE BRIDGEMAN ART LIBRARY 27 *Indianerlager am Lake Huron* von Paul Kane (1810–1871) (Royal Ontario Museum, Toronto); 28b *Die Brüder Cabot verlassen Bristol*, 1497 von Board, Ernest (City of Bristol Museum & Art Gallery), 32/33 *Blick aus dem Fährhaus auf Québec City, 3. Oktober 1784* von J. Peachy (C18), (Natural History Museum, London), 34a *Unterzeichnung der Unabhängigkeitserklärung, 4. Juli 1776* von John Trumbull (1756–1843), (Yale University Art Gallery, New Haven, CT), 67 *Die HMS Terror auf einer Fahrt im Eis*, März 1837 von Lieutenant Smyth (Hudson Bay Company, Canada), 184b Huronen-Kunstwerk, (1840–1850) (Detail, Bonhams, London); **BUTCHART GARDENS LTD** 87, 265; **CANADIAN TOURIST OFFICE** 20b, 146, 151b, 164, 212b, 217; **C. COE**, 23, 36a, 83, 97, 134, 155, 163, 165, 170, 172/3, 174, 222a, 223, 228, 270; **BRUCE COLEMAN LTD.** 107 (F. Lanting), 144 (J. Johnson), 145 (Dr. E. Pott);D **DIGITAL WISDOM PUBLISHING LTD** top map on back cover; **MARY EVANS PICTURE LIBRARY** 28a, 29, 31, 38a, 39, 185, 246a; **HUDSON'S BAY COMPANY ARCHI-VES, PROVINCIAL ARCHIVES OF MANITOBA** 168a (1987/363-T-200/21,N83-157), 169 (P.383,N13086); **IMPERI-AL WAR MUSEUM** 44b; **McMICHAEL CANADIAN ART COLLECTION** 176b (Arthur Goss/Arts & Letters Club), 177 (Gift of Col. R S McLaughlin 1968.1.12); **THE MANSELL COLLECTION LTD.** 32b, 40a, 40/1, 66/7, 66; **NATIO-NAL ARCHIVES OF CANADA** 22a (The Montréal Gazette, PA117519), 34b (C168), 35 (C5456), 36b (C7727), 45 (R. Brasseau, PA163903), 156a (Taconis, Kryn PA/65442), 156b (St Nihal Singh, PA44418), 157 (C8891), 224b (C6643); **NATURE PHOTOGRAPHERS LTD.** 106a (P. R. Sterry); **NOTMAN PHOTOGRAPHIC ARCHIVES, McCORD MUSEUM OF CANADIAN HISTORY** 30a, 30b, 38b, 42/3, 43, 44a, 126a, 126b, 148/9; **PICTURES COLOUR LIBRARY LTD.** 11, 69, 84/5; 112/3, 130, 133a, 137, 143, 154, 218/9, 220, 227, 232, 234/5; **PLANET EARTH PICTURES LTD.** 106b, 212a; **THE PROVINCE OF BRITISH COLUMBIA** 75, 81; **REX FEATURES LTD.** 19a (D. Lewis), 22b, 24 (J. Vinnick); **SPECTRUM COLOUR LIBRARY** 102, 138/9, 142a; **TOURISM VANCOUVER** 61; **VISUAL IMAGES (Alberta Economic Development & Tourism)** 147; **YUKON TOURISM** 120/1, 123, 125, 128; **ZEFA PICTURES LTD.** 48, 63, 74, 108, 115, 132b, 153, 256;

Alle übrigen Fotos sind Eigentum der **AA PHOTO LIBRARY**: **J. BEAZLEY** 159; **C. COE** 3, 4a, 4b, 6/7, 6, 9a, 10b, 12/3a, 13, 14a, 14b, 15, 16a, 18b, 21, 25b, 37b, 37c, 41, 47, 52, 53, 55, 56a, 56b, 57, 58/9, 60a, 60b, 62, 64, 65a, 65b, 71, 73, 77, 78a, 78b, 79, 80, 88, 89, 92, 93, 95, 98/9, 100, 101, 102/3, 104, 109, 116, 117, 119, 124, 127, 129, 131, 132a, 133b, 135, 138, 142b, 148, 149, 150, 168b, 168c, 252, 253, 255, 259c, 261, 264, 267, 271; **M. DENT** 51, 72, 105, 111, 114; **J. F. PIN** 2a, 2b, 5a, 5c, 7, 8, 10a, 12, 16b, 17, 20a, 25a, 26a, 26b, 33, 37a, 161, 162, 167, 171, 175, 176a, 178, 179, 181, 182, 183, 186, 187, 190, 191, 192, 193, 194, 195, 196, 197, 200, 201, 202, 203, 205, 206, 207, 208, 209, 210, 211, 213, 214, 215, 222b, 224a, 225, 226, 230a, 230b, 231, 236, 237, 239, 240, 241, 242/3, 242, 243, 245, 246b, 247, 248, 204/9, 250, 260, 262, 263, 269; **P. TIMMERMANS** 5b, 9b, 19b, 70, 82, 251b

Mitwirkende

Reihenberatung: Josephine Perry   **Redaktion:** Beth Ingpen
Design: Jo Tapper   **Dokumentation:** Canadian Automobile Association
Register: Marie Lorimer